WordPress

Un blog para hablar al mundo

WordPress

Un blog para hablar al mundo

Yoani Sánchez

FOTO DE PORTADA:
Silvia Corbelle (fotoblog Boring Home Utopics)

FOTOS DE INTERIOR:
Orlando Luis Pardo Lazo
(fotoblog Boring Home Utopics)
www.vocescubanas.com/boringhomeutopics

Todos los nombres propios de programas, sistemas operativos, equipos hardware, etc. que aparecen en este libro son marcas registradas de sus respectivas compañías u organizaciones.

Primera edición: Mayo, 2011.

© EDICIONES ANAYA MULTIMEDIA
   (GRUPO ANAYA, S.A.), 2011
   Juan Ignacio Luca de Tena, 15.
   28027 Madrid
   www.anayamultimedia.es
   Depósito legal: M. 14.377-2011
   ISBN: 978-84-415-2892-5
   Printed in Spain
   Impreso en: Lavel, S. A.

A todos aquellos que –en cualquier parte del mundo–
han recibido el castigo o la indiferencia por hacer un blog.

AGRADECIMIENTOS

A Eugenio Tuya, el editor que con su insistencia y cariño me impulsó a terminar este libro y a todo su equipo de colaboradores.

ACERCA DE LA AUTORA

Yoani Sánchez (La Habana, 1975) estudió Filología hispánica pero terminó cambiando esa profesión por la ciencia informática. En 1994 construyó su primer ordenador y a partir de ese momento unió su vida al teclado y al código html. En abril de 2007 creó el blog *Generación Y* para abrir una ventana a la Cuba real. La labor desarrollada en su sitio Web le ha traído varios reconocimientos internacionales, entre ellos el premio *Ortega y Gasset de Periodismo 2008* en la categoría de trabajo digital y el prestigioso galardón *The Bobs* al mejor blog del mundo. Precisamente en ese año ganó el lauro principal del concurso *Bitácoras*, y antes de terminar el 2009 se había alzado con una mención especial del *María Moors Cabot* de la Universidad de Columbia. Su labor como periodista ciudadana y ciberactivista fue reconocida con el premio *Príncipe Claus 2010*.

Ha sido profesora de WordPress en la primera Academia Blogger cubana, además de extender el uso de Twitter y de redes sociales en una nación con muy baja conectividad a Internet. Fundó el primer concurso blogger del país llamado *Una Isla Virtual* y ha promovido el uso de programas de código abierto. Vive en La Habana, ha apostado por quedarse allí y cada día es menos filóloga y más informática.

NOTA DEL EDITOR

Conocí *Generación Y* a principios de 2008. Hasta entonces no había oído hablar de Yoani Sánchez, y mucho menos imaginaba que se convertiría en una autora de Anaya. Innumerables tópicos intentaban convertirla en algo fácil de definir y, por lo mismo, de atacar. Yoani era hoy agente de la seguridad cubana, y al día siguiente de alguna agencia extranjera.

Como editor y buscador de proyectos yo sólo tenía una cosa clara: me gustaba lo que escribía, la claridad con que exponía sus ideas, la habilidad para que sus posts no perdieran fuerza y su encantadora amenidad. Además, Yoani no tenía miedo. Decía lo que casi nadie, desde dentro, se había atrevido a decir en voz alta. Como cubano llegué incluso a sentir rubor por tantos silencios no olvidados del todo.

Escribí un mail a Yoani en el verano de 2010, con la ilusión de proponerle un libro técnico que la convirtiera en nuestra autora de Wordpress, y para mi sorpresa recibí una respuesta afirmativa. Como editor sabía que este proyecto tenía sus riesgos. Las restricciones para acceder a Internet y la gran actividad que despliega la autora podían convertirse en un obstáculo insalvable. Debo agradecer a los responsables editoriales de Anaya su confianza y a mis amigos su entusiasmo.

Aunque el tiempo editorial haya sido extenso, el resultado ha sido excelente. Así nació *Un blog para hablar al mundo*; en principio un libro para enseñar a crear y mantener un blog, al que luego se agregó la intensa experiencia personal de la autora, y que ha sido ilustrado con el valor de la obra fotográfica de Orlando Luis Pardo Lazo.

Espero que este libro sirva de referencia a todos los que sueñen con exponer sus ideas a través de un blog y, especialmente, a los que en situaciones difíciles necesiten comunicarse con el mundo y alienten la necesidad de expresarse libremente. Que no se vean obligados a llevar a cabo su trabajo en las adversas condiciones en que ahora lo hacen; y que, en el futuro, lo útil y hermoso de su esfuerzo no provenga de lo heroico, de lo arriesgado, sino del franco y redimido ejercicio de su condición de ciudadanos libres.

Eugenio Tuya

Índice de contenidos

Capítulo 14. Sindicación: El flujo de RSS y Feeds   299

La censura y la velocidad que impone la tecnología

Capítulo 15. URLs y enlaces   319

Puentes que nos unen, vínculos que nos acercan

Capítulo 16. Roles y usuarios   343

A ciegas, a tientas

Prólogos

Los blogs: Una tecnología para la libertad

PRÓLOGO DE ESPERANZA AGUIRRE

Todos sabemos que Internet, la red de redes, ha cambiado radicalmente nuestras vidas. Ha transformado nuestro modo de relacionarnos con el mundo y de comunicarnos con los demás, ha abierto infinitas posibilidades a la expresión de opiniones, al contraste de ideas y al debate sobre los temas de nuestro tiempo. En definitiva, ha multiplicado las oportunidades de ejercer nuestra libertad.

Las posibilidades para el ejercicio de nuestra libertad que nos abre Internet no conocen muros ni fronteras. Una de las personas que mejor lo ha demostrado y con más valentía es la joven informática y filóloga cubana Yoani Sánchez, cuyo grito de libertad resuena cada día, a través de la red, en todo el mundo.

En 2007 Yoani Sánchez logró abrir, desde dentro de la propia Cuba, una brecha en el muro de silencio y censura a través de la blogosfera con la creación de su blog "Generación Y", uno de los más visitados del mundo y que le ha valido el reconocimiento internacional por su firme y decidido compromiso con la libertad.

En Cuba escasean los adelantos tecnológicos, salvo para los jerarcas del régimen, los cubanos no pueden tener conexión a Internet en sus casas y, además, el Estado prohíbe el acceso al dominio ".cu" a los particulares, lo que hace que sólo un 2,9% de la población, y sólo esporádicamente, tenga acceso a la red, uno de los índices más bajos del mundo.

A pesar de estas dificultades técnicas y de los aún mayores obstáculos que le imponen, Yoani Sánchez abre diariamente desde su blog una pequeña ventana que le permite asomarse ella misma al exterior, y, al mismo tiempo, que permite que internautas de todo el mundo nos asomemos a la triste y opresora realidad cubana.

El apasionante blog de esta valiente luchadora por la libertad ha dejado en evidencia el anacronismo de un sistema, incapaz de controlar con sus métodos de represión las voces libres que, gracias a las nuevas tecnologías, inundan la blogosfera desde Cuba. Y ello, a pesar de que el régimen no cesa de atacar o bloquear las páginas de los bloggers disidentes, dificultades casi siempre sorteadas por éstos con una inventiva y una audacia dignas de admiración.

Sometida al constante acoso y a la persecución de las autoridades de su país que le han impedido siempre salir de Cuba a recoger los muchos reconocimientos internacionales que se ha merecido por su lucha por la libertad, Yoani Sánchez ha animado con su blog a miles de cubanos a perder el miedo. El grito de libertad de Yoani Sánchez en la red se multiplica hoy en toda la isla, donde, con sus propios espacios en la blogosfera, han surgido otros muchos seguidores igual de valientes que ella, como Claudia Cadelo, Reinaldo Escobar, Lía Villares o Miriam Celaya. Todos ellos están logrando que Cuba avance cada día un paso más hacia la ansiada libertad.

Este libro de Yoani Sánchez, que tengo el inmenso privilegio de prologar, es mucho más que un utilísimo y práctico manual de WordPress, la herramienta informática que permite a todo aquel que lo desea editar su propio blog. Al amplio conocimiento y a la larga experiencia de su autora en este campo, se unen sus interesantes y profundas reflexiones sobre la formidable capacidad de Internet y de las redes sociales para desafiar a los enemigos de la libertad y poner de manifiesto sus atropellos en Cuba y en cualquier país que sufra cualquier tipo de tiranía.

El libro de Yoani Sánchez, escrito desde su personal y apasionante experiencia, es mucho más que un manual al uso, es un vibrante manifiesto de amor a la libertad y de compromiso sin fisuras con los derechos humanos y los valores de la democracia y el pluralismo. Al enseñarnos a usar las herramientas de la informática, como hace ella, Yoani Sánchez nos da una lección emocionante sobre nuestro deber de abrir siempre nuevas ventanas, sean cuales sean las dificultades, a la fuerza imparable de la libertad.

Esperanza Aguirre Gil de Biedma
Presidenta de la Comunidad de Madrid

PRÓLOGO DE JOSÉ LUIS ORIHUELA

Un famoso libro de Ithiel de Sola Pool titulado *Technologies of Freedom. On free speech in an electronic age* (1983) ha servido, mucho antes del nacimiento de la Web y de la llegada de los medios sociales, para enmarcar el potencial de las tecnologías de la información como instrumentos para extender la libertad y muy especialmente la libertad de expresión.

La red Internet, bien definida por Alejandro Piscitelli como *La imprenta del siglo XXI* (2005), se ha convertido en una de las herramientas más potentes de la historia para proyectar a escala global el alcance de la voz de los sin voz, para saltar los cercos y las vallas que se afanan por plantar los enemigos de la libertad.

No es casual la referencia a la imprenta, como prensa de palabras (WordPress), en la marca de una de las más populares plataformas de edición de blogs, como tampoco es casual que Internet haya sido la herramienta escogida por **Yoani Sánchez** para hacer llegar al mundo el clamor por la libertad del pueblo cubano.

Aún no he tenido la fortuna de conocer personalmente a Yoani Sánchez, aunque la sigo en la red desde comienzos de 2008 y hablo con cierta frecuencia con ella. Siempre he admirado la claridad de su escritura y el coraje que demuestra a diario al enfrentarse a un régimen dictatorial simplemente con un blog y con sus palabras.

El blog *Generación Y* que mantiene Yoani desde abril de 2007 sorteando todo tipo de dificultades, incluyendo su bloqueo en la isla, es la representación paradigmática de la red como tecnología para la libertad y del blog como imprenta personal.

A veces dictando las entradas por teléfono, otras veces remitiéndolas por correo electrónico a sus contactos para que las publiquen por ella, pero siempre con el mismo afán de construir con palabras un espacio para la libertad, Yoani ha extendido su pasión a muchos otros, dentro y fuera de la isla. Los comentarios de su blog se han convertido en una plaza pública en la que tienen reflejo las profundas diferencias que separan a los cubanos.

Yoani es mucho más que una bloguera famosa y premiada, y *Generación Y* es mucho más que uno de los blogs más populares del mundo. Yoani y su blog ya no tienen que ver sólo con la tecnología, ni sólo con la literatura de lo cotidiano, ya se han convertido en un símbolo de la resistencia pacífica a la opresión, en una demostración palpable del poder de las palabras.

Éste es un libro sobre la herramienta que ha hecho posible la revolución de Yoani Sánchez, WordPress, escrito para gente como ella: los que no saben de tecnología pero tienen cosas que decir, los que quieren comunicar y no tienen otro medio que el más sencillo y poderoso: un blog.

Los blogs, plataformas personales de publicación en línea, cambiaron la Web y con ella nuestra experiencia de Internet. La red dejó de ser un espacio de consulta y se convirtió en un espacio de participación. Los blogs iniciaron la transformación de la Web en un medio social: el medio de la gente.

La tecnología está disponible: WordPress es la mejor plataforma de todas las que he utilizado desde que comencé con los blogs en 2002.

La maestra está dispuesta: Yoani Sánchez es la mejor instructora que uno podría tener, conoce el medio y transmite su pasión.

Ahora lector, todo está en tus manos. Comienza el libro y, enseguida, comienza un blog.

José Luis Orihuela, autor de eCuaderno.com

Prefacio

UN BLOG PARA HABLAR AL MUNDO

Nacer en Cuba me proporcionó una singular forma de mirar al mundo. Rodeada de agua por todas partes, me asfixiaban las dificultades para comunicarme por vía telefónica, para acceder a publicaciones extranjeras o navegar en Internet. A eso se le agregaban las infranqueables restricciones migratorias que han limitado y limitan nuestra salida de las fronteras nacionales. Terminé sufriendo una gran angustia: quería saber qué ocurría más allá del horizonte. El adverbio *afuera* cobraba en mí connotaciones míticas, como esas regiones "al otro lado de la montaña" donde habitaban los dioses y los pánicos de mis lecturas infantiles. De ahí que empecé a soñar con la posibilidad de abrir una ventana propia para asomarme al mundo.

Fueron los avances tecnológicos, y no las conquistas políticas, los que me dieron la posibilidad de tener al menos una rendija por donde podía hacer dos cosas: enterarme de lo que pasaba en el exterior y mostrar mi realidad tal cual yo la veía. En esta "isla de los desconectados" el acceso a Internet comenzó siendo un privilegio para las personas políticamente correctas y para turistas hospedados en la capital; aún resulta imposible contratar legalmente una conexión doméstica y se requieren muchos permisos para acercarse al ordenador conectado a la red. Aun así, he podido arreglármelas para saltar el muro y asomarme al ciberespacio.

Con la desesperanza de un náufrago que arroja al mar una botella con un SOS, en abril de 2007 abrí mi blog *Generación Y*. Las olas fueron y vinieron, medio año más tarde el mensaje fue encontrado y divulgado por otros medios. Al principio creyeron que yo no existía o que se trataba de un truco publicitario del gobierno cubano para hacer creer que se estaban permitiendo espacios de libertad. Luego vinieron los comentaristas que convirtieron mi bitácora en una plaza pública de discusión y finalmente las entrevistas, las invitaciones y los premios. Lo mejor, sin embargo, fue que aparecieron nuevos blogs y la tímida rendija terminó por convertirse en un ventanal.

Mis estudios universitarios de Filología y mi empedernido hábito de lectura me facilitaron aquello de colocar una palabra detrás de la otra con alguna coherencia y pretendiendo un estilo. Pero había otra sintaxis que yo desconocía, regida por nuevas reglas de comunicación. Escribir y *bloggear* no son sinónimos y una página y una pantalla son cosas bastante diferentes. Así que tuve que aprender, buscando aquí y allá, pidiendo folletos, libros y consejos y sobre todo poniendo en práctica lo recientemente descubierto. Junto a los nuevos bloggers que iban surgiendo ensayamos un intercambio de conocimientos a través de un itinerario de encuentros y seminarios. Después nos atrevimos a fundar una Academia Blogger en la que me tocó poner al descubierto las tripas de WordPress.

Este libro que presenta ahora la editorial Anaya es como el plano de un tesoro, hecho por una aventurera expedicionaria de la red. Quienes sigan la ruta aquí sugerida, se ahorrarán los falsos caminos en los que me vi perdida más de una vez y tendrán a su disposición sorprendentes atajos, tanto para dar pasos seguros como para atreverse con saltos espectaculares. El hecho de que una persona, con una profunda minusvalía en sus derechos, pueda hoy ayudar al empoderamiento ciudadano de quienes no soportan estar sometidos ni a monopolios informativos ni a gobiernos autoritarios, es un suceso esperanzador frente a las tan recurrentes visiones apocalípticas del futuro.

Todos los sueños de paz mundial, las utopías justicieras, los anhelos de realización personal, los más caros propósitos del género humano ya no tendrán que esperar por "alguien" que les abra un espacio donde exponerse. Ya no hará falta un permiso burocrático. No será necesario amasar una fortuna o tener detrás un amenazante ejército armado hasta los dientes. Ni siquiera será preciso estar bajo la sombrilla de un partido político o una organización determinada. Aquí tiene usted una ventana, o mejor dicho la carpintería para construirla. Asómese a mirar y a que lo vean.

Yoani Sánchez

1. Nacimiento y consagración de WordPress

Adiós a los géneros

La penúltima letra del abecedario me sirvió así para darle nombre a mi blog.

En este capítulo descubriremos:

- ¿Cómo surgió WordPress?
- Las circunstancias que permitieron su aparición.
- La acogida, aplausos y críticas que ha recibido.
- La rápida sucesión de varias versiones en pocos años.

¿POR QUÉ LA BRÚJULA ORIENTA HACIA WORDPRESS?

Para los que estén ansiosos por pasar a la acción y abrirse un blog, quizás este capítulo les parecerá demasiado biográfico, zambullido entre el primer biberón que usó WordPress y los primeros pasos que dio en el ciberespacio. Sin embargo, para aprender a manejar un gestor de contenido vale la pena saber algo de su desarrollo, de su historia anterior al momento en que lo hemos conocido. No obstante, los inquietos pueden saltar directamente al capítulo 2 si así lo desean.

Afortunadamente para tener un blog hoy en día no se necesitan conocimientos elevados de informática ni es obligatorio sumergirse en complicados códigos de programación o diseño Web. Bloguear resulta fácil gracias a las numerosas herramientas –la mayoría de ellas gratuitas– que ofrecen la posibilidad de gestionar contenido en la red. Tenemos una amplia gama para elegir, dentro de ella están Blogger.com, LiveJournal, WordPress, Blogware, DotClear, GreyMatter, Movable Type, TypePad y TextPattern.

WordPress es una de las plataformas de publicación personal mejor valoradas en esta lista, pues el estar bajo las premisas del código abierto (*Open Source*) le ha traído como ventaja una comunidad amplísima y entusiasta de desarrolladores que le añaden constantemente nuevas implementaciones. En la página `http//codex.wordpress.org/` conocida como *The Codex*, los que quieran echar una mano en mejorar el código de WordPress pueden hacerlo.

> Si usted va por la vida haciendo preguntas y lanzando opiniones, ya es un blogger pero aún no lo sabe.

Así que se trata no sólo de un programa para bloguear, sino de un verdadero CMS (*Content Management System*), lo cual traducido al español vendría siendo un Sistema de Gestión de Contenidos, que permite a sus usuarios desarrollar sitios Web con él sin necesidad de zambullirse en el código de las páginas o tener que programar su código fuente. Es compatible con los estándares Web y tiene un alto valor estético.

Figura 1.1. WordPress, uno de los más populares sistemas de publicación y administración de blogs.

En diciembre de 2009 WordPress ganó el premio al mejor CMS de Software Libre en el certamen de los *Open Source CMS Awards* compitiendo con otras 12.000 candidaturas; en este concurso ganó el segundo lugar como mejor CMS basado en PHP.

Quienes nos decantamos un día por WordPress nos sentimos parte de un proyecto que crece cada semana y que toma en cuenta nuestros criterios para mejorarlo. Aunque al comenzar a manejarlo muchos no conocen todas sus potencialidades, con el tiempo comprenden que están en presencia de un sistema versátil, flexible, estable y en continuo desarrollo.

WordPress tiene todo lo que necesitamos para desarrollar una página Web acorde a los tiempos que corren:

- Publicación de entradas y páginas.

- Capacidad de agregar elementos multimedia como imágenes, audio, vídeos, documentos de Microsoft Office y en formato PDF.

- Directorio de enlaces, presentados en el conocido *blogroll*.

- Categorías y etiquetas que conforman un completo sistema de taxonomías.

- Roles y perfiles de usuarios en una secuencia escalonada de privilegios que van desde administrador, pasando por autor, editor, colaborador y suscriptor.

- RSS y Atom de las entradas y los comentarios y también un *feed* en formato OPML para los enlaces.

- Permalinks o URLs amigables que ayudan al mejor posicionamiento en los buscadores.

- Protección contra *Spam*.

- Actualización automática o manual de la versión de WordPress, pero también de los *plugins* y las plantillas.

Con la versión 3.0 se le agregó la capacidad de, con una sola instalación, poder administrar una comunidad de blogs. O sea, pasó a ser un gestor multisitios.

> Trabajar con WordPress es como interactuar con un organismo vivo que mejora frente a nuestros ojos hasta colocarse en lo más alto de la cadena evolutiva.

Para quienes blogueamos desde hace varios años, ha sido una grata sorpresa ver desfilar –en tan breve tiempo– más de una docena de versiones de este programa. Ha llovido mucho desde que en mayo de 2003 Matt Mullenweg y Mike Little intentaron fundir en un sistema la flexibilidad de Movable Type, la sencilla interfaz de Blogger, el análisis sintáctico de TextPattern y la facilidad de modificación que exhibía Cafelog/b2. El resultado final fue WordPress, que hoy en día es la plataforma de gestión y publicación de blogs más usada en el mundo.

EL LLANTO DEL BEBÉ Y SU POSTERIOR CRECIMIENTO

Antes de continuar analizando el presente de WordPress sería bueno darnos un breve viaje hacia sus orígenes para escuchar el llanto de ese bebé que tantas alegrías –y quebraderos de cabeza– nos ha traído.

Transcurría el ya lejano año 2001 y tener un blog en Internet comenzaba a ser algo común. Michel Valdrighi desarrolló en ese momento una herramienta de gestión de blogs conocida como B2/Cafelog. Para ello usó la combinación de PHP y MySQL, que se convertiría en una verdadera fórmula de éxito para futuros softwares con similares objetivos. Las características simples del entonces estancado B2/Cafelog, se combinaron con el talento y la perseverancia de Mullenweg y Little para dar paso a WordPress. Toda la historia de esta herramienta de gestión y desarrollo de blogs es un ejemplo claro de las ventajas que genera la publicación en plataformas de código abierto. Gracias precisamente a su arquitectura libre y pública, los usuarios se beneficiaron desde el principio con la iniciativa de quienes deseaban mejorarlo.

Figura 1.2. Matt Mullenweg, desarrollador de WordPress.

Figura 1.3. Mike Little ayudó a crear WordPress.

Aunque todavía faltaban algunos "incidentes" para que WordPress se convirtiese en la herramienta de publicación que conocemos hoy, su licencia GPL ya había marcado –desde el primer momento– sus pasos en el futuro. Pasó de ser una alternativa más en la amplia gama enfocada a la creación de blogs a convertirse en el CMS más popular de la blogosfera.

> WordPress se benefició de su licencia GPL y de una inquieta comunidad de desarrolladores que lo hicieron evolucionar y extenderse rápidamente.

El bebé nació en su primera versión 0.7 a finales de mayo de 2003 y el nombre de WordPress fue sugerido por Christine Selleck, amiga del desarrollador principal Matt Mullenweg. Se convirtió en el sucesor oficial de B2/Cafelog y fue muy entusiasta la acogida entre los bloggers que esperaban mejorías en su labor. El aplauso parecía garantizado, aunque nadie podía vaticinar que siete años después aquella criatura rudimentaria se convertiría en un potente gestor de contenido.

WordPress superaba con creces a su predecesor B2/Cafelog y sus ventajas dejaban muy atrás a la rústica presencia y las limitadas funcionalidades de este pionero de la esfera blogger. El triunfo se debió en parte a una serie de implementaciones que hacían la labor más llevadera a quienes querían publicar contenido en la Web.

Entre los avances incluidos en la versión inicial estaban:

- La posibilidad de gestionar y administrar el *blogroll* o lista de enlaces.
- Una interfaz intuitiva y diferente para el administrador.
- Gran variedad de plantillas.
- Abundantes manuales y foros para aprender a manejar WordPress.

Todas estas nuevas ventajas nos parecen obvias y simples a la luz de hoy, pero en ese momento funcionaron como el oxígeno necesario para el incendio blogger que terminaría arrasando la Web. De ahí que la mutación de WordPress se sucediera tan rápido, debido al altísimo interés que tenían sus usuarios en que se perfeccionara. Posteriormente apareció la versión 0.71, en la que se corregían algunos pequeños *bugs* y que fue llamada Gold, entre otras razones por contar –por primera vez– con la posibilidad de marcar un *post* como "Borrador", "Publicado" o "Privado" y por la trascendental capacidad de recibir y enviar *trackbacks* y *pingbacks*, entre otras nuevas mejorías.

La evolución siguió y ya en enero de 2004 la versión 1.0 vino a reparar algunos errores. Sus desarrolladores le agregaron un motor de búsqueda y *permalinks* amigables usando mod_rewrite. Serios problemas de seguridad hicieron que en ese mismo enero tuvieran que aparecer dos nuevas versiones, la 1.0.1 conocida como Miles y la 1.0.2 llamada Blakey.

> Cada nueva versión que surgía obligaba a correcciones y mejorías para solventar fallas de seguridad y ciertas incompatibilidades.

EL ENTUSIASMO, LOS APLAUSOS Y LAS CRÍTICAS

El año 2004 se caracterizó por un verdadero aluvión de versiones nuevas de WordPress, las cuales estaban encaminadas fundamentalmente a reparar problemas en las anteriores. Sin embargo, fue el 22 de mayo el día en el que WordPress 1.2 se vistió con las lentejuelas de una gran cantidad de funcionalidades que le arrancaron un estruendoso aplauso a los usuarios.

> En un estudio realizado recientemente por Blind Elephant, una herramienta de Qualys para determinar la vulnerabilidad de los programas más populares de Open Source, WordPress resultó ser el CMS con menos vulnerabilidades críticas.

Una breve pausa en esta escalada de cambios, sirvió como tiempo de incubación para que el 6 de octubre de ese mismo año, se actualizara el núcleo de la versión 1.2.1, especialmente a causa de varios problemas de seguridad. Unos meses después, en diciembre, la versión 1.2.2 perfeccionaba a la criatura adolescente en que se había convertido Worpdress, que daría uno de sus saltos más significativos el 17 de febrero de 2005 cuando se trasmutó en su versión 1.5 bajo el nombre clave de Strayhorn por el autor y arreglista Billy Strayhorn, creador de obras como "*Take the A Train*" o "*Lush Life*". Este suceso marcó el fin de una era y el comienzo de otra en cuanto a sistemas de gestión de blogs.

La nueva variante incluía:

- La capacidad de que el usuario personalizara las plantillas, hasta crear su propio tema.

- La posibilidad de crear páginas estáticas que se administraban y actualizaban de manera diferente a las entradas o *posts*.

- ☐ Control total sobre los comentarios, a partir del reconocimiento de que la discusión era el motor impulsor de los blogs. De ahí que se incluye la atractiva capacidad de moderarlos.

- ☐ Se amplió la información que tenía el blogger sobre lo que ocurría en su sitio, a partir de la creación del tablero de bienvenida, que daba a conocer –en una rápida mirada– los últimos comentarios, *pingbacks* y el estado de las entradas.

- ☐ Mejoras en la API de los *plugins* y la creación de los actuales sistemas de `add_filter()` que permite aplicar filtros desde los *plugins* instalados.

Hasta finales de ese increíble 2005 WordPress no volvió a vivir otra transformación importante, pues sus desarrolladores se dedicaron a trabajar intensamente en lo que sería la versión 2.0. El 31 de diciembre de ese mismo año se presentó finalmente, con sus características innovadoras que marcaron un cambio radical con respecto al núcleo anterior de WordPress, remodelando incluso la Base de Datos y, hasta el API de las plantillas.

El entusiasmo era tal que a nadie le molestó tener que actualizar inmediatamente la versión 2.0, a causa de un problema de incompatibilidad con ediciones anteriores de PHP. Hasta enero de 2007 no volvió a ocurrir un salto significativo en el inquieto WordPress, como no fuera las enmiendas de ciertos problemas.

> La posibilidad de acompañar los textos con fotos, vídeos o archivos de audio, cambió la faz de las bitácoras y potenció su integración con herramientas de almacenaje y procesamiento audiovisual en Internet.

CAPACIDAD DE REGENERACIÓN Y OBSTÁCULOS EN EL CAMINO

Ya en marzo de ese mismo año WordPress 2.1 se regeneró en la versión 2.1.2 para superar la introducción de un código malicioso, mientras en paralelo la rama de WordPress 2.0 siguió adelante con su edición 2.0.9. Un nuevo problema de seguridad puso en jaque a la comunidad de usuarios de este sistema de gestión de bloggers. A la carrera tuvieron que actualizar el 3 de abril del 2007 a la versión 2.1.3 y 2.0.10 para evitar problemas con el sistema XML-RPC.

Sin dejar de sorprendernos, el 16 de mayo de 2007 vio la luz Getz, que correspondía a la versión 2.2 y cumplió con la expectativa que se había creado en Internet alrededor de la criatura mutante que estaba resultando WordPress. Las nuevas capacidades que exhibía lograban satisfacer incluso a los más exigentes:

- La aparición de los funcionales *widgets*.

- Nueva herramienta de importación desde Blogger.

- Soporte completo de los *feeds* en Atom.

- Comentarios infinitos mediante Ajax.

- Control de *plugins* que disminuyó los fallos al activarlos o editarlos.

- Optimización de la velocidad en filtros para *plugins*.

- Soporte para funcionar en futuras versiones de Safari.

Parecía que los errores de seguridad no iban a darle tregua a WordPress, de ahí que durante los meses posteriores al lanzamiento de su versión 2.2, tuviera que lanzarse la 2.2.1 que reparaba no solamente estas fallas sino también las de visualización con el navegador Internet Explorer 7. El dinamismo seguía marcando la vida de la blogosfera mundial y especialmente al sistema creado por Matt Mullenweg y Mike Little, de manera que el 25 de septiembre de 2007 apareció Dexter, la versión 2.3 de WordPress que dejó boquiabiertos incluso a los escépticos.

Llamada en honor al saxofonista estadounidense Dexter Gordon, traía un montón de novedades:

- El famoso sistema de *tags* nativo (Taxonomía en WordPress).

- Notificación de actualización de *plugins* y versiones nuevas de WordPress.

- Panel WYSIWYG mucho más avanzado.

Los que creían que era el momento de recostarse en la butaca y parar de actualizar a nuevas versiones, se equivocaron. Las fallas de seguridad reaparecieron con la correspondiente necesidad de repararlas. En medio de todo esto se paralizó la rama 2.0 que se había convertido en un pariente cercano y autónomo. Los usuarios se vieron obligados a unificarse para poder acceder al mantenimiento y las mejoras que no cesaban de aparecer.

Con el nombre de Becker fue bautizada la nueva versión 2.5, presentada el 29 de marzo de 2008 y que estuvo a punto de agotar el abecedario por todas las adaptaciones que sufrió.

Llegó cargada de cambios excelentes y de otros no tan buenos que provocaron cierta mueca en la comunidad de usuarios.

LA INFLUENCIA DEL CONTEXTO EN EL DESARROLLO DE LA NUEVA CRIATURA

Las circunstancias ayudaron a que WordPress llegara a convertirse en lo que es hoy. Un día decisivo en su existencia fue el 15 de Junio de 2004, cuando SixAppart anunció una estrategia comercial que incluía nuevos precios y tipos de licencia para la versión 3.0 de Movable Type. La protesta recorrió la Web y desató una serie de opiniones contrapuestas a la decisión tomada por la empresa de Ben y Mena Trott. A la diatriba se sumaron voces muy conocidas y admiradas dentro del mundo de los blogs. Un artículo de Mark Pilgrim resultó decisivo al informar de su decisión de que, después de un par de años colaborando en el desarrollo de Movable Type, se mudaba a WordPress. Su disposición fue más allá y donó al desarrollo de este proyecto la cantidad de dinero equivalente a los nuevos precios y licencias de MovableType 3.0. El gesto fue repetido por muchos otros internautas.

Este hecho marcó el despegue y la posterior trayectoria de WordPress, pues un número considerable de usuarios se acercaron a él y ayudaron a desarrollarlo. Llegaron entonces las traducciones a otros idiomas, a partir de grupos de colaboradores que compartían esfuerzo y resultados. El bebé que había nacido a mediados de 2003 ya era un adulto en plena forma y con una increíble capacidad para competir, tenía una personalidad sólida y la fortaleza que le daba su código abierto.

Hasta el día de hoy no ha parado de crecer, especialmente en cuanto a extensiones y *plugins* que se pueden encontrar por toda la Web, pero especialmente en reservorios como éstos:

- `http://www.worpdress.org/development`
- `http://dev.wp-plugins.org/browser/`
- `http://www.100px.com/100WordPress/` (en español)

LA CONSAGRACIÓN DE WORDPRESS

Tantas atractivas funcionalidades hicieron aparecer a los conversos que llegaban a WordPress después de usar otros sistemas de gestión de blogs. Para ellos las herramientas de migración e importación se hicieron cada vez más amplias y fáciles de usar. Las versiones 2.7. 2.8, 2.9 y finalmente la rutilante 3.0 confirmaron la consagración de este gestor de blogs.

A una distancia de años luz ha dejado WordPress a sus competidores, al presentar esta nueva línea evolutiva amigable, flexible y extremadamente funcional.

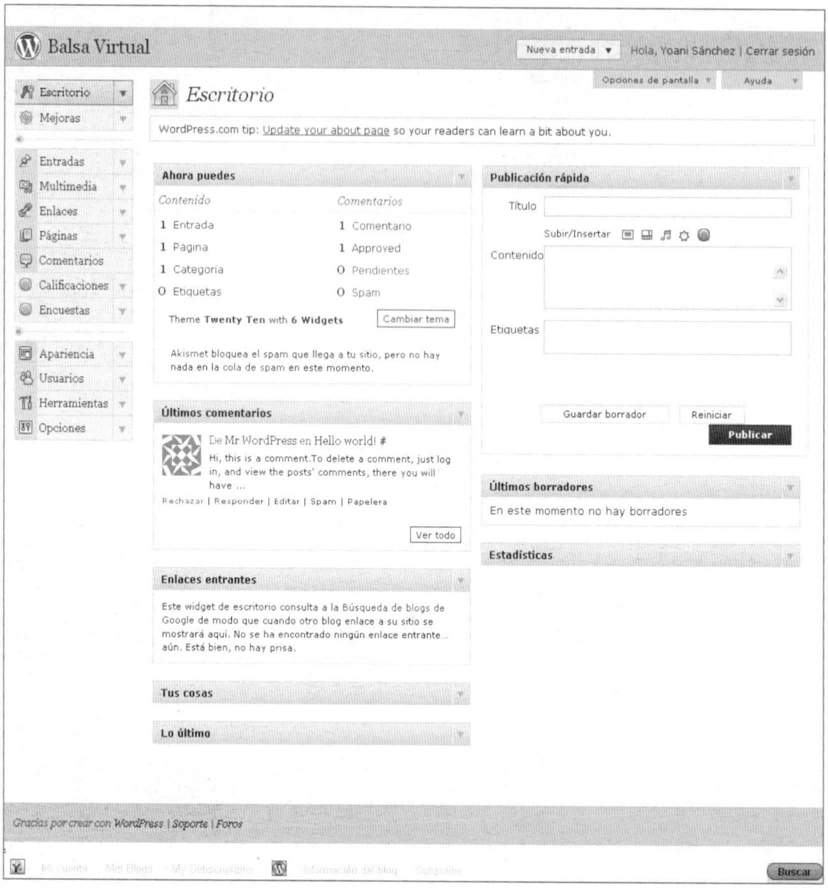

Figura 1.4. Tablero de administración de WordPress 3.0.

RESUMEN

Sin duda, la licencia GPL de WordPress y su código abierto y público jugó un papel determinante en su rápida evolución. La dinámica comunidad de desarrolladores que se volcó en función de crearle nuevas implementaciones logró mantener un ritmo de actualizaciones casi frenético. En poco tiempo pasó de ser una simple herramienta de administración de blogs a convertirse en el sistema muy completo de gestión de contenido. Matt Mullenweg y Mike Little lograron mucho más de lo que se habían propuesto en un principio, pues superaron con WordPress la flexibilidad de Movable Type, lograron tener una interfaz tan sencilla como Blogger y un análisis sintáctico al nivel de TextPattern, sin descuidar la facilidad de modificación que exhibía Cafelog/b2. El bebé nació con buenos pulmones para cantar en la red la dulce melodía de las bitácoras.

2. El mapa para instalar WordPress

Bloggear en situaciones límites

*Tener un blog se vuelve entonces una aventura
complicada y llena de obstáculos.*

En este capítulo descubriremos cómo:

☐ Son las ventajas que ofrece el alojamiento gratuito en WordPress.com.

☐ Abrir una cuenta en ese servicio público.

☐ Subir el *script* a un servidor propio.

☐ Crear una base de datos.

☐ Realizar el proceso de instalación de WordPress.

VENTAJAS DE ABRIR UNA CUENTA EN WORDPRESS.COM

Después de todas las peripecias narradas en el primer capítulo, sentimos que WordPress es como alguien a quien hemos visto crecer, salirle los primeros dientes, rasparse las rodillas y dejarse crecer la coleta. Nos felicitaremos por haberlo seleccionado entre una amplia variedad de herramientas destinadas a la gestión de blogs, pues en el interior de su escritorio, arropados por su variedad de plantillas y sus multifuncionales *widgets* sentiremos que hemos llegado a casa. Una morada virtual y confortable, donde pasaremos buena parte de nuestro tiempo online siendo a la vez lector y administrador, editor y comentarista, redactor jefe y hasta corrector.

Para confirmar que ha sido una sabia decisión la de usar WordPress para gestionar y administrar nuestro blog, repasemos –sin ponernos supersticiosos– las trece ventajas que nos ofrece el servicio de alojamiento de WordPress.com:

1. Un panel de administración totalmente traducido al español.

2. La existencia de una gran variedad de plantillas con *widgets* que ayudan a personalizar la barra lateral sin tocar el código.

3. Una misma cuenta permite crear múltiples blogs y otorgarles a los usuarios diferentes roles.

4. La posibilidad de configurar un sistema de categorías y *tags* para posicionar y localizar mejor las entradas.

5. El administrador puede determinar si sus blogs serán privados o públicos.

6. La capacidad de importar el contenido y las configuraciones desde otros sistemas como Blogger, Typepad, LiveJournal, GreyMatter y exportar lo ya publicado desde el propio WordPress.com.

7. Efectiva protección contra el *spam*.

8. Completo informe de estadísticas.

9. Amplio manejo de los comentarios y variadas herramientas de moderación.

10. Se pueden acompañar los textos no sólo con fotos, sino también con documentos, vídeo en YouTube, galerías en Flickr y una amplia variedad de formatos de archivos.

11. Brinda la posibilidad de publicar las entradas a través del e-mail.

12. Cada usuario dispone de 3 Gigabytes para almacenar sus archivos.

13. Es gratuito.

Figura 2.1. Página principal de WordPress en español.

CREAR UNA CUENTA EN WORDPRESS.COM

Para los que prefieran que el cachorro crezca en su propia casa, está el magnífico sitio `http://www.es.WordPress.com` donde puede abrirse un blog con la misma facilidad con que se crea una cuenta de correo electrónico. Hagamos la prueba entonces creando nuestra **Balsa virtual** a buen abrigo de papá WordPress.com.

Breve, fácil e intuitiva resulta la creación de un blog en WordPress.

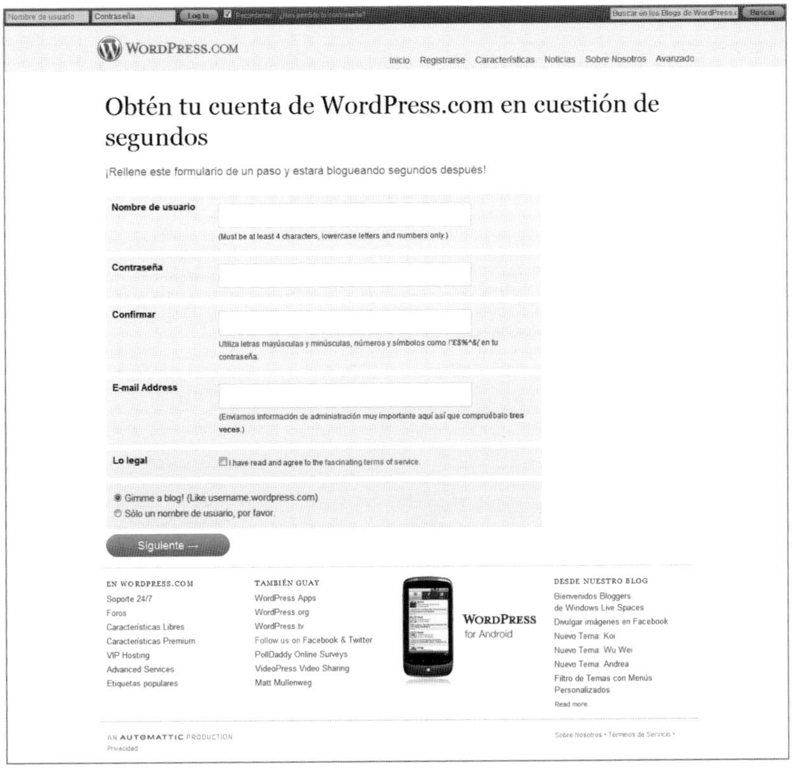

Figura 2.2. Formulario para crear un blog en WordPress.

- ☐ Hacer clic sobre el botón **Registrarse** y rellenar los siguientes datos:

    - ☐ Nombre de usuario: Será necesario para acceder a la zona de administración del blog.

    - ☐ Contraseña: Una combinación de palabras y números difícil de adivinar por otros, pero fácil de recordar para el administrador.

☐ Dirección de correo electrónico: Escribir un e-mail real y activo pues WordPress enviará a esa dirección información importante para el funcionamiento del blog.

☐ Haga clic en la cuadrícula de Conformidad con los términos del servicio.

☐ El botón **Siguiente** nos llevará a la próxima pantalla de la instalación.

Se deben introducir algunas especificaciones más para dar por concluido el proceso de creación del blog:

☐ Dominio: Determinará la dirección URL (*Uniform Resource Locator*) en la que quedará localizado.

☐ Título: Aparecerá en la parte superior del sitio y puede ser modificado en cualquier momento.

☐ Idioma: Estará marcado por defecto el "español".

☐ Privacidad: El usuario podrá decidir si quiere que su sitio aparezca en motores de búsqueda.

☐ Hacer clic sobre Registro.

Figura 2.3. Segunda parte del formulario para crear un blog en WordPress.

Llegará a nuestro buzón de e-mail un mensaje con el enlace para activar la cuenta de WordPress que hemos creado. Dicho e-mail también contendrá nuestra clave de API que será de mucha utilidad para ciertas funcionalidades que estudiaremos más adelante.

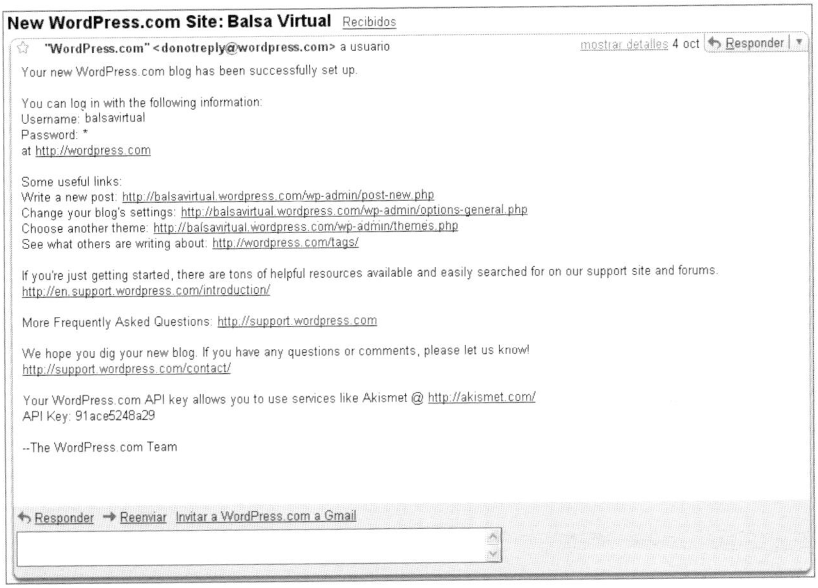

Figura 2.4. E-mail de confirmación.

Con ella ya podremos empezar a administrar una verdadera comunidad de blogs, tal y como aprenderemos en el capítulo 20. Por el momento, para gestionar la nueva bitácora que hemos creado podemos acceder a través de tres diferentes caminos:

   ☐ Desde la barra de acceso que está en la parte superior de la página principal de WordPress: `http://www.es.WordPress.com`.

Figura 2.5. Zona de acceso de usuarios.

   ☐ Directamente desde la dirección que incluye el nombre del dominio más la terminación /wp-admin: `http://www.balsavirtual.wordpress .com/wp-admin`.

Figura 2.6. Pantalla de acceso a la administración del blog.

☐   A través del *widget* Meta que aparece en la barra lateral del nuevo blog y
que tiene una entrada llamada Acceder.

Figura 2.7. Acceder desde la propia barra lateral del blog.

Con el nombre de usuario y la contraseña, ya podemos sentir que tenemos la
llave para entrar en la nueva casa virtual.

Ahora estamos en la línea de arrancada, pero sólo el contenido del blog, la
constancia al mantenerlo y la originalidad de los materiales permitirán alcanzar
la meta de una gran comunidad de lectores.

INSTALAR WORDPRESS EN UN SERVIDOR PRIVADO

Uno de las más subyugantes posibilidades que ofrece WP es la de descargar su *script* e instalarlo en un servidor propio, sin que esto termine en un fuerte dolor de cabeza frente a la pantalla. Se trata, para nuestro alivio, de una criatura desarrollada en PHP y MySQL, y esto la hace extremadamente adaptable a la nueva morada que queramos darle en nuestro dominio privado o empresarial. Así tendremos nuestro propio WordPress para acomodarlo al contenido y al objetivo del espacio que poseemos en Internet.

Para obtener la última versión de este programa lo mejor es pasar por el sitio en español de WordPress `http://www.es.wordpress.org`. En la portada veremos un amplio botón que nos invita a descargarnos la última versión del *script*. No nos demoremos más para hacer clic sobre él.

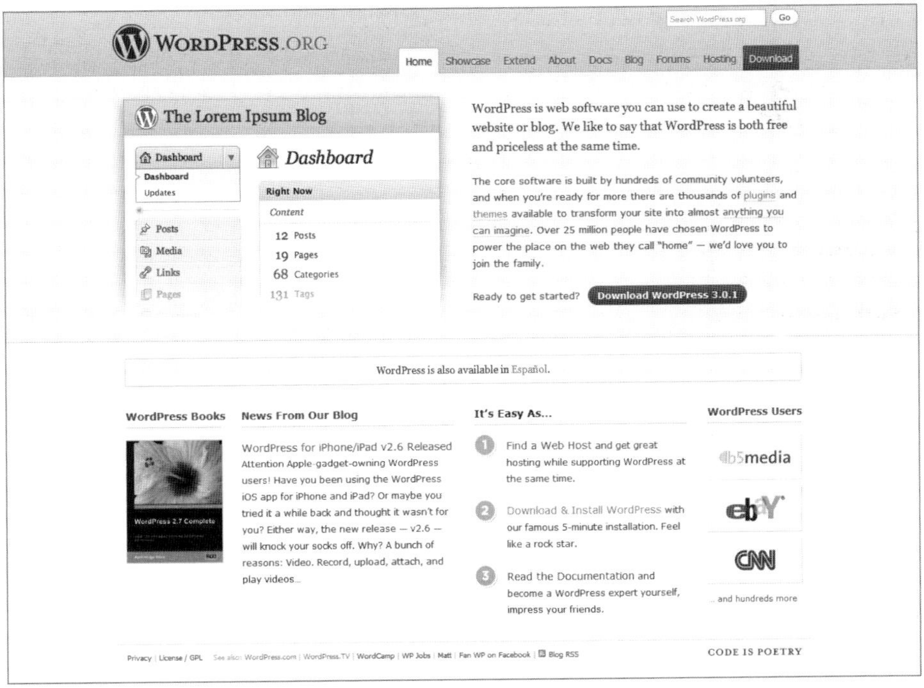

Figura 2.8. Comenzar a descargar WordPress.

El resultado es un fichero comprimido llamado `wordpress-3.0-es_ES` que debemos descompactar y colocar en el servidor donde se instalará. En el interior de la carpeta encontraremos varios archivos sueltos y otros agrupados bajo los directorios `wp-content`, `wp-admin` y `wp-includes`. Debemos subir la instalación a través del protocolo FTP hasta nuestro sitio en la Web.

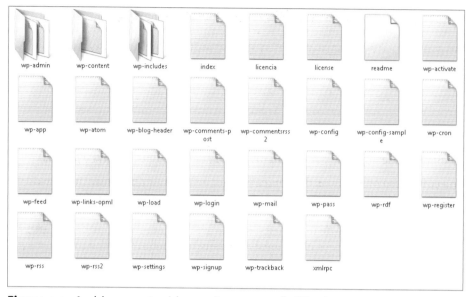

Figura 2.9. Archivos contenidos en la carpeta de WordPress.

Se necesitan tres tecnologías entrelazadas para hacer funcionar WordPress en nuestro servidor: un sistema de base de datos, como MySQL, donde almacenar los datos generados por el blog, una aplicación de servidor Web que bien puede ser Apache y un lenguaje para crear secuencias de comandos, al estilo de PHP. Este último es el intermediario entre el servidor Web y la base de datos. En la actualidad la mayoría de los alojamientos de Web tiene ya predeterminadas estas tecnologías. De todas formas, para usuarios principiantes lo mejor es pedir ayuda al administrador del servidor.

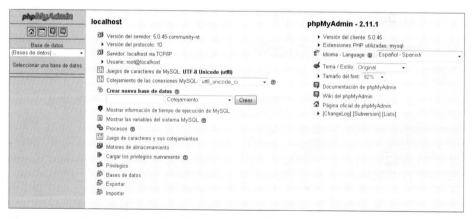

Figura 2.10. El interior de PhpMyAdmin en el servidor.

PROBAR WORDPRESS EN UN SERVIDOR LOCAL

Los conocimientos para gestionar servidores se han democratizado mucho en los últimos años, permitiendo a cualquier persona instalar uno de ellos de manera local para realizar pruebas. Resulta de gran ayuda poder testear una implementación y verificar si realmente se ajusta a nuestros deseos y necesidades. Hacer estas comprobaciones en nuestros ordenador, nos evitará algunas sorpresas desagradables en Internet. De manera que aprender a usar WordPress sin la tensión de estar online, permitirá explorar todas sus funcionalidades y juguetear con su inventario de plantillas, *widgets* y *plugins*.

Una cuidadosa ojeada a las diferentes implementaciones para crear un servidor local nos lleva a seleccionar el XAMPP por tener éste una licencia libre, estar disponible para Windows y Mac OS X, además de su fácil manejo. Lo primero será obtener el paquete de instalación del sitio `http://www.apachefriends .org/en`. Con unos pocos clics nuestro ordenador se convertirá en un "simulador de vuelo" para posteriores acrobacias en la red.

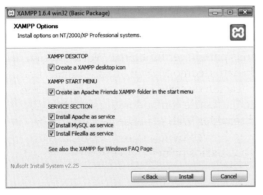

Figura 2.11. Durante la instalación de XAMPP.

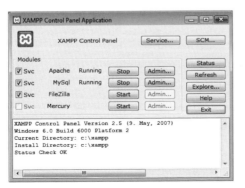

Figura 2.12. Panel de control de XAMPP.

Para comprobar que el servidor local XAMPP funciona correctamente basta con teclear *localhost* en la barra de navegación. Podrá desplazarse por todas las opciones que brinda esta página tal y como si estuviera en Internet y hacer uso del PhpMyAdmin de la misma manera que muestra la figura 2.13.

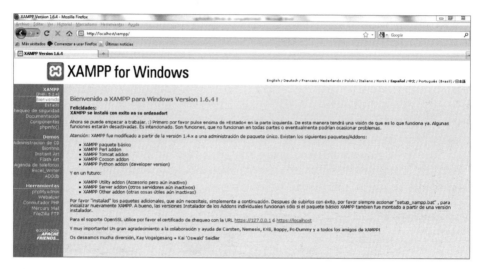

Figura 2.13. El servidor local XAMPP visto desde el navegador.

Para instalar WordPress en el servidor, sea este local o esté ubicado en la Web, se vuelve requisito indispensable primero crear una base de datos.

Para ello debemos dirigirnos al PhpMyAdmin incluido en la mayoría de los paquetes que venden los servicios de alojamiento Web. Incluso en muchos de ellos el usuario tiene acceso a un panel de control donde con apenas un par de pasos se puede dar vida a una base de datos, configurar su nombre y su contraseña. Aunque se goce de esa ventaja es bueno saber cómo hacerlo a través del método más básico, tal y cómo se muestra en la figura 2.14.

En el recuadro central se debe escribir el nombre de la nueva base de datos. Si nos fijamos en la casilla que aparece a la derecha, veremos la palabra "cotejamiento", la cual alude al orden en que se clasificarán los registros, siendo éste que aparece por defecto el más adecuado para la lengua inglesa y la mayor parte de las lenguas europeas. Una vez que comprobemos eso podemos presionar el botón **Crear,** y de esa manera quedará habilitado el depósito al que irán a parar los datos generados por el blog. Dentro de las filas y las columnas que compondrán la tabla, estarán guardados los comentarios, la información de los diferentes tipos de usuarios, las entradas publicadas y las imágenes que acompañen a los textos. Sin la base de datos un blog sería un mero esqueleto vacío, carente del alma que le agrega toda la información almacenada en ella.

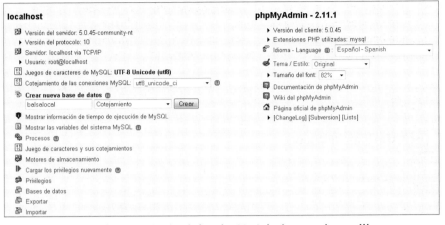

Figura 2.14. La página principal de PhpMyAdmin, con la casilla de creación de bases de datos.

La contraseña asignada a la base de datos debe ser difícil de adivinar para los intrusos y fácil de recordar para usted. Nada de nombre de mascotas ni fecha de nacimiento, apele a una combinación inusual que exceda los ocho caracteres.

Podemos ubicar los archivos que componen WordPress, lo mismo directamente en el *root* de un servidor, que en una subcarpeta. También tendremos que definir si la creación del fichero de configuración se hará de manera manual antes de colocarlo en su ubicación definitiva, o si preferimos dejarnos llevar por los pasos de instalación que incluye WordPress. Sea cual sea el camino seleccionado, necesitaremos crear con anterioridad la base de datos. Para ello será necesaria una zambullida en PhpMyAdmin.

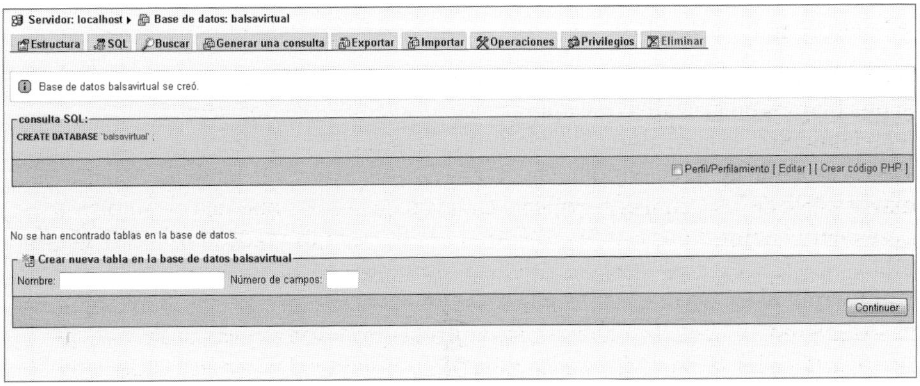

Figura 2.15. Creación de la base de datos desde PhpMyAdmin.

Si nos decantamos por configurar manualmente el archivo `wp-config.php`, esto nos ahorrará algunos quebraderos de cabeza, pero está pensado más bien para usuarios avanzados que deberán seguir el siguiente itinerario:

1. Descomprimir el paquete que contiene el directorio.

2. Abrir el fichero `wp-config-sample.php` con un editor de texto y escribir los detalles de conexión con la base de datos ya creada.

3. Guardar este archivo como `wp-config.php`.

4. Subir todo al servidor o si se trata de servidor local, colocar la carpeta en el directorio `c:\xampp\htdocs`.

La información sobre la base de datos debe colocarse en las zonas que aparecen resaltadas en rojo en la imagen 2.16.

```
// ** Ajustes de MySQL. Solicite estos datos a su proveedor de alojamiento web. ** //

/** El nombre de su base de datos de WordPress */

define('DB_NAME', 'nombredelabasededatos');

/** Su nombre de usuario de MySQL */

define('DB_USER', 'nombredeusuario');

/** Su contraseña de MySQL */

define('DB_PASSWORD', 'contraseña');

/** Host de MySQL (es muy probable que no necesite cambiarlo) */

define('DB_HOST', 'localhost');

/** Codificación de caracteres para la base de datos. */

define('DB_CHARSET', 'utf8');

/** Cotejamiento de la base de datos. No lo modifique si tiene dudas. */

define('DB_COLLATE', '');
```

Figura 2.16. Contenido del archivo wp-config-sample.php.

Si nos decantamos por instalar WordPress en la propia Web donde finalmente se quedará funcionando, entonces será él mismo quien genere el archivo `wp-config.php`. Para ello debemos subir el contenido del paquete que ya hemos descomprimido a la ubicación elegida. Una vez que esté arriba hasta el último fichero, es el momento de escribir en el navegador la dirección `http://blogejemplo.com/wp-admin/install.php`. En el caso de que hayamos ubicado la instalación en una subcarpeta, entonces la ruta será más o menos así `http://dominioprincipal.com/balsavirtual/wp-admin/install.php`, pero si estamos trabajando en una copia local, la URL sería `http://localhost/balsalocal/`. En las tres variantes mencionadas veremos surgir la siguiente página:

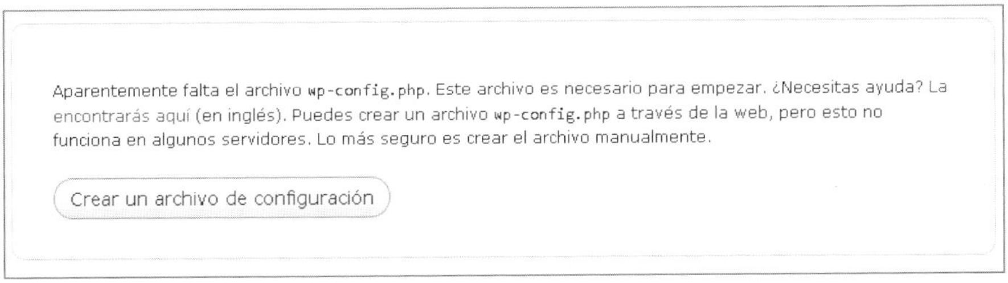

Aparentemente falta el archivo `wp-config.php`. Este archivo es necesario para empezar. ¿Necesitas ayuda? La encontrarás aquí (en inglés). Puedes crear un archivo `wp-config.php` a través de la web, pero esto no funciona en algunos servidores. Lo más seguro es crear el archivo manualmente.

Crear un archivo de configuración

Figura 2.17. Se debe crear manual o automáticamente el archivo de configuración.

Al hacer clic sobre el botón **Crear un archivo de configuración**, se mostrará un breve listado que nos recordará todo lo que necesitamos para llevar a feliz término el nacimiento de nuestro nuevo blog. Será necesario contar con los siguientes detalles referidos a la base de datos:

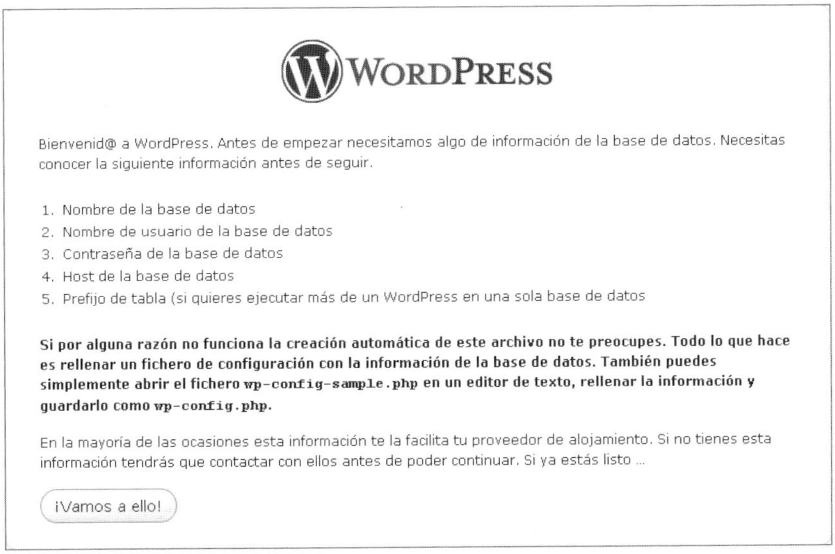

WORDPRESS

Bienvenid@ a WordPress. Antes de empezar necesitamos algo de información de la base de datos. Necesitas conocer la siguiente información antes de seguir.

1. Nombre de la base de datos
2. Nombre de usuario de la base de datos
3. Contraseña de la base de datos
4. Host de la base de datos
5. Prefijo de tabla (si quieres ejecutar más de un WordPress en una sola base de datos

Si por alguna razón no funciona la creación automática de este archivo no te preocupes. Todo lo que hace es rellenar un fichero de configuración con la información de la base de datos. También puedes simplemente abrir el fichero `wp-config-sample.php` en un editor de texto, rellenar la información y guardarlo como `wp-config.php`.

En la mayoría de las ocasiones esta información te la facilita tu proveedor de alojamiento. Si no tienes esta información tendrás que contactar con ellos antes de poder continuar. Si ya estás listo ...

¡Vamos a ello!

Figura 2.18. Datos necesarios para continuar con la instalación.

El botón **¡Vamos a ello!** nos llevará hacia una pantalla donde rellenar de información algunos campos:

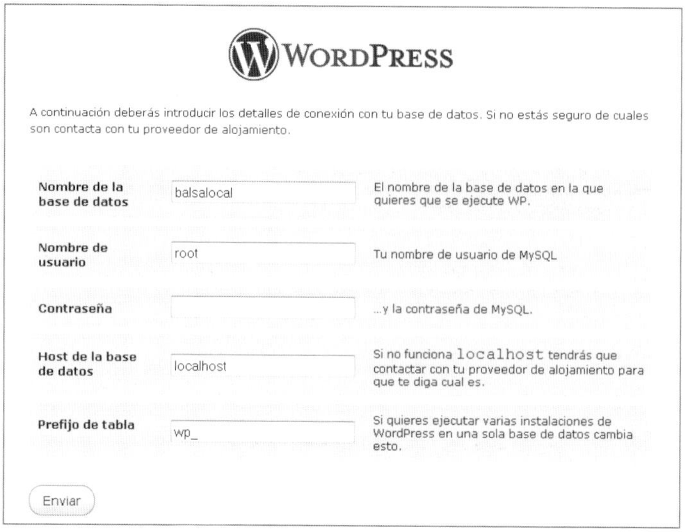

Figura 2.19. Introducir los detalles de conexión con la base de datos.

La frase ¡Todo correcto! Nos confirma que WordPress ha podido comunicarse con nuestra base de datos y que ya está listo para proceder con la instalación. El botón **Iniciar la instalación** nos llevará a una pantalla donde se introducen los datos generales del nuevo blog.

Aparece entonces la palabra "Bienvenido" y empezamos a sentir que podemos relajarnos, quitarnos los zapatos y entrar en la casa de WordPress como en la de un viejo amigo. Si hemos llegado a este punto ya pertenecemos a una cofradía que exhibe la letra W como si de una marca de identificación se tratara. Ahora sólo hay que dejarse llevar y escribir el título del blog, que podremos cambiar después en caso de que llegáramos a arrepentirnos de la primera decisión.

> Se recomienda no mentir al rellenar la casilla destinada a la dirección de e-mail, pues a través del correo electrónico llegará una serie de noticias importantes relacionadas con el blog y las nuevas versiones de WordPress.

Afortunadamente desde la aparición de WordPress 3.0 el blogger puede decidir durante la instalación cuál será el nombre del usuario administrador. Antes de esa versión, se le llamaba por defecto Admin, lo cual le hacía más fácil la tarea a los asaltadores de sitios ajenos que sólo tenían que emplear su energía en descubrir la contraseña. También se puede definir desde esta pantalla de instalación si nuestro sitio va a aparecer en motores de búsqueda como Google y Technoratic. Un botón con la frase Instalar WordPress, pone punto final al sencillo proceso al anunciar ¡Lo lograste!.

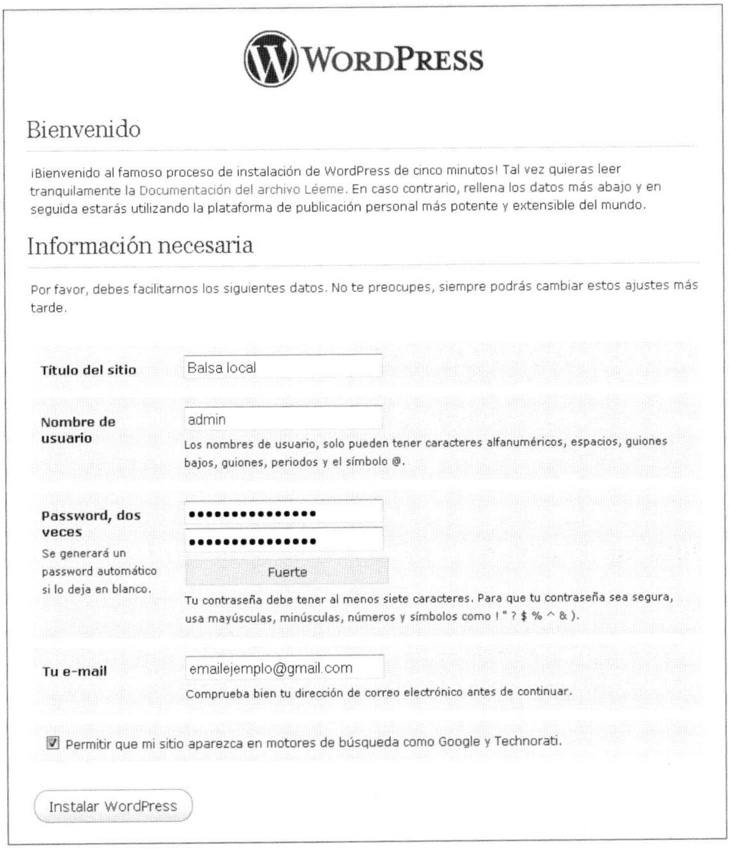

Figura 2.20. El título del blog y correo electrónico son los últimos datos a introducir.

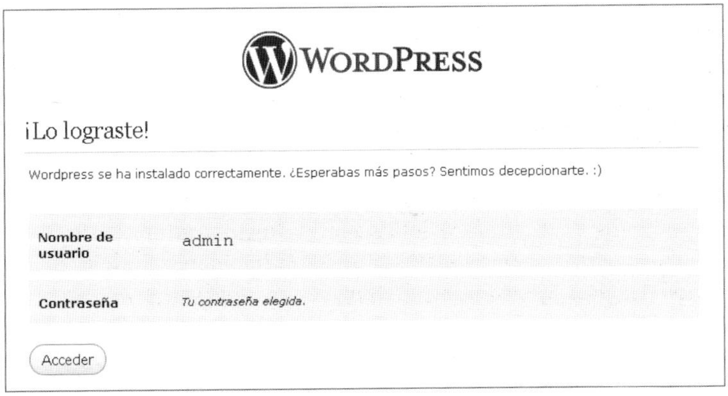

Figura 2.21. La instalación de WordPress ha concluido con éxito.

ACCEDER POR PRIMERA VEZ AL TABLERO DE WORDPRESS

Es el momento de presionar el botón **Acceder** que nos llevará de bruces al formulario de entrada al tablero o escritorio de administración.

Si en lugar de mirar las vísceras de WordPress queremos ver la portada de nuestro recién nacido blog, bastará con seleccionar la opción de la parte superior izquierda de la pantalla, donde anuncia Volver a Blog de ejemplo o a cualquier otro nombre que le hayamos puesto a nuestra nueva bitácora. La potente plantilla TwentyTen –con sus tonos blancos y grises– nos dará la bienvenida, mostrando la entrada predeterminada "¡Hola mundo!". Una breve frase nos dice en la zona de la cabecera "Otro sitio Web realizado con WordPress".

Figura 2.22. El formulario de acceso.

Ya nos sentimos capitán de una nave que sale de puerto. Sólo falta levar anclas, preparar las velas y personalizar un espacio que podrá cambiar nuestra vida, canalizar nuestra timidez, conectarnos con miles de personas en el mundo y convertirse en una obsesión que nos haga levantarnos en plena madrugada con ganas de *bloggear*.

Para mirar las vísceras de este organismo vivo que es WordPress, debemos escribir la dirección que incluye el nombre del dominio más la terminación /wp-admin o entrar desde el menú Meta en la barra lateral del blog. Los datos de acceso serán el "ábrete sésamo" para colarnos en una interfaz moderna, intuitiva y altamente personalizable.

Es el momento de volverse a preguntar si queremos seguir adelante con el blog, si estamos dispuestos a que la vida virtual que él nos proveerá se mezcle con nuestra vida real, para terminar convirtiendo ambas en una argamasa difícil de separar. Si la respuesta es positiva, no hay que esperar más, es hora de mirar a WordPress desde adentro.

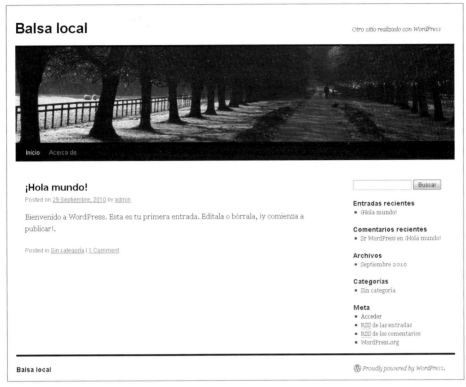

Figura 2.23. El primer vistazo a nuestro nuevo blog.

RESUMEN

Entre las múltiples implementaciones para gestionar blogs, WordPress ofrece una de las interfaces más atractivas, además de contar con un surtido número de complementos adicionales, plantillas y foros de discusión. Su constante desarrollo y su licencia GPL lo convierten en el preferido para una amplia comunidad de desarrolladores Web y de usuarios con los más disímiles niveles de conocimientos informáticos.

Alojar gratuitamente un blog en `http://www.es.WordPress.com` es una tarea simple y rápida, para lo cual sólo se necesita rellenar algunos datos personales y elegir un nombre para el nuevo espacio virtual. También resulta fácil descargar el *script* de WordPress e instalarlo en un servidor propio, para lo cual sólo es necesario contar con tres tecnologías entrelazadas: un sistema de base de datos, como MySQL, donde almacenar los datos generados por el blog, una aplicación de servidor Web que bien puede ser Apache y un lenguaje para crear secuencias de comandos, al estilo de PHP.

BLOGGEAR EN SITUACIONES LIMITES

En esta "Isla de los desconectados" donde vivo sólo el 2,9 % tiene la posibilidad –esporádica y accidentada– de navegar por la gran telaraña mundial. Los cubanos no podemos contratar un servicio de Internet para usar desde nuestras casas y sólo algunos importantes funcionarios o artistas poseen una cuenta doméstica. En toda la ciudad de La Habana hay dos ciber-locales, donde una hora de acceso cuesta el tercio de un salario mensual. Tener un blog se vuelve entonces una aventura complicada y llena de obstáculos.

Hace tres años, cuando comencé a escribir **Generación Y** sinteticé esas complicaciones en un texto titulado Arte Blogética que lamentablemente aún hoy mantiene total vigencia. En él decía que mi bitácora se hace a saltos, intermitente y retrasada como la ruta 174 que pasa por la avenida Rancho Boyeros. Si alguien quiere subirse en este ómnibus y recorrer el enmarañado camino que necesita cada post antes de llegar a estar online, pues adelante. Advierto que puede llegar a marearse de tantas vueltas y gritar que le abran la puerta, que quiere bajarse, que así no hay quien haga un viaje. Se lo dije.

Empecemos por definir por qué se mueve, o sea, por qué posteo. ¿Qué razón me lleva a emplear mis energías y recursos en escribir estas "desencantadas viñetas" de la realidad? Pues resulta que después de probar con el silencio y la evasión, éstos no han resultado. Hice Yoga, practiqué Tai Chi y hasta traté con el gimnasio, pero nada.

Mientras muchos van al trepidante ritmo del ADSL y de Internet por cable, yo me muevo a la velocidad de la ruta que conecta a la Víbora con Línea y G. Cada post depende de una innumerable cadena de hechos que normalmente no engarzan bien. De mi aislado PC al memory flash y de ahí al espacio público de un Cibercafé o de un hotel. Eso, sin entrar a detallar las complicaciones, el ascensor que no funciona, el portero que me pide que le muestre mi pasaporte para sentarme ante el ordenador o la frustración al comprobar la no-velocidad que imponen los proxys, los

3. Las vísceras o el tablero de administración

Contagiados por la blogosfera

*La fiebre blogger habrá hecho latir las
sienes de miles de cubanos.*

En este capítulo descubriremos cómo:

☐ Moverse por el escritorio.

☐ Configurar el panel de bienvenida.

☐ Hacer uso de los menús desplegables y de los módulos drag and drop.

☐ Configurar el perfil de usuario.

LA PRIMERA IMPRESIÓN AL ACCEDER AL TABLERO DE WORDPRESS

La ansiedad nos domina cuando entramos por primera vez al escritorio de administración de WordPress. Una vasta provisión de módulos e informaciones permitirán conocer –con sólo una rápida ojeada– el estado de salud de nuestro blog. Claro que todavía no hay tanto que mirar, porque apenas hemos terminado de crearnos una cuenta o de instalar el *script* en nuestro servidor propio y el panel de bienvenida sólo exhibe las opciones por defecto. En la medida en que el espacio virtual recién fundado gane en número de textos, borradores, comentarios y enlaces, la pantalla de entrada se llenará de datos. Tenemos también la posibilidad de adaptarla y cambiarla, de manera que queden a mano aquellas funcionalidades que usamos más a menudo.

Afortunadamente, por más desorganizados que seamos en nuestra vida real, WordPress mantendrá por nosotros cierto orden lógico que evitará posteriores confusiones. Aunque cambiáramos la interfaz de la administración, nada de lo que hagamos será irreversible ni desastroso. De manera que podemos darnos a la tarea de reorganizar el entorno en que trabajaremos. Lo haremos sin los consabidos problemas que ocurren en la vida real cuando alguien intenta aliviar el caos en que está sumida nuestra habitación y después resulta que no sabemos dónde ha metido los calcetines.

El atrevimiento es una característica inherente a los bloggers, de ahí que en lugar de mostrarnos comedidos con la configuración de nuestra nueva interfaz de trabajo, es mejor explorar toda la amplia gama de posibilidades que ella nos ofrece.

Desde la aparición de la versión 2.7 de WordPress llegaron los flexibles y ajustables módulos *drag and drop* que se pueden arrastrar y soltar en la ubicación más conveniente. Al asomarnos a las vísceras de este poderoso gestor de contenidos, veremos configuradas de manera predeterminada dos columnas centrales, una zona de menú en la parte superior y una barra lateral izquierda también con múltiples opciones. La zona de trabajo tiene una apariencia atractiva, funcional y muy intuitiva. Para aquellos que tienen algunos conocimientos con programas similares será extremadamente fácil, mientras que para quienes se estrenan en estas lides, apenas tardarán un par de sesiones para acostumbrarse.

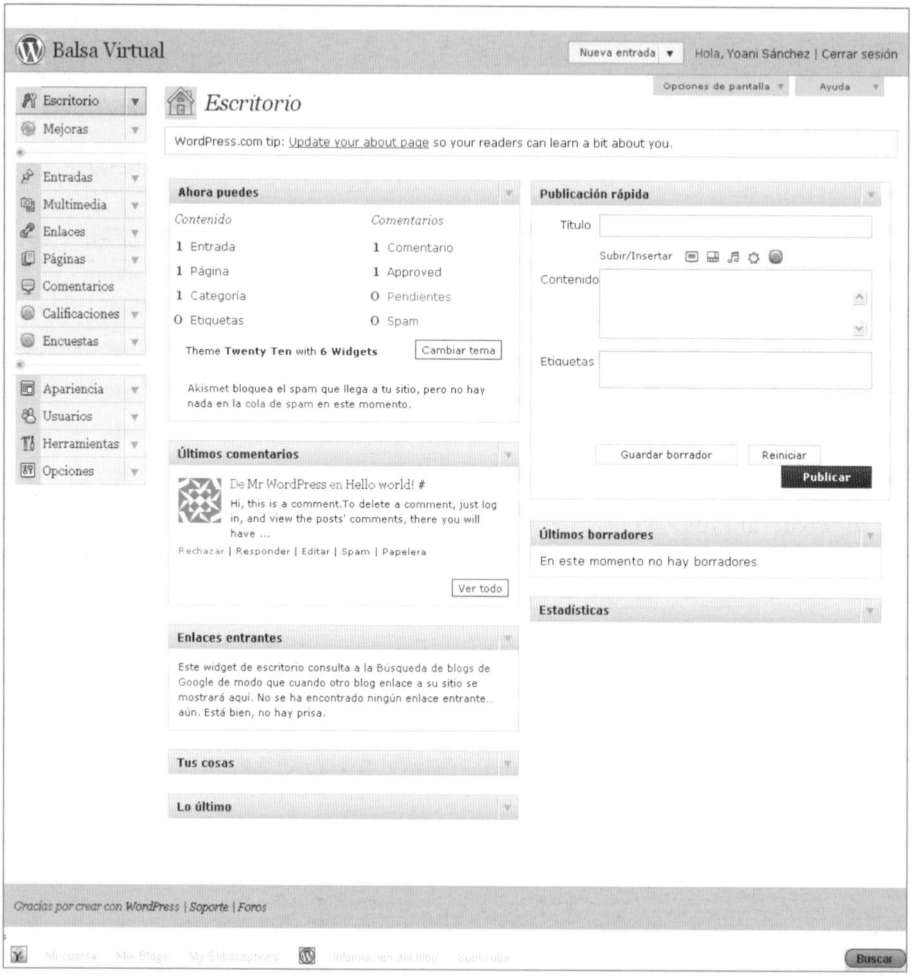

Figura 3.1. Escritorio de un blog en el servidor público de WordPress.com.

Los colores predeterminados del panel de administración van del negro al gris claro, en una degradación moderna y agradable que no se parece en nada a los tonos primarios y contrastados de las primeras versiones de WordPress.

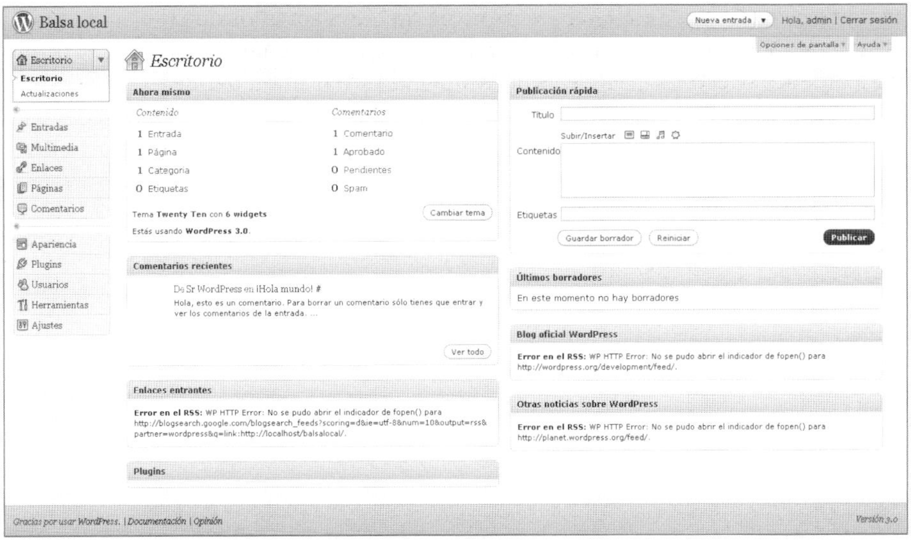

Figura 3.2. Escritorio de un blog de WordPress instalado en un servidor propio.

En la parte superior izquierda y destacándose sobre fondo gris, aparece el título del blog con un rápido enlace para llegar hasta la portada. En el extremo derecho de la pantalla la versión 3.0 de WordPress incorporó un menú desplegable que nos remite directamente a la zona de edición y publicación de entradas.

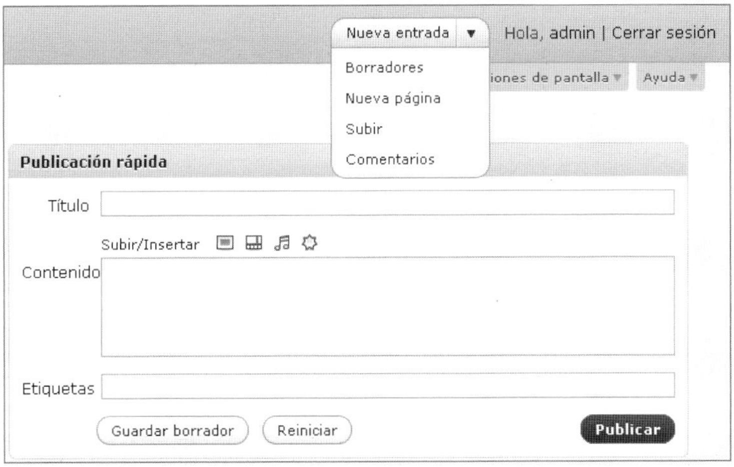

Figura 3.3. Opciones para pasar directamente a publicar o editar entradas.

Más cercano a la esquina superior derecha, un breve menú incluye un saludo al estilo Hola Admin que funciona como enlace hacia la zona de editar nuestro perfil. También encontraremos la trascendental opción de Cerrar sesión que debemos marcar cuando terminemos de trabajar, especialmente si estamos conectados en un ordenador público.

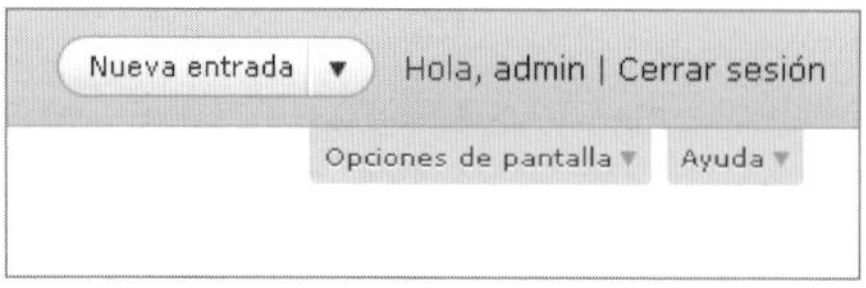

Nueva entrada ▼   Hola, admin | Cerrar sesión

Opciones de pantalla ▼   Ayuda ▼

Figura 3.4. Menú superior que incluye la opción de cerrar sesión.

Cerrar la sesión evitará que los curiosos entren en la administración de WordPress y husmeen en nuestra nueva casa, bajo la alfombra y en el interior de los armarios.

Justamente debajo del menú superior, una pestaña con el texto Opciones de pantalla nos permite desplegar una banda gris con múltiples casillas. Al marcar o desmarcar sobre ellas se puede determinar los módulos que aparecerán y el número de columnas en que éstos se organizarán en el escritorio. También la faz del panel principal cambiará mucho en dependencia de las casillas marcadas y de la cantidad de columnas que determinemos.

Figura 3.5. Configurar las opciones generales del escritorio.

Y no subestimemos la pestaña Ayuda que también aparece en esa zona de la pantalla. Su contenido nos sacará de más de un entuerto o confusión. En un lenguaje directo y explicativo, podremos apelar a las informaciones de ayuda no importa en cuál página o sesión del tablero de administración estemos.

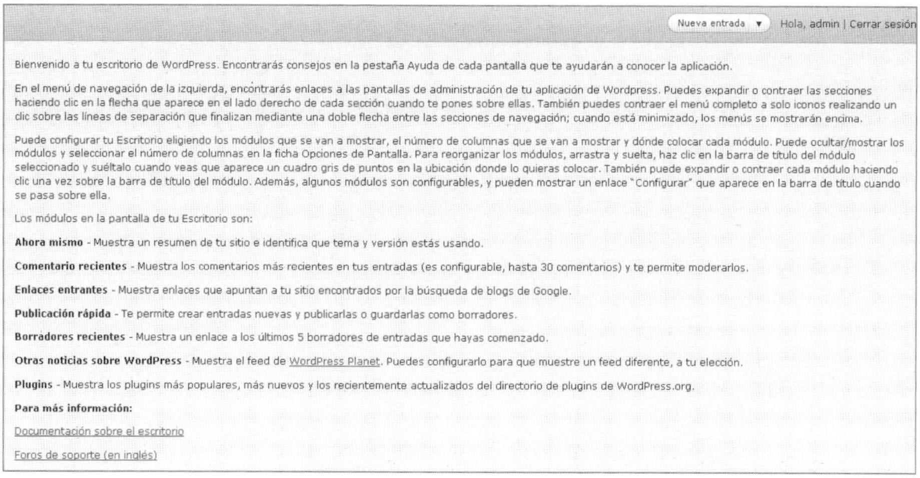

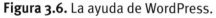

Figura 3.6. La ayuda de WordPress.

MÓDULOS QUE COMPONEN EL TABLERO PRINCIPAL

Pasemos ahora a analizar los módulos que se encuentran en la zona central del escritorio. El módulo ubicado a la izquierda compila las estadísticas generales de nuestro espacio virtual. Comienza por decirnos el número de entradas publicadas y de páginas contenidas en el blog, para extenderse en los detalles de la cantidad de categorías empleadas y de la cifra de etiquetas utilizadas. En el mismo recuadro se refiere la plantilla que determina el diseño de nuestro sitio y los *widgets* usados en ella. La última línea de ese módulo nos proporciona la información sobre la versión de WordPress que está en uso, en este caso la 3.0. Un administrador sabría que el blog goza de buena salud, con sólo pasar sus ojos por la pantalla de bienvenida.

> Una configuración personalizada de los módulos en el escritorio puede hacernos ganar mucho tiempo para acceder a determinadas informaciones. Por otro lado, no hay que sentirse culpable por minimizar un módulo o condenarlo a la parte inferior de la pantalla, para que tomemos decisiones como ésas los desarrolladores de WordPress los han hecho configurables en grado sumo.

Podemos abarcar los sucesos más importantes que están ocurriendo en nuestro blog, gracias también al módulo de Comentarios recientes. En él se incluyen los últimos cinco mensajes que han dejado los lectores a partir de las entradas publicadas. Bajo el texto de cada uno de ellos, un breve menú permitirá una rápida edición que incluye Rechazar, Responder, Editar, Spam y Papelera. Incluso puede utilizarse el botón que permite ver el listado completo de lo comentado.

Figura 3.7. Informaciones generales sobre el blog.

Figura 3.8. Listado de los últimos comentarios.

Quienes tienen sitios con un alto número de comentarios, agradecerán la posibilidad de leer y editar los más recientes. Uno de los elementos que expresa la vitalidad de un blog es precisamente el dinamismo con que este módulo exhibe nuevas observaciones y criterios de los internautas. Incluso para muchos administradores, este módulo junto al del gráfico de estadísticas son los que confirman cuán bien o mal marcha su sitio virtual.

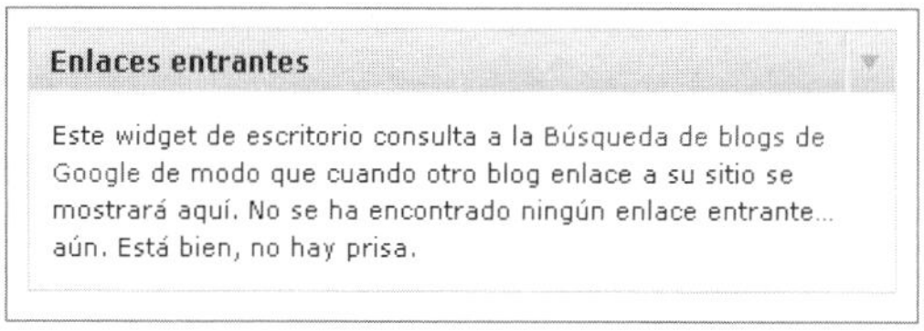

Enlaces entrantes

Este widget de escritorio consulta a la Búsqueda de blogs de Google de modo que cuando otro blog enlace a su sitio se mostrará aquí. No se ha encontrado ningún enlace entrante... aún. Está bien, no hay prisa.

Figura 3.9. Enumeración de enlaces entrantes.

Anhelamos enterarnos de cuáles sitios han enlazado nuestro blog, de manera que el módulo Enlaces entrantes servirá para levantarnos la autoestima y hacernos saber que no estamos como un náufrago abandonado en una isla. Allá afuera hay alguien que nos lee y hasta nos enlaza.

Le sigue en orden los *plugins* en funcionamiento, entre los cuales probablemente aparezcan los que trae de manera predeterminada WordPress, que son Askimet para evitar el *spam* y el llamado Hello Dolly, que no se trata de una funcionalidad, sino más bien de un gesto simbólico y alusivo al entusiasmo de toda una generación, concentrado en las dos palabras de la célebre melodía cantada por Louis Armstrong. De estar activado hará que aparezcan algunas frases de esa canción en la parte superior de cada página del panel de administración.

Figura 3.10. Listado de plugins más populares.

Entre las herramientas que más agradeceremos en ese largo viaje donde WordPress será tanto la nave como el compañero de cabina, está el módulo de Publicación rápida o QuickPress. Nos evitará dar demasiados clics para colgar textos o fotos en la Web, además de familiarizarnos con el uso del código HTML, pues su ligereza se basa en que no incluye un editor visual. Sin embargo, tan valorada funcionalidad no permite configurar algunos detalles como son las categorías y etiquetas bajo las que estará definida una entrada. Se trata de una solución exprés para casos de mucho apuro.

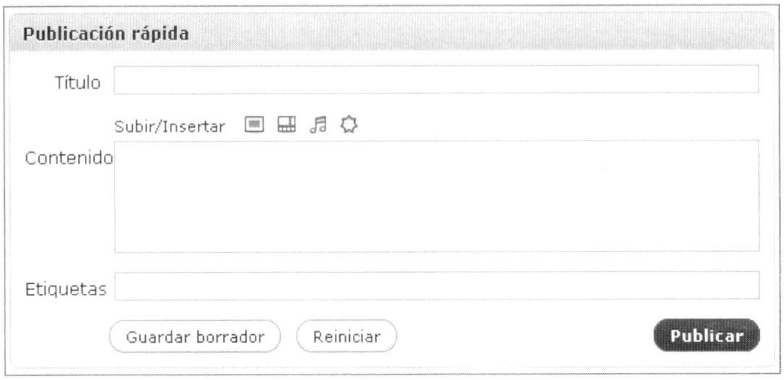

Publicación rápida

Título

Subir/Insertar

Contenido

Etiquetas

Guardar borrador   Reiniciar   **Publicar**

Figura 3.11. Publicación rápida: cómo ganar tiempo en la publicación de una entrada.

Aquellas entradas que todavía no han visto la luz, pero cuya edición ya está en proceso, aparecerán inscritas en el módulo de Borradores recientes. De una manera rápida podremos acceder al contenido de aquello que todavía no hemos sometido a los ojos de los lectores y podremos cambiarlo a nuestro antojo o eliminarlo.

Últimos borradores

Mi primera entrada 29 Septiembre, 2010
Aprender a usar WordPress 29 Septiembre, 2010

Ver todo

Figura 3.12. El listado de las entradas en borrador.

Para no perdernos la noticia de los últimos avances e implementaciones aparecidos en el sitio `http://www.wordpress.org/development/` contamos con este módulo que nos mantendrá al tanto de las novedades. Una secuencia de lo más actual será el mejor incentivo para agregarle a nuestro blog algunas de estas funcionalidades recién implementadas. Con este módulo, WordPress va a recordarnos a cada rato su condición de criatura mutante que mejora cada día gracias a su amplia comunidad de desarrolladores.

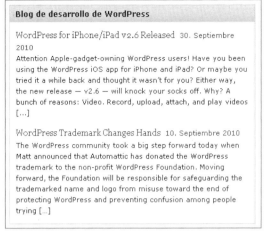

Figura 3.13. Acceso al blog de desarrollo de WordPress.

Muy a mano está ubicado el módulo que nos provee de consejos y ayuda directamente desde la URL `http://ayudawordpress.com/`. Así no nos sentiremos fuera de los últimos consejos que han ofrecido tanto los programadores como los usuarios. Podremos también intercambiar a través de un foro que encontraremos en ese sitio, aquellos trucos o descubrimientos a los que hayamos arribado después de un uso prolongado de WordPress. Muchos de los que comienzan a utilizar esta herramienta nos agradecerán que seamos solidarios con esos conocimientos.

Figura 3.14. Últimas noticias.

Aquellas entradas que hayan sido más leídas, buscadas o comentadas, se reflejarán en el gráfico de estadísticas. Aunque se recomiendan estar al tanto de los elementos que pueden haber contribuido a su popularidad, no debemos obsesionarnos demasiado si vemos caer en picada la línea del interés de los

lectores, especialmente si el blog apenas está dando sus primeros pasos.
Frecuentemente los internautas demoran en descubrir un nuevo sitio y en
"ocupar" la zona de comentarios con sus observaciones y debates.

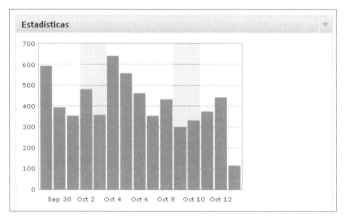

Figura 3.15. Estadísticas del blog.

Muchos bloggers admiten que no echan mano frecuentemente de las funciones
que ofrece el tablero de bienvenida. Son aquellos que comenzaron a trabajar
con WordPress cuando éste no ofrecía tales ventajas y se acostumbraron a
sumergirse en el menú lateral para administrar su blog. Pero nunca es tarde para
descubrir el camino más corto, especialmente cuando éste nos lleva con mayor
celeridad hacia el objetivo final de gestionar nuestro espacio virtual.

DRAG AND DROP Y EL VICIO DE MOVERLO TODO DE LUGAR

Todo los módulos mencionados con anterioridad se pueden mover, colapsar
o hacer desaparecer al gusto del usuario. Aunque la tendencia es mantener al
menos los bloques que trae por defecto el tablero de bienvenida, hay la mayor
libertad para transformarlo a nuestro antojo. Lo mejor es definir cuáles de estas
opciones usamos más frecuentemente y cuáles sencillamente nos resultan poco
importantes o prescindibles. El interior del blog es como el salón donde cada
noche miramos la tele o comemos junto a la familia: mientras el entorno se nos
muestre agradable, la gestión del blog nos resultará más grata.

Para cambiar módulos de lugar sólo debemos colocar, sobre la banda gris que
contiene su título, el cursor. Éste adoptará entonces la forma de flechas
cruzadas, típica de cuando se puede arrastrar y colocar un elemento en otro

lugar (*drag and drop*). Con un clic izquierdo sostenido y la clara idea de dónde queremos poner el itinerante fragmento de tablero, lograremos cambiar la ubicación de este bloque de administración.

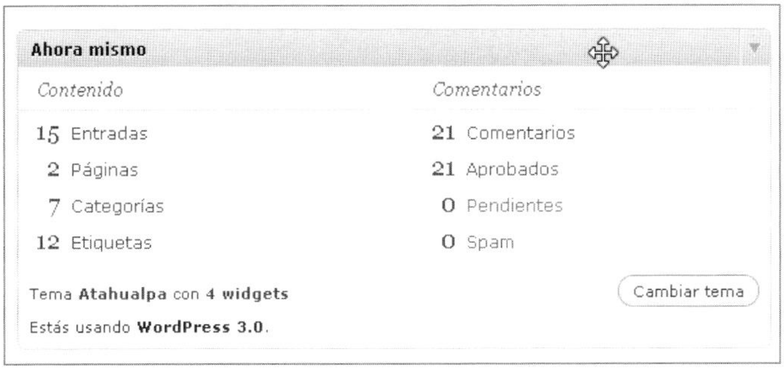

Figura 3.16. El cursor en su forma de arrastrar y colocar.

También será muy simple expandir y contraer el contenido de los módulos, a partir de una flecha apenas sugerida ubicada en el extremo superior derecho de cada uno de ellos.

Figura 3.17. Expandir o contraer.

Si queremos seguir en la línea del minimalismo, entonces, podemos también reducir la barra del menú lateral izquierdo y convertirla en apenas una línea de iconos. Para lograrlo sólo se necesita accionar una pequeña flecha que está debajo de la entrada Escritorio. Véase la figura 3.18.

DATOS PERSONALES Y AJUSTES

Ya va siendo hora de dejar de juguetear con los adictivos módulos que se mueven a un lado y al otro del tablero y completar los datos personales del administrador. Con las versiones anteriores de WordPress, al instalar el *script* en un servidor propio quedaba predeterminado un usuario denominado "Admin". Uno de los errores más frecuentes que cometían quienes comenzaban a bloggear, era precisamente mantenerlo con ese nombre. De ahí que los buscadores estén plagados de referencias a textos e imágenes subidos por alguien que tiene como nombre el diminutivo de "administrador". ¡Vaya escritor tan prolífero!

Figura 3.18. El menú izquierdo convertido en una línea de iconos.

Empujados por el deseo de editar nuestro perfil, nos vamos hacia la zona derecha de la barra superior. Allí un entusiasta mensaje nos da la bienvenida como "¡Hola, Balsa Virtual!", pues precisamente ése ha sido el nombre de usuario que hemos seleccionado. Véase la figura 3.19.

Es tiempo de aclararle a WordPress que tenemos un nombre más bonito y que vamos a firmar con él lo que publiquemos en nuestro blog. ¡Manos a la obra!

Entraremos entonces en una zona donde podemos definir al menos cuatro grupos de características sobre nosotros mismos. La primera, bajo el nombre de Perfil nos permitirá decidir si queremos usar el Editor visual a la hora de trabajar las entradas o si preferimos el ligero –pero complejo– editor en html. Para los que deseen cambiarle también el Esquema de color de la administración, pueden elegir entre la actual degradación de grises u otra a partir del color azul. Será un cambio totalmente cromático que no afectará para nada la ubicación de los módulos, la composición de los menús ni la interfaz exterior del blog. Véase la figura 3.20.

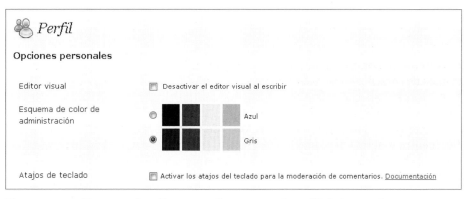

Figura 3.19. Administrar el perfil.

Figura 3.20. Algunos detalles a configurar en el perfil del usuario.

Ha llegado el momento de decidir si daremos nuestro verdadero nombre y otros datos personales o si mantendremos nuestro espacio Web bajo seudónimo. En caso de que seamos de los que prefieren dar la cara a cuenta y riesgo de lo que eso traiga, debemos escribir Nombre, Apellidos, un Alias y hasta el Nombre para mostrar públicamente. Este último será el que aparezca como autor de las entradas que publiquemos y se llevará las palmas o las críticas de los exigentes internautas. En caso de que hayamos decidido no revelar nuestra identidad, por puro juego o porque vivimos en un país con censura donde el contenido de nuestro blog puede traernos aparejado un castigo, entonces lo mejor es encontrar un seudónimo atractivo y poco usado.

Nombre		
Nombre de usuario	admin	El nombre de usuario no puede cambiarse.
Nombre		
Apellidos		
Alias (requerido)	admin	
Mostrar este nombre públicamente	admin	

Figura 3.21. Campos para rellenar con datos personales.

El rostro o el icono que nos identificará, puede ser subido desde un archivo guardado en el ordenador. Si ya contamos con un Avatar que nos ha funcionado bien en otros blogs o en redes sociales como Twitter y Facebook, lo mejor es conservarlo. También puede tratarse de nuestra propia foto, porque aunque podemos ponernos muy creativos a la hora de crear una imagen que nos identifique, también es válido optar –sencillamente– por nuestro rostro.

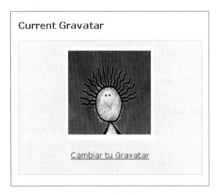

Figura 3.22. Introducir Avatar.

En ese caso se aconseja una foto bien iluminada y en la que nuestra cabeza no aparezca recortada arbitrariamente. Se debe evitar hurgar en la caja de fotografía de hace quince años y hacerle creer a los lectores que todavía tenemos una abundante cabellera aunque en realidad estamos más calvos que una bola de billar. Al final terminarán por descubrirlo.

Insertar el E-mail, la Dirección URL de nuestro sitio Web y el Nombre de usuario que tenemos en determinados servicios de mensajería como Yahoo IM o Google Talk. Esto ayudará a los lectores a completar nuestro perfil. Para concluir podremos reforzar la imagen que queremos proyectar de nosotros mismos, con una sucinta descripción personal en el recuadro de Información biográfica. La brevedad y la originalidad al redactar esas líneas, pueden favorecer mucho las simpatías que establezcamos con los lectores y comentaristas.

Información de contacto

E-mail *(requerido)* emailejemplo@gmail.com

Web

AIM

Yahoo IM

Jabber / Google Talk

Acerca de ti

Información biográfica

Incluye alguna información biográfica en tu perfil. Podrá mostrarse públicamente.

Figura 3.23. Informaciones sobre el usuario.

Para terminar con la parte de las confidencias personales, podemos decidirnos a cambiar la contraseña que definimos al crear nuestro blog. Esta vez, con más calma, meditemos en torno a una combinación de caracteres difíciles de descubrir por los frecuentes asaltadores de sitios ajenos, que tanto pululan en la red. El propio WordPress aconseja que "Debe tener al menos siete caracteres. Para que sea segura, se debe usar mayúsculas, minúsculas, números y símbolos como ! " ? $ % ^ &". Hay que tener cuidado de no excederse, como le ha ocurrido a algunos que después de salir de la administración no pueden recordar lo que han escrito.

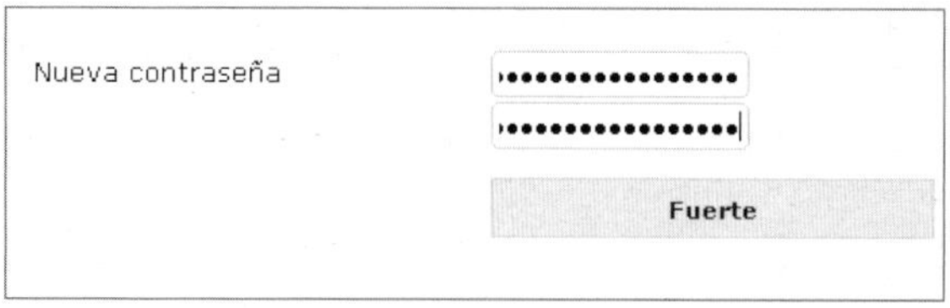

Nueva contraseña

●●●●●●●●●●●●●●●
●●●●●●●●●●●●●●●●

Fuerte

Figura 3.24. Una contraseña fuerte y difícil de adivinar.

En nuestro auxilio tenemos una magnífica herramienta que mide la fortaleza de la contraseña que hemos creado. Si la barra inferior tiene una tonalidad rosa, necesitaremos agregar más caracteres. Si por el contrario logramos que se torne verde, entonces hay motivos para dormir más tranquilos, sin tanto temor a las ganzúas que abren puertas virtuales.

Con WordPress se aprende a gestionar determinada opción y a partir de ahí ya se puede intuir cómo funciona el resto. Estamos en presencia de una forma de pensar que, una vez asumida y comprendida, podrá ser aplicada a lo largo de todo el entorno de administración.

Una de las primeras lecciones que aprenderemos y que nos acompañará para siempre, es aquella de siempre guardar los cambios hechos para que éstos puedan tener efecto. Un llamativo botón evita que cambiemos de página sin antes dejar aseguradas las modificaciones.

Figura 3.25. Los cambios deben ser guardados para tener efecto.

RESUMEN

Aunque podríamos haber publicado la primera entrada inmediatamente después de entrar al escritorio de WordPress, lo mejor es configurar algunas opciones generales que le darán una mayor personalización a nuestro blog. La prisa por sacar a la luz nuestros textos no debe hacernos saltar pasos necesarios y que además no exigen mucho tiempo para quedar listos. Dentro del grupo de lo imprescindible hemos visto precisamente la recolocación de los módulos del tablero de bienvenida y la edición de nuestro perfil personal. Con ellos adaptados a nuestros intereses, la administración será más placentera y eficiente.

CONTAGIADOS POR LA BLOGOSFERA

Al principio me sentía un tanto en solitario, pero ahora me alegra comprobar que, como el estornudo de una gripe deseada, la blogosfera alternativa no deja de propagarse. Ya no se parece a ese páramo que mostraba –si acaso– unas pocas páginas con seudónimos en abril del 2007 cuando comencé con **Generación Y**. He perdido la cuenta de cuántos somos ahora porque cada semana me entero de que han nacido, al menos, dos nuevos espacios virtuales. El bloqueo de varias plataformas bloggers y los constantes ataques sólo han servido para que el virus de la opinión libre mute hacia formas más complicadas de acallar. El ADN de la expresión ciudadana no cederá ante vacunas basadas en la intimidación y la difamación: terminará por infectar a todos.

La pluralidad de enfoques es el signo de las plazas de discusión que han encontrado en el ciberespacio un escenario más tolerante que en la realidad. Conozco sitios de catarsis ante la acumulación de frustraciones, mientras otros se especializan en la noticia o la denuncia. Van desde simpáticos blogs hasta revistas cargadas de imprescindibles artículos. Sus autores son lo mismo ex oficiales de la contrainteligencia del Ministerio del interior que escritores desterrados de las editoriales oficiales. A todos los une la necesidad de pronunciarse, el tirante deseo de terminar con un ciclo de silencio que ha durado demasiado.

Cual manojo de electrones libres, esta blogosfera no responde a jerarquías ni a figuras principales. Su fuerza está en que no es posible descabezarla, ni atraparla; por ser escurridiza y lúdica, no necesitada de tomar acuerdos ni de portar credenciales. En el tiempo en que se desarrolla una estrategia para combatirla, en que por allá arriba se reúnen, levantan un acta, bajan sus directrices hacia los posibles ejecutores de la censura, ya el número de estos sitios se está duplicando dentro de la Isla. Para cuando empiecen a entender de qué se trata y cómo se administra el antídoto, la fiebre blogger habrá hecho latir las sienes de miles de cubanos.

4. Retoques y ajustes antes de comenzar a publicar

Blogger: ¿Se nace o se hace?

Para cuando decidí hacer mi propio blog, ya había superado la furia de construir ordenadores y me dedicaba a recargarlos con mis propios textos.

En este capítulo descubriremos cómo:

☐ Configurar el menú Opciones.

☐ Familiarizarse con las posibilidades de personalización que brinda WordPress.

☐ Definir los aspectos generales del sitio.

☐ Ajustar la manera en que se mostrará la fecha y la hora.

☐ Activar los protocolos de publicación a través del e-mail y de otros servicios.

☐ Decidir si el blog será visible o no para los buscadores.

AJUSTES Y DETALLES A DEFINIR ANTES DE COMENZAR A PUBLICAR

Ya podríamos pasar a colgar nuestra primera entrada, pero la lógica indica que lo mejor es configurar algunos detalles generales para darle una mayor personalización al blog. La prisa por sacar a la luz algo de contenido no debe hacernos subestimar pasos necesarios y que no exigen mucho tiempo para quedar listos. Dentro del grupo de lo imprescindible se encuentra precisamente el menú Opciones –también puede aparecer bajo el título de Ajustes– y que nos brinda una amplia gama de posibilidades para controlar el funcionamiento posterior de nuestro sitio. Entonces, ¡manos a la obra!

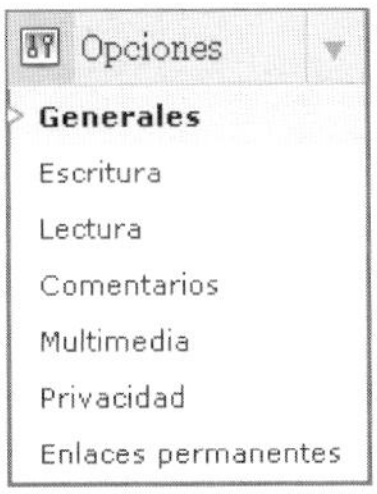

Figura 4.1. El menú Opciones.

El listado incluye los siguientes aspectos por definir:

☐ General.

☐ Escritura.

☐ Lectura.

☐ Discusión.

☐ Media.

☐ Privacidad.

☐ Enlaces permanentes.

☐ Misceláneas.

En la medida en que agreguemos *plugins* y otras funcionalidades, puede ocurrir que en el menú Opciones se añadan nuevos puntos a los que ya trae por defecto WordPress. Pero eso será tema de más adelante, pues por el momento sólo vamos a analizar las posibilidades de configuración que aparecen en los blogs recién estrenados. Un saltico por la sección de Opciones generales servirá para dejar en claro aspectos tan trascendentales para nuestro sitio como son el título y la frase que lo describirá brevemente.

Figura 4.2. Opciones generales.

Se supone que el Nombre que llevará el blog es algo que hayamos meditado largo y tendido antes de abrirlo, pero siempre puede ocurrir que en el último minuto tengamos algunas dudas. Se recomiendan títulos que no contengan más de cuatro palabras, aunque hay algunos ejemplos en la Web de sitios muy conocidos que exhiben un nombre largo. Sin embargo, la práctica indica que la brevedad influye en cuán recordado será el nombre de ese espacio personal que acabamos de estrenar. Lo ideal es que la URL del sitio coincida con el título del blog, en este caso sería `http://www.balsavirtual.worpdress.com/` que correspondería con la denominación aparecida en la cabecera: Balsa Virtual.

> Un buen título puede ser el elemento que atraiga más visitantes a nuestro blog, pero no influirá en que éstos se queden o se vuelvan asiduos a él si su contenido no lo merece.

También podemos optar por añadir una frase que encierre la temática principal del contenido que publicaremos o conformarla con algunas palabras que realcen alguna característica que hace al blog diferente de los cientos de miles que hay en la red. Recuerdo a una blogger cubana que inició su espacio virtual amparada por la protección de un seudónimo. Para confirmar que la máscara no se traspasaría a la manera de abordar los temas de su realidad, colgó bajo el título de su sitio una aclaración necesaria "un blog con antifaz provisional, pero con voluntad permanente". Meses después develó su verdadera identidad, pero ya había logrado crear una gran expectativa alrededor de quién sería la persona que con picardía y con elevada dosis de crítica social escribía desde La Habana. Véase la figura 4.3.

> Si no nos viene a la mente una oración que encierre la esencia de nuestro blog, se recomienda dejar ese recuadro en blanco. Es mejor no obligarse a definiciones estrechas si nuestros contenidos y enfoques no lo permiten.

Algunos campos se rellenan fácilmente, como son los destinados a la dirección URL donde está ubicado nuestro blog. En caso de que tengamos instalado WordPress en un directorio pero la portada difiera con éste en cuanto a ubicación, debemos especificarlo en el campo Dirección del sitio Web (URL).

Si no estamos en ese caso y la carpeta de instalación contiene también la página principal, entonces lo dejamos tal y como está por defecto. Véase la figura 4.4.

Le llega el momento a especificar detalles como nuestra dirección de e-mail, que sólo será utilizada por WordPress para enviarnos información interna del blog y para anunciarnos la creación de un nuevo usuario. Se recomienda enfáticamente no mentir en este campo ni dejarlo en blanco, pues perderíamos la posibilidad de que el servicio nos avise de eventos importantes para el desarrollo posterior del sitio Web.

Figura 4.3. Un blog inicialmente con seudónimo, hecho desde La Habana.

Dirección de WordPress (URL)	http://localhost/balsalocal
Dirección del sitio (URL)	http://localhost/balsalocal
Dirección de e-mail	emailejemplo@gmail.com

Figura 4.4. Diferentes URLs para la ubicación del directorio y de la página principal.

Todavía es muy pronto para acordar si aceptaremos o no la inscripción de nuevos usuarios, de manera que dejaremos esta opción sin marcar. Ya habrá tiempo de empaparnos mejor en el tema de que otros participen bajo la funciones de "administrador", "editor", "autor", "colaborador" o "suscriptor".

La experiencia de darle participación a diferentes niveles de usuarios en la publicación de contenido ha resultado ser muy enriquecedora para blogs noticiosos o de opinión.

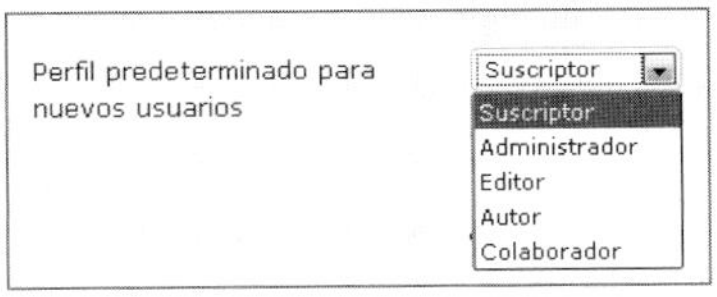

Perfil predeterminado para nuevos usuarios

Suscriptor
Suscriptor
Administrador
Editor
Autor
Colaborador

Figura 4.5. Roles predeterminados para nuevos usuarios.

El tiempo, ese implacable elemento que discurre linealmente pero tiene disímiles formas de plasmarse visualmente, será lo próximo a detallar en el menú Opciones. Podremos optar entre un listado de zonas horarias, lo cual resulta de mucha utilidad para aquellos bloggers que viven en un país pero tienen ubicado su blog en un servidor que está enclavado en otro. Puede ayudarnos sobremanera esta herramienta si queremos sincronizar nuestro contenido con aquella comunidad a la que va dirigida. La mayoría de los administradores opta por dejar esta opción tal y como aparece predeterminada.

CÓMO SE MOSTRARÁN LA FECHA Y LA HORA EN EL BLOG

Si escribimos desde un lugar, pero con la ilusión de estar en otro, se puede cambiar el uso horario para armonizarlo con ese punto del planeta más cercano al contenido del blog.

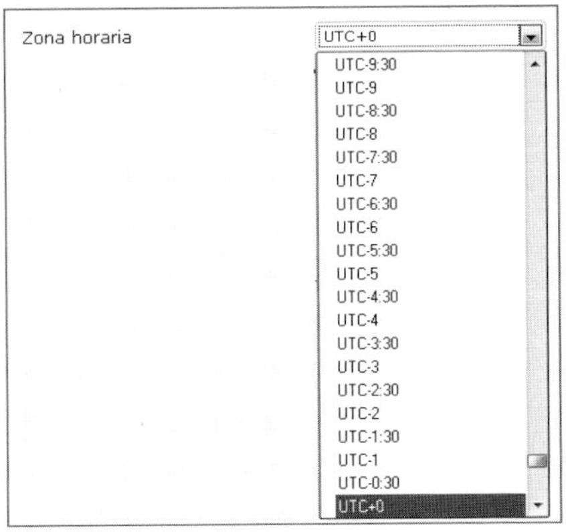

Zona horaria

UTC+0
UTC-9:30
UTC-9
UTC-8:30
UTC-8
UTC-7:30
UTC-7
UTC-6:30
UTC-6
UTC-5:30
UTC-5
UTC-4:30
UTC-4
UTC-3:30
UTC-3
UTC-2:30
UTC-2
UTC-1:30
UTC-1
UTC-0:30
UTC+0

Figura 4.6. Definir la zona horaria.

Los ajustes –más bien estéticos– de cómo aparecerán mostradas la hora y la fecha junto al contenido, dependen del deseo de cada cual. Podemos seleccionar entre la presentación más coloquial del tipo 29 de febrero de 2010 hasta la forma más compacta de 29/02/2010. También es posible establecer si el reloj que marcará el paso de Cronos mostrará las horas a la manera de 6:00 p.m o de 18:00.

Los amantes de la precisión optarán por la segunda opción, aunque la primera es la predeterminada por WordPress.

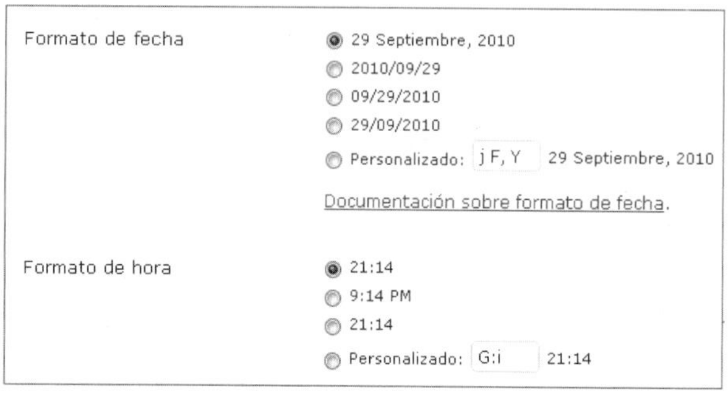

Figura 4.7. Puntualizar cómo se mostrarán la hora y la fecha.

Por más que nos han dicho que la semana comienza el domingo, seguimos pensando que en realidad se inicia el lunes. De ahí que este gestor de contenidos nos permita fijar si en nuestro blog regirá esa apreciación personal o si queremos ir más allá y declarar al miércoles como el día que antecede a los otros seis. Se trata, sin dudas, de una especificidad que nos complacerá pero influirá poco en el contenido publicado.

Figura 4.8. La semana comenzará el día que mejor nos parezca, al menos en el pequeño espacio de nuestro blog.

WordPress, más que un CMS o gestor de contenidos muy popular, es toda una forma de pensar. De manera que, al aprender cómo funciona determinada parte de las tantas que lo componen, puede ejercitarnos en cómo usar el resto. Aprenderemos una de las lecciones más importantes para el uso eficaz de esta herramienta: cada cambio debe quedar confirmado con la opción Guardar cambios para que tenga efecto. Por tal razón, una vez terminada de configurar esta parte del menú Opciones, no debemos olvidar el llamativo botón azul que en la parte inferior de esta página nos advierte que debemos guardar. Sin eso, habremos perdido nuestro valioso tiempo o sencillamente pasaremos a considerar los ajustes realizados como un ensayo para cuando deseemos confirmarlos.

> Cada vez que realicemos un cambio de configuración en WordPress, debemos aprobarlo a través del botón **Guardar cambios** que exhiben en su parte inferior las páginas de ajustes.

DEFINIR ASPECTOS GENERALES DE ESCRITURA Y PRESENTACIÓN DEL CONTENIDO

Ya va siendo hora de apurar la marcha por la zona de Opciones, pues la ansiedad nos empuja a publicar cuanto antes. De ahí que pasemos de inmediato a la sección que define las opciones de Escritura. En su parte superior podremos determinar la cantidad de líneas de cada *post* que se mostrarán en la portada. Disponer otros detalles como la conversión en gráficos de los emoticones al estilo de :-) y :-P puede resultar muy útil.

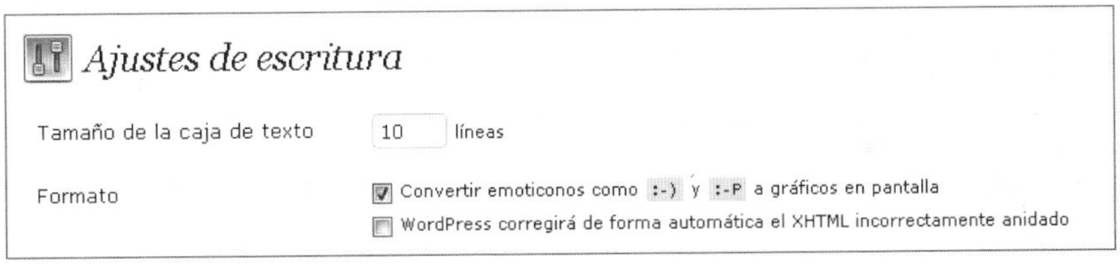

Ajustes de escritura

Tamaño de la caja de texto	10 líneas
Formato	☑ Convertir emoticonos como :-) y :-P a gráficos en pantalla
	☐ WordPress corregirá de forma automática el XHTML incorrectamente anidado

Figura 4.9. Definición de elementos estéticos como la caja de tamaño del texto y la publicación de gráficos derivados de emoticones.

En caso de que no determinemos una categoría en la que vayan a ser clasificados los *posts* que se publiquen, WordPress echará mano de la configurada por defecto bajo el título de General. Lo mismo ocurrirá con la categoría para enmarcar los enlaces, que irán a parar a la predeterminada si no se le asigna otra específica.

| Categoría predeterminada para las entradas | Sin categoría ▾ |
| Categoría predeterminada para enlaces | Sitios de interés ▾ |

Figura 4.10. Las categorías de enlaces y posts ayudan mucho en la organización del contenido.

PUBLICAR A DISTANCIA

No siempre contamos con la posibilidad de entrar al escritorio de WordPress para publicar una nueva entrada. La velocidad de la vida y los problemas de conexión pueden ser elementos que nos impulsen a buscar soluciones más rápidas a la hora de colgar contenido.

Para optimizar nuestra labor como blogger podemos valernos de herramientas que van desde extensiones de nuestro navegador hasta programas de escritorio. La mayoría de ellas necesita que previamente hayamos activado el protocolo de publicación Atom o aquellos basados en XML-RPC.

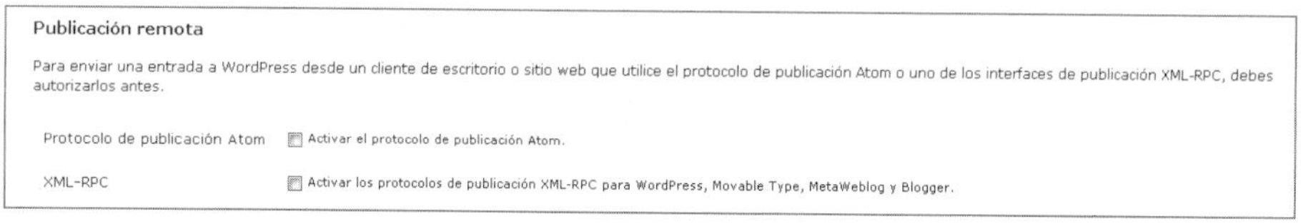

Publicación remota

Para enviar una entrada a WordPress desde un cliente de escritorio o sitio web que utilice el protocolo de publicación Atom o uno de los interfaces de publicación XML-RPC, debes autorizarlos antes.

Protocolo de publicación Atom　　☐ Activar el protocolo de publicación Atom.

XML-RPC　　☐ Activar los protocolos de publicación XML-RPC para WordPress, Movable Type, MetaWeblog y Blogger.

Figura 4.11. Protocolos de publicación que optimizan la labor del blogger.

Para aquellos que tienen dificultades al entrar a la red de redes, pero que sí pueden acceder a un correo electrónico, la opción de publicar por e-mail se vuelve vital para la sobrevivencia de su espacio virtual. Si el blog está ubicado en el servicio público de `http://www.wordpress.com/`, éste generará a solicitud del usuario una dirección de correo electrónico a la que enviar lo que se quiera colocar *online*.

Se trata de un e-mail creado aleatoriamente con una secuencia de letras y números difícil de recordar, que deberemos escribir en un lugar discreto. En caso de que alguien se apropie de ella, podrá colocar en nuestro blog contenido no autorizado. De ahí que se recomiende reserva a la hora de manejar este correo electrónico.

Para aquellos que tienen instalado el *script* de WordPress en un servidor propio, lo mejor es crear una cuenta en un servicio público como Gmail o utilizar la capacidad que brinda el paquete de alojamiento Web para abrir un correo electrónico que destinaremos exclusivamente a la publicación vía e-mail.

Se recomienda darle alas a la fantasía y crear un nombre de e-mail difícil de adivinar por otras personas y por las máquinas generadoras de *spam*. Después de creada habrá que agregar en los ajustes generales el servidor de correo electrónico, el usuario y la contraseña para que WordPress pueda extraer el contenido del buzón y publicarlo.

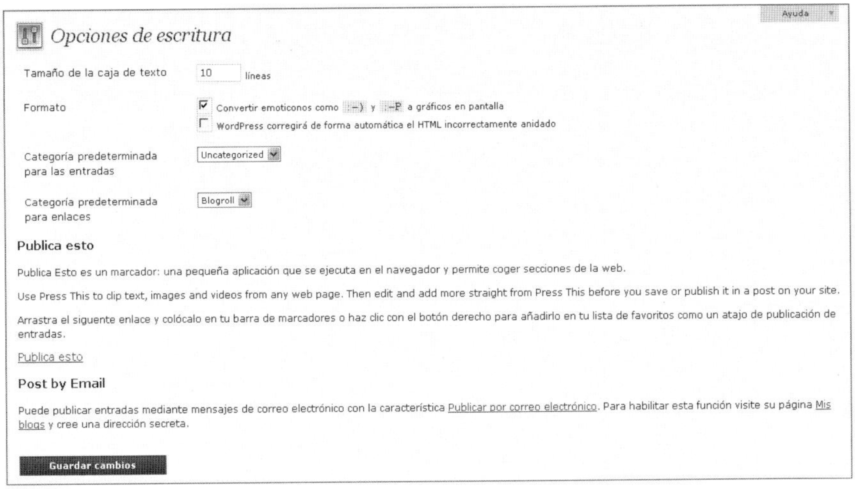

Figura 4.12. Proceso para generar un e-mail de publicación.

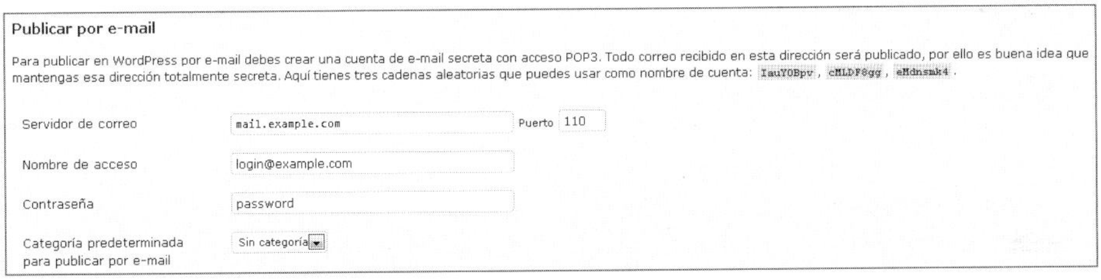

Figura 4.13. Publicar por e-mail, una funcionalidad que optimizará la labor del blogger.

AVISAR A OTROS QUE HEMOS ACTUALIZADO EL BLOG

Si queremos que la publicación de nuestras entradas sea conocida de inmediato por ciertos servicios de actualización como `http://www.ping.blo.gs/` o `http://rpc.pingomatic.com/`, debemos escribir en el recuadro las URLs a las que deseamos avisar del nuevo contenido.

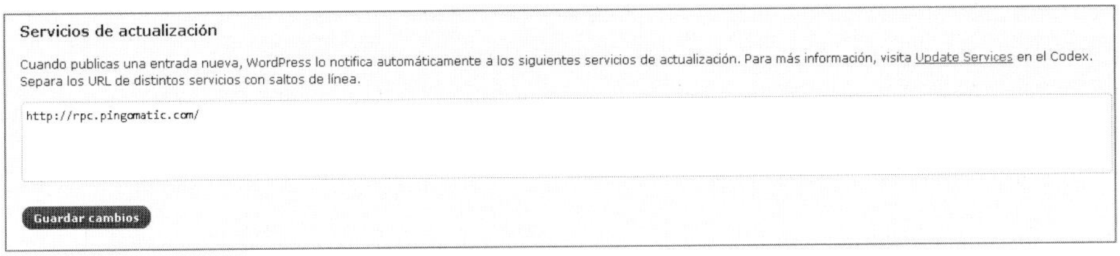

Figura 4.14. Notificar automáticamente a servicios de actualización.

En la medida en que avisemos a un mayor número de servicios de actualización, nuestras entradas llegarán a más lectores.

DECIDIR CÓMO SE VERÁ EL CONTENIDO EN LA PORTADA

En el campo Lectura se puntualizará el contenido que se mostrará en la portada del blog. Ésta puede estar conformada por las últimas entradas publicadas o por una página estática que debemos determinar cuál será. La mayoría de los bloggers prefieren que su *home* cambie cada vez que aparece una entrada nueva, de manera que dejan esta configuración con sus valores por defecto. Como añadido se debe definir la cantidad de entradas que se verán al abrir el sitio Web, con un valor predeterminado de diez. En caso de que se tenga un blog con barras laterales y cabecera algo recargadas, resulta mejor reducir el número de entradas que aparecerán en la portada, como fórmula para aligerar la carga del sitio por parte del navegador.

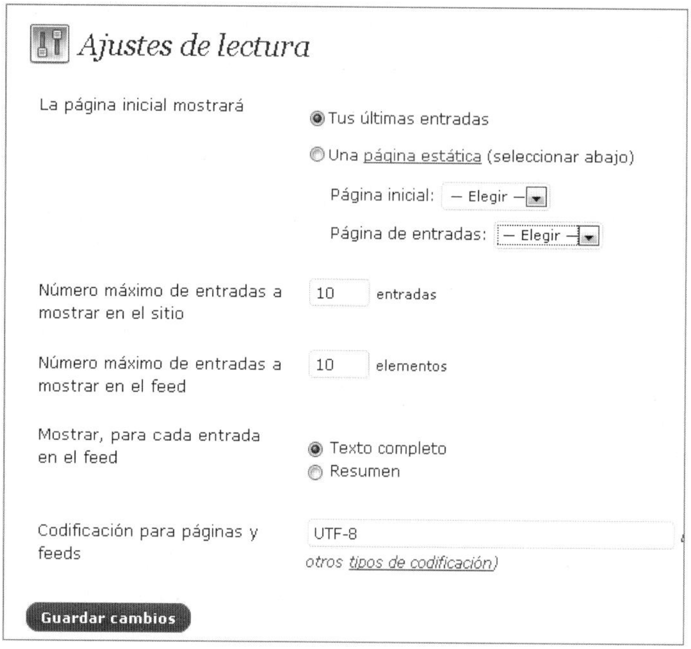

Figura 4.15. En la opción Escritura del menú Opciones, se puede fijar el contenido de la portada.

Esa importante parte de nuestro blog que son los *feeds*, esos canales de datos que viajarán por toda la Web con la información que hemos publicado, debe ser también ajustada.

Así que precisaremos cuántos de ellos se podrán leer en una página y si mostrarán la totalidad de lo publicado en la entrada o sólo un extracto. Limitar lo que el lector pueda encontrar a través de un agregador, en aras de obligarlo a visitar nuestro blog, es un truco que no funciona muy bien.

Por lo regular los internautas prefieren tener acceso a toda la entrada a través de servicios como Google Reader o los lectores RSS de programas como Thunderbird.

RSS Y COMENTARIOS

Para no adelantar contenido que analizaremos minuciosamente en otro capítulo de este libro, sólo echaremos una rápida mirada en la sección Discusión. Las configuraciones que en él estipulemos influirán directamente en la interacción de los visitantes con nuestro contenido. De manera que antes debemos pensar bien si queremos convertir nuestro blog en una plaza pública de discusión o en una sala disponible para unos pocos elegidos. Los detalles de cómo hacerlo los aprenderemos en el capítulo 9.

Figura 4.16. Lector de RSS de Google.

Creación de una lista negra de palabras, IPs y usuarios cuyos comentarios pasarán inmediatamente a ser marcados como *spam*.

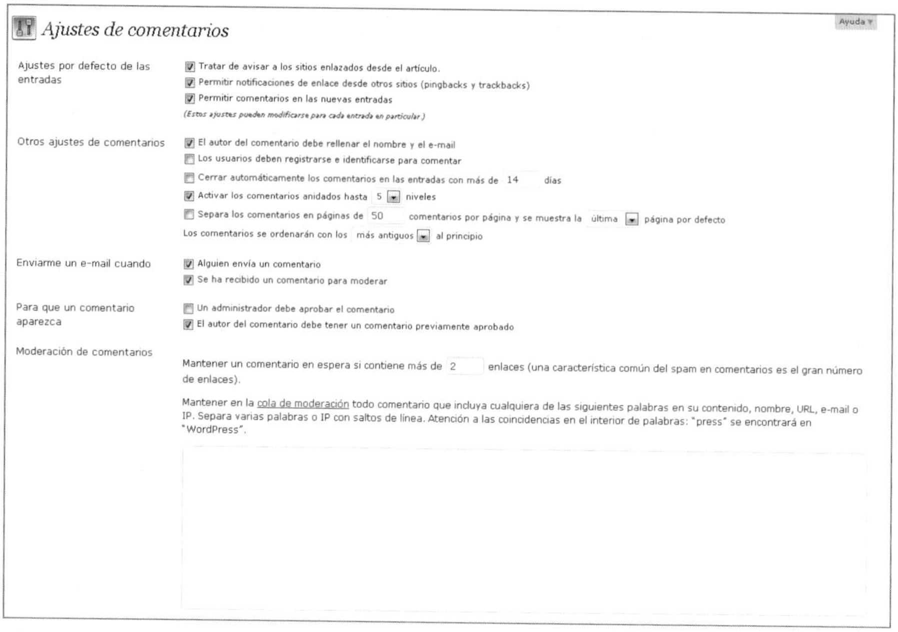

Figura 4.17. Opciones generales que establecerán la forma en que los lectores podrán comentar en el blog.

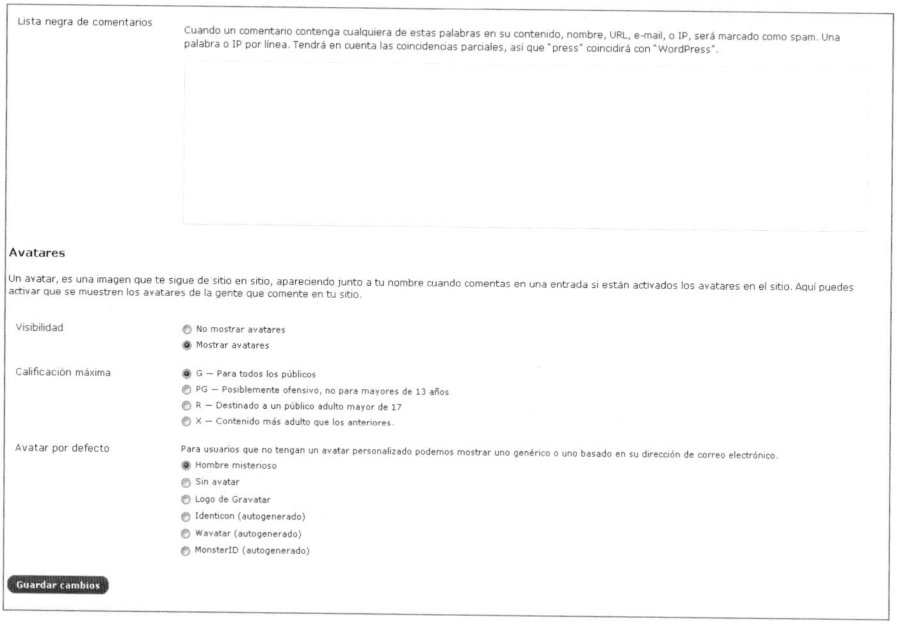

Figura 4.18. Lista negra.

CONFIGURAR LA MANERA EN QUE SE MOSTRARÁN LAS IMÁGENES

Bajo el título de Multimedia determinaremos las dimensiones máximas a utilizar para insertar una imagen en el contenido de la entrada. Quedarán también establecidas las proporciones que tendrán las miniaturas, que de manera predeterminada exhiben un ancho de 150 px por un alto también de 150 px.

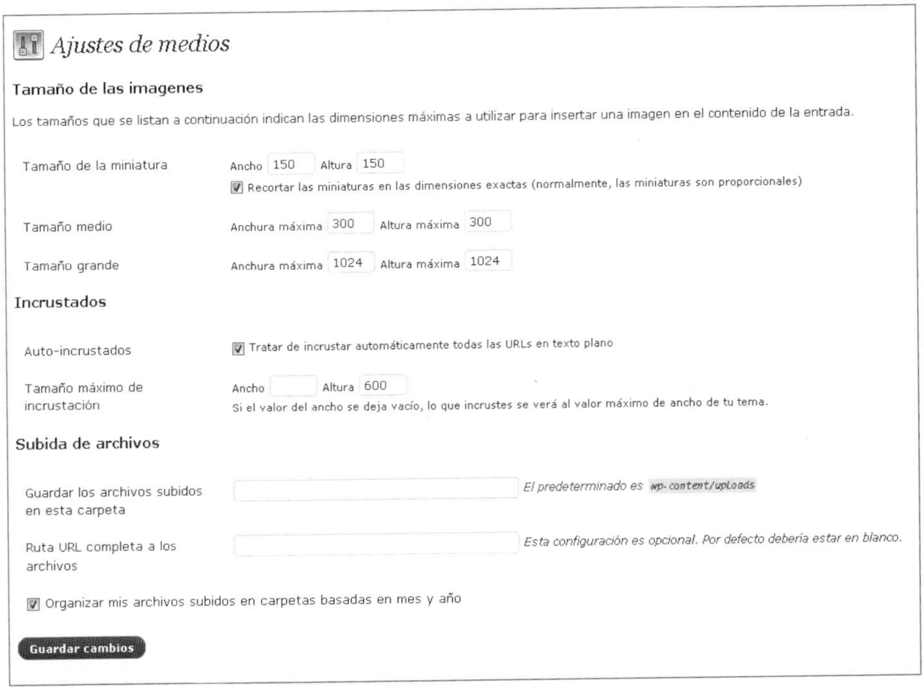

Figura 4.19. Tamaño de las imágenes.

VISIBILIDAD PARA LOS BUSCADORES Y ESTRUCTURA DE LAS URLS

La privacidad del blog se refiere al hecho de que éste sea visible para todos, incluyendo buscadores como Google, Technorati y Bing. En caso de que no estemos tan interesados en que estos servicios husmeen en nuestro sitio, lo mejor es dar un clic sobre la casilla Quiero bloquear los motores de búsqueda, pero permitir visitantes normales.

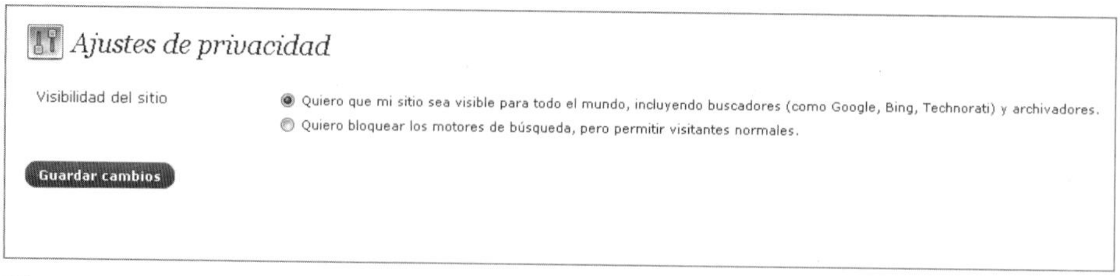

Figura 4.20. Visible o no visible para los buscadores: ésa es la cuestión.

WordPress usa por defecto URLs que contienen signos de interrogación y un montón de números. Sin embargo, también ofrece la posibilidad de redefinir la forma en que se muestran las direcciones Web, lo que puede mejorar la localización del contenido publicado en el blog y facilitarles la labor a las arañas al estilo de Google Bot (Google), Slurp (Yahoo), Scooter (Altavista), Bing y Baid, tal y como aprenderemos en el Capítulo 15. Cambiar el formato de las URLs sólo es recomendable para los sitios que recién comienzan, pues de hacerlo en uno que esté activo corremos el riesgo de perder el ranking en los buscadores porque estos tienen que reindexar todas nuestras páginas.

Se aconseja a nuevos usuarios de WordPress fijar una estructura de URL al estilo de `http://localhost/balsalocal/2010/02/21/sample-post` o de esta otra `http://localhost/balsalocal/2010/02` si estuviéramos en la versión local del blog o a la manera de `http://balsavirtual/2010/02/21/sample-post/` y `http://balsavirtual/2010/02` en el caso de que estemos trabajando online. Esto hará más amable y fácil de clasificar el contenido del blog. Los buscadores nos lo agradecerán.

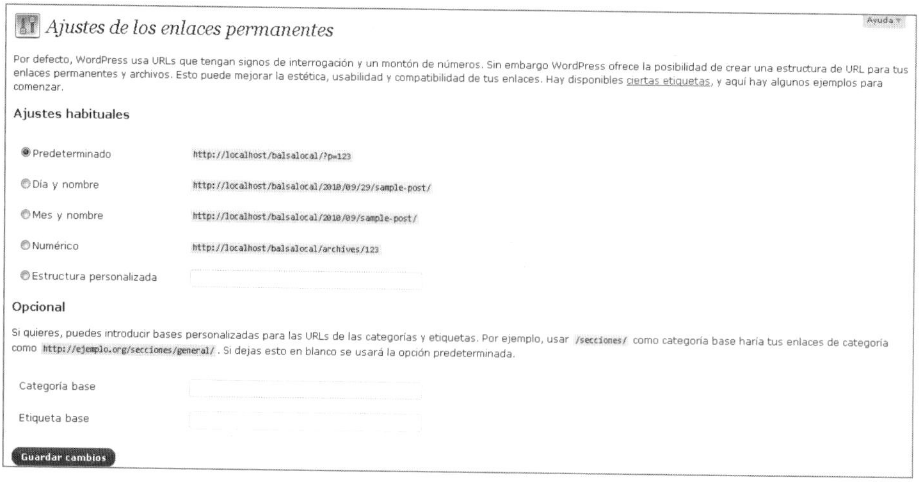

Figura 4.21. Posibles formatos de estructuración de una URL.

Ahora sí que estamos a punto de lanzar al ciberespacio nuestra primera botella con un mensaje adentro. Los ajustes que hemos precisado en este capítulo serán muy útiles para ayudar a que más lectores encuentren nuestro contenido e interactúen con él.

RESUMEN

Precisamente la ampliación del menú Opciones ha sido una de las mejorías sustanciales experimentadas por WordPress. En la medida en que los usuarios cuentan con un mayor número de detalles a personalizar, logran hacer de su blog un espacio más ajustado a sus intereses. Los blogs mejor ubicados en los buscadores muestran como denominador común un acertado manejo de estas potencialidades de configuración. Correr a publicar sin antes definir estos ajustes generales puede traernos algunos quebraderos de cabeza con posterioridad. De manera que es mejor tomarnos nuestro tiempo y definir con calma cómo va a mostrarse la fecha y la hora en nuestro sitio, la cantidad de entradas que aparecerán en la portada, la estructura de las URLs y cómo van a manejarse los comentarios. Entre otros muchos aspectos que nos ofrece el menú Opciones.

Los especialistas de la web y los analistas blogger pueden llenarnos la cabeza de pasos a seguir para ganar lectores, pero la realidad es que la calidad del contenido es más poderosa que cualquier truco de posicionamiento. Los internautas acceden a estos espacios personales en busca de la visión individual y ciudadana que los medios tradicionales no pueden trasmitir. Más que a un profesional de la noticia, están deseando interactuar con un ser humano que experimenta en carne propia los temas sobre los que escribe.

Justamente ése es mi caso, pues carezco de la objetividad de un analista, de las herramientas de un periodista y de la suave mesura de un académico. Mis textos son arrebatados y subjetivos. Cometo el sacrilegio de usar la primera persona del singular y mis lectores han comprendido que sólo hablo de aquello que he vivido. Nunca he recibido clases de cómo presentar una información, pero la filología me ha dejado una innegable enfermedad profesional: juntar palabras sin cometer demasiados errores.

El Medioevo comunicativo en el que he vivido todos estos años me ha hecho diestra en utilizar los más increíbles medios para expresarme. Tuve teléfono en casa –por primera vez– a los veintidós años, de ahí que el aparato de auriculares y botones no fue el primer peldaño para conectarme con otros. La computación llegó antes, en uno de esos típicos saltos tecnológicos que ocurren tan frecuentemente por aquí. En esta Isla peculiar hemos asistido a la venta de reproductores de DVD sin que antes ninguna tienda vendiera caseteras de vídeo. Imbuida de esa tendencia al brinco tecnológico, construí mi primer ordenador en el lejano año 1994. Con la testarudez que ya exhibía a los dieciocho años, me uní al mouse y al teclado de por vida. Pionera en tantas cosas e ignorante en otras, soy ahora una mezcla rara de hacker y lingüista –si mis profesores de semántica y fonología se enteran de mi decantación por los circuitos eléctricos, confirmarían sus negativos pronósticos sobre mi futuro académico–. Armé mis frankensteins con piezas de todas partes y en infinitas madrugadas conecté motherboards, micros y fuentes eléctricas. Para cuando decidí hacer mi propio blog, ya había superado la furia de construir ordenadores y me dedicaba a recargarlos con mis propios textos.

5. Publicar la primera entrada o el terror a la pantalla en blanco

El making off de mi blog

Toda una filosofía que me acompaña hasta hoy: darle preeminencia en mi vida informática al software libre.

En este capítulo descubriremos cómo:

☐ Conocer todas las opciones del editor de texto.

☐ Dar formato a las entradas.

☐ Definir el estado de una entrada.

☐ Programar contenido para que salga en determinada fecha y hora.

MANEJAR ENTRADAS YA EXISTENTES

Finalmente hemos llegado al punto de comenzar a publicar en el recién estrenado blog. Es el momento de ponerse el altavoz en la boca y de gritar en el ciberespacio que existimos. Lo ideal es que hayamos meditado bien cuál será nuestra primera entrada, pero también podemos darle rienda suelta a la espontaneidad. Antes de colgar cualquier contenido en el sitio, sería bueno quitar el *post* que por defecto trae visible WordPress con el título de ¡Hola mundo! Uno de los errores más frecuentes que cometen los nuevos usuarios de este sistema de gestión de contenidos es conservar el texto que anuncia "Bienvenido a WordPress. Ésta es tu primera entrada. Edítala o Bórrala, ¡y comienza a publicar!"

¡Hola mundo!

Posted on 29 Septiembre, 2010 by admin

Bienvenido a WordPress. Esta es tu primera entrada. Edítala o bórrala, ¡y comienza a publicar!.

Posted in Sin categoría | 1 Comment | Edit

Figura 5.1. La entrada por defecto que contiene WordPress.

Para eliminar el simpático –pero repetido– texto predeterminado, debemos encaminarnos al menú lateral y buscar el módulo que comienza englobado bajo la sección Entradas. Veremos que está compuesto de varios elementos que serán muy útiles a la hora de colocar o manejar nuevo contenido.

⚙ Entradas ▾

Entradas
Añadir nuevo
Categorías
Etiquetas de las
entradas

Figura 5.2. El menú Entradas y sus múltiples opciones.

Nos dirigimos justamente al submenú Entradas que desplegará ante nuestros
ojos un listado de las que ya han sido publicadas, programadas o que todavía
están como borradores. Por el momento sólo aparecerá recogido el texto de
bienvenida, que debemos eliminar cuanto antes. La estructura de la lista es de
cuatro columnas donde se informa sobre su Título, Autor, Categorías, Etiquetas y
Fecha de publicación.

Figura 5.3. Listado de las entradas.

Para proceder con esa acción podemos apelar al menú de la zona superior
donde, una vez marcada la casilla a la izquierda del título de la entrada, podemos
seleccionar la posibilidad de Mover a la papelera. Con solo pasar el ratón sobre
la frase ¡Hola mundo! veremos emerger las opciones Editar, Edición rápida,
Papelera y Ver que se encuentran debajo. En el caso que nos ocupa no debe
temblarnos el dedo para hacer clic y enviarlo al cesto de la basura.

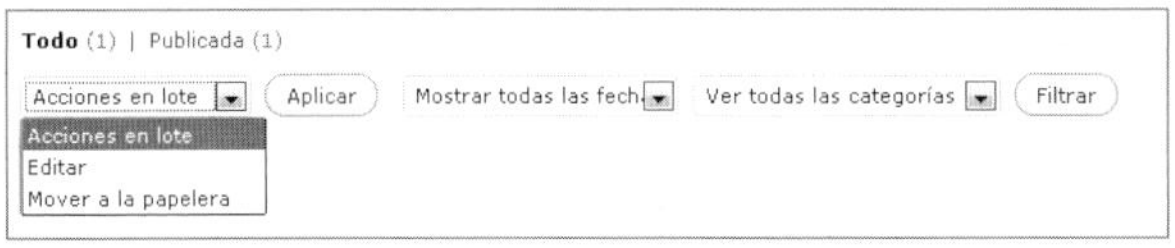

Figura 5.4. Usar el menú superior para eliminar la entrada por defecto.

Figura 5.5. Al deslizar el ratón sobre el título, emerge
un menú con múltiples opciones de edición.

Despejado el camino procedamos a poner en línea la primera expresión de
nuestra nueva vida como bloggers. Para eso se supone que ya tengamos un
texto preparado y revisado, en aras de no incurrir en errores ortográficos o
gramaticales. La premura con que colgamos contenido en la red, nos puede hacer
pasar por alto cuestiones estilísticas, de manera que debemos prestar especial
atención al acabado de nuestra expresión escrita. Publicar empujados por la

inmediatez no tiene que ser sinónimo de estropear la gramática ni de subestimar las reglas de redacción y composición. El lema interno de nuestra escritura en la Web podría ser "cómo escribir para Internet y no destruir la lengua en el intento". Los lectores nos lo agradecerán.

Vayamos entonces al menú Entradas y hagamos clic sobre la opción Añadir nuevo. De esa manera quedará desplegado en el centro de la pantalla el entrañable editor de texto que nos acompañará durante la publicación. Como si de una mesa de trabajo se tratara, podemos apreciar la disposición en tres bloques bien definidos, conformados por el menú –ya familiar– de la izquierda, una parte central para agregar contenido y la barra de la derecha con múltiples opciones de configuración.

EL EDITOR DE TEXTO Y EL ÁREA DE PUBLICACIÓN

Cada uno de los módulos que observamos en la zona de publicación puede ser plegado o desplegado a gusto del blogger, como hicimos en el Escritorio principal.

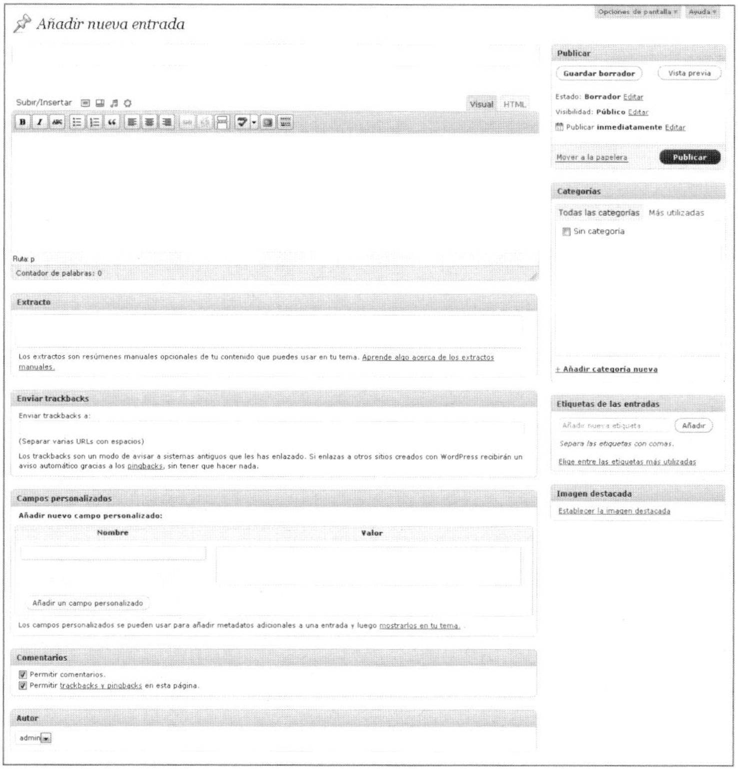

Figura 5.6. Vista general del área de publicación.

Incluso el recuadro del editor de texto dedicado al contenido de la nueva entrada, tiene la capacidad de redimensionarse con sólo mantener presionado el botón izquierdo del ratón y arrastrar la esquina inferior derecha del mismo.

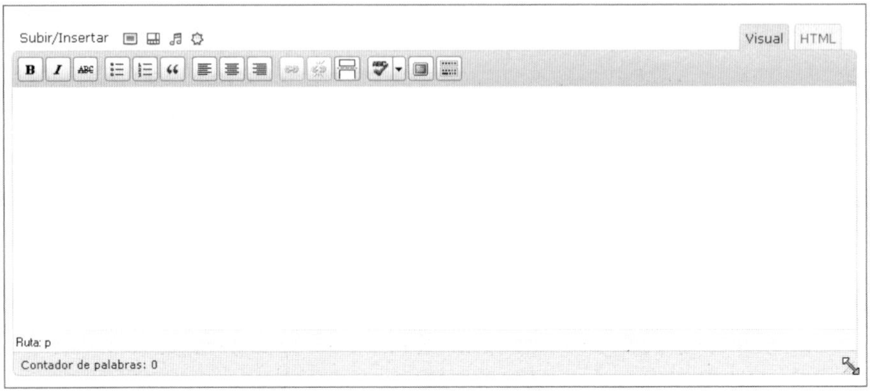

Figura 5.7. Redimensionar el módulo donde se coloca el contenido principal.

Dividamos imaginariamente el área de publicación en al menos tres partes, para comprender más fácilmente el papel que juegan cada una de ellas en el acabado de la entradas.

Figura 5.8. Partes o zonas que componen el área de publicación.

Bajo el número 1 tenemos la zona destinada a colocar el título de la entrada. Vale recordar que los títulos son un factor muy importante en el posicionamiento en buscadores. Redactar una frase que englobe nuestro texto puede ser la clave para aparecer en lo más alto del listado de Google o la razón para que quede ubicado muy atrás en las páginas de búsqueda. Así que lo mejor es que el título sea informativo y aunque no descartamos la creatividad a la hora de componerlo; es mejor no ser metafóricos en exceso.

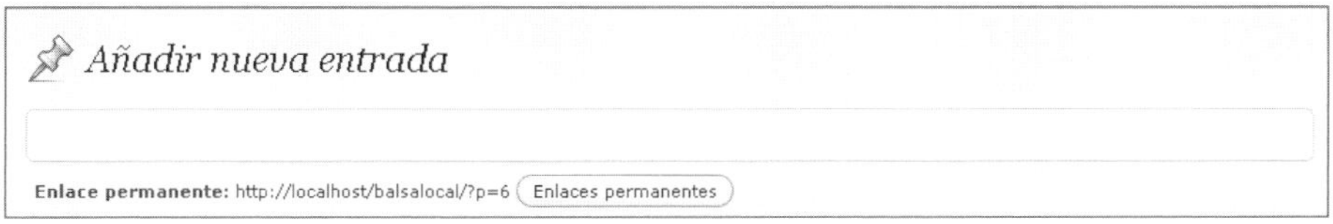

Figura 5.9. Área destinada al título de la entrada.

Salta a la vista la variedad de opciones que aparecen en la barra de herramientas del editor de entradas, englobada en la zona con el número 2. Tenemos desde los conocidos formatos para trabajar texto, hasta botones especializados en la colocación de elementos multimedia. Echemos una rápida ojeada al intuitivo y completo editor de texto que nos presenta WordPress.

Figura 5.10. La barra de herramientas del editor de texto.

Al pulsar el último botón de esta barra de herramientas se desplegará una segunda fila con opciones para definir el estilo del párrafo y otros detalles más.

Figura 5.11. Desplegar la barra de herramientas del editor de texto.

También habrá un signo de interrogación enmarcado en azul que nos dará paso a la ayuda del editor visual y también a los datos de la versión del editor que estamos usando.

A los usuarios que ya han trabajado con procesadores de texto como Microsoft Word u OpenOffice.org Writer les resultará muy familiar el editor que nos presenta WordPress.

Por defecto el editor de texto se mostrará en su modo visual, que muestra un acabado del contenido muy similar al que verá el lector una vez publicada la entrada. El editor visual facilita la inclusión de las etiquetas del *HyperText*

Markup Language (html) sin que el blogger se dé cuenta de ello. De ahí que a éste tipo de editor se le conoce como WYSIWYG (en inglés: *what you see is what you get*). Por otro lado al seleccionar la opción de HTML se tiene acceso al código que se está utilizando para dar formato al texto. Los usuarios que así lo deseen pueden manejarlo en esta vista con sólo marcar sobre la pestaña que sobresale en su extremo superior derecho.

Figura 5.12. Versión del editor TinyMCE.

DETALLES DEL EDITOR DE TEXTO

Es importante aclarar algunos detalles importantes sobre el alcance del editor de contenido de WordPress:

- La hoja de estilo que rige el diseño del blog no influirá en las opciones de formato que el usuario defina para su entrada. Se aconseja entonces mesura a la hora de recargar un texto con cursivas, negritas, letras coloreadas o variadas tipografías, pues esto puede entrar en contradicción visual con la armonía del tema que hemos seleccionado para el blog.

- Al escribir en un programa de procesamiento de textos, como Word, es posible que el usuario defina más de un espacio entre párrafos, pero al trasladarlo al editor de WordPress éste lo leerá como un solo salto de línea. Si se quiere crear el efecto visual deseado de separar marcadamente dos párrafos, entonces se debe dar otra vez **Intro** entre cada uno o apelar a los conocimientos que tengamos de escribir en html.

Figura 5.13. Cambiar a vista html puede ser un buen recurso para los que dominan este lenguaje de escritura en la Web.

Justamente sobre los botones del editor de texto, emerge un menú que muestra cuatro elementos de color gris. Se trata de las opciones para agregar a la entrada material multimedia, como vídeo, imagen o audio. Resulta de gran utilidad la amplia gama de posibilidades que se abren al marcar sobre cada uno de estos iconos y abordaremos con detalles, en próximos capítulos, todo su potencial.

Figura 5.14. Menú para agregar contenido multimedia.

La caja para colocar texto, marcada con el número 3 en la figura 5.8, es el elemento central alrededor del cual gira el resto de las opciones de la página de Añadir nuevo. El objetivo de esta área de publicación es que el blogger la rellene con el contenido de la entrada. El resto de las configuraciones que elijamos estarán determinadas por lo que hayamos puesto en este recuadro central. No vale de nada un título altisonante, una selección completa de etiquetas y una correcta utilización de las categorías, tal y como estudiaremos en el capítulo 13, si la entrada carece de atractivo para los lectores. De ahí que nuestras energías deben volcarse fundamentalmente en qué texto, imagen o archivo multimedia pondremos en la casilla en blanco que se abre ante nuestros ojos.

Al usar la segunda línea del editor de texto de WordPress las entradas ganarán en acabado y en opciones de formato. Los lectores percibirán que el blogger tiene un mayor manejo de las potencialidades de la zona de publicación.

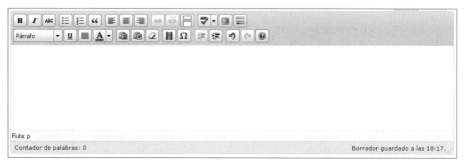

Figura 5.15. Módulo para colocar el contenido de la nueva entrada.

Existen dos caminos para introducir texto en la caja destinada al contenido. Se puede traer la entrada ya redactada y lista para ser cortada y pegada o escribirla directamente en el interior de WordPress. La premura que tengamos para publicar puede llevarnos a usar frecuentemente la segunda opción, pero suele ser fuente de muchos errores. Aunque la barra de herramientas incluye un corrector ortográfico para detectar las faltas cometidas, lo más recomendable es trabajar el texto y revisarlo con calma en el procesador que manejamos normalmente: Microsoft Word, OpenOffice.org Writer. Si además se lo podemos dar a revisar a un amigo, eso aumentaría la calidad de lo publicado, aunque pocas veces la celeridad de mantener vivo un blog nos permite tanta cautela.

Supongamos que la primera entrada del nuevo espacio virtual se la queremos dedicar precisamente al acto de inaugurar un blog. Un título entre directo y poético podría ser "El primer paso en el largo camino blogger", que deberá ser colocado en la zona destinada a esos efectos.

Figura 5.16. Rellenado de la zona de título y contenido.

Narraremos entonces todos nuestros deseos y aprensiones sobre esa morada en el ciberespacio de la que apenas si hemos abierto la puerta y sacudido las alfombras. Incluso puede que hablemos de nuestra experiencia anterior con otros gestores de contenido al estilo de Movable Type o TextPattern. En ese caso lo ideal será remarcar en negritas esos nombres propios para darles el debido respeto y ayudar a los buscadores a localizarlos en el interior de nuestra entrada. Veamos cómo se vería este ejemplo:

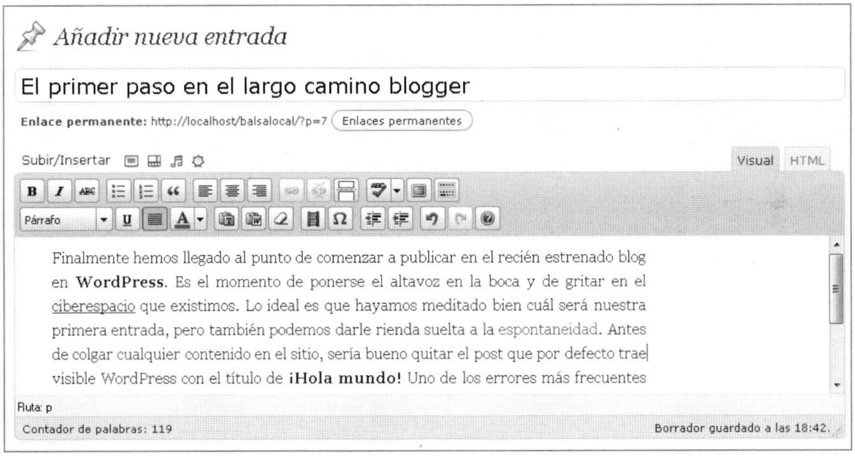

Figura 5.17. Comenzar a usar las opciones de formato de texto para resaltar ideas y nombres.

Si estamos escribiendo directamente en el recuadro de texto, cada vez que terminemos un párrafo es recomendable presionar la tecla **Enter**. Así quedará definido un espacio que hará más placentera la lectura y aumentará la prestancia visual del blog. Algunos autores prefieren que en sus textos no haya saltos de línea notables entre un párrafo y otro, pero a los lectores les ayuda a descansar la vista y por regla general los asustan un tanto los bloques demasiado compactos de contenido.

En el interior del editor de texto se pueden utilizar las conocidas combinaciones de teclas para copiar **Control-C**, cortar **Control-X** o pegar **Control-V**. Estos comandos resultan de mucha utilidad para agilizar la labor de agregar contenido.

Afortunadamente las últimas versiones de WordPress han incluido el autoguardado para en el caso de que haya alguna falla con la conexión a Internet o al blogger se le cierre accidentalmente el tablero de administración. Aun así no está de más que tengamos salvado el contenido a través del botón de **Guardar borrador** que se destaca en la zona de la derecha.

Figura 5.18. Antes de publicar definitivamente se puede apelar a la opción de guardar como borrador.

En caso de que haya un fallo en la conexión a Internet o se nos cierre abruptamente el navegador, WordPress guardará como Borrador una copia de la entrada que estábamos trabajando.

La curiosidad nos llevará inevitablemente a leer el resto de las posibilidades que ofrece el menú de la zona derecha. Una de las funciones más útiles es la de programar entradas, que permite a un blogger dejar en la cola de publicación determinado contenido para que salga a la luz un día y una hora específicos. Si salimos de vacaciones y no queremos que nadie lo note, es ésta la configuración a la que debemos apelar para que el blog se mantenga dinámico mientras nosotros estamos fuera. Basta con hacer clic sobre la palabra Editar que acompaña a la frase Publicar inmediatamente y accederemos a un calendario donde podremos seleccionar la fecha de futura aparición.

Figura 5.19. Decidir la fecha y hora exacta en que aparecerá la entrada.

Para aquellos bloggers que tienen dificultades para conectarse a la red, como es el caso de quienes viven en países con baja conectividad o elevada censura, la opción de programar entradas resulta muy valiosa para mantener vivo su espacio digital.

Una vez seleccionado cuándo aparecerá el contenido ante los ojos de los lectores, es momento de confirmar esa decisión con el botón **Aceptar** y veremos cómo inmediatamente el botón **Publicar** se trasmuta en **Programar**.

Figura 5.20. Una vez decidida la fecha sólo queda activar el botón Programar.

Veremos que existen cuatro estados diferentes en los que puede estar una entrada:

- ☐ Borrador.
- ☐ Pendiente de revisión.
- ☐ Programada.
- ☐ Publicada.

Una breve definición de cada uno de ellos podría ser:

- ☐ Borrador: Cuando no hemos terminado de trabajar el texto y las imágenes a publicar, de manera que todavía no están listos para ser mostrados ante los ojos de los internautas.

- ☐ Pendiente de revisión: En los blogs que tienen múltiples autores, existe alguien con la función de editor que revisa las entradas antes de publicarlas. Un nuevo contenido sugerido por un autor pasaría al listado de lo pendiente en espera de que sea aceptado y examinado antes de ver la luz.

- Programada: Se ubican en ese estado aquellas entradas que han sido programadas para salir en una fecha y hora específicas. El autor siempre tendrá la opción de cambiar esta configuración y trasladar temporalmente su publicación.

- Publicada: Se dice de aquella entrada que está visible en el blog, ya sea de manera totalmente pública o para usuarios registrados que necesiten una contraseña.

Precisamente la visibilidad será el próximo detalle a abordar en este capítulo, pues resulta de gran importancia determinar el alcance al que quedará expuesto nuestro contenido. Existen tres niveles de privacidad a la hora de colocar contenido en el blog:

- Público: Es el modo configurado por defecto en WordPress y consiste en dar la posibilidad a cualquier lector de acceder a la totalidad del contenido de la entrada.

Figura 5.21. El estado público es el predeterminado de una entrada en WordPress.

- Protegido por contraseña: Tendrán acceso a ese contenido solamente los usuarios que conozcan la contraseña que ha definido el autor de la entrada. Véase la figura 5.22.

- Privado: Sólo podrá leerla el editor o administrador del blog, además de aquellos autores y contribuidores que éstos determinen. Se utiliza mucho cuando tenemos uno de esos diarios virtuales que no queremos someter a los ojos de los curiosos, sino que funciona más bien como reservorio íntimo de lo que nos ocurre en nuestras vidas. Véase la figura 5.23.

Figura 5.22. Cómo verán los lectores una entrada protegida por contraseña.

Figura 5.23. Si algún curioso intenta buscar la entrada publicada bajo la condición de privada, sólo verá una pantalla así.

Si seguimos desplazando nuestros ojos por el menú de la derecha, nos toparemos con una manera rápida y fácil de agregar etiquetas a la entrada. También la posibilidad de ubicar ésta en una determinada categoría ya configurada de antemano. Muchos usuarios de WordPress muestran confusión entre estos dos niveles de clasificación de contenido. Por esa razón dedicaremos el capítulo 13 a definir meticulosamente las diferencias entre unas y otras. Mientras, vale la pena que al menos sepamos de su existencia. En el caso del texto de ejemplo sobre nuestros primeros pasos como bloggers, lo dejaremos en la categoría definida por defecto bajo el título de General o Sin categoría y le agregaremos algunas etiquetas del tipo: blog, comenzar a bloggear, WordPress, blogosfera hispana y blogger principiante. Con esas coordenadas de seguro nos encontrarán los lectores deseosos de asomarse a nuestras primeras experiencias en estas lides.

Figura 5.24. En esta zona se definen las etiquetas y categorías que acompañarán y englobarán a la entrada.

Vale la pena redactar un breve extracto del contenido de la entrada, para colocarlo en el recuadro que está debajo del editor de texto. Aunque se trata de una tarea opcional, tiene mucha utilidad a la hora de motivar a los lectores a leerse la totalidad del artículo publicado.

Por el momento no nos sumergiremos todavía en los *trackbacks* ni en los *pingbacks*, pues el capítulo 15 traerá abundantes detalles sobre ellos.

Figura 5.25. Casilla para agregar trackbacks.

También dejaremos para más adelante el manejo de los campos personalizados que pueden definirse antes de exponer nuestro contenido a los ojos de los visitantes. Cada uno de esos temas será desarrollado en próximos capítulos y no es necesario conocer su funcionamiento para pasar a publicar nuestra primera entrada.

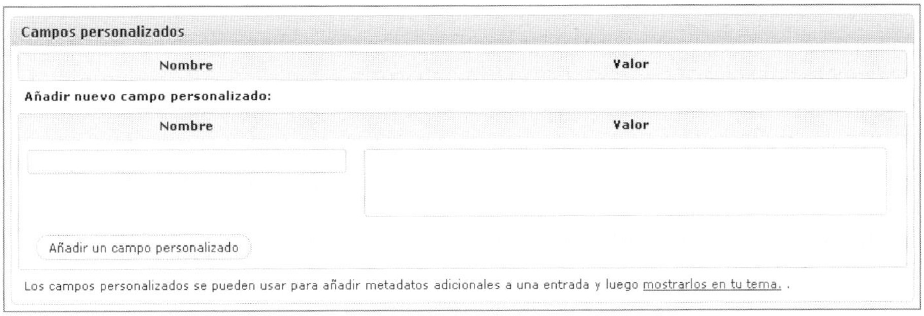

Figura 5.26. Módulo para agregar campos personalizados.

Aunque todavía a nuestro alrededor no suenan los violines ni hay aplausos que premien nuestro esfuerzo, en el estómago sentimos el vértigo de quien acaba de completar una sinfonía y espera la ovación o la burla del público. Sólo queda que demos un clic sobre el magnético botón con la palabra **Publicar**. A partir de ese momento nuestra suerte estará echada y los internautas juzgarán, criticarán y completarán el contenido que hemos decidido hacer público.

Figura 5.27. Cuando todo esté listo es hora de presionar sobre el botón Publicar.

Vayamos corriendo hacia la portada de nuestro blog y veamos cómo se ve en ella el más osado de los pasos que hemos dado hasta ahora. Véase la figura 5.28.

Si nos arrepentimos de la primera entrada o queremos agregarle algo que le falta, bastará con ir al menú Entradas y accederemos a un listado de todas las publicadas. En cuatro columnas se nos brinda la información de Título, Autor,

Categoría, Etiquetas y Fecha de publicación. Al desplazarnos sobre el título de cada una emergerá un submenú desde el que se puede Editar, Edición Rápida, enviar a la Papelera y Ver una vista preliminar. Véase la figura 5.29.

Figura 5.28. La primera entrada ya publicada.

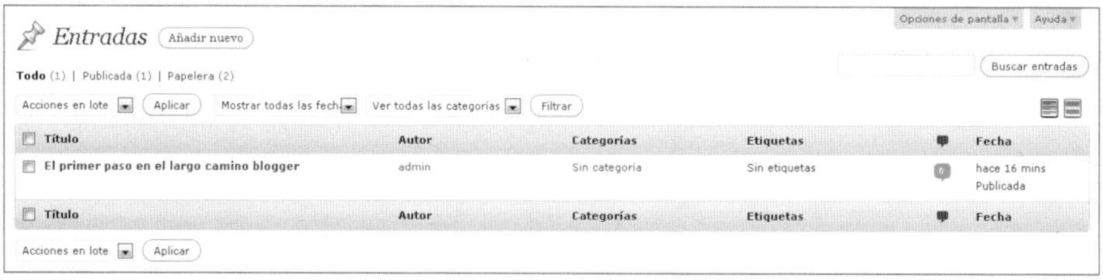

Figura 5.29. El menú de edición de entradas.

Si optamos por editar nuevamente una entrada, veremos que ya el botón que aparece en la barra lateral derecha no dice **Publicar** sino **Actualizar**. Véase la figura 5.30.

Aunque en teoría podríamos hacerle a las entradas todos los cambios que se nos antojen, debe prevalecer la ética blogger de no falsear información que ha sido presentada de otra manera. Si nos equivocamos, lo más sincero es tachar y colocar al lado la rectificación. Los lectores rara vez olvidan.

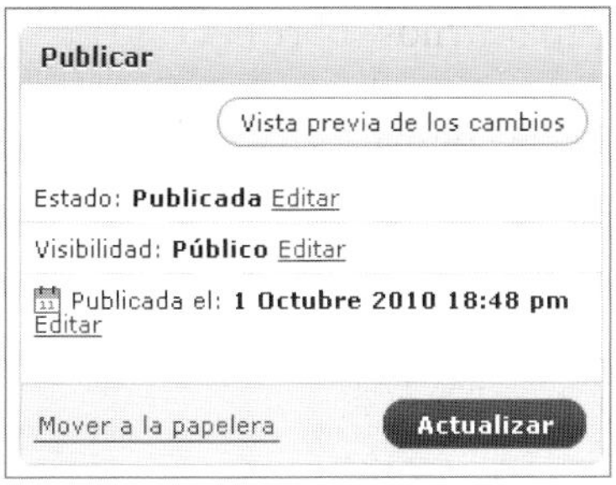

Figura 5.30. El botón Publicar se ha convertido ahora en Actualizar.

RESUMEN

Hasta aquí podemos decir que nos hemos graduado de la escuela primaria de los bloggers, falta entonces un largo camino para ampliar nuestras habilidades. No obstante lo más importante ya lo hemos aprendido. Colocar un texto en el editor, darle el más elemental de los formatos, buscarle un título atractivo y decidir si vamos a publicarlo de inmediato o a dejarlo para futuras revisiones, son las tareas básicas del arte de bloggear. Si encima de eso también sabemos ya editar el listado de las entradas publicadas, entonces es mucho lo que hemos avanzado. Todo lo que ejercitemos nos permitirá con posterioridad embellecer, mejorar y ampliar el contenido y el aspecto del blog, pero los lectores nos juzgarán especialmente por cuánto logremos compartir con ellos. Los acordes iniciales ya están definidos, ahora es el momento de sumarse al concierto de la diversidad que muestra la blogosfera mundial. De ahí que a partir de ahora vamos a dejar aparcada la Balsa local y nos zambulliremos de lleno en el amplio océano donde a nuestra Balsa Virtual le esperan olas enormes y preciosos amaneceres.

EL MAKING OFF DE MI BLOG

Empecé a publicar en una página que yo misma construí en html. Aunque la llamaba un "blog" no reunía los requisitos básicos de interactividad de esa herramienta. Cada vez que quería subir una nueva entrada debía sustituir el archivo "index.htm" por uno que incluía el nuevo texto. Mi primitivo "sitio" carecía de una base de datos y no usaba la tríada mágica de Apache-PHP-MySQL que tanto potencial les ha permitido a los gestores de contenido. Era como intentar volar a la luna con cohete hecho de rocas y trozos de árbol, pero fue muy gratificante ver que levantaba vuelo y se podían ver las estrellas.

Sólo a mediados de octubre de 2007 logré descargar el script de WordPress desde su sitio http://wordpress.org y probarlo en un recién estrenado servidor de prueba que instalé en mi laptop. Ese "simulador de vuelo" me ha salvado la vida en infinidad de ocasiones; sin él y los ensayos que me ha permitido hacer offline, todo hubiera sido más difícil. Tras descartar MovableType (justo en mayo de 2005 habían pasado a licencia de pago) me decanté por WP y creo que el azar me llevó esa vez a hacer la elección correcta. Nunca voy a felicitarme lo suficiente por haber adoptado este sistema de código libre que parece mutar ante mis ojos con nuevas y mejores versiones e infinitas funcionalidades. Me sumé a la cofradía de WordPress sin saber muy bien que estaba trazando con eso toda una filosofía que me acompaña hasta hoy: darle preeminencia en mi vida informática al software libre.

Contar en detalle cómo logré subir por ftp al servidor el script de WordPress y hacerlo funcionar sería desesperante. Ante los ojos de los lectores, resurgió **Generación Y** a finales de diciembre con nuevas posibilidades, entre ellas la de comentar, establecer un archivo, categorías y hasta un buscador. Tras bambalinas todo estaba cogido con pinzas y yo misma me sentía superada por la tarea de administrar mi propio dominio y un blog.

6. El editor de texto y sus potencialidades

Los indocumentados de la red

Cómo me gustaría que mi blog Generación
Y tuviera uno de esos dominios ".cu" que
indican cuál es su origen.

En este capítulo descubriremos cómo:

☐ Utilizar todas las opciones del editor de texto.

☐ Dar estilo a los textos.

☐ Colocar enlaces en el contenido.

☐ Importar textos desde otros procesadores.

☐ Alinear párrafos.

☐ Crear listas.

LA AMPLIA GAMA DE FORMATOS DISPONIBLES PARA APLICAR SOBRE EL TEXTO DE UNA ENTRADA

En el capítulo anterior nos aproximamos al editor de texto que ofrece WordPress y comprobamos sus similitudes con las posibilidades que brindan programas al estilo de Microsoft Word y OpenOffice.org Writer. Una interfaz intuitiva y con opciones muy completas, que harán que nuestro contenido no adolezca de ningún formato del que necesitemos echar mano.

En la medida que instalemos *plugins* en nuestro blog, es posible que estos agreguen nuevos botones en la barra de herramientas del editor de texto. Hay uno especialmente recomendable bajo el nombre de *TinyMCE Advanced plugin* que enriquece las potencialidades de formato del editor que viene por defecto con WordPress.

Para quien gusta de trabajar a sus anchas, existe una opción que permite expandir el recuadro de textos y que se encuentra en el menú superior del tablero de WordPress. Tal y como analizamos en el capítulo 1 la pestaña que anuncia Opciones de pantalla propicia que dejemos la zona de trabajo mucho más extensa y cómoda. Si se marca la opción de dejar sólo una columna, veremos cómo el editor de texto ocupará casi la totalidad del ancho del tablero. Véase la figura 6.1.

En el caso de que se decida volver a visualizar las dos columnas después de haber usado la configuración de una sola, entonces WordPress no reubicará los módulos de la columna derecha. De manera que el propio usuario deberá arrastrar hacia ese lugar los módulos que han ido a parar a la parte inferior del área de publicación. Véase la figura 6.2.

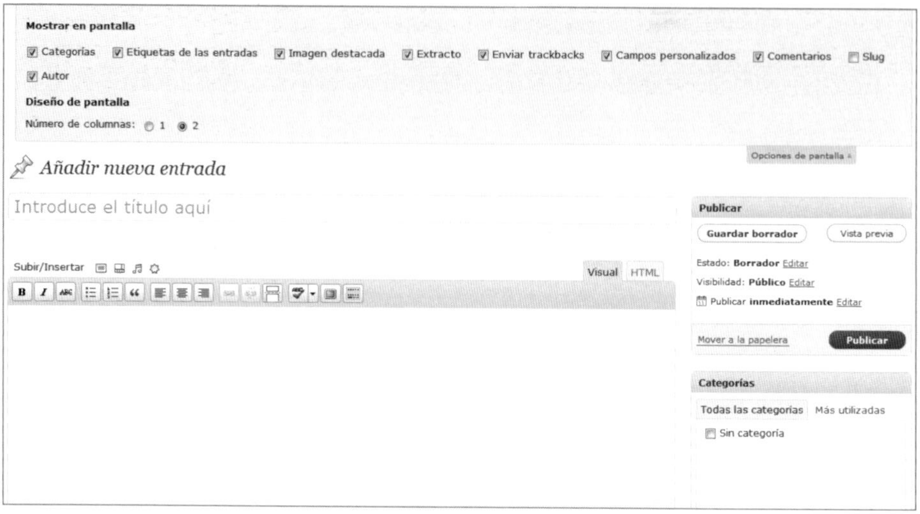

Figura 6.1. En el menú Opciones de pantalla, seleccionar la posibilidad de una sola columna.

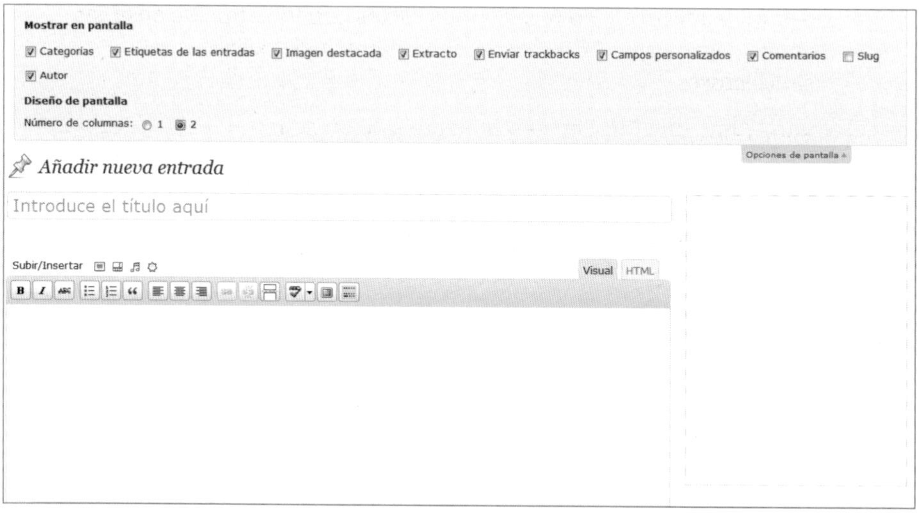

Figura 6.2. Así se vería el área de publicación una vez reactivadas las dos columnas.

Incluso la barra de herramientas nos ofrece una opción para quienes quieran tener toda la pantalla ocupada por el editor de texto. Al activar un botón, con una pequeña pantalla azul, se puede lograr semejante expansión.

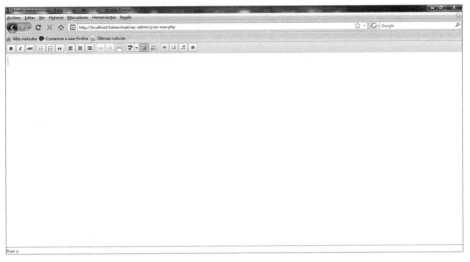

Figura 6.3. El modo pantalla completa.

Algunos consejos antes de comenzar a darle formato a nuestra entrada:

☐ Apelar a la mesura y no recargar los textos con todo tipo de posibles estilos que los hagan difíciles de leer y demasiado barrocos ante los ojos de los lectores.

☐ Aunque hay una total libertad a la hora de presentar nuestras entradas, la simplicidad se ha ido imponiendo como la norma más efectiva en la Web.

☐ Es mejor no abusar del uso de negritas para llamar la atención sobre determinada parte de nuestro texto. Si el contenido lo amerita, el lector sabrá valorar su importancia.

☐ Evite el subrayado de palabras o frases. Los internautas interpretarán los subrayados como enlaces que lo llevarán hacia otro contenido y se sentirán algo frustrados de que no sea así.

☐ Poner en cursiva un texto muy extenso hace difícil su lectura. Si va a citar más de dos líneas, lo mejor es utilizar el sangrado o el bloque de texto.

☐ Colorear el texto debe hacerse sólo en casos muy justificados, puesto que el tono seleccionado puede romper con la tonalidad del diseño del blog.

☐ Escribir todo en mayúsculas es considerado en la Web una manera de gritar. Es mejor imponerse con argumentos y no con alaridos visuales, de ahí que debamos alejarnos de usar las mayúsculas para la totalidad de los títulos o de algunos elementos dentro de la entrada.

La mejor forma de aprender a usar la barra de herramientas es precisamente mientras damos formato a un texto. Para eso colocaremos algunos párrafos en el recuadro destinado al contenido de la entrada. Seleccionamos un artículo trabajado con anterioridad en un procesador de texto y lo pegaremos, ya sea con las teclas de comando **Control-V** o con la opción Pegar del menú desplegable del botón derecho del ratón.

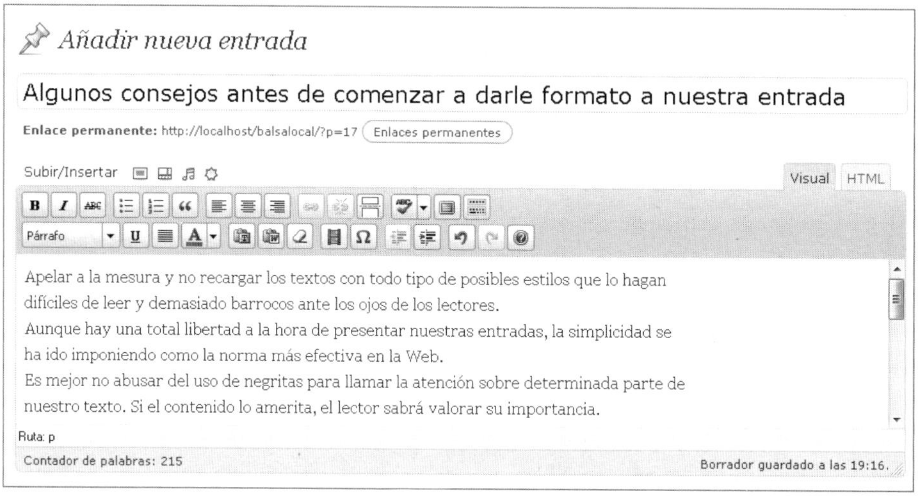

Figura 6.4. Contenido colocado en el recuadro del editor de texto.

CURSIVA, NEGRITAS Y TACHADO

Vayamos paso a paso analizando cada uno de los botones que compone la barra de herramientas del editor de texto y viendo el efecto que su uso crea sobre el contenido. Comprender la anatomía que la compone nos acortará el tiempo que pasamos publicando una entrada y evitará que tengamos que tantear en busca del formato adecuado. Véase la figura 6.5.

Seleccionemos entonces una palabra o frase para ejercitarnos en el uso de los diferentes formatos de texto. Comencemos por el primer bloque de botones que condicionan la negrita, la cursiva y el tachado. Este último formato es de suma utilidad cuando cometemos algún error o falta ortográfica y procedemos a repararla pero dejando visible –y tachada– la errata anterior. Véase la figura 6.6.

Una vez seleccionada el área sobre la que aplicaremos el nuevo formato, sólo necesitamos dar un clic en el botón correspondiente a nuestras intenciones estilísticas. Veremos como el efecto se hace notar inmediatamente en el recuadro central donde esta contenido el texto. Véanse las figuras 6.7 y 6.8.

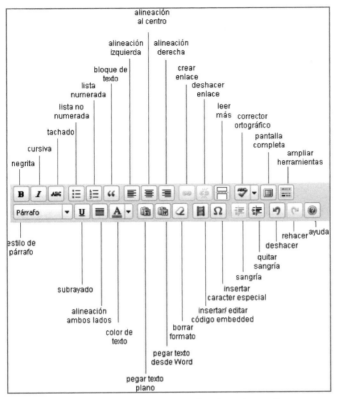

Figura 6.5. Función de cada botón de editor de texto.

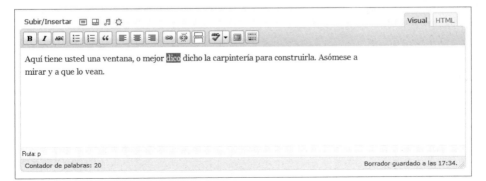

Figura 6.6. Botones para agregar los formatos de negrita, cursiva y tachado.

Figura 6.7. Área seleccionada para aplicar sobre ella determinado formato.

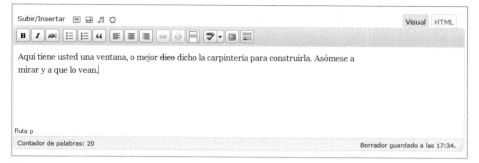

Figura 6.8. Efecto de la aplicación de formato sobre una zona del texto.

Incluso para los que no son muy duchos en el lenguaje html, quizás sea una magnífica oportunidad para aprenderse algunas etiquetas. Basta con pasar el editor de texto a la vista html y comprobar cómo quedan representados en ella los diferentes tipos de formatos aplicados. Miren por ejemplo cómo se percibe la negrita en el editor visual y en su contraparte de *HyperText Markup Language* representada por la etiqueta de apertura <strong> y de cierre </strong>.

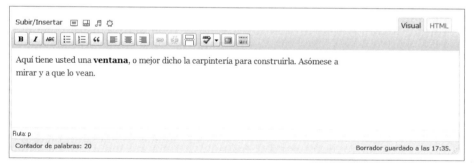

Figura 6.9. Un texto formateado en negritas visto en el editor visual.

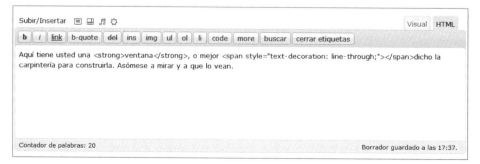

Figura 6.10. Un texto formateado en negritas visto en el editor html.

LAS LISTAS Y SUS POTENCIALIDADES

En la medida en que nos desplacemos hacia la derecha de la barra de herramientas hallaremos opciones muy necesarias como la de listas sin numerar y numeradas. Se trata de potencialidades que usaremos frecuentemente para presentar un contenido mejor desglosado y mucho más manejable que el mostrado en un párrafo. Las listas numeradas también pueden ayudarnos a ubicar por importancia determinados elementos, mientras que las que aparecen precedidas de viñetas resultan muy útiles a la hora de presentar estructuras y componentes.

Tomemos una lista, en la que cada elemento esté separado por un salto de línea y seleccionemos todas sus unidades antes de hacer clic sobre el botón de crear listas numeradas o sobre el que genera otras no numeradas. Donde quiera que comience un nuevo párrafo aparecerá entonces un número o una viñeta según la opción elegida.

Figura 6.11. Los dos botones destinados a dar formato a listas numeradas y sin numerar.

Dejemos correr la curiosidad de ver cómo se representa en código html la peculiar estructura de estas listas.

- Listas ordenadas numéricamente:

```
<ol>
    <li>Panel de administración traducido al español.</li>
    <li>Gran variedad de plantillas.</li>
    <li>Diferentes roles para los usuarios.</li>
    <li>Un completo sistema de categorías.</li>
    <li>Efectiva protección contra el spam.</li>
</ol>
```

- Listas no ordenadas numéricamente:

```
<ul>
    <li>Panel de administración traducido al español.</li>
    <li>Gran variedad de plantillas.</li>
    <li>Diferentes roles para los usuarios.</li>
    <li>Un completo sistema de categorías.</li>
    <li>Efectiva protección contra el spam.</li>
</ul>
```

El resultado que verán los lectores en ambos casos será así:

Figura 6.12. Visualización en el blog de una lista numerada.

Figura 6.13. Visualización en el blog de una lista no numerada.

Normalmente cada plantilla de WordPress incluye una variedad de viñetas para las listas no numeradas que se acopla bien con el resto del diseño del blog. Pueden ir desde las bolas rellenas de color hasta las que sólo aparecen delineadas, pasando por otras en forma de flecha o de rombo.

Antes de proceder a formatear una lista, debemos verificar que realmente cada uno de los elementos que la compone está separado por un salto de línea como si se tratarán de párrafos independientes. Sólo así se logrará ubicar delante de cada uno de ellos la viñeta o el número que lo diferencie del anterior.

Convertir una lista numerada en otra que no lo sea, resulta una tarea muy fácil. Basta con seleccionar todos los elementos que la componen y marcar sobre el botón de formato que queremos aplicarle. Inmediatamente pasará a cambiar sus viñetas en números o viceversa. En caso de que se necesite convertir la lista en una secuencia de párrafos, basta con seleccionarla y volver a cliquear sobre el botón que muestra su actual formato.

CITAS Y ALINEACIÓN

El bloque de texto, representado en el editor html con la etiqueta de apertura `<blockquote>` y de cierre `</blockquote>`, es una solución visual a la hora de citar textos extensos o cuando determinada parte tiene autonomía con respecto al cuerpo principal de la entrada. Se debe seleccionar el párrafo que queremos incluir en el bloque de texto y una vez sombreado en azul pasar a activar el botón que contiene tan útil configuración.

Figura 6.14. El bloque de texto resulta de gran utilidad para apoyar el contenido con citas.

La alineación de texto, es preferible dejarla de la forma predeterminada en la plantilla que estamos usando para evitar desagradables contrastes entre una entrada y otra. La mayoría de las hojas de estilos de los temas de WordPress traen por defecto la alineación a ambos lados –derecha e izquierda–, pero el blogger tiene la libertad de forzar a determinada entrada a alinearse en una sola dirección.

Figura 6.15. Botones destinados a la alineación del texto.

Si nos adelantamos un poco y miramos en la segunda fila de la barra de herramientas, podremos detectar un botón para alinear un texto a ambos lados. ¡Cuidado!, abusar de sus potencialidades puede dar un efecto como de un pelotón militar a nuestros párrafos.

ENLACES E HIPERTEXTUALIDAD

Una de las características más importantes del la escritura en Internet es su hipertextualidad. El lector puede desplazarse a través de un enlace contenido en determinado artículo hacia otra página o texto que lo completa con más información. Los blogs han sabido aprovechar muy bien estos hilos que se van trazando entre un sitio Web y otro para conformar la gran telaraña mundial que es la WWW.

De manera que el saber colocar enlaces en nuestras entradas será un conocimiento importantísimo para integrarnos en una comunidad virtual de millones de sitios. En la medida en que nuestros sitios se conecten con el contenido aparecido en otros blogs o páginas Web, el lector podrá tener una visión más completa del tema que hemos tratado. Incluso hay una máxima no escrita pero presente en la mente de cada blogger que dice "enlaza y te enlazarán". No solamente daremos una muestra de generosidad sino también de verosimilitud si apoyamos nuestras opiniones con links que las confirmen o rebatan.

Para agregar un enlace a nuestro contenido basta con seleccionar la palabra o frase que queremos convertir en un área enlazada. Sólo queda entonces marcar sobre el botón que muestra una breve cadena de tres eslabones y esperar por la ventana emergente que nos pedirá la URL necesaria. En ella debemos rellenar la dirección Web del enlace y decidir si queremos que éste se abra en la misma ventana del navegador o en otra nueva. En caso de que no se especifique, WordPress asumirá por defecto que el usuario prefiere acceder al sitio de referencia sin cambiar de ventana.

También podemos agregar un título para el enlace, que aparecerá cuando se deslice el cursor sobre él, y seleccionar entre las diferentes clases de formato que ofrece la plantilla en uso.

Si queremos eliminar el enlace creado, bastará con seleccionarlo y accionar el botón con el símbolo de una cadena rota.

Figura 6.16. Rellenar los datos informativos sobre el enlace.

LEER MÁS O EXTRACTOS DE TEXTOS

Frecuentemente nos asomamos a la portada de un blog en el que se ha publicado una larga entrada que parece no terminar nunca. Aunque la brevedad es una característica común a este tipo de sitios personales, la tentación de prolongar una opinión o un artículo también resulta difícil de vencer. Debemos tener en cuenta que la mayoría de los internautas no lee textos demasiado largos en la pantalla. Un montón de distracciones hacen que la lectura en la red esté marcada por la premura. Aún así cuando queremos explayarnos en un tema, lo mejor es darle al lector la oportunidad de seguir hasta el final o quedarse sólo en la presentación del mismo. De ahí que la opción leer más sea tan bien recibida por nuestros visitantes. Basta ubicar el cursor en el lugar donde queremos partir la entrada y al marcar allí el botón leer más entonces agregaremos la opción de continuar su lectura en otra página.

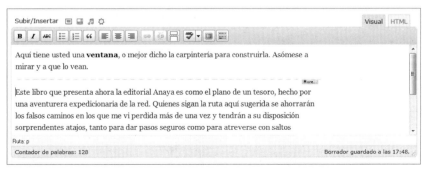

Figura 6.17. Activar la opción de continuar leyendo en otra página.

El lector lo verá de una manera bastante elegante:

Figura 6.18. Portada del blog con una entrada que se debe continuar leyendo en otra página.

Si además de eso apelamos al corrector ortográfico, nos evitaremos el bochorno de las faltas de ortografía que tan mala reputación le pueden traer a nuestro blog. Aun así es mejor no confiarse del todo y a apelar a esos conocimientos aprendidos en la escuela y en las lecturas para no poner una "g" donde va una "j" o una "s" en lugar de una "c".

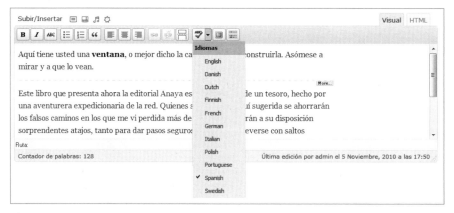

Figura 6.19. El corrector ortográfico, una buena opción para cuidar la lengua.

LA SEGUNDA FILA DE LA BARRA DE HERRAMIENTAS

Otras gratas sorpresas nos esperan al desplegar la segunda fila de la barra de herramientas. En ella aparece la posibilidad de dar un formato específico a un fragmento previamente seleccionado de la entrada. Aunque parezca tentador debemos ser sumamente cautelosos con salpicar el texto aquí y allí de tipografías de tamaño diferente o estilos diversos. De todas formas resulta bueno saber que se puede enfatizar visualmente el contenido al echar mano de esta opción.

> Si queremos destacar determinada idea usando el subrayado, valdría la pena probar si lograríamos el mismo efecto de realce con la negrita, la cursiva o el cambio de color de la letra.
>
> Especial cuidado debemos tener al cambiar el color de la tipografía usada, de manera que no vaya a verse afectada la legibilidad del contenido. Más que lograr un efecto estético, lo fundamental es que los internautas puedan leer sin dificultades nuestras entradas.

El grupo de botones que más agradeceremos a la hora de pegar texto elaborado en un procesador externo, será el conformado por estos tres que vienen a continuación:

Figura 6.20. Pegar como texto plano, pegar desde Word o limpiar formato.

Los dolores de cabeza que en las anteriores versiones de WordPress producía el pegar texto trabajado en programas como Microsoft Word, han quedado afortunadamente superados. Ya podemos deleitarnos en preparar nuestras entradas en un procesador de texto y posteriormente conservar sus características o eliminarlas a voluntad. Para eso podemos pegar como texto plano, que no trasladará los formatos que acompañan al texto, o mantener sus características usando la opción de Pegar desde Word. Bajo el símbolo de un pequeño borrador blanco, se encierra una herramienta muy valiosa que eliminará todos los formatos que porta el contenido. Sólo incidirá sobre la selección que hayamos hecho.

Herramienta versátil y muy completa es la que está representada por el botón con el fotograma de una película. Nos permitirá insertar el código *embedded* de un archivo en formato Flash, Quicktime, Shockwave, Windows Media o Real Media, que esté ubicado en otro sitio. Una ventana emergente nos muestra en su pestaña Avanzado, la multiplicidad de opciones de formato, tamaño, alineación o calidad en que se visualizará el archivo. Por defecto WordPress lo dotará de una configuración estándar que satisface a cualquier blogger.

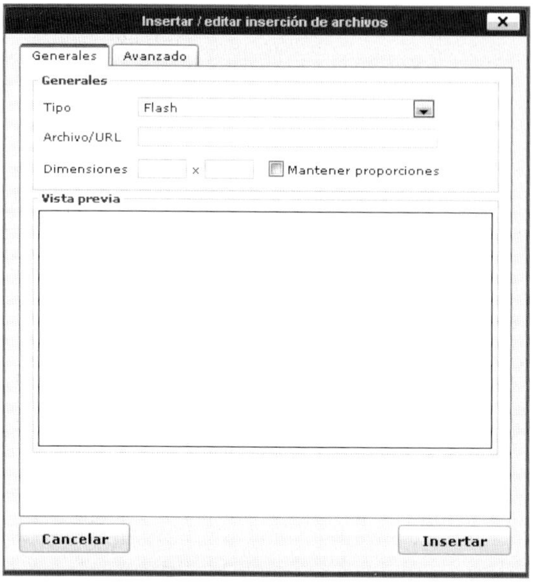

Figura 6.21. Insertar archivos desde otra ubicación.

CONFIGURAR MÁRGENES, DESHACER O REHACER CAMBIOS Y APELAR A LA AYUDA

Tal parecería que el editor de textos de WordPress ya no puede sorprendernos más, pero aún tiene algunas maravillas bajo la manga. Como es el caso de la de los botones destinados a aumentar o disminuir la sangría que separa a un texto del margen preestablecido para cada entrada. Con dichas funciones es posible diferenciar un contenido de otro y remarcar la dependencia de una idea hija con respecto a una idea madre. Los asiduos usuarios de otros procesadores de textos sabrán cómo valerse de ellas y explotarlas al máximo.

Si después de algún cambio sentimos que hemos cometido un error, no hay por qué lamentarlo demasiado. El editor de WordPress ofrece la posibilidad de deshacer o rehacer cambios, que resulta especialmente útil cuando estamos en la etapa de probar todas sus potencialidades sin saber muy bien el efecto que provocaremos. Para curiosos y atrevidos siempre habrá la posibilidad de volver atrás. Incluso de preguntar e indagar a través de la ayuda la razón de ciertas funciones.

Figura 6.22. Botones destinados a deshacer o rehacer cambios y a consultar la ayuda.

Una muy completa base de datos con preguntas y respuestas puede ayudarnos a evacuar cualquier duda sobre el funcionamiento de WordPress. Su contenido se ha ido construyendo a partir de las interrogantes más comunes en foros de discusión y se actualiza frecuentemente con nuevas explicaciones. No debemos sonrojarnos por apelar a la ayuda de este magnífico gestor de contenidos: nadie nace sabiendo administrar un blog y además nadie tiene por qué enterarse de que somos novatos en estas lides.

RESUMEN

El editor de texto de WordPress es uno de sus componentes más acabados. Intuitivo y expandible, pone a disposición del blogger tanto formatos como funcionalidades que enriquecen el contenido de sus entradas. Aprender a manejar toda la amplia gama que ofrece su barra de herramientas, potenciará la apariencia visual y el alcance de los artículos publicados. Un blogger debe aprender a aplicar estas funcionalidades en el modo visual y conocer –o al menos identificar– las etiquetas que ellas generan en el modo html.

LOS INDOCUMENTADOS DE LA RED

Cómo me gustaría que mi blog **Generación Y** tuviera uno de esos dominios ".cu" que indican cuál es su origen. Daría mi mouse y la mitad de otro por ir a una oficina y decir "Señorita, por favor, vengo a hospedar mi blog en un servidor dentro de esta isla". Pero esa posibilidad nos está vedada a los cubanos, pues el Estado aquí no es sólo dueño de todas las fábricas, las escuelas, las tiendas y los latones de basura, sino también patrón absoluto de la parcela de ciberespacio que nos corresponde.

Sólo las instituciones oficiales pueden tener una de esas direcciones Web que señalan hacia esta "isla de los desconectados". El mismo filtro político que condiciona/determina si una persona puede viajar, comprar un auto o graduarse en la universidad, funciona a la hora de lograr una URL nacional. De ahí que poseer un sitio doméstico sea más una señal de sumisión que de criollismo, una clara pista de la anuencia estatal que está detrás de ciertas publicaciones. Por eso prefiero contarme entre el grupo de "indocumentados en la red" que hemos logrado hacer un palenque lejos de esos rígidos capataces.

Cual cimarrón que ha probado el gusto del monte virtual, ya no puedo regresar al cepo, el látigo y los grilletes. Mi blog algún día encontrará espacio en un servidor de esta Isla y –créanme– no tendrá para ello que pasar por el aro de la pirueta ideológica.

7. Apariencia y diseño del blog

OBSESIONADOS CON LA RESPONSABILIDAD

Nadie que tenga un mínimo de sentido del compromiso deja un proyecto en el que tanta gente se implica.

En este capítulo descubriremos cómo:

- Seleccionar una plantilla.
- Buscar nuevos temas en Internet.
- Subir los temas a un servidor propio.
- Usar el editor de temas.
- Crear páginas.
- Agregar Menú.

DECIDIR ENTRE LAS DIFERENTES PLANTILLAS DE WORDPRESS AQUELLA QUE SE AJUSTE A LAS NECESIDADES DE DISEÑO DEL BLOG

Respiremos profundo, contemos hasta diez y preparémonos, porque a partir de este capítulo nos zambulliremos más profundamente en las potencialidades de WordPress. Así que a agarrarse la escafandra.

El rostro de un blog es la plantilla –también conocida como "tema"– que seleccionemos para él. De ahí que el acto de decidir cuál diseño aplicaremos a nuestro sitio Web debe ser tan meditado como el de decantarnos por determinada moda al vestir. Un buen aspecto puede determinar que un número mayor de usuarios se acerquen al contenido que publicamos en la red, de la misma manera que una plantilla demasiado común puede desestimular a los visitantes. La selección de una de ellas no sólo determinará la cabecera que encontrarán quienes visiten el sitio, sino que influye también en la tipografía usada, el color del fondo, los tonos de la barra lateral y el ancho de ésta, además de un montón de detalles visuales como las viñetas de las listas, la manera en que sale presentada la fecha y el tamaño de letra de los títulos.

WordPress tiene uno de los más completos almacenes de plantillas que uno pueda imaginar para un gestor de contenidos en Internet. En apenas siete años de vida ha logrado una gran distinción visual con miles de temas, creados muchos de ellos por los propios usuarios. Cualquiera de nosotros podría ser el desarrollador de una plantilla que pueda servir a otros, pero por el momento es mejor optar por algunas que ya estén listas.

Vale la pena aclarar que los usuarios que tienen sus bitácoras alojadas en el servidor gratuito de WordPress sólo podrán disponer del listado de temas que están incluidos dentro de este servicio; mientras que aquellos con este CMS instalado en un servidor propio sí podrán agregar tantas plantillas como deseen.

Elementos a definir antes de seleccionar un tema:

☐ Optar por aquellos más novedosos o menos usados en la red. Los internautas lo agradecerán.

☐ Definir si deseamos una cabecera configurable, que nos permita colocar una imagen personalizada o si por el contrario buscamos un tema con una cabecera fija.

☐ Dejar claro cuántas columnas deseamos que tenga el blog.

☐ Los diseños que ocupan todo el ancho de la pantalla brindan muchas posibilidades, pero también existen otros en los que el cuerpo del blog descansa sobre un fondo de color.

Figura 7.1. Estructura típica de una plantilla de WordPress.

En caso de que hayamos descargado el *script* de WordPress para instalarlo en un servidor propio, éste vendrá acompañado con la plantilla por defecto TwentyTen. Durante muchos años la plantilla predeterminada fue la conocida como Kubrick, pues se trataba de un homenaje al director de cine estadounidense fallecido en 1999 y autor de *2001: Odisea espacial*. Fue creada por Michael Heilemann en julio de 2004 y adoptada rápidamente como plantilla por defecto en febrero de 2005 al salir al mercado la versión 1.5 de WordPress. Se activa de forma predeterminada cuando creamos un nuevo blog. Pero la evolución de este gestor de contenidos trajo la aparición de TwentyTen, que tiene un aspecto acorde con los tiempos que corren, sencillo pero a la vez sofisticado y configurable al máximo. En él los usuarios pueden personalizar el fondo, la cabecera y el contenido de los menús. Todo un paso adelante para lo bloggers que buscan lo mejor en lo más simple. Los temas o plantillas están ubicados en la carpeta en el directorio `/wp-content/themes`.

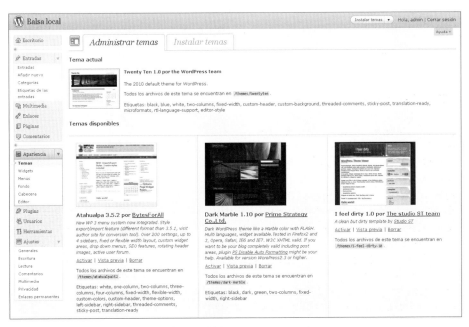

Figura 7.2. La plantilla TwentyTen.

Figura 7.3. Otras plantillas disponibles.

Instalar nuevas plantillas desde el propio tablero de administración resulta muy fácil, aunque necesita de ciertos permisos en el servidor para funcionar. Debemos comprobar que en la configuración de acceso de la carpeta `wp-content/themes` esté habilitado el acceso total bajo el número 755. De modo que puedan colocarse en ella los nuevos temas que encontremos en la Web.

> Si se intenta subir una nueva plantilla sin tener los permisos adecuados en el servidor, esta acción producirá un mensaje de error. Si no se está muy al tanto de qué hacer para permitir la subida de archivos y el alojamiento en la ubicación `http://www.dominioejemplo.com/wp-content/themes` entonces se le puede echar una ojeada a la información aparecida en `http://codex.wordpress.org`.

Para cambiar los permisos de un archivo y también para subir los nuevos temas, podemos decantarnos por un cliente FTP y específicamente por el programa de código abierto **Filezilla**. Con una interfaz intuitiva, estabilidad en su funcionamiento y apenas unos 10 Mb de peso en su versión portable, éste se ha convertido en el preferido de los administradores y diseñadores de sitios digitales.

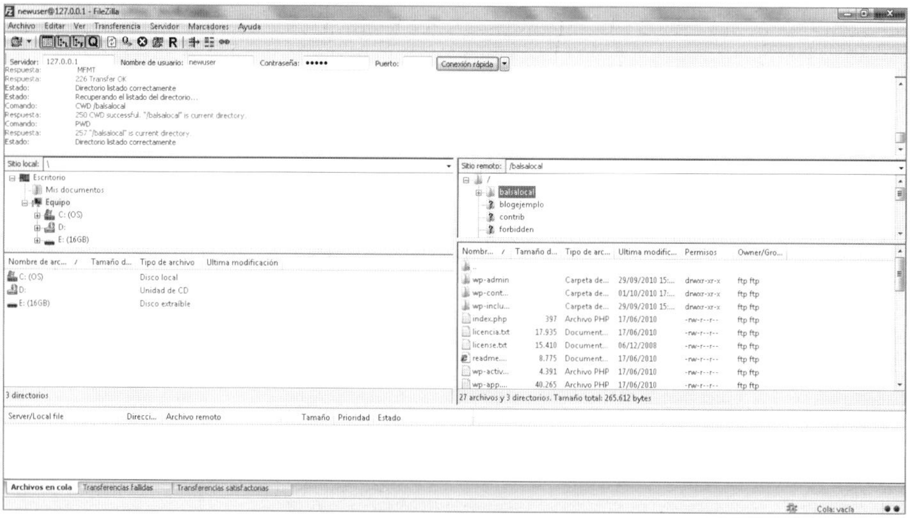

Figura 7.4. El interior del tablero de Filezilla.

Una vez resuelto el tema de las autorización de subida, ya estamos listos para probar la opción de instalar un nuevo tema desde dentro del tablero de WordPress.

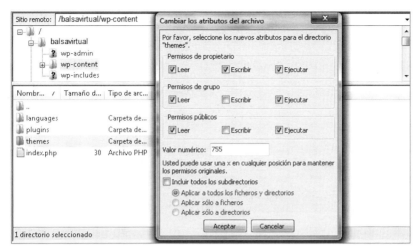

Figura 7.5. Cambio de permisos de un archivo con Filezilla.

Figura 7.6. Subir y descomprimir una nueva plantilla desde el interior de WordPress.

Una vez comprobado el nivel de permisos de nuestro servidor, debemos seguir la siguiente secuencia:

- Ir a la opción Temas ubicada en el menú Apariencia.

- Incluir en el sencillo buscador el nombre, autor o la etiqueta que defina a la plantilla deseada.

- En caso de tener el nuevo tema en una carpeta local compactada en formato .zip, ubicarla en el servidor a través de la opción Subir.

- La búsqueda también puede perfilarse en el menú Instalar temas ayudándonos con términos que la hagan más específica.

Precisamente al adentrarnos en la opción Instalar temas, veremos aparecer
un panel donde marcar las características que debe tener presentes el tema
buscado. Podremos seleccionar el color predominante, el número de columnas,
el ancho de la plantilla y si ésta tendrá una cabecera personalizable y
traducciones a otras lenguas. En la medida en que seamos más específicos,
el tema encontrado estará más apegado a nuestros deseos.

Instalar temas

Buscar | Subir | Destacados | Recientes | Actualizados recientemente

Buscar temas por palabra clave, autor o etiqueta.

Término ▾ [   ] (Buscar)

Filtrar por características
Buscar un tema basándote en determinadas características

Colors			
☐ Black	☐ Azul	☐ Brown	☐ Green
☐ Orange	☐ Pink	☐ Purple	☐ Red
☐ Silver	☐ Tan	☐ White	☐ Yellow
☐ Dark	☐ Iluminición		

Columns			
☐ One Column	☐ Two Columns	☐ Three Columns	☐ Four Columns
☐ Left Sidebar	☐ Right Sidebar		

Anchura	
☐ Fixed Width	☐ Flexible Width

Features			
☐ Custom Colors	☐ Custom Header	☐ custom-background	☐ custom-menu
☐ editor-style	☐ Opciones del Tema	☐ Threaded Comments	☐ Sticky Post
☐ Microformats	☐ rtl-language-support	☐ translation-ready	☐ front-page-post-form
☐ buddypress			

Subject		
☐ Holiday	☐ Photoblogging	☐ Seasonal

(Find Themes)

Figura 7.7. Añadir nuevas plantillas desde Internet.

Administrar temas | Instalar temas

Buscar | **Subir** | Destacados | Recientes | Actualizados recientemente

Instalar un tema desde un archivo .zip
Si tienes un tema en un archivo .zip, puedes instalarlo subiendo el archivo desde aquí.

[   ] (Examinar...) (Instalar ahora)

Figura 7.8. Añadir nuevas plantillas desde una carpeta local.

Le agradecemos mucho a WordPress la posibilidad de subir una plantilla que tengamos almacenada en una copia local. Para eso tenemos que verificar también las configuraciones de seguridad de nuestro servidor privado. En dependencia de ellas aparecerá una pantalla pidiéndonos las credenciales para que el propio WordPress suba por FTP la nueva plantilla en formato .zip. Se necesita conocer el nombre del Host de FTP, el usuario y la contraseña definida por el administrador del servidor. Nos preguntará también por el tipo de conexión que puede ser FTP o FTPS (SSL); esta última ofrece mayor seguridad.

Se procederá entonces a subir y descomprimir la carpeta contenedora del tema. El usuario tendrá ante sí la posibilidad de optar por Vista Previa, Activar o Retornar al listado de temas.

Figura 7.9. El tema se ha instalado correctamente.

También podemos hacer el proceso manualmente y explorar la red en busca de un tema que nos guste. Para ello WordPress nos ofrece una verdadera galería que se puede encontrar en http://wordpress.org/extend/themes. También a través de un buscador como Google y con los términos de búsqueda "temas WordPress", "plantillas WordPress" o "themes WordPress" se localizarán muchos de ellos, algunos incluso de pago.

Se recomienda comprobar que el tema obtenido es compatible con la versión de WordPress instalada, pues algunos de ellos no han sido probados con las más recientes. Cuando determinada plantilla de diseño ha sido pensada para WordPress 2.2 –por ejemplo– tal vez no funcione adecuadamente en versiones superiores.

Para subir una nueva plantilla y activarla en un blog ubicado en un servidor propio, podemos hacerlo por la vía de un cliente FTP o desde el propio tablero de administración en el menú Apariencia bajo la opción Agregar nueva plantilla que ya hemos estudiado.

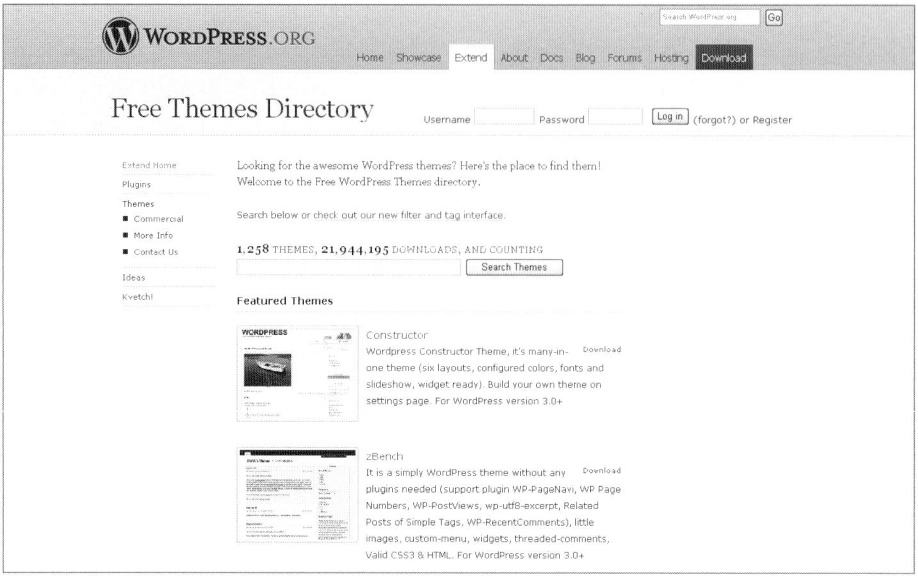

Figura 7.10. Reservorio de temas en WordPress.org.

Veamos en el caso de la primera opción, cuáles serían los pasos a seguir:

- Descargar el archivo seleccionado de `http://wordpress.org/extend/themes`.

- Descomprimir el archivo `.zip` manteniendo la estructura de directorios que incluye en su interior.

- Usar un cliente FTP para subir la carpeta obtenida directamente al directorio `/wp-content/themes`.

- Ir al tablero de administración del blog y abrir el menú Apariencia para comprobar que el nuevo tema está ya listado en él.

Para cambiar el diseño debemos dirigirnos en el menú principal izquierdo a la zona denominada Apariencia. Una vez desplegado éste veremos aparecer en la zona central de la pantalla las miniaturas que representan cada una de las plantillas. Junto al título, el nombre del diseñador y una breve explicación de sus potencialidades, encontraremos también tres opciones para manejarlas, éstas son Activar, Vista Previa y Borrar.

Al decidirnos por una sólo debemos ponerla a funcionar a partir de la opción Activar y comprobar en la portada del blog que se ajusta a nuestros deseos.

Figura 7.11. Ficha descriptiva que acompaña a cada plantilla.

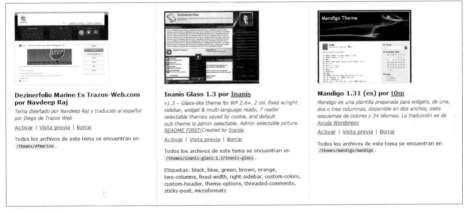

Figura 7.12. Gestionar plantillas instaladas.

Una vez hayamos agregado el nuevo tema a la lista de los ya existentes, veremos al pie de la miniatura que lo representa una breve explicación que resume sus características generales. Veamos un ejemplo de cómo aparece descrita Mandigo, una plantilla muy profesional y extremadamente ajustable: "preparada para *widgets*, de una, dos o tres columnas, disponible en dos anchos, siete esquemas de colores y 34 idiomas. La traducción es de Ayuda WordPress. Todos los archivos de este tema se encuentran en /wp-content/themes/mandigo y se pueden descargar actualizaciones de la misma en http://www.onehertz.com/portfolio/wordpress/".

Figura 7.13. Mandigo, una plantilla muy completa y modificable.

Notaremos que Mandigo ofrece la posibilidad de configurar elementos como el ancho de la página, la imagen del banner, la forma en que aparecerán mostradas las imágenes por defecto e incluso cuáles páginas se mostraran en el menú superior de la Web. Para quienes estén acostumbrados a personalizar sus blogs hasta los mínimos detalles, una vez probada esta plantilla será difícil retornar a otras con menos opciones. De ahí que si queremos sumergirnos más en la individualización visual de muestro sitio, podemos también optar por descargarnos el tema Atahualpa desde la página de su desarrollador http://www.bytesforall.com/ y con él comprobaremos que el grado de ajustes es infinito.

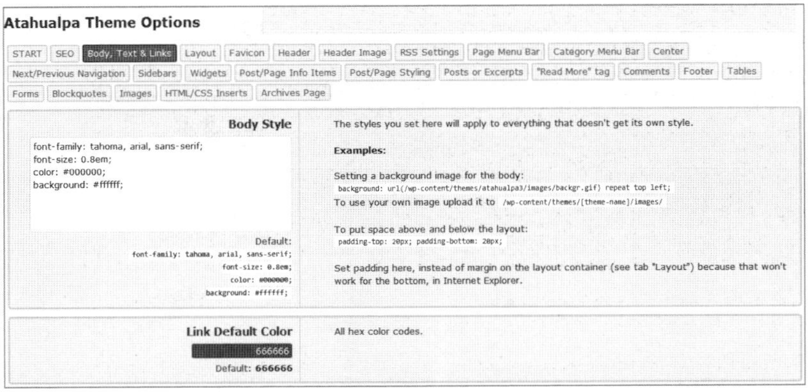

Figura 7.14. Atahualpa explota al máximo la personalización de una plantilla.

Analizar pausadamente las características de cada plantilla puede evitar cambiar repetidas veces de interfaz gráfica. Si además de eso el blog ya está en activo y con visitantes, es mejor no dejarse arrastrar por el deseo de mudar el diseño a cada rato, o terminaremos por desorientar a los lectores. Algunos temas necesitan para su completo funcionamiento de la activación de ciertos *plugins*, por esa razón es bueno leer el archivo Readme que lo acompaña antes de proceder a su activación.

Una de las características más apreciadas por los usuarios de WordPress es precisamente la facilidad con la que se cambia la plantilla de diseño. Especialmente para quienes tienen alojado el blog en el servicio público http://www.wordpress.com variar su aspecto visual parecerá un verdadero paseo. Estos usuarios no poseen permisos para subir nuevas plantillas a la carpeta contenedora, pero pueden elegir en el amplio catálogo que ofrece el propio servicio. Para ello deben dirigirse al menú Apariencia, donde encontrarán una muestra de las plantillas más usadas y más populares.

Normalmente en la pequeña viñeta no podemos apreciar todos los detalles y potencialidades de la plantilla, de manera que es recomendable apelar a la opción Vista previa. Al activarla aparecerá una ventana emergente (*pop-up*) que nos mostrará el resultado visual si finalmente nos decantáramos por ella. En el borde superior derecho aparecerá sobre fondo negro la palabra Activar acompañada del nombre del tema, para desde allí mismo proceder a su implementación.

En el alojamiento gratuito de este gestor de contenidos se muestra un número –amplio pero finito– de temas por los que optar. Están organizados por la popularidad que han generado entre los usuarios y recogen una amplia gama que va desde psicodélicos diseños de fondo negro, hasta los más cercanos a la apariencia de una revista o un periódico online.

Figura 7.15. Algunos de los temas ofrecidos por WordPress.com.

Las plantillas preferidas por los usuarios son aquellas a las que se les puede personalizar la cabecera o *banner*, capacidad que tiene la novedosa TwentyTen que para mayores beneficios viene predeterminada. Otra forma de darse cuenta si el tema seleccionado soporta cambios en esa zona tan importante para el diseño de un sitio es comprobar si ha agregado la Cabecera al menú Apariencia. Desde allí podremos subir la nueva imagen que reemplazará a la que aparece por defecto. Véase la figura 7.16.

WordPress 3.0 también ha agregado una opción interesante al menú Apariencia, y es la de poder configurar el Fondo sobre el que descansa el diseño central de nuestro blog. Nos permite subir una imagen al blog para que sea usada como fondo o elegir en una paleta de colores que va a cumplir esa función. Véase la figura 7.17.

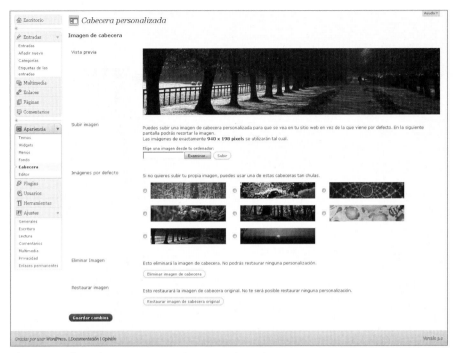

Figura 7.16. Subir una nueva imagen de cabecera.

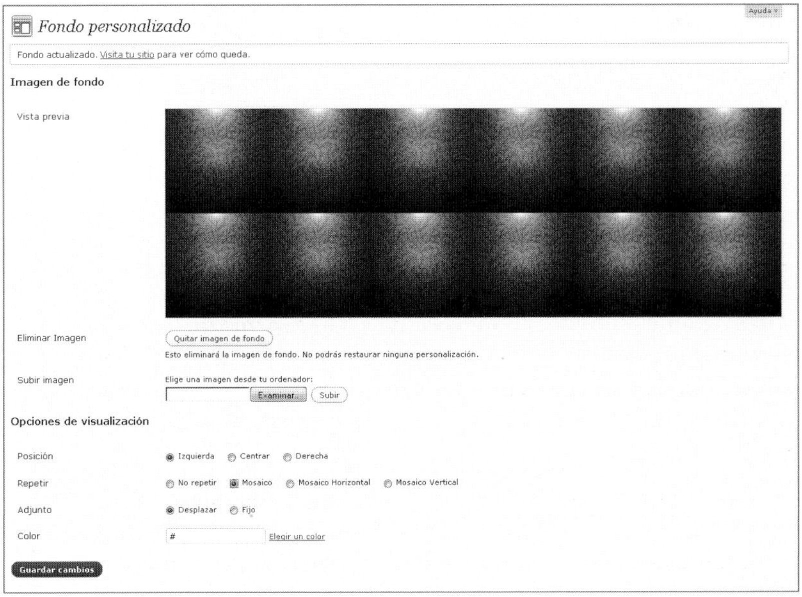

Figura 7.17. Configurar el fondo del blog.

> Para los blogs alojados en el servidor gratuito de Wordpress.com no es posible cambiar las hojas de estilo de las plantillas incluidas en sus archivos de CSS, a no ser que primero se haya optado por una cuenta *Premium* de pago.

Trabajar con la función Editor de temas del menú Apariencia es algo que podrá hacerse siempre que se tenga el *script* de WordPress instalado en un servidor propio o una cuenta *Premium*. Destinemos un rato a mirar las tripas que componen al tema por defecto TwentyTen, pues dándole unos retoques aquí y otros allá podremos lograr un diseño muy diferente para nuestro blog. No hay que pretender realizar una plantilla nueva desde cero, al menos si no estamos muy duchos en esas lides. Veamos la pantalla que se abre al decidir editar esta plantilla:

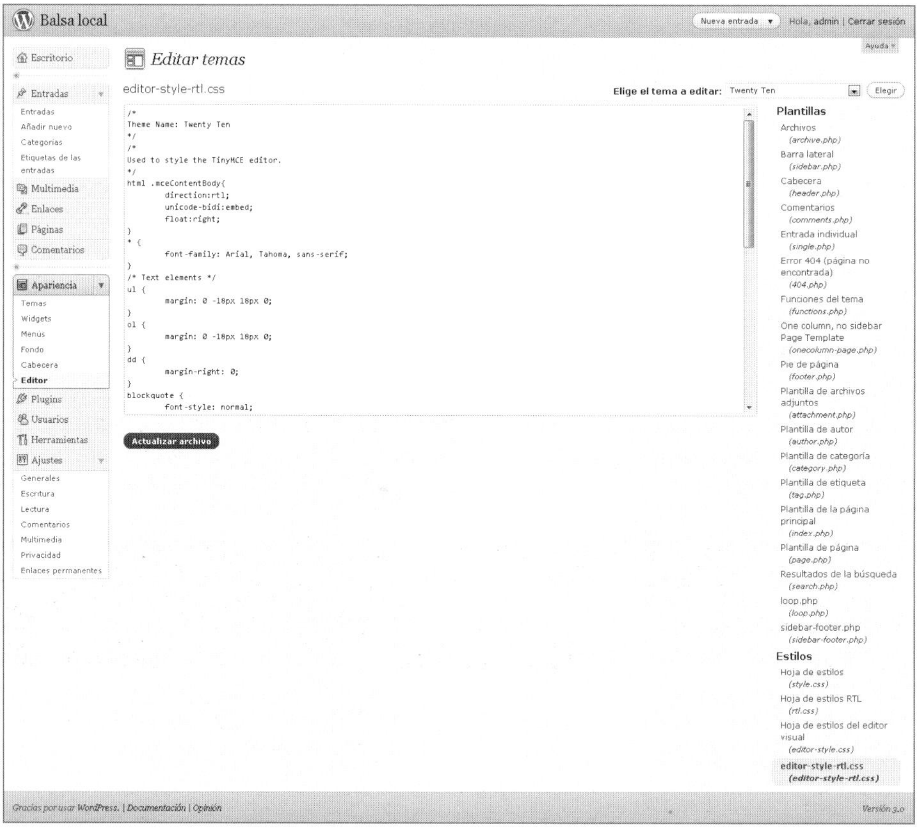

Figura 7.18. Editor de temas.

Un menú desplegable, ubicado en la parte superior derecha, nos permite seleccionar la plantilla a ajustar, aunque por defecto se abrirá la que está actualmente en uso.

Figura 7.19. Seleccionar el tema a editar.

En el menú derecho aparece un listado de todos los archivos que pueden ser editados. En el caso de la plantilla TwentyTen que viene activada por defecto al crear el blog, cuenta con 24 archivos más 2 directorios, uno para las imágenes y otro para almacenar al fichero de idioma. En combinación, todos estos archivos logran capturar, dar formato y visualizar el contenido del blog a los internautas. Véase la figura 7.20.

Vamos a zambullirnos de momento en la edición de la hoja de estilos `style.css`. Precisamente éste es el archivo más importante en un tema, pues en caso de no estar, WordPress generará un mensaje de error. Véase la figura 7.21.

> Antes de efectuar algún cambio en los ficheros que componen una plantilla, se recomienda hacer copias de seguridad en caso de que deseemos volver al código original.

Cualquier ligero cambio en el contenido de este fichero tendrá repercusiones sobre el aspecto del blog, pues en él están definidos los estándares que determinan el aspecto de todas las páginas del sitio Web.

Antes de la información CSS encontraremos unas líneas donde se identifica el desarrollador, la versión del tema que estamos usando y las etiquetas que ayudarán a localizarlo dentro del amplio reservorio de plantillas de WordPress.

```
/*
/*
Theme Name: Twenty Ten
Theme URI: http://wordpress.org/
Description: The 2010 default theme for WordPress.
Author: the WordPress team
Version: 1.0
Tags: black, blue, white, two-columns, fixed-width, custom-header,
custom-background, threaded-comments, sticky-post, translation-ready,
microformats, rtl-language-support, editor-style
*/
```

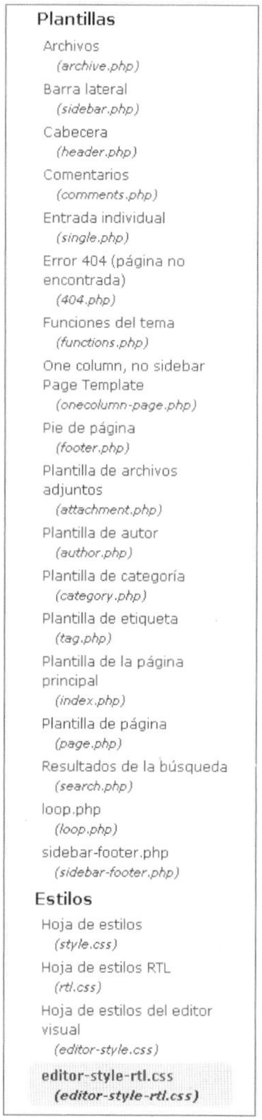

Plantillas

Archivos
 (archive.php)
Barra lateral
 (sidebar.php)
Cabecera
 (header.php)
Comentarios
 (comments.php)
Entrada individual
 (single.php)
Error 404 (página no
encontrada)
 (404.php)
Funciones del tema
 (functions.php)
One column, no sidebar
Page Template
 (onecolumn-page.php)
Pie de página
 (footer.php)
Plantilla de archivos
adjuntos
 (attachment.php)
Plantilla de autor
 (author.php)
Plantilla de categoría
 (category.php)
Plantilla de etiqueta
 (tag.php)
Plantilla de la página
principal
 (index.php)
Plantilla de página
 (page.php)
Resultados de la búsqueda
 (search.php)
loop.php
 (loop.php)
sidebar-footer.php
 (sidebar-footer.php)

Estilos

Hoja de estilos
 (style.css)
Hoja de estilos RTL
 (rtl.css)
Hoja de estilos del editor
visual
 (editor-style.css)
editor-style-rtl.css
 (editor-style-rtl.css)

Figura 7.20. Archivos a editar de la plantilla TwentyTen.

Figura 7.21. Temas dañados.

El aspecto de nuestro sitio está directamente vinculado al archivo `style.css`. Por ejemplo, la plantilla TwentyTen tiene definida la tipografía que se va a usar en el cuerpo central del blog de la siguiente manera:

```
}
#content,
#content input,
#content textarea {
    color: #333;
    font-size: 16px;
    line-height: 24px;
}
```

Si nos ponemos un poco atrevidos podemos cambiar en el archivo `style.css` los valores que determinan no sólo el tamaño de la tipografía, sino también el ancho de la barra lateral, la forma de presentación de las imágenes y la manera en que se mostrarán los comentarios. Pero más que satisfacer nuestros deseos de innovar, vale la pena pensar especialmente en lo que sea más atractivo para los visitantes. Cambiar por cambiar puede dar resultados lamentables e ilegibles, es mejor combinar el atrevimiento con la cautela si de diseño se trata.

CREACIÓN DE PÁGINAS

Al principio de su creación WordPress estaba destinado a sacar a la luz una secuencia cronológica de entradas, pero con el tiempo los usuarios necesitaron cada vez más potenciar el concepto de CMS. Para ello se agregó a partir de la versión 1.5 la capacidad de crear páginas, lo cual ayuda a la organización de nuestro blog y a que su apariencia gane en profesionalidad. En ellas se puede colocar aquella información que quizás no vaya a cambiar tan dinámicamente como la de la portada y están exentas de las categorías y las etiquetas, aunque sí tienen jerarquías. Por ejemplo, es común que en un blog personal exista una página de Perfil o de Contacto para que los internautas se acerquen al currículo del blogger o interactúen con éste.

Para crear una nueva página hay que encaminarse hacia el módulo Páginas del menú principal. Comprobaremos inmediatamente su parecido con la zona de creación de Entradas. Hagamos la prueba de crearnos una página de Perfil que reúna nuestra pequeña síntesis biográfica, algunas fotos y una pequeña historia de nuestro desarrollo profesional.

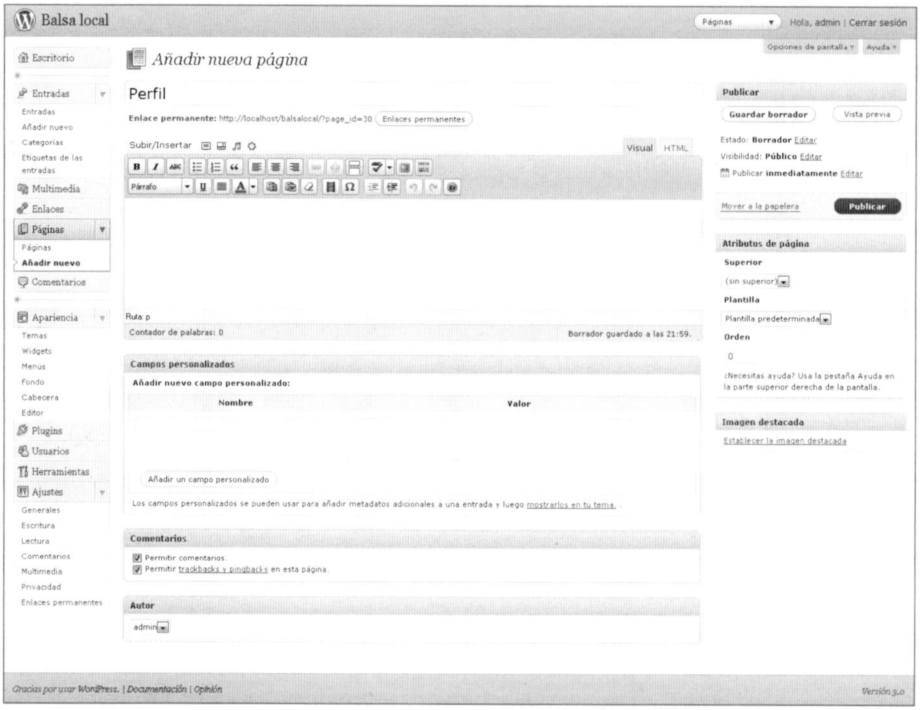

Figura 7.22. Creación de páginas.

En la barra de menú de la derecha encontraremos un módulo que nos resultará novedoso. En él podremos anidar una página a otra. Por ejemplo, si tenemos una página de Perfil es posible crear otra que se le subordine bajo el nombre de Experiencia Laboral o Mi familia. No hay límite de cantidad de páginas a anidar ni número de subordinaciones.

También se puede configurar si la página se mostrará bajo la misma plantilla de diseño que el resto del sitio o bajo otra. Algunos temas tienen esa capacidad que puede usarse para añadir algunas características adicionales o diseños personalizados. Si las hay, las encontraremos en el menú desplegable.

Figura 7.23. Determinar la jerarquía y la forma en que se mostrará la página.

Para administrar las nuevas páginas, WordPress ha puesto a nuestra disposición –en el mismo módulo del menú Páginas– un listado que podremos editar cómodamente. Con sólo pasar el botón del ratón por el título de cada una emergerá un menú de edición con las opciones de Editar, Edición rápida, Papelera y Ver. Mientras que en la parte superior del listado las Acciones en lote nos harán ahorrar tiempo.

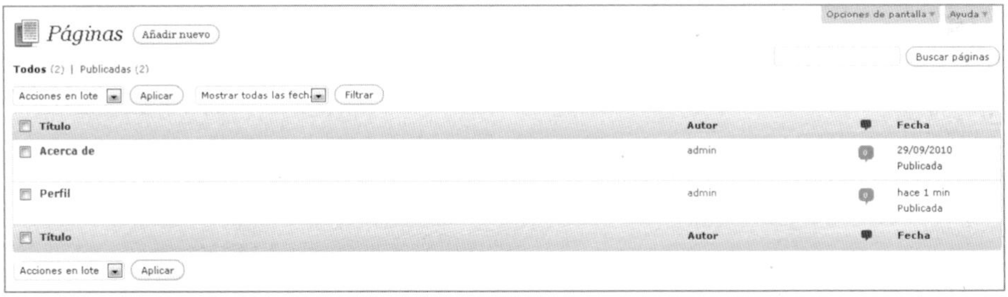

Figura 7.24. Lista para gestionar y editar páginas.

Veamos ahora cómo se ve esa nueva página de Perfil que nos hemos creado. Véase la figura 7.25.

CREACIÓN DE NUEVOS MENÚS

Otra novedosa implementación para trasmutar el rostro y la estructura de nuestro blog son los llamados Menús. Funcionalidad que se agregó en la versión 3.0 para usar un menú personalizado en vez de los menús por defecto que trae cada plantilla.

Figura 7.25. Página de Perfil.

Hay algunos temas que no aceptan esta nueva herramienta hasta que no se les agregue en el fichero `functions.php` de la plantilla la siguiente línea de código:

```
add_theme_support( 'nav-menus' );
```

Y esta otra en el fichero `header.php` del tema activo:

```
<?php wp_nav_menu(); ?>
```

Afortunadamente, el tema TwentyTen sí incluye la capacidad de aceptar estos menús y no tenemos que cambiar nada en el código. Se pueden crear menús personalizados para el sitio que contengan enlaces a páginas, categorías y enlaces personalizados u otro tipo de contenido. También es posible especificar diferentes niveles de navegación para un elemento del menú.

La posibilidad de crear y personalizar menús es uno de los grandes logros de la versión 3.0 de WordPress. Gracias a esta nueva funcionalidad un blog puede ganar en ordenamiento, una mejor navegación y sobre todo a reunir bajo un menú elementos que de otra manera estarían dispersos visualmente.

Para crear un nuevo menú personalizado es necesario hacer clic en la barra lateral izquierda, precisamente donde dice Menús. En la nueva ventana que se nos abre hay que rellenar el nombre que queremos asignarle, en el recuadro que está contenido en la pestaña con el símbolo +. Una vez completada esta información se puede accionar el botón **Crear Menú**. Después, desde la barra de la izquierda se le agregarán los elementos que contendrá el menú, como puede ser una página, una categoría y ciertos enlaces. Al terminar, no debemos olvidar confirmar los cambios con el botón **Guardar**.

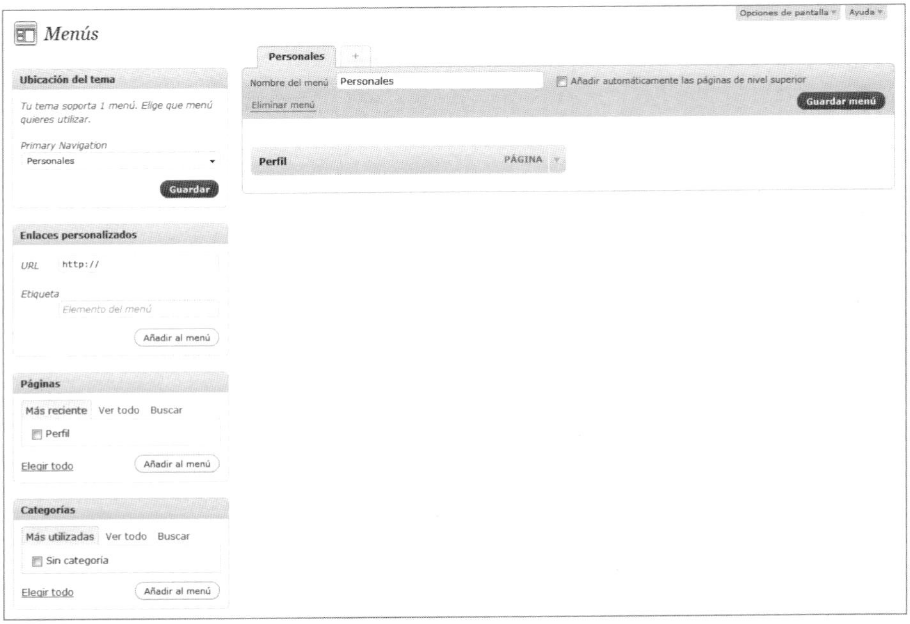

Figura 7.26. Creación de un nuevo menú.

Una vez creado se debe proceder a agregar a la barra lateral el *widget* de Menús personalizados. Si tenemos alguna duda de cómo hacerlo en el capítulo 8 quedarán totalmente despejadas. Véase la figura 7.27.

Una vez que a las renovaciones del diseño le hayamos agregado algunas páginas de información más bien estática y menús personalizados, podremos disfrutar de nuestro WordPress en todo su potencial de CMS. Sentiremos que nuestra nueva morada virtual empieza a parecerse a nosotros mismos, de manera que si nunca hemos sabido combinar muy bien los colores para vestirnos o pintar las paredes, ni habíamos sido muy ordenados con el interior de los cajones, en el blog se notará. No importa, quizás terminamos imponiendo una moda al unir amarillo con negro o verde con naranja. Lo más importante es que nos sintamos a gusto con nuestro sitio virtual, pues no sólo pasaremos largas horas en el panel de administración, sino que nos deleitaremos con su fachada.

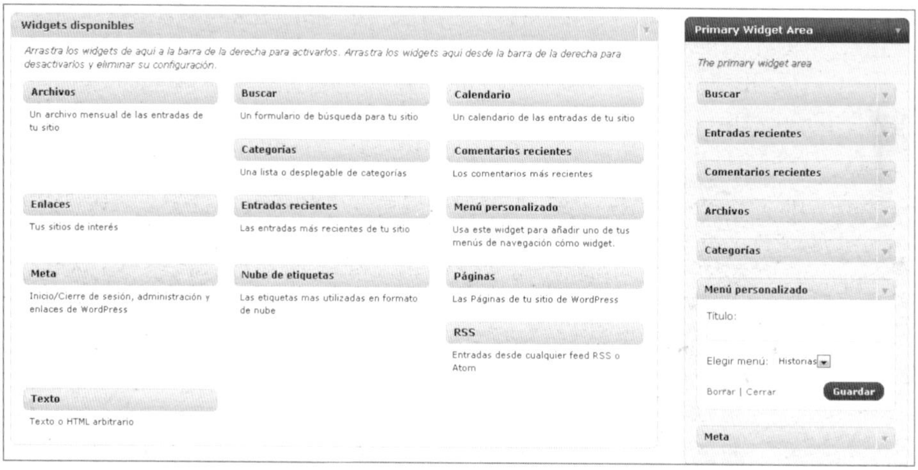

Figura 7.27. Agregar el widget Menús personalizados a la barra lateral.

RESUMEN

Decantarnos por una plantilla para nuestro blog puede ser la clave para que los visitantes se sientan a gusto en él. De ahí que no debe ser una decisión tomada a la carrera sino meditada a partir de nuestros intereses estéticos. Aprender a cambiar el diseño, a editar las hojas de estilo que lo determinan y a personalizarlo, nos permitirán autonomía a la hora de decidir el aspecto visual del sitio Web. WordPress no sólo ofrece vías muy cómodas para subir nuevos temas al servidor o para buscar otros en la red, sino que nos brinda la posibilidad de trabajar el código que los compone. Si por el contrario, no queremos sumergirnos demasiado en la albañilería de una plantilla, podemos apelar a las miles desarrolladas por otros usuarios. Hay para todos los gustos.

La adición de páginas le dará una imagen y una estructura más profesional al blog.

OBSESIONADOS CON LA RESPONSABILIDAD

Casi desde el mismo momento en que dejé abierta esa ventana a la Cuba real, muchas personas –al principio cientos, luego miles– empezaron a asomarse a ella. Yo, que siempre he sido tímida, sentía auténticos escalofríos al darme cuenta de que en los más recónditos sitios del planeta había internautas, que cada día buscaban mi blog para comprobar si lograba saltarme las dificultades y publicar un texto nuevo. Actualizar se volvió mi obsesión. Poco tiempo después llegaron los comentaristas, algunos me insultaban, otros me hacían sugerencias de temas, querían que yo les prestara mi voz para potenciar sus quejas o anunciar sus ilusiones, no faltaron los que me incitaban a que fuera su Juana de Arco particular. Si me ausentaba más de tres días se movilizaban temiendo que me hubiera pasado algo malo. Finalmente el blog se convirtió en una plaza pública de discusión, un espacio en el mundo virtual, pero plaza de congregación a fin de cuentas. Nadie que tenga un mínimo de sentido del compromiso deja un proyecto en el que tanta gente se implica. Nació entonces mi responsabilidad como blogger.

8. Funcionalidades y elementos agregados: Widgets y plugins

A CIEGAS

*Un mecanismo de vieja lavadora soviética
apuntala cada post que logro publicar.*

En este capítulo descubriremos cómo:

☐ Conocer las variadas funcionalidades de los *plugins*.

☐ Buscar en la Web nuevos *plugins* y activarlos en el blog.

☐ Configurar la barra lateral.

☐ Agregar variados *widgets* en la barra lateral.

LOS PLUGINS Y LAS VARIADAS FUNCIONALIDADES QUE PERMITEN

La mayoría de los usuarios de Internet y de programas informáticos saben que siempre se puede encontrar un añadido o *add-ons* que extienda las utilidades de éstos. Mozilla Firefox, por ejemplo, posee cientos de aplicaciones adicionales que ofrece a quienes utilizan este navegador desde un traductor automático de páginas Web hasta un proxy incorporado para navegar por sitios que estén bloqueados en algunas redes. De manera que WordPress no se podía quedar atrás en esta carrera por hacerse cada vez más multifacético. Como si no nos hubiera sorprendido bastante, descubrimos poco después de empezar a usar este CMS su capacidad de aceptar nuevas funcionalidades. Son los llamados *plugins*, que aumentan de número cada día y logran sumarle a nuestro blog nuevos elementos visuales y prácticos.

> Sin duda un detalle que ha hecho a muchos usuarios decantarse por WordPress ha sido precisamente su extraordinario soporte de *plugins* que satisface ampliamente el deseo de los bloggers de extender las potencialidades de su sitio.

Se incorporaron ya desde la versión 1.6 y permiten potenciar los sitios más allá de simples bitácoras personales. Los *plugins* flexibilizan el uso del gestor de contenidos y lo interconectan con aplicaciones que amplían su alcance. Se trata de pequeños programas que aumentarán las posibilidades de funcionamiento del sitio y que agregan –por regla general– unas líneas de código a la plantilla en uso.

Los usuarios que tienen alojados sus blogs en `http://www.wordpress.com/` sólo pueden utilizar los *plugins* que trae por defecto el servicio, pues la capacidad de agregar y activar nuevos está disponible sólo para quienes han instalado el *script* en un servidor propio.

El reservorio de *plugins* de WordPress se puede encontrar en http://worpdress.org/extend/plugins/ y está organizado por orden alfabético, temáticas y nivel de popularidad. Cada uno contiene su propia ficha con enlaces a la Web del desarrollador y muestra el número de la versión que vamos a descargar y la valoración que han hecho de él los usuarios. Aunque la mayoría son fáciles de implementar, otros tienen mayor grado de complejidad.

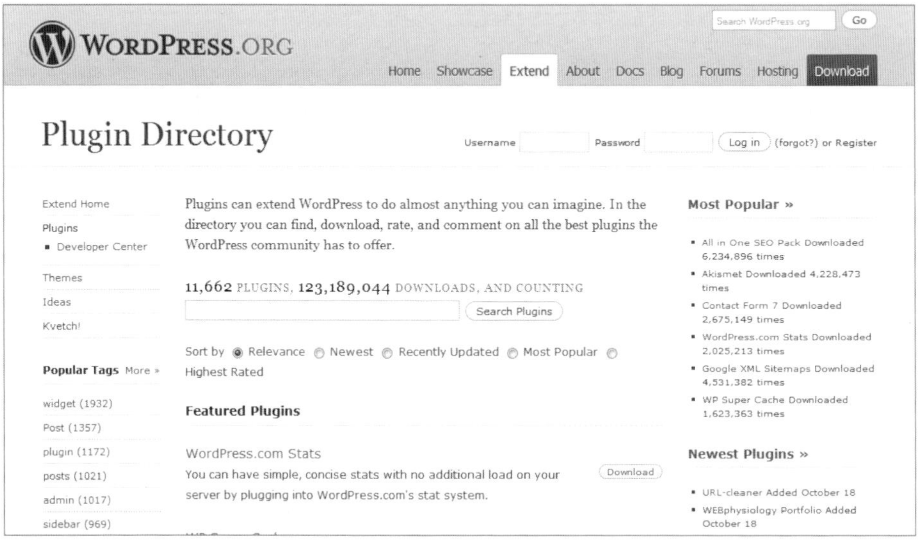

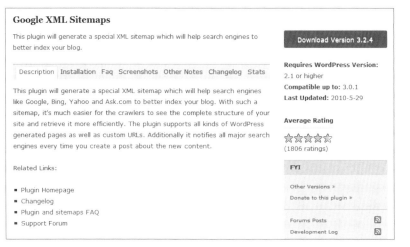

Figura 8.1. El directorio de plugins de WordPress.

Figura 8.2. Ficha técnica de un plugin.

Para ampliar las funcionalidades de WordPress debemos darnos un saltico por el menú Plugins que aparece en la barra lateral izquierda, y al desplegarlo veremos que cuenta con las opciones Plugins, Añadir y Editor.

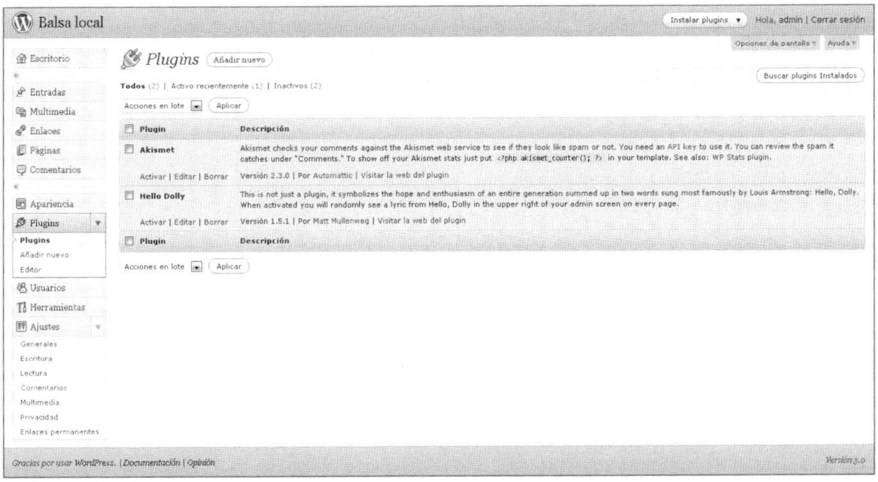

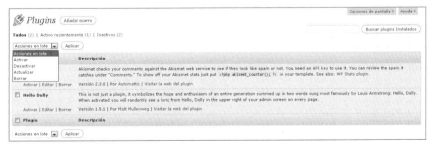

Figura 8.3. Zona en la administración para gestionar plugins.

El listado de *plugins* nos mostrará en una zona gris aquellos que están subidos al servidor pero todavía no han sido activados, mientras que aparecen sobre un fondo más claro los que están en funcionamiento. Al lado de cada uno de ellos figura una breve descripción que incluye las funciones que realizará una vez implementado y los datos de quien lo desarrolló. También aparece la información de la versión y la mayoría de las veces la URL de la página de sus creadores. Debajo del nombre del *plugin* un breve menú permite Activar, Editar o Borrar según estime el usuario. En el caso de que ya esté activo sólo se mostrarán las variables de Desactivar o Editar. Para realizar acciones en lote, basta con hacer clic en la cuadrícula que precede a cada *plugin* y después proceder a elegir una acción en el menú superior.

Figura 8.4. Acciones en lote para configurar los plugins.

Por su parte, la zona para agregar nuevos *plugins* cuenta con una típica interfaz de búsqueda y subida de elementos, muy similar a la que ya hemos estudiado en el capítulo 7 dedicado a las plantillas.

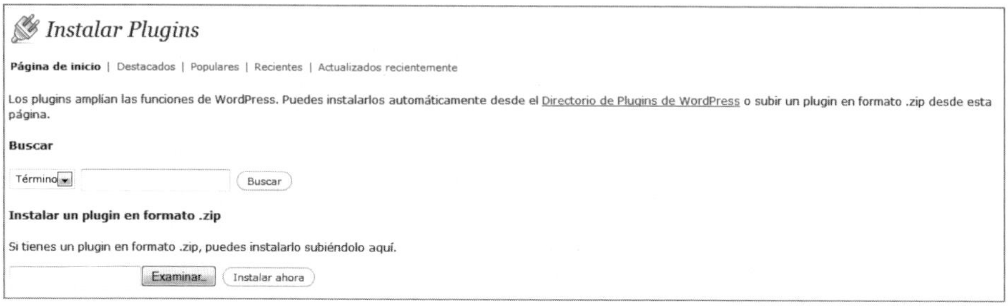

Figura 8.5. Menú superior de la zona para agregar plugins.

Se puede indagar a partir de una palabra clave por el nombre de un autor o con una etiqueta específica. Por ejemplo, si queremos sumar un *plugin* para mejorar el posicionamiento de nuestro blog, basta con colocar en el buscador las siglas SEO (*Search Engine Optimization*). Después de unos segundos de exploración en la Web, WordPress nos listará todas las coincidencias encontradas.

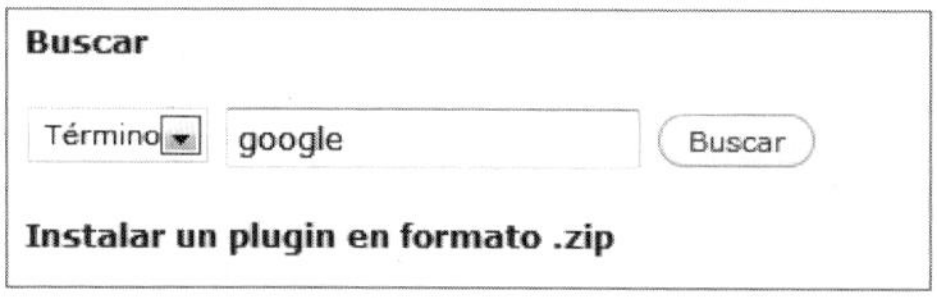

Figura 8.6. Búsqueda de plugins a partir de palabra clave, autor o etiqueta.

Quizás la zona mejor recibida por los usuarios que nos pasamos la vida descargándonos funcionalidades de la Web, sea la destinada a subir los *plugins* al servidor desde una copia local. Para eso debemos contar con los permisos en nuestro servidor y comprobar que los archivos estén libres de virus. La carpeta contenedora debe estar en formato `.zip` y será descomprimida automáticamente para ser colocada en `/wp-content/plugins`. Una vez que el *plugin* esté en el servidor aparecerá en el listado de los ya instalados y podremos activarlo o editarlo a nuestro gusto.

Otras opciones del menú superior nos permitirán hacer una búsqueda más específica en el caso de Destacados o de indagar entre los Populares o Recientes.

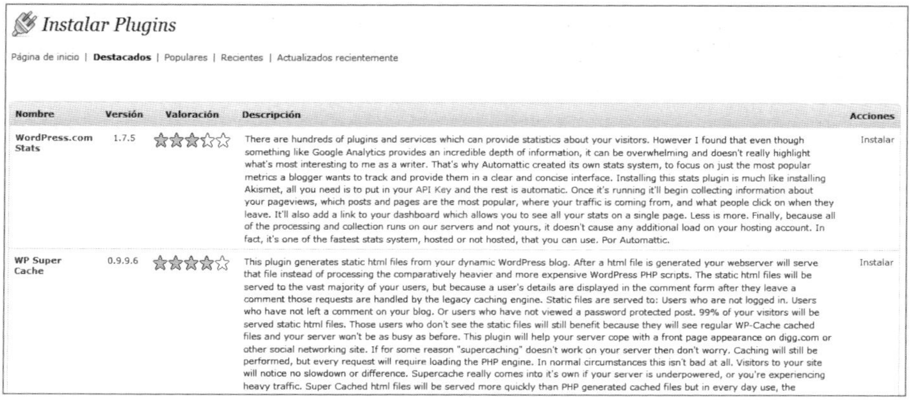

Figura 8.7. Otras opciones para buscar plugins.

Si después de instalar un *plugin* aparece un mensaje de error o no se puede utilizar WordPress, lo más aconsejable es borrar o renombrar el archivo que lo contiene en el directorio `http://www.midominio.com/wp-content/plugins` y éste se desactivará automáticamente.

De forma predeterminada WordPress incluye sólo dos *plugins*:

- Askimet: Una muy buena herramienta para combatir el *spam*. Aprenderemos a sacarle partido cuando empecemos a gestionar los comentarios.

- Hello Dolly: Fue el primer *plugin* oficial de WordPress. Su nombre se origina de una melodía, aunque sólo ubica una frase de ella en la parte superior derecha de todas las páginas del tablero.

Muchos *plugins,* al activarlos, incorporarán un nuevo módulo en la barra lateral que se manejará como un *widget*. De ahí que debamos pasar al menú Apariencia para terminar de configurar la nueva funcionalidad añadida.

Figura 8.8. "We feel the room swayin", una de las frases del plugin Hello Dolly.

Los *plugins* que más recomiendan los bloggers se pueden dividir en grupos según su especialidad. A continuación aparecen acompañados de algunos ejemplos:

- Dirigidos a las entradas. Ejemplo: Related Posts Plugin, que permite relacionar una entrada con otras a partir de las etiquetas que comparten.

- Destinados a ampliar las capacidades del lector. Ejemplo: WP-Polls, para crear y administrar encuestas y mostrarlas en un *post* o en una página.

- Manejo de estadísticas. Ejemplo: Google Analytics for WordPress, que añade fácilmente el código de seguimiento de Google Analytics a todas las páginas dentro del blog.

- Creación de formularios de contacto. Ejemplo: Cforms, ayuda a confeccionar formularios de contacto para diversos usos. Cuenta con administrador avanzado y está basado en Javascript y Ajax.

- Organización de fotos e imágenes. Ejemplo: NextGEN Gallery, agrega una potente galería de imágenes al panel de control, que incluye la posibilidad de crear un álbum y subir archivos comprimidos.

- Dirigidos a la navegación. Ejemplo: CustomNav, confecciona fácilmente menús verticales u horizontales para el blog.

- Administrativos. Ejemplo: WP Admin Bar Reloaded, muestra opciones del panel de control en el blog, sólo visible para los administradores.

- Manejo del feed RSS. Ejemplo: Subscribe-Remind, que añade un mensaje al final de cada *post* para invitar a los lectores a que se subscriban al feed.

- Administración de bases de datos y del servidor. Ejemplo: WP-phpMyAdmin, para acceder a las bases de datos de PHP directamente desde el panel de administración sin tener que entrar por phpMyAdmin.

- Manejo de comentarios. Ejemplo: Live Comment Preview, ofrece a los comentaristas una vista previa de sus intervenciones antes de publicarlas.

- Potenciar WordPress como CMS. Ejemplo: Advanced Category Excluder, tiene como función ocultar algunas categorías que no deseamos mostrar. También dejarlas fuera de los resultados de búsqueda, del feed o de la portada.

- Marcar favoritos. Ejemplo: ShareThis, añade enlaces a los principales servicios para marcación de favoritos y envía el contenido de una entrada a un amigo.

- Mejorar posicionamiento. Ejemplo: All in One SEO Pack, es una muy completa solución para optimizar la presencia del blog en los buscadores, agrega metatags, palabras claves y da la opción de describir el sitio correctamente.

- ☐ Combatir spam. Ejemplo: Akismet, se encarga de determinar que comentarios o trackbacks son *spam* o no.

- ☐ Publicidad. Ejemplo: AdSense Deluxe, administra la publicidad, sea de Google o Yahoo y ayuda a seleccionar dónde y cuándo mostrar los anuncios.

LOS WIDGETS Y SU FUNCIÓN EN LA BARRA LATERAL

La diferencia entre *plugins* y *widgets* estriba fundamentalmente en la manera de ser agregados y en el lugar del sitio donde van a hacer notar su funcionamiento. Básicamente los *widgets* son *plugins* que se muestran en la barra lateral (*sidebar*) y se manejan como módulos que se arrastran y pegan según el orden que ocuparán en ella. Se trata de pequeñas aplicaciones o programas que también pueden colocarse en la cabecera o en la parte inferior del sitio, y para su activación cuentan con una interfaz WYSIWYG, acrónimo de *What You See Is What You Get*, que traducido al español significa "lo que ves es lo que obtienes". Estos módulos están constituidos por ficheros pequeños que son ejecutados por un motor de *Widgets* o *Widget Engine*. Entre sus objetivos está dar fácil acceso a funciones que son usadas frecuentemente y proveer de información visual al visitante. Sin embargo, su espectro de posibilidades llega mucho más lejos y pueden interactuar con servicios e información distribuida en Internet. Su diseño puede ser el de atractivos relojes en pantalla, notas, calculadoras, calendarios, agendas, juegos, ventanas con información del clima, contadores de estadísticas y llamativos mapas que señalan de dónde vienen nuestros lectores.

Figura 8.9. Un widget de Twitter en la barra lateral de www.ecuaderno.com.

Con la versión 2.2 se consolidó la utilización de WordPress Widgets (WPW), una interfaz que permitía colocar *widgets* a través de la técnica de *drag and drop* (arrastrar y soltar). La potente herramienta logra que los usuarios de forma cómoda y sencilla –sin necesidad de conocimientos de programación– hagan cambios significativos en su blog con apenas varios clics.

Para ponerlos a funcionar basta con arrastrarlos y soltarlos en el orden que más nos guste, lo cual resulta un sistema similar al que se tiene en el servicio gratuito Blogger bajo el nombre de *gadgtes*. Los *widgets* fueron incorporados desde la versión de 2.2 de WordPress llamada Getz en honor al saxofonista Stan Getz y, si bien son sumamente útiles, no todas las plantillas los soportan.

La filosofía de WordPress deja margen a un alto nivel de diseño, estructura o gestión y flexibilidad en el sistema de plantillas y *widgets*, de manera que cada usuario puede convertir un simple blog en un CMS personalizado y muy completo.

Para quienes se han hecho con el *script* de instalación de WordPress para colocarlo en un servidor propio, los *widgets* con los que contarán por defectos son:

- Archivos: Muestra un listado organizado por año y mes de todo lo publicado.

- Buscar: Excelente herramienta de búsqueda a partir de palabras o frases.

- Calendario: Aparecerán marcados en este calendario los días en que ha sido actualizado el blog.

- Categorías: Listado de las categorías usadas y con la posibilidad de visualizar todas las entradas ubicadas bajo cada una de ellas.

- Entradas recientes: Listado de las últimas 15 entradas publicadas.

- Nube de etiquetas: Logra un efecto muy atractivo al colocar las etiquetas más usadas en formato de nube.

- RSS: Coloca en la barra lateral un pequeño lector de RSS que se enlace a una fuente externa de feeds.

- Texto: es uno de los más útiles *widgets* al poder colocar en su interior tanto código html como texto.

- Páginas: Muestra todas las páginas que componen el blog.

- Meta: Incluye varios links que permiten registrarse, acceder a la administración del blog o salir de ella, conectar con el RSS de nuestro feed e ir hacia la página de `WordPress.org`.

Veamos cómo se vería la barra lateral del blog si activáramos todos los *widgets* que trae por defecto WordPress.

Figura 8.10. Barra lateral con algunos widgtes predeterminados.

En el caso de estar usando el servidor público http://wordpress.com para alojar nuestro blog veremos en el listado de *widgets* otros añadidos.

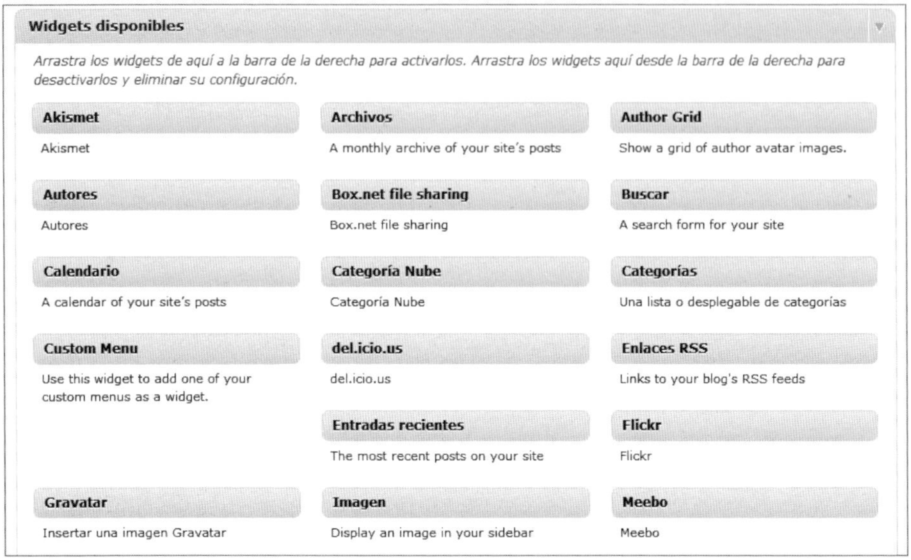

Figura 8.11. Algunos widgets que ofrece el servicio de WordPress.com.

Más ayuda sobre el tema *widgets* de WordPress se puede encontrar en `http://codex.wordpress.org/` o recurrir al foro de discusión en `http://ayudawordpress.com/foro/`.

Los módulos que aparecen en la pantalla de administración de *widgets* se pueden mover si pasamos el ratón sobre la barra que da título a cada uno. Veremos que aparecerá el típico cursor de arrastrar y soltar que está compuesto por 4 flechas unidas en el centro. Es momento de mantener presionado el botón izquierdo y comenzar a desplazar el módulo hacia la zona enmarcada a la derecha. Un cuadro punteado gris se insinuará antes de colocar definitivamente el módulo en su sitio; se puede entonces soltar el botón del ratón y dejarlo caer sobre el sitio seleccionado. Véase la figura 8.12.

Debemos tener en cuenta que hay plantillas que cuentan con más de una barra lateral, de manera que en la parte superior de la zona para colocar los *widgets* activos puede decir Barra lateral 1 o Barra lateral 2. También puede mostrarse como en el caso de la plantilla TwentyTen, con al menos seis zonas dentro de las cuales se pueden colocar *widgets*. Véase la figura 8.13.

Mejor no excederse colocando demasiados *widgets*, pues una barra lateral interminable no sólo demerita el diseño del blog, sino que además afecta su rendimiento al hacerlo más lento.

Figura 8.12. Arrastrar y colocar un widget.

Figura 8.13. Barra lateral sobre la que se está trabajando.

Para desactivar un *widget* hay que proceder a moverlo en dirección contraria a la usada para activarlo. De la zona que representa la barra lateral lo arrastraremos hasta colocarlo junto a los que no están en uso. Así se conservará su configuración aunque dejará de estar activo. La forma de eliminarlo consiste en desplegarlo y presionar sobre la opción Borrar que incluye en su interior.

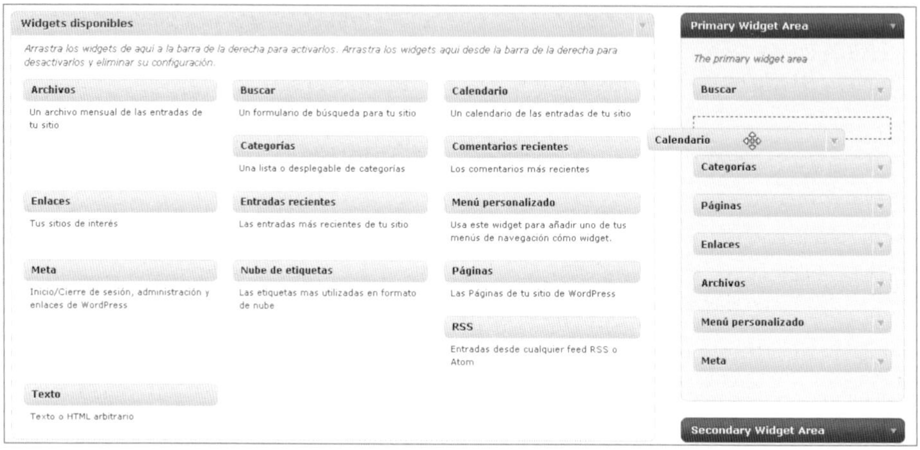

Figura 8.14. Desactivar un widget arrastrándolo hacia la zona de no activados.

Figura 8.15. Eliminar un widget desde la opción Borrar.

Es recomendable colocar el *widget* Buscar en la zona superior de la barra lateral, pues será uno de los más utilizados por los visitantes.

Veamos cómo se comporta la estrecha relación entre *plugins* y *widgets* al agregar la opción de que los visitantes puedan rellenar una encuesta. Para ello subimos al servidor el archivo comprimido con el nombre WP-Polls acompañado también de su complemento WP-Polls Widget, que nos hemos descargado previamente del reservorio de `http://worpdress.org/extend/plugins/` o lo hemos buscado desde el interior del propio Tablero de WordPress.

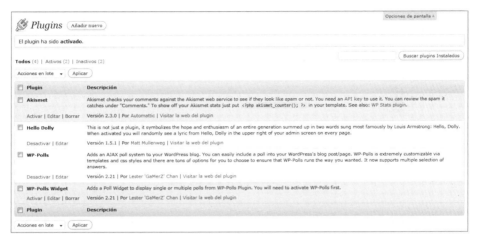

Figura 8.16. Una vez instalado y activado el plugin WP-Polls.

Al activar WP-Polls aparecerá una nueva entrada en el menú principal de la zona izquierda, bajo el título de Polls. Contará con varias opciones que permitirán crear y gestionar encuestas.

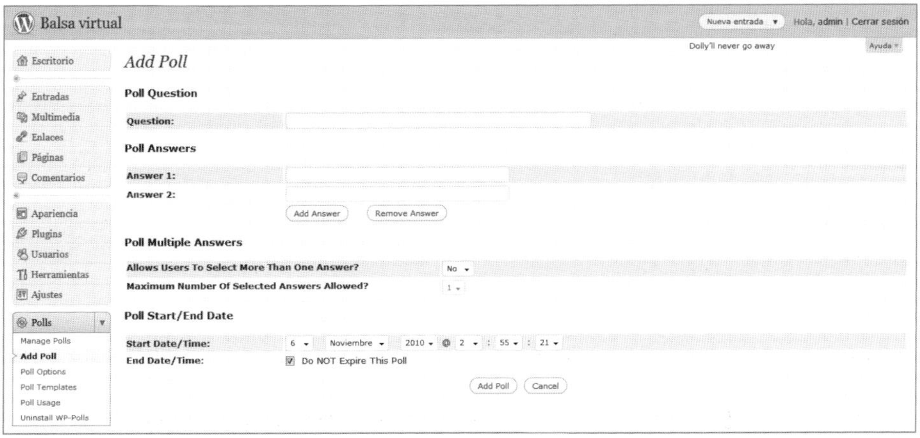

Figura 8.17. Opciones del nuevo menú Polls.

La puesta en funcionamiento del *plugin* WP-Polls Widget completará la funcionalidad de encuestas, al agregar un *widget* que puede incorporarse a la barra lateral del blog. Sólo debemos arrastrarlo y colocarlo sobre la barra lateral para que quede visible. Véase la figura 8.18.

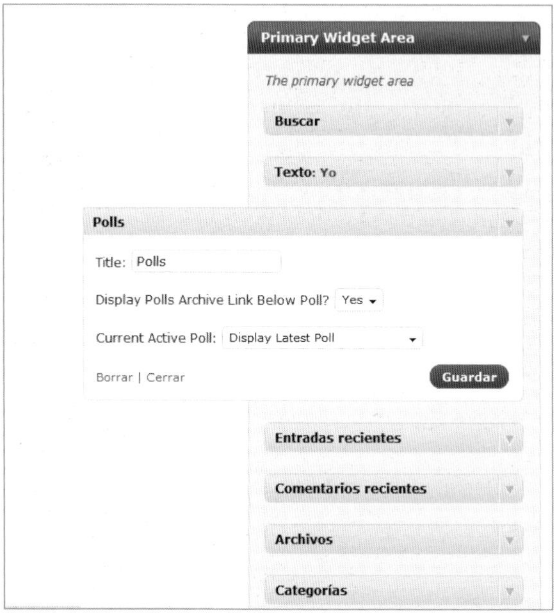

Figura 8.18. Colocar el nuevo widget en la barra lateral.

Ahora falta que a los lectores les interesen las preguntas que hayamos hecho en la encuesta y que se dispongan a responderlas.

RESUMEN

Pasar de un simple blog a un complejo gestor de contenido –con múltiples funcionalidades– se puede lograr a partir del buen manejo de *plugins* y *widgets*. Las facilidades de agregar, configurar y editar estos complementos han permitido a los usuarios de WordPress cambiar la faz de su Web y potenciar su alcance. Los visitantes, por su parte, han visto beneficiada la interacción con el sitio y la capacidad de conectar el contenido de éste con otros espacios en la red. De manera que activar estas pequeñas aplicaciones ha venido a sumarse a los conocimientos básicos alrededor de un blog, como son los de publicar una entrada, colocar un enlace o subir una fotografía. El manejo de *plugins* y *widgets* no es ya un conocimiento para entendidos, sino que se incluye en el ABC de la práctica blogger.

A CIEGAS

Un mecanismo de vieja lavadora soviética apuntala cada post que logro publicar. El proceso de sacar los textos al mundo virtual es demasiado raro para ser comprendido por cualquiera que no viva en Cuba. Nada de inmediatez o de pretender ser informativa, mi acceso a la red sólo me permite apelar a la reflexión o a la crónica que no se añejan rápidamente. El estilo de mis textos y su enfoque están dados por la indigencia informática que los rodea, por la condición evasiva de Internet, tan escaso aquí como la tolerancia. Recuerdo que cuando **Generación Y** llevaba apenas unos meses en la red, un texto de Andrew Sullivan titulado "¿Por qué bloggeo?" cayó en mis manos. Con su lectura me surgiría la duda –que arrastro hasta el día de hoy– de si mi espacio virtual cabe o no en el concepto de una bitácora. Me resulta imposible actualizar cada día, o narrar la inmediatez de lo ocurrido en la otra esquina. Tampoco puedo participar en los comentarios que genera cada texto o responder a las preguntas que los lectores lanzan. Sin embargo, las ausencias tecnológicas se han visto compensadas por la aparición de otros creadores de criaturas peculiares como la mía. Ya no estoy tan sola en la blogosfera dentro de la Isla, pues han surgido nuevos sitios como *Octavo Cerco* de Claudia Cadelo, *Desde Aquí* llevado por Reinaldo Escobar, *Habanemia* de la joven Lía Villares y *Sin Evasión,* que con agudeza administra Miriam Celaya. Se ha hecho anómala la semana en que no me entere del surgimiento de un nuevo blog personal hecho desde Cuba y marcado por las mismas dificultades tecnológicas que tengo yo. La cercanía de temáticas y la necesidad de trasmitirnos experiencias nos han motivado a confluir en algo que bautizamos como "Itinerario blogger".

9. Aprender a convivir con los comentaristas, los trolls y otras criaturas del ciberespacio

Los comentaristas: La mejor compañía

*El ciberespacio me ha generado nuevas y
virtuales compañías.*

APRENDER A CONVIVIR CON LOS COMENTARISTAS, LOS TROLLS Y OTRAS CRIATURAS ...

181

En este capítulo descubriremos:

☐ Cómo decidir si moderar o no los comentarios.

☐ ¿Somos responsables de lo que escriben los comentaristas?

☐ Las listas negras y detección de IPs conflictivos.

☐ Algunos *plugins* para manejar los comentarios.

MANEJAR LOS COMENTARIOS, UNA TAREA DIFÍCIL PERO NECESARIA

Uno de los elementos más gratificantes y más difíciles de administrar en un blog es el contacto con los comentaristas.

En el mismo momento en que decidimos crear un espacio virtual, debemos saber que abrimos una ventana a nuestra vida, un canal hacia nuestras opiniones y un puente entre el "yo" y las decenas o los millones de lectores que logremos tener.

No se trata de lanzar un *post* como si de una botella al agua se tratara y después verla perderse en la inmensidad del océano virtual, el proceso de interacción con los visitantes resulta más inmediato e intenso que en cualquier otro medio de publicación.

Figura 9.1. Andrew Sullivan, autor del blog The Daily Dish.

Andrew Sullivan, quien editó *The New Republic* y lleva ahora el magnífico sitio *The Daily Dish*, escribió un texto que permite entender la génesis y el desarrollo de los blogs.

Al tocar el tema de su relación con los internautas afirmó:

Si tuviera que hacer un inventario del material que aparece en mi blog, estimo que una buena tercera parte ha sido generada por los lectores, y que poco más de una tercera parte de mi tiempo lo empleo absorbiendo las opiniones de los lectores, sus comentarios y consejos. Los lectores me hablan de historias que acaban de aparecer, nuevas perspectivas y contraargumentos frente a los supuestos que prevalecen. Y esto es lo que el blogueo, a su vez, hace con el reportaje. El método tradicional implica a un periodista que busca fuentes clave, las alimenta y las mantiene lejos de sus rivales. Un blogger salpica juguetonamente en un tema y reta a las fuentes para que acudan a él.

Podemos hacer de los comentaristas nuestros aliados o –en el peor de los escenarios posibles– convertirlos en nuestros enemigos. Pero pocos blogs logran mantenerse a flote sin ese influjo de información, opiniones y hasta insultos que llegan de la mano de los lectores. De manera que en este capítulo aprenderá a sacarle el mayor partido a la relación con los internautas y a evitar también que los *trolls* –esas criaturas que inundan con sus desvaríos o agresiones verbales algunos sitios– se apoderen de la discusión y la polémica.

Lo primero que salta a la vista en la administración de los comentarios en WordPress es la gran variedad de opciones y herramientas con las que cuenta el usuario. Desde sus primeras versiones, este CMS ha potenciado la capacidad de un blog de convertirse en plaza pública de discusión y ha llegado al punto de permitir que ésta sea gestionada sin muchos quebraderos de cabeza.

Al crear un blog los comentarios estarán –por defecto– abiertos a cualquiera que quiera participar en la discusión. Pasaría por una decisión personal del blogger cerrarlos o establecer ciertos filtros de contenido. Para ello hay que dirigirse al menú Opciones también llamado Ajustes y, dentro de él, a la sección de Comentarios.

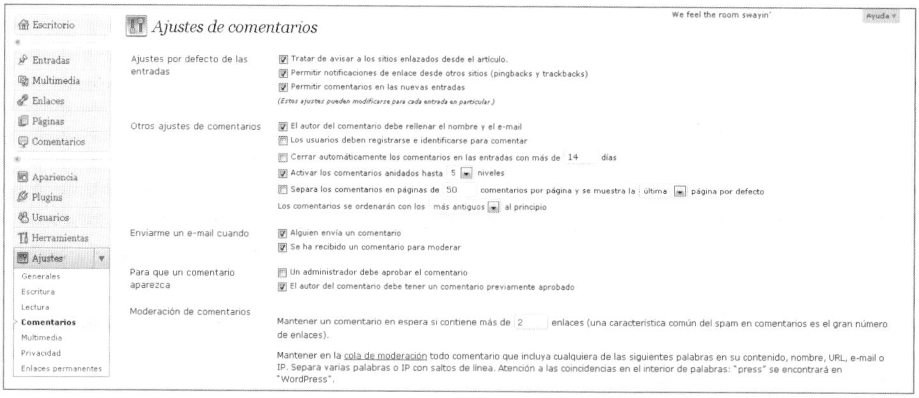

Figura 9.2. Variadas opciones para administrar los comentarios.

Antes de marcar o desmarcar las múltiples casillas que aparecen ante nuestra vista, vale la pena preguntarse cuál nivel de interacción queremos tener con los visitantes. Cuánto los dejaremos opinar y si tendremos tiempo para moderar comentarios o por el contrario preferiremos la auto publicación inmediata.

Ninguna de estas configuraciones será irreversible y podremos cambiarla en determinados momentos si así lo deseamos.

En el primer bloque de posibilidades tenemos las siguientes:

- Tratar de notificar a todos los blogs enlazados en la entrada (hace más lenta la publicación).

- Permitir notificaciones de enlace desde otros blogs (*pingbacks* y *trackbacks*).

- Permitir comentarios en las nuevas entradas.

Cada una de ellas se puede configurar de manera global para todas las entradas o –por el contrario– definir de manera individual cada vez que publiquemos una de éstas.

Recordemos que para hacerlo de este último modo debemos recurrir a la parte inferior de la pantalla de edición y publicación de entradas.

Figura 9.3. Definir durante la publicación de cada entrada si se aceptan pingbacks y trackbacks o permitir comentarios.

Las tres primeras cuadrículas están marcadas de forma predeterminada y la primera de ellas enviará una notificación a los sitios que han sido enlazados dentro del nuevo contenido. Pero es en la tercera en la que nos vamos a detener por el momento, pues ella tendrá una incidencia mayor en la actividad de nuestro sitio, al darnos la oportunidad de permitir o no que los lectores dejen comentarios.

Viene entonces la etapa de precisar otras características que tendrán los comentarios:

☐   El autor del comentario debe rellenar el nombre y el e-mail.

☐   Los usuarios deben registrarse e identificarse para comentar.

☐   Cerrar automáticamente los comentarios en las entradas con más de
    14 días.

☐   Activar los comentarios anidados hasta 5 niveles.

☐   Dividir los comentarios en páginas de 50, mostrando los más recientes en
    la última página.

☐   Los comentarios se ordenarán con los más antiguos al principio.

Vamos a desmenuzar bien el significado práctico de todos estos detalles que en
una primera impresión nos parecen complicados. Pedirle a un comentarista que
introduzca su nombre –generalmente colocan un nick– y su dirección de correo
electrónico, es el mínimo grado de responsabilidad que se le puede exigir para
que acompañe su opinión. Una buena parte mentirá al dar esos datos personales
y otros asumirán su verdadera identidad. El e-mail no se hará público y quedará
sólo a disposición del blogger para cuando éste quiera intercambiar ideas con
determinado lector.

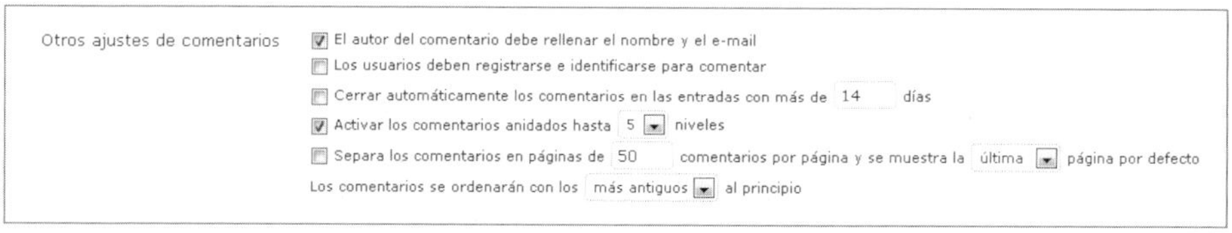

Figura 9.4. Antes de proceder a comentar se debe rellenar nombre,
e-mail y opcionalmente la URL de una Web.

LA FINA LÍNEA ENTRE MODERAR Y CENSURAR

Vale la pena analizar la cuestión de si el blogger tendrá que responsabilizarse
por lo que escriban sus lectores o estará exonerado de los criterios que estos
emiten. Se trata de una de las discusiones más encendidas en la blogosfera
mundial y hay quienes hablan de establecer un contrato tácito entre el blogger
y sus comentaristas para determinar qué va estar permitido o no auto publicar
en la zona de discusión. Por regla general muchos administradores excluyen
las obscenidades, los llamados a la violencia, la usurpación por parte de un
comentarista del nombre de alguna personalidad viva y los textos que no estén
en el alfabeto correspondiente a la lengua en que se escribe el blog. Son reglas que
deben ponerse a la vista e incluso discutirse con los asiduos visitantes del sitio.

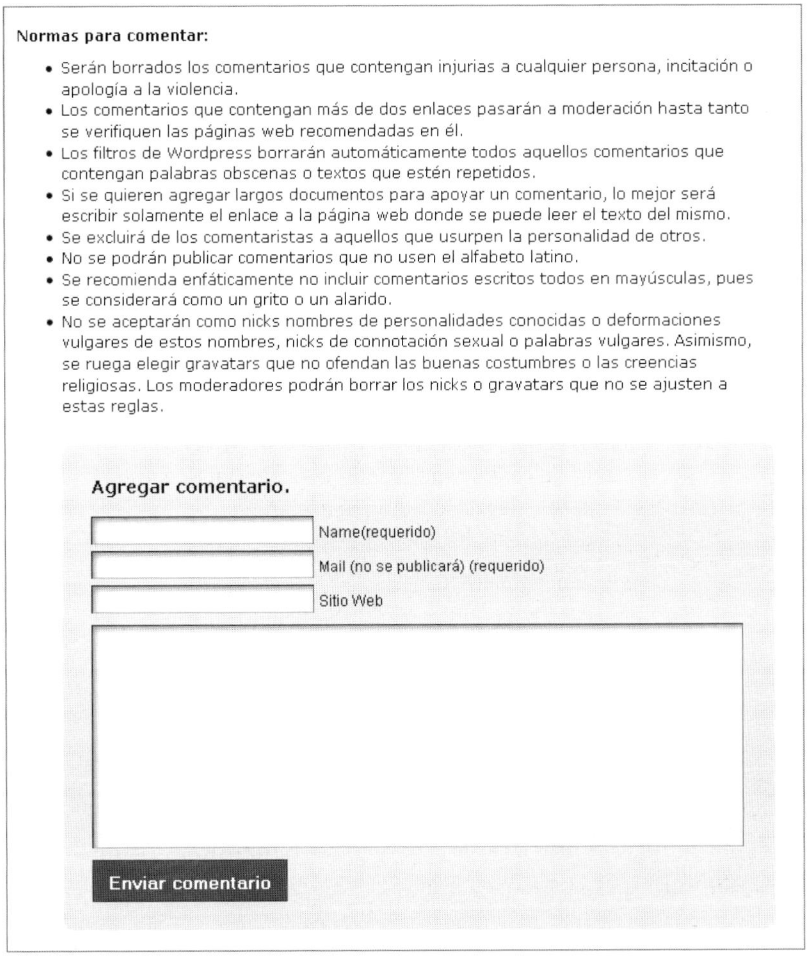

Normas para comentar:

- Serán borrados los comentarios que contengan injurias a cualquier persona, incitación o apología a la violencia.
- Los comentarios que contengan más de dos enlaces pasarán a moderación hasta tanto se verifiquen las páginas web recomendadas en él.
- Los filtros de Wordpress borrarán automáticamente todos aquellos comentarios que contengan palabras obscenas o textos que estén repetidos.
- Si se quieren agregar largos documentos para apoyar un comentario, lo mejor será escribir solamente el enlace a la página web donde se puede leer el texto del mismo.
- Se excluirá de los comentaristas a aquellos que usurpen la personalidad de otros.
- No se podrán publicar comentarios que no usen el alfabeto latino.
- Se recomienda enfáticamente no incluir comentarios escritos todos en mayúsculas, pues se considerará como un grito o un alarido.
- No se aceptarán como nicks nombres de personalidades conocidas o deformaciones vulgares de estos nombres, nicks de connotación sexual o palabras vulgares. Asimismo, se ruega elegir gravatars que no ofendan las buenas costumbres o las creencias religiosas. Los moderadores podrán borrar los nicks o gravatars que no se ajusten a estas reglas.

Agregar comentario.

	Name(requerido)
	Mail (no se publicará) (requerido)
	Sitio Web

Enviar comentario

Figura 9.5. Un ejemplo de normas a seguir en la discusión.

Un nivel más alto de selectividad se logra exigiéndoles a los visitantes que se registren para comentar. Ésta es una herramienta muy útil para que los comentaristas tengan una mayor responsabilidad y mesura con las opiniones que emiten, pero la experiencia en la Web indica que muchos internautas desisten de participar en discusiones en sitios donde hay que hacer el trámite del registro. Sencillamente se van hacia blogs donde resulte más fácil y rápido dejar una opinión, véase la figura 9.6. Sin embargo, el registro –que estudiaremos en el capítulo 16– logra muy buenos resultados cuando un sitio es blanco frecuente de ataques de *trolls*. Hablamos de esas criaturas que pululan en la red y se dedican a sabotear los debates, utilizando para ello insultos y mensajes agresivos que terminan por molestar al resto de los comentaristas.

WORDPRESS

Registrarte en este sitio

Nombre de usuario

E-mail

Recibirás una contraseña en este e-mail.

Registrarse

Acceder | ¿Has perdido tu contraseña?

Figura 9.6. Registrarse es un proceso fácil y rápido.

Un *troll* es a los comentarios de un blog como los gritos a los debates públicos: los distorsionan, reducen a la violencia y desestimulan a quienes quieran sumarse a ellos.

Cerrar los comentarios de una entrada después de varios días de haberla publicado es una decisión muy saludable para evitar el *spam* y a los oportunistas *trolls*. En un blog que se actualiza habitualmente las discusiones se irán trasladando hacia los últimos *posts* que han visto la luz, de manera que el administrador no debe mantener abierta –permanentemente– la posibilidad de colgar una opinión en el contenido ya archivado. El límite de tiempo para opinar en una entrada la establece el propio blogger, en dependencia de la frecuencia con que publica, el caudal de visitantes y cuán asiduos son los ataques que recibe.

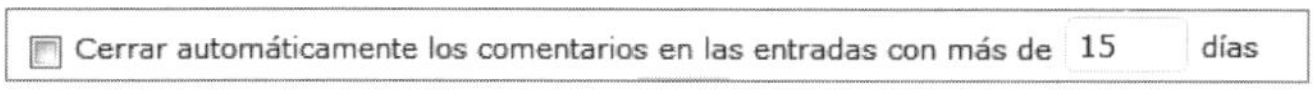

☐ Cerrar automáticamente los comentarios en las entradas con más de 15   días

Figura 9.7. Configurar el tiempo que estará abierta la posibilidad de comentar en una entrada.

La posibilidad de contar con comentarios anidados depende de las potencialidades de la plantilla que estemos usando. Algunas de ellas permiten que haya una clara distinción visual entre las opiniones que se entrecruzan los

APRENDER A CONVIVIR CON LOS COMENTARISTAS, LOS TROLLS Y OTRAS CRIATURAS ...

187

visitantes del blog. De manera que al activar la anidación de comentarios se mostrará claramente la relación entre aquél que originó la discusión y los que posteriormente le siguieron la rima a la polémica.

---

2 Responses to *La ventana*

Una amiga *says:*
6 Noviembre, 2010 at 3:11

Hola, pasé por aquí para felicitarte y darte ánimo por tu nuevo blog. Sigue así, tus lectores te necesitamos. Un abrazo

Responder

> **Uno que mira y habla** *says:*
> 6 Noviembre, 2010 at 22:51
>
> Así, hay que darle ánimo a este nuevo capitán de un barco virtual. Vamos! arríen las velas que la travesía recién comienza. Cuidado no se caiga un hombre al agua!
>
> Responder

Figura 9.8. Anidar comentarios, la mejor forma de seguirle el hilo a una discusión.

Hay blogs que tienen tantos visitantes y comentaristas que se convierten en verdaderas plazas públicas de discusión. WordPress ha tenido que desarrollar su interfaz para que pueda funcionar a manera de foro si el caudal de comentarios así lo merece. Una de las mejores maneras de organizar y visualizar un número de opiniones que superen el centenar, es dividiéndolas en páginas de entre 50 y 100 unidades cada una. Será una manera de hacer la zona de comentarios más ligera al cargar en el navegador. En caso de que la propia plantilla no permita hacer esta división por páginas, podremos siempre echar mano de un *plugin* al estilo de Paged-comments que permite configurar numerosas opciones al respecto y se puede descargar desde `http://www.keyvan.net/ code/paged-comments/` o desde la zona de *plugins* de WordPress `http://worpdress.org/extend/plugins/`. Véase la figura 9.9.

En el mismo orden cronológico que se organizan las entradas en un blog, se ponen en orden –por defecto– los comentarios. De manera que en la parte superior quedarán aquellos más recientes, mientras que hacia la parte inferior de la página encontraremos los más antiguos. Véase la figura 9.10.

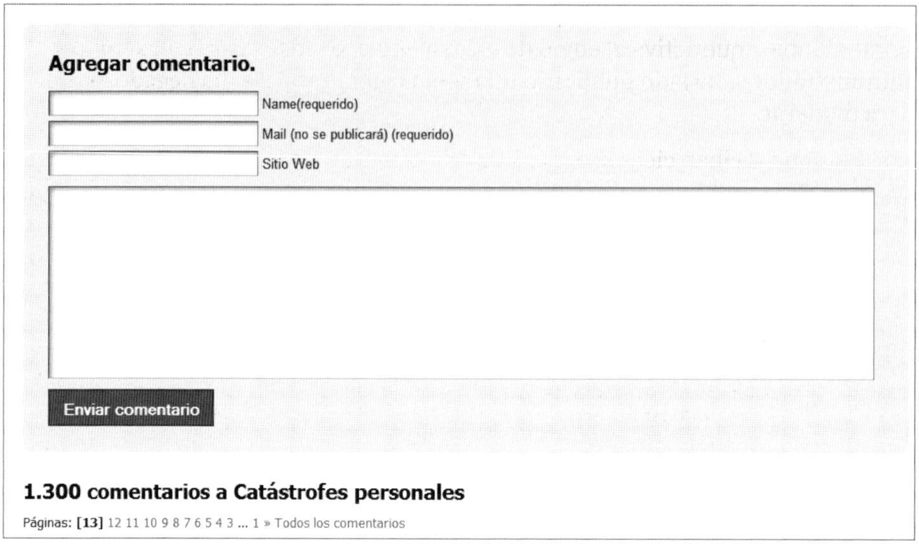

Agregar comentario.

	Name(requerido)
	Mail (no se publicará) (requerido)
	Sitio Web

Enviar comentario

1.300 comentarios a Catástrofes personales

Páginas: **[13]** 12 11 10 9 8 7 6 5 4 3 ... 1 » Todos los comentarios

Figura 9.9. Ejemplo de zona de comentarios dividida en páginas de 100 unidades cada una.

2 Responses to *La ventana*

Una amiga *says:*

6 Noviembre, 2010 at 3:11

Hola, pasé por aquí para felicitarte y darte ánimo por tu nuevo blog. Sigue así, tus lectores te necesitamos. Un abrazo

Responder

el vecino de los altos *says:*

6 Noviembre, 2010 at 22:44

Veo que te has entusiasmado con esto de bloguear. Ya te había dicho yo que era como una adicción. Volveré por aquí de vez en cuando a ver cómo navega esta nave.
Saludos
Tu vecino de los altos

Responder

Figura 9.10. El orden cronológico de los comentarios es ascendente de manera predeterminada.

Vayamos ahora a analizar el tercer bloque de opciones que aparece en el menú Comentarios y que activa el envío de mensajes electrónicos para avisar al administrador si ha sido publicado un nuevo comentario o si ha llegado alguno para moderar.

En sitios que reciben cientos o miles de opiniones de los lectores, puede ser un verdadero problema activar esta opción pues nuestro correo electrónico se llenaría de mensajes anunciándolas.

```
Un nuevo comentario en la entrada #1 "La ventana" espera tu aprobación
http://balsavirtual.wordpress.com/2010/11/05/la-ventana/

Autor : Una amiga (IP: XX.3.98.128 , adsl-3-98-128.mia.bellsouth.net)
E-mail : unaamiga@gmail.com
URL    : http://GMAIL
Whois  : http://ws.arin.net/cgi-bin/whois.pl?queryinput=XX.3.98.128

Comentario:

Hola, pasé por aquí para felicitarte y darte ánimo por tu nuevo blog.
Sigue así, tus lectores te necesitamos. Un abrazo

Aprobarlo: http://balsavirtual.wordpress.com/wp-
admin/comment.php?action=approve&c=6
Enviar a la papelera: http://balsavirtual.wordpress.com/wp-
admin/comment.php?action=trash&c=6
Marcarlo como spam:http://balsavirtual.wordpress.com/wp-
admin/comment.php?action=spam&c=6
Actualmente los comentarios 5 están en espera de aprobación. Por favor
visite el panel de moderación:
http://balsavirtual.wordpress.com/wp-admin/edit-
comments.php?comment_status=moderated
```

Figura 9.11. Un e-mail de aviso de nuevos comentarios.

El acto de aprobar un comentario puede pasar por la supervisión que de su contenido haga el administrador, o por haber sido aprobado anteriormente otro escrito por el mismo autor. La primera opción lleva más dedicación y trabajo, pero elegirla depende del deseo del blogger de mantener un nivel alto de debate en su sitio. Hay quienes están más interesados en la calidad que en la cantidad y otros viceversa, de ahí que sea una decisión muy personal decantarse por una de las dos posibilidades.

Los comentarios que estén en la cola de moderación, aparecerán inmediatamente al abrir el tablero de WordPress en el módulo de Comentarios recientes y sombreado con una tonalidad amarilla.

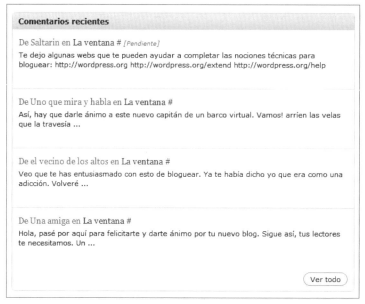

Figura 9.12. Módulo de últimos comentarios
y los que esperan por ser moderados.

Ahora viene quizás una de las labores más difíciles e ingratas para un blogger: definir los elementos que harán a un comentario pasar a la lista de moderación o ser eliminado automáticamente. Se trata de filtros que permitirán al propio gestor de contenidos hacer una buena parte de la labor de decantación del *spam* y los *trolls*.

Toda herramienta que implique decidir por nosotros cuestiones que son más bien subjetivas, como la de aceptar o no determinado texto, tiene el riesgo de cometer errores. Por esa razón es mejor ser cautelosos con el listado de lo "prohibido".

En la sección de Moderación de comentarios tenemos la posibilidad de configurar la cantidad de enlaces –como máximo– que debe contener uno de ellos para ser enviado a la cola de los que esperan revisión. De manera predeterminada, WordPress establece que un comentario con más de dos enlaces pasará automáticamente a la cola de moderación. Le corresponde al administrador cambiar este número o mantenerlo.

Es una práctica común que el *spam* contenga numerosas direcciones URLs para llevar al internauta hacia sitios de compra y venta o de anuncios.

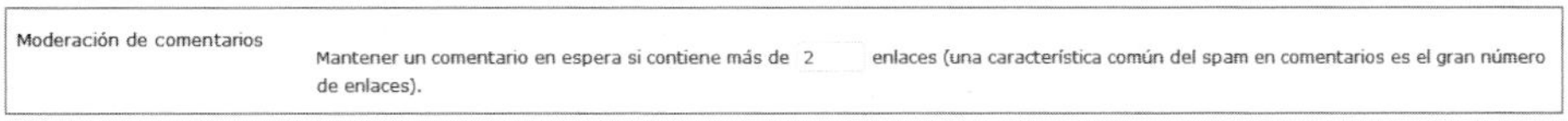

APRENDER A CONVIVIR CON LOS COMENTARISTAS, LOS TROLLS Y OTRAS CRIATURAS ...

191

Moderación de comentarios

Mantener un comentario en espera si contiene más de 2 enlaces (una característica común del spam en comentarios es el gran número de enlaces).

Figura 9.13. Número máximo de enlaces que puede contener un comentario.

Lo más difícil será definir las palabras o las combinaciones de letras y símbolos que, de estar incluidas en un comentario, harán que éste pase automáticamente a ser moderado. Debemos colocar estas palabras en el recuadro, haciendo al final de cada una de ellas un salto de línea. Muchos bloggers que se enfrentan cada día a los ataques de *trolls* o a la invasión de la propaganda comercial en sus espacios personales, tienden a elaborar una larga relación de términos o URLs excluibles, pero eso no soluciona del todo el problema. A veces hasta crea algunos nuevos. Es el caso de palabras que a su vez pueden estar contenidas en otras, por ejemplo si ponemos en el recuadro destinado a la moderación el término "loco", también irán a moderación "locomotora", "coloco" y "locomoción". De ahí que sea mejor no excederse con los filtros.

La gran mayoría de los bloggers que usan esta opción de moderación, incluyen en ella sólo palabras obscenas que de aparecer publicadas le restarían seriedad a las discusiones y cuya presencia haría a algunos comentaristas no regresar al blog.

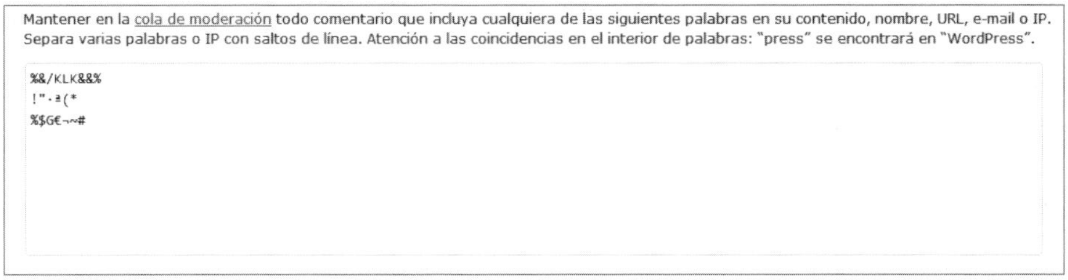

Mantener en la cola de moderación todo comentario que incluya cualquiera de las siguientes palabras en su contenido, nombre, URL, e-mail o IP. Separa varias palabras o IP con saltos de línea. Atención a las coincidencias en el interior de palabras: "press" se encontrará en "WordPress".

```
%&/KLK&&%
!"·#(*
%$G€¬~#
```

Figura 9.14. Listado de términos que llevarían un comentario a moderación.

La lista negra de comentarios ya implica un grado mayor de no permisibilidad, puesto que todas las palabras y URLs que estén contenidas en este espacio harán que el comentario sea considerado un *spam*.

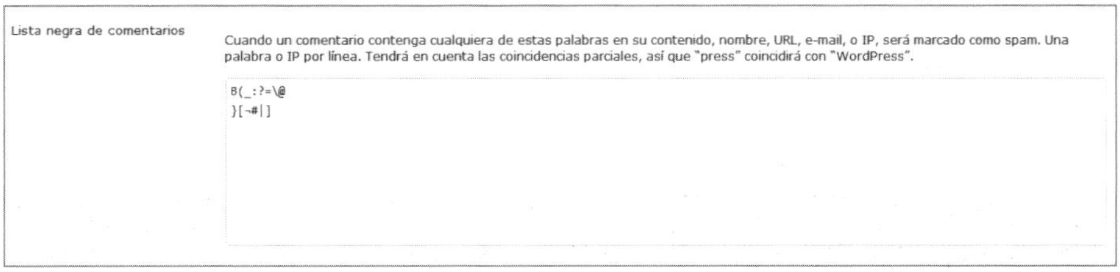

Lista negra de comentarios

Cuando un comentario contenga cualquiera de estas palabras en su contenido, nombre, URL, e-mail, o IP, será marcado como spam. Una palabra o IP por línea. Tendrá en cuenta las coincidencias parciales, así que "press" coincidirá con "WordPress".

```
B(_:?=\@
)[¬#|]
```

Figura 9.15. Elementos que harían a un comentario ser considerado spam.

Nos toca decidir si nuestro blog admitirá que cada usuario pueda utilizar su avatar, una imagen que lo identifica y normalmente sale al lado de su nombre en los comentarios o referencias. Para activarlos debemos comprobar primero si la plantilla está diseñada para soportarlos, aunque las versiones modernas sí que lo permiten. Aunque algunos comentaristas pondrán una foto suya, otros optarán por inventarse un personaje que los represente, incluso echarán mano de logotipos. La Real Academia de la Lengua española define el término **avatar** como transformación o reencarnación, lo cual se ajusta mucho pues ser un internauta es como volver a nacer, esta vez en el mundo virtual.

Los avatares se han usado mucho en los foros y chats, y la misma Web 2.0 no se concibe sin esa simpática presencia. Su tamaño estándar es de 55px por 55px, aunque pueden llegar a medir incluso 128px por 128px. Si tenemos habilitado el registro de usuarios, éstos podrán subir una imagen cuando rellenen el formulario con sus datos personales. Si nuestro blog está ubicado en el servicio gratuito de `http://www.wordpress.com` los comentaristas que también estén registrados en él podrán usar el avatar que han subido a su cuenta.

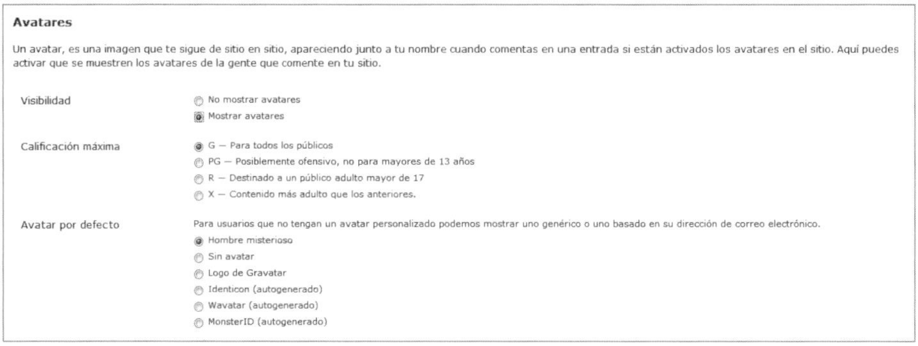

Figura 9.16. Incorporación de una imagen en los datos personales del usuario.

En caso de que no exista la posibilidad de registrarse pero queramos que los usuarios cuenten con un avatar, podremos determinar que se muestre uno genérico, como el de hombre misterioso, en blanco o el logotipo de Gravatar. También a partir de una dirección de correo electrónico que esté dada de alta en el servicio de `http://www.gravatar.com`. Desde la versión 2.5 de WordPress conocida como Brecker y que salió en 2008, quedó habilitado el soporte del servicio Gravatar en los comentarios, que le hizo ganar en variedad e interactividad.

Una vez configurada la sección de Comentarios del menú Ajustes podremos pasar también a la edición puntual de cada comentario o de grupos de ellos en el módulo de menú bajo el título de Comentarios.

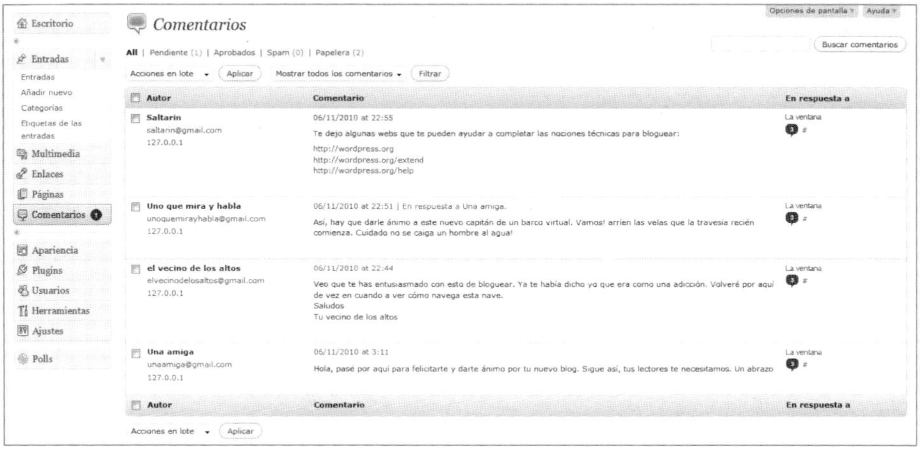

APRENDER A CONVIVIR CON LOS COMENTARISTAS, LOS TROLLS Y OTRAS CRIATURAS ...

193

Figura 9.17. El menú comentarios.

Se trata de una aplicación muy similar a la que ya hemos aprendido a la hora de gestionar entradas, pues ofrece un listado sobre el que se pueden aplicar las siguientes acciones:

- Aprobar: Aparecerá esta opción en caso de que el comentario esté en moderación o tildado como *spam*.

- Rechazar: En caso de que ya esté publicado, pero sea necesario sacarlo de la vista pública.

- Responder: Despliega un cuadro de texto en el que podremos escribir una respuesta al autor del comentario.

- Edición rápida: Permite acceder a opciones sencillas para cambiar el contenido y el formato.

- Editar: Una potente herramienta para cambiar, borrar, agregar o dar formato al comentario. Incluye también una vista preliminar del mismo.

- Spam: Lo catalogará como indeseable.

- Papelera: Será borrado, pero mantenido en la papelera hasta que le demos al botón para vaciarla.

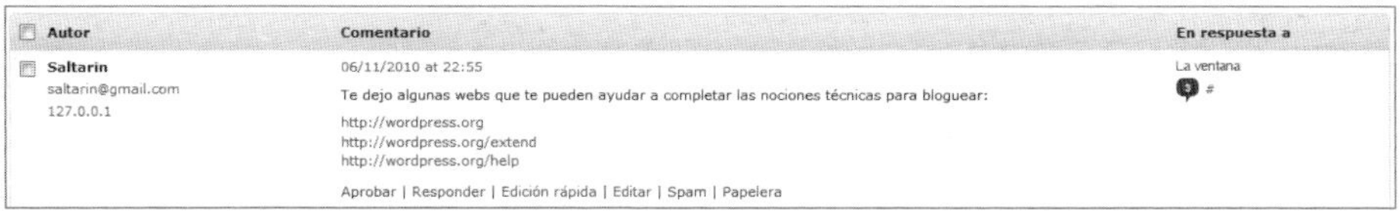

Figura 9.18. Edición de comentarios.

Se recomienda cautela con la edición del contenido de los comentarios. Los visitantes tienden a tener muy buena memoria de lo que escribieron y no les gustará ver adulteradas sus palabras. Lo mejor es hacerlo sólo si el propio autor del texto pide que se subsane determinado error ortográfico o una evidente confusión de fechas o nombres. Hay que recordar que quizás un *lapsus* cometido por algún comentarista ha motivado una posterior línea de debate que al editar el mensaje original quedará sin sentido.

Por su parte los comentarios estarán agrupados en:

- Todos.
- Pendientes.
- Aprobados.
- *Spam*.
- Papelera.

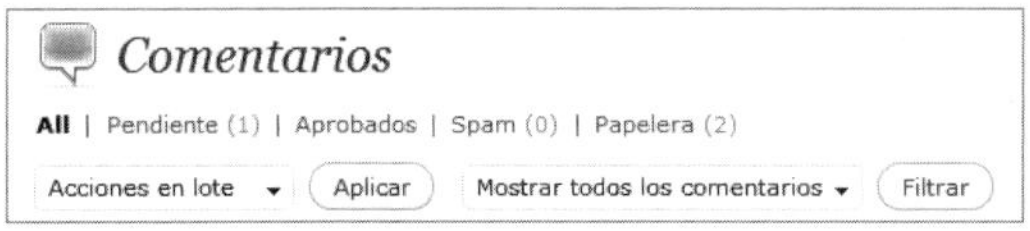

Figura 9.19. Categorías en las que se agrupan los comentarios según su estado.

Al abrir la pantalla de edición los comentarios aparecerán listados en páginas de 20 cada una, donde estarán todos con excepción de los catalogados como *spam*. Si quisiéramos variar la cantidad de comentarios contenida en cada página, sólo debemos ir a la pestaña Opciones de pantalla que se ubica en la parte superior y en ella podremos configurar también si se mostrarán o no los autores.

Figura 9.20. Configurar cómo aparecerán mostrados los comentarios.

APRENDER A CONVIVIR CON LOS COMENTARISTAS, LOS TROLLS Y OTRAS CRIATURAS ...

195

Un cómodo menú superior e inferior permitirá aplicar acciones en bloque, muy bienvenidas por aquellos bloggers con un gran flujo de comentaristas.

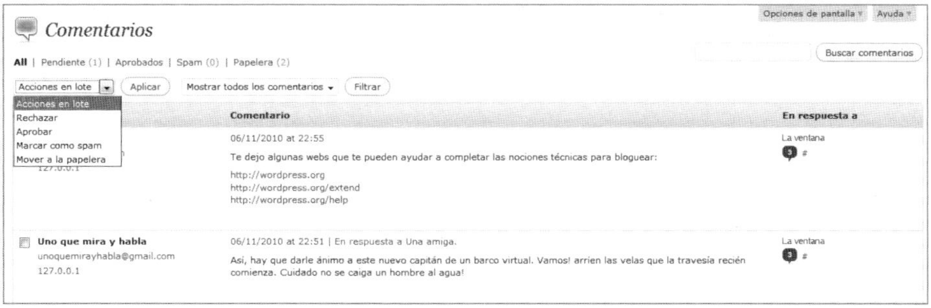

Figura 9.21. Aplicar acciones en bloque a los comentarios.

En la columna destinada al nombre del comentarista se podrá leer también la dirección IP del ordenador desde el que se envío el comentario. Esa información es de suma importancia para determinar el país de donde provienen nuestros lectores, pero también servirá a la hora de bloquear el *spam*. Si copiamos ese número –compuesto por cuatro grupos separados por puntos– podremos incluirlo lo mismo en la cola de moderación que en la lista negra, tal y como estudiaremos en este mismo capítulo. Muchas máquinas de producir *spam*, *trolls* y otros boicoteadores de los comentarios utilizan IPs cambiantes que hacen ineficaz el filtrado.

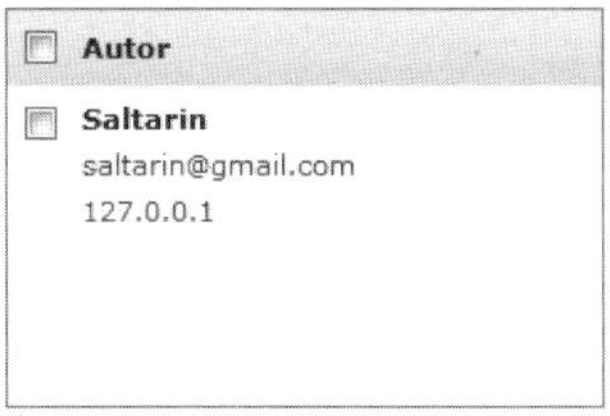

Figura 9.22. La dirección IP que acompaña al nombre del autor de cada comentario.

Instalar un *plugin* contra *spam* como Askimet, también puede ser una buena solución para contrarrestar el *spam*. Tanto en el alojamiento gratuito de WordPress como en el paquete de instalación que tengamos en un servidor propio, Askimet es uno de los *plugins* que siempre estará incluido listo para ser activado. Sólo tenemos que ponerlo a funcionar tal y como hemos aprendido en el capítulo 8.

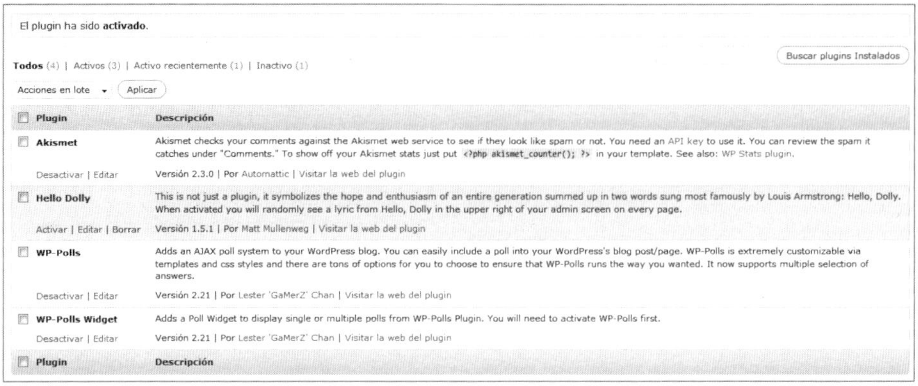

Figura 9.23. Activar el plugin de Askimet.

Inmediatamente veremos aparecer el siguiente mensaje en la parte superior de la pantalla: **Akismet casi está preparado**. Tienes que introducir tu clave de API de `WordPress.com` para que funcione. Al hacer clic sobre el enlace nos llevará hacia un formulario de configuración, donde tendremos la opción de solicitar colocar nuestra llave para activar completamente el *plugin*. Para los usuarios registrados en `http://www.wordpress.com` todo será muy fácil, pues en el e-mail recibido al crearse el blog viene la clave API.

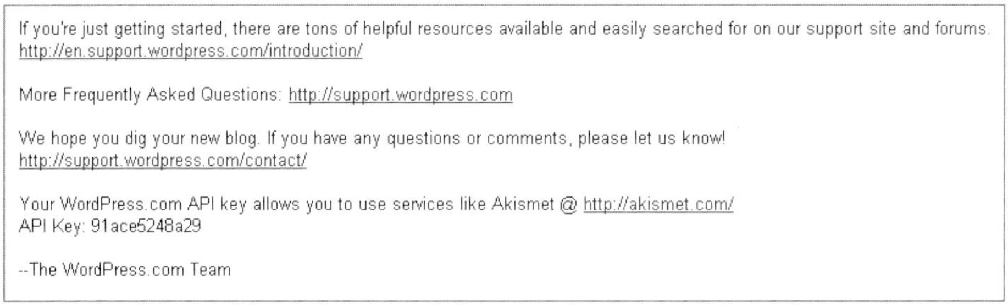
If you're just getting started, there are tons of helpful resources available and easily searched for on our support site and forums.
http://en.support.wordpress.com/introduction/

More Frequently Asked Questions: http://support.wordpress.com

We hope you dig your new blog. If you have any questions or comments, please let us know!
http://support.wordpress.com/contact/

Your WordPress.com API key allows you to use services like Akismet @ http://akismet.com/
API Key: 91ace5248a29

--The WordPress.com Team

Figura 9.24. Clave de Askimet en el mensaje de confirmación de un nuevo blog.

Para quienes tienen el script funcionando en un servidor propio, bastará con darse un saltico por `http://askimet.com`, rellenar el formulario con algunos datos y obtener a cambio la clave. Sólo faltará introducirla en la casilla del tablero de administración destinada a esos menesteres, véase la figura 9.25.

Volviendo al menú Comentarios, tenemos la opción de búsqueda que nos facilitará mucho el manejo de las discusiones, puesto que nos permitirá explorar los comentarios a partir de criterios como pueden ser una palabra, un autor o determinado IP, véase la figura 9.26.

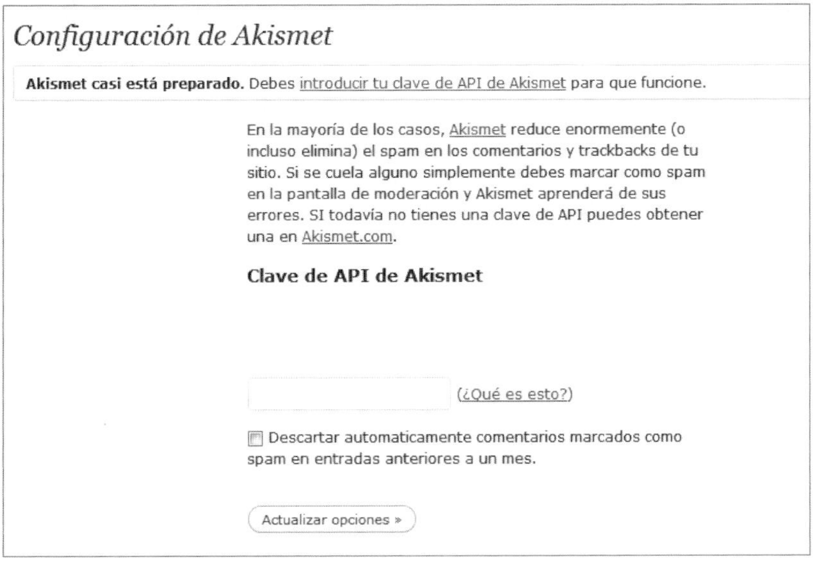

APRENDER A CONVIVIR CON LOS COMENTARISTAS, LOS TROLLS Y OTRAS CRIATURAS ...

197

Configuración de Akismet

Akismet casi está preparado. Debes introducir tu clave de API de Akismet para que funcione.

En la mayoría de los casos, Akismet reduce enormemente (o incluso elimina) el spam en los comentarios y trackbacks de tu sitio. Si se cuela alguno simplemente debes marcar como spam en la pantalla de moderación y Akismet aprenderá de sus errores. SI todavía no tienes una clave de API puedes obtener una en Akismet.com.

Clave de API de Akismet

(¿Qué es esto?)

☐ Descartar automaticamente comentarios marcados como spam en entradas anteriores a un mes.

(Actualizar opciones »)

Figura 9.25. Introducir la clave para terminar la configuración.

(Buscar comentarios)

Figura 9.26. La búsqueda en los comentarios según diferentes criterios.

FACILITAR LA EDICIÓN DE COMENTARIOS CON PLUGINS

En la columna de la derecha y bajo el título En respuesta a hallaremos también datos muy valiosos como el título del *post* donde se ubica el comentario y la cantidad de éstos que ha generado. El enlace que se encuentra en el símbolo # nos permitirá ir directamente hacia la entrada y comprobar *in situ* la discusión.

También podemos echar manos del *plugin* WP-ajax-edit-comments que es de gran ayuda para los bloggers con un gran número de comentarios en cada entrada. Desarrollado por Ronald Huereca, se puede descargar desde el reservorio de *plugins* de WordPress http://worpdress.org/extend/plugins/ o bien desde la página del autor http://www.raproject.com/wordpress/wp-ajax-edit-comments/. Una vez activado éste, tal y como estudiamos en el capítulo 8, ayudará al administrador a gestionar desde la propia zona de discusión los comentarios. Veamos cómo se visualizarán las opciones de edición:

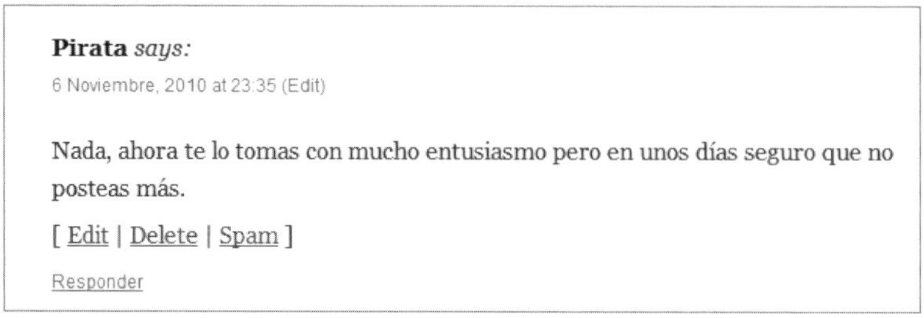

Pirata *says:*

6 Noviembre, 2010 at 23:35 (Edit)

Nada, ahora te lo tomas con mucho entusiasmo pero en unos días seguro que no posteas más.

[Edit | Delete | Spam]

Responder

Figura 9.27. Al implementar el plugin aparecerán estas opciones en la zona de discusión.

Si el blog no tiene un caudal de comentarios de esos que asusta, podremos gestionarlos cómodamente desde la pantalla principal del tablero de WordPress. Recordemos que entre los módulos de contenido que se muestran en ella, el de Comentarios recientes permite una edición rápida y eficaz.

Figura 9.28. Tablero principal con el módulo de últimos comentarios.

APRENDER A CONVIVIR CON LOS COMENTARISTAS, LOS TROLLS Y OTRAS CRIATURAS ...

199

RESUMEN

De aprender a convivir con los comentaristas dependerá en parte el éxito de nuestro blog. Desde un primer momento debemos crearles una interfaz cómoda para publicar sus opiniones, pero dejando bien claro las normas que deben acompañar a toda discusión. Para ello WordPress no sólo no ofrece sus configuraciones predeterminadas, sino que pone a disposición del blogger numerosas opciones, *plugins* y comodidades que harán más fácil la ingrata labor de moderar los comentarios.

Las múltiples posibilidades que brinda el panel Discusión del menú Opciones, unidas al módulo de Últimos comentarios en el tablero principal nos ahorrarán tiempo y stress en el manejo de los comentarios, pero la palabra final la dirá nuestra tolerancia para leer opiniones diferentes o contrarias a la nuestra.

LOS COMENTARISTAS: LA MEJOR COMPAÑÍA

El ciberespacio me ha generado nuevas y virtuales compañías. Los comentaristas hicieron suyo mi blog y crearon una comunidad cuyo objetivo principal es discutir sobre Cuba. Han llegado bajo simpáticos seudónimos o con sus propios nombres: La Lajera, Gabriel, Tseo, Olando Martínez, Luz Clarita, Julito64, Camilo Fuentes, Fantomas, Web Master, Rodolfo Monteblanco, Dago Torres, Mario Faz, Lord Voldemort y otros. La conga improvisada que hicieron cuando se anunció que **Generación Y** ganaba el premio al mejor weblog del certamen The Bobs, estremeció durante días la blogosfera mundial. Agarrados de la cintura o de los hombros, bordearon su malecón imaginario, mientras celebraban que mi bitácora -la nuestra- se había alzado con el galardón. Sin la mezcla que hacen la anécdota detrás de cada publicación, la vida autónoma de mis textos en la red y la algarabía de estos visitantes permanentes, mi blog sería como una botella que cae en la arena -no en el mar- y sin mensaje dentro.

Tres años después de subir mi primera crónica al ciberespacio, tengo más de medio millón de opiniones dejadas por los lectores, en alrededor de apenas quinientos posts. Tan difícil es abarcar todo ese mundo virtual, que definitivamente renuncio a intentarlo. En la bitácora de la bitácora -que algún día publicaré- todos tendrán su turno de decir algo: **Generación Y**, la blogger y los lectores. Ese libro anómalo que nacerá de la confluencia de tres planos tan reales como virtuales, encontrará sus lectores más pacientes en los asiduos al ciberespacio.

10. Posts sin imágenes, pájaros sin alas

EL VIRUS BLOGGER

Parece imposible ya desactivar la red
precaria y clandestina que nos trae
"noticias de nosotros mismos".

En este capítulo descubriremos:

- [ ] Algunos consejos para seleccionar una imagen.
- [ ] Cómo subir al servidor una foto, ubicarla junto a un texto y ajustar sus detalles.
- [ ] Cómo crear y manejar una librería multimedia.
- [ ] Las potencialidades de Picasa y Flickr.

LAS POTENCIALIDADES DE WORDPRESS COMO EDITOR Y ORGANIZADOR DE IMÁGENES

Si algo caracteriza a un blog no es tanto el orden cronológico ascendente que exhiben sus entradas sino su interfaz visual en la que desempeñan un papel importante las imágenes y demás elementos multimedia. Fue justamente con la versión denominada Duke en honor al músico Duke Ellington y lanzada a finales de 2005 que este gestor de contenidos permitió la subida de adjuntos e imágenes. A partir de allí los usuarios comenzaron a potenciar al máximo la posibilidad de mezclar texto con fotos, agregar vídeos, archivos de audio y presentaciones gráficas.

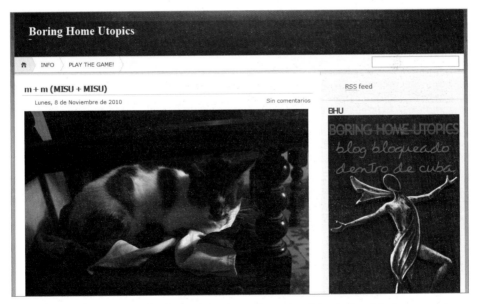

Figura 10.1. La presencia de imágenes es inseparable de los blogs.

Los formatos de imágenes más utilizados en la Web son GIF, JPEG y PNG. De este último se puede decir que su uso se ha venido extendiendo en los últimos años gracias a la versatilidad que brinda, aunque con los navegadores antiguos (versiones de Internet Explorer anteriores a la 6) puede tener problemas para visualizar los fondos transparentes.

Una vez seleccionado cuál de estos tres posibles formatos vamos a usar en nuestras imágenes, pasamos a determinar otros detalles muy importantes: dimensión, resolución y tamaño del archivo. En el caso de la dimensión estamos refiriéndonos al ancho y al largo de la imagen que queremos colocar en el blog. Estas medidas lo mismo pueden expresarse en centímetros, píxeles o pulgadas, sin embargo es el píxel la unidad que más se maneja cuando del tema Web se trata. Estamos hablando de la partícula más pequeña que conforma una imagen. Como mismo el bit es el elemento más diminuto que puede procesar un ordenador, el píxel es el liliputiense que conforma la enorme estructura visual de una foto, de una determinada tipografía o de un vídeo. Píxel a píxel la realidad y la fantasía se construyen en nuestras pantallas, la mayoría de las cuales tienen un tamaño (o resolución) de 1024 por 768 píxeles.

Figura 10.2. Los píxeles que componen una letra.

Subir una imagen con un ancho mayor de 400px puede entrar en conflicto con la caja de contenido que conforma la parte central del blog. Aunque no esté escrito como una norma estricta en ningún decálogo de bloggers, todos los que administramos una bitácora sabemos que sobrepasar ese límite puede desencajar el aspecto visual del sitio. Si contamos con uno de esos diseños fluidos que llega de un extremo a otro de la pantalla del ordenador, quizás las consecuencias de una foto demasiado grande no sean tan catastróficas; pero es mejor no excederse. Véase la figura 10.3.

El píxel es a las imágenes digitales lo que el átomo a la materia.

La resolución de una imagen se mide precisamente por el número de píxeles que contiene una pulgada cuadrada. Se expresa con medida conocida como **ppi,** que se forma del acrónimo en inglés *pixels per inch*. Por regla general las imágenes que vemos en Internet tienen entre 72 y 100 ppi, aunque cuando de imprimirlas se trata lo más recomendable es llevarlas a una calidad cercana a los 300 ppi.

Figura 10.3. En la caja central destinada al contenido, hay un espacio limitado para el ancho de las imágenes.

Una de las características que más dolores de cabeza puede darnos en una imagen es su tamaño en bytes o lo que algunos llaman su "peso". Se puede hacer engorrosa la subida de un archivo excesivamente grande cuando estamos empleando para ello conexiones un tanto lentas. Por tal razón la reducción de la cantidad de bytes es trascendental para lograr publicar rápidamente y sin demasiados quebraderos de cabeza. Recordemos que el tamaño de un elemento puede expresarse en kilobytes (KB), megabytes (MB) o gigabytes (GB). Claro está que la dimensión y resolución de una imagen determinan el peso que ésta tendrá y el espacio que ocupará en nuestro servidor. La habilidad consistirá en manejar ambas medidas para lograr un archivo ligero y funcional en la Web. Mayor dimensión y menor resolución comprimidas en un menor tamaño es lo que se conoce como optimización.

GIMP: PROGRAMA DE EDICIÓN DE IMÁGENES

Para optimizar imágenes que serán subidas a la Web podríamos usar un sinnúmero de programas, que van desde el connotado Adobe Photoshop hasta otros que no nos costarían ni un centavo a la manera del multifacético GIMP. Decantarse por uno o por otro es una decisión de cada blogger, pero en este libro haremos especial hincapié en aquellas herramientas –con licencia GNU– que puedan estar al acceso de todos. De ahí que nos dejemos acompañar por este simpático zorro que simboliza al *GNU Image Manipulation Program* (GIMP).

Para descargar este pequeño y eficiente programa primero debemos darnos un saltico por el sitio Web de sus desarrolladores `http://www.gimp.org` y seleccionar si queremos que funcione sobre Windows, Linux o Mac OS X. Por el momento trabajaremos sobre la base del GIMP 2.6.

Figura 10.4. Un nuevo amigo juguetón y fiel: GIMP en su versión portable.

Después de descargar y proceder a instalar el GIMP podemos pasearnos por la multiplicidad de opciones que brinda este procesador de imágenes. Le tomaremos cariño por su simplicidad, su eficiencia y porque además nos brinda una compacta versión portable que podremos llevar en nuestra memoria USB a cualquier lugar. ¿Acaso se puede pedir más? Su funcionamiento es similar al de otros programas de tratamiento de fotos y con apenas leernos la ayuda nos convertiremos en expertos en sus funcionalidades.

Figura 10.5. El interior del tablero de GIMP.

Sumerjámonos por un breve momento en las potencialidades de GIMP, especialmente en acciones tan básicas como cambiar de tamaño, dimensiones o resolución una imagen. Una vez abierta la foto en la que vamos a trabajar, debemos dirigirnos al menú Imagen y dentro de él a la opción Escalar la imagen. Una ventana emergente nos proveerá de ajustar el ancho y el largo, la resolución tanto de los píxeles en el eje X como en el eje Y, además de poder operar sobre la calidad de visualización.

Figura 10.6. Ajustar algunos valores de la imagen.

Al seleccionar un formato para almacenar la imagen en el menú Archivo/
Guardar como... el usuario de GIMP podrá disponer de una barra deslizante
que aumentará o disminuirá la calidad de la misma. Esto –claro está– redunda
directamente en el peso del archivo resultante.

Figura 10.7. Guardar en una calidad que optimice
la subida de la imagen al servidor.

> La barra deslizante para otorgar determinada calidad a una imagen es una de
> las funcionalidades más atractivas y novedosas de GIMP. En la medida en que
> se disminuya o aumente el número de píxeles por pulgada cuadrada, podremos
> visualizar el efecto de este cambio sobre una vista previa de cómo quedará
> finalmente.

WORDPRESS Y SUS HERRAMIENTAS PARA EDITAR Y MANEJAR IMÁGENES

Una vez seleccionada la herramienta desde la que optimizaremos nuestras fotos,
podemos empaparnos en las potencialidades que brinda el propio WordPress.
Vayamos entonces al menú Entradas y dentro de éste a la opción Añadir. La
conocemos bien desde que aprendimos en capítulos pasados a publicar nuevos
posts. Ahora sólo vamos a agregarle alas a nuestros textos, imágenes a nuestras
reflexiones para que lleguen más lejos y cautiven a un mayor número de
lectores. Utilicemos un artículo de muestra para ello y sigamos el mismo

procedimiento para incluir nuevo contenido en nuestro blog. Sólo que en esta ocasión, una vez colocado el texto, nos dirigiremos al menú superior Subir/insertar que está sobre la barra de herramientas.

Figura 10.8. Desde el menú Subir/insertar se logra aumentar el aspecto visual de los posts.

El primero de los símbolos de este menú refiere a la incorporación de imágenes, al dar un clic sobre él aparecerá una ventana emergente que permitirá la subida de archivos mediante una interfaz en flash. Para aquellos que tengan problemas de velocidad en la conexión o que prefieran hacerlo de otra manera, lo mejor es seleccionar subir archivos desde el cargador del navegador.

Figura 10.9. Continuar con la aplicación de subidas basada en Flash u optar por la herramienta de cargar del propio navegador.

Lo mismo si seguimos con la aplicación Flash que si optamos por la manera más simple, aparecerá en un momento un botón de **Examinar** que nos permite buscar el archivo a incluir en la entrada. En un primer momento vamos a aprender a subir una imagen desde el ordenador, pero en breve también sabremos cómo sacarla desde otro sitio en Internet. Una vez ubicado y aceptada su subida, la ventana emergente mostrará una miniatura de la imagen acompañada del nombre del archivo junto a su extensión, su formato, la fecha en que fue creado y sus dimensiones. El botón **Editar imagen** nos abre la puerta a una serie de opciones muy útiles. Sin embargo, vale la pena aclarar que lo óptimo es realizar todos estos ajustes de manera local –con calma– en un editor de imágenes, aunque cuando la premura se adueñe de nuestros actos entonces las opciones que brinda WordPress resultan muy bien recibidas.

Con este sencillo editor se puede cortar, rotar, voltear, cambiar las dimensiones y decidir si se mostrará en forma de miniatura o no. Véase la figura 10.10.

Otras posibilidades de personalizar la imagen aparecen en las secciones de título, texto alterno, leyenda, descripción, URL de enlace, alineación y tamaño. Vale la pena recordar que la leyenda es aquella referencia que aparecerá visible junto a la foto, mientras el texto alterno será leído por las arañas buscadoras de información o por el propio internauta cuando pase el cursor sobre la imagen. Por otra parte, una descripción completa y eficiente puede hacer que sea más fácil localizarla dentro de nuestro archivo del blog y también en la inmensidad del ciberespacio.

> Una buena selección del texto alternativo "alt" que acompañará a cada imagen es fundamental para que su accesibilidad aumente.

La URL de enlace guiará de manera predeterminada hacia la carpeta donde está ubicado el archivo, pero si deseamos que remita al internauta hacia otra ubicación, basta con cambiarla. Por ejemplo, si tenemos una imagen con el rostro del perro que simboliza al programa GIMP y queremos que al hacer clic sobre ella los lectores vayan directamente a la página de sus desarrolladores, debemos mudar la dirección por defecto que aparece en el recuadro URL de enlace que debe ser `http://www.labalsavirtual.com/wp-content/uploads/2010/06/1_11.jpg` por esta otra `http://www.gimp.org/`.

> Si no queremos que la imagen remita a una dirección Web, o incluso, cuando deseamos evitar que el internauta acceda a la imagen guardada en su tamaño original, entonces lo mejor es marcar Ninguna en el apartado URL de enlace.

Desde el ordenador Desde una URL Galería (1) Librería multimedia

Todas los tipos | **Imagen** (1)

Buscar medios

Mostrar todas las fechas ▾   (Filtrar »)

Pajaro volando   Ocultar

Escalar imagen

Recortar imagen (ayuda)

Relación de aspecto:

[   ] : [   ]

Selección:

[   ] : [   ]

Opciones de miniatura (ayuda)

Miniatura actual

Aplicar cambios a:
- ◉ Todos los tamaños de imagen
- ○ Miniatura
- ○ Todos los tamaños excepto la miniatura

(Cancelar)   (**Guardar**)

Título *	Pajaro volando
Texto alternativo	

Texto alternativo (alt) de la imagen, por ejemplo "La Mona Lisa"

Leyenda

Descripción

URL del enlace http://labalsavirtual/wp-content/uploads/2010/11/pajaro_volando.jpg

(Ninguna) (URL del archivo) (URL de la entrada)

Introduce una URL para el enlace o clic sobre el actual.

Alineación   ◉ Ninguna   ○ Izquierda   ○ Centrar   ○ Derecha

Tamaño   ○ **Miniatura**   ○ **Medio**   ○ **Grande**   ◉ **Tamaño completo**
          (150 × 150)   *(300 × 200)*   *(640 × 426)*   *(2496 × 1664)*

(Insertar en la entrada)   Usar como imagen destacada   Borrar

(Guardar todos los cambios)

Figura 10.10. Edición de imágenes en WordPress.

Estamos en un magnífico momento para apreciar la lógica con la que WordPress guarda todos los archivos subidos al servidor. Primero crea carpetas que llevan el número del año y que a su vez contendrán otras con la cifra que representa a cada mes. En el interior de esta última aparecerán las imágenes o documentos subidos, sin el temor que al repetirse algún nombre se sustituya el archivo anterior por el más reciente. WordPress renombra automáticamente cuando ocurre algo así, evitando el borrado o la sustitución accidental.

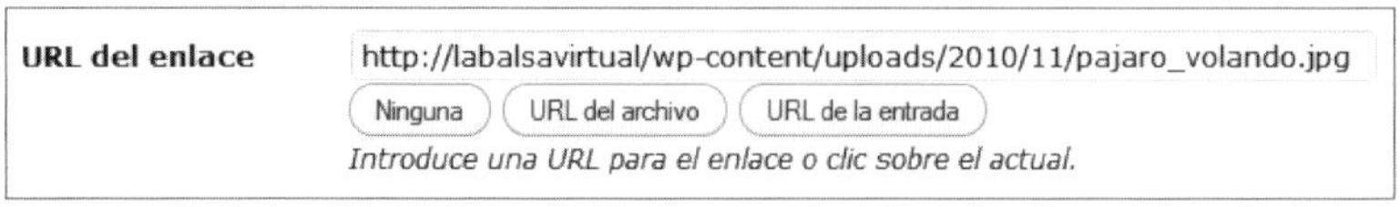

URL del enlace	http://labalsavirtual/wp-content/uploads/2010/11/pajaro_volando.jpg
	(Ninguna) (URL del archivo) (URL de la entrada)
	Introduce una URL para el enlace o clic sobre el actual.

Figura 10.11. URL de enlace de la imagen.

La alineación de la imagen es un tema que está muy vinculado al diseño del sitio. Por regla general los bloggers nos conformamos con poner una imagen al principio o al final de cada entrada, pero vale la pena explorar otras opciones. Ahora bien, cuidado con intentar alinear a la derecha o a la izquierda una foto de grandes proporciones y pretender que el texto la rodee por el otro lado, pues veremos resultados no esperados, especialmente en aquellos blogs que no tienen un diseño central fluido, sino fijo.

Figura 10.12. Una imagen grande alineada a uno de los laterales y rodeada de texto.

Inmediatamente después de definir la alineación podemos personalizar el tamaño en el que se mostrará la imagen, que va desde una vista en miniatura (150 x 150 píxeles), pasando por sus proporciones originales hasta una talla extra grande. Estas configuraciones estarán definidas ya en la sección Multimedia del menú Ajustes. Pues allí el administrador podrá determinar las proporciones de las miniaturas y las medidas que regirán para el tamaño medio y grande.

Figura 10.13. En la sección Multimedia se determinarán algunos detalles de las imágenes.

Ahora bien, la experiencia dice que lo mejor es subir la foto con el ancho y el largo con que queremos visualizarla para evitar que su reacomodo a otras medidas pueda ralentizar el funcionamiento del sitio. No obstante, esta reducción o ampliación online resulta muy útil para cuando tenemos poco tiempo.

En cuanto definamos estos factores, podremos proceder a colocar la imagen en la entrada o a sencillamente guardarla ya configurada para usarla con posterioridad.

Cualquiera de las dos opciones que seleccionemos hará que el archivo quede almacenado en la galería multimedia que nos provee WordPress.

Otro camino para agregar archivos al blog consiste en enlazarlos directamente sin necesidad de cargarlos en nuestro servidor. Para ello contamos con la pestaña superior de esta misma ventana emergente, que bajo el título Desde una URL nos permite utilizar recursos ya ubicados en la Web. Ofrece posibilidades similares a las ya vistas cuando colocamos un archivo desde una ubicación local.

Figura 10.14. Utilizar una imagen ya subida a la Web.

Si seguimos desplazándonos por el menú superior de la ventana emergente Añadir una imagen, tendremos entonces acceso a la galería multimedia de WordPress.

Un listado muy completo, acompañado de miniaturas, nos mostrará tanto las fotos como los vídeos o los archivos de audio que hayamos incluido en nuestro blog. A la derecha del título, el botón **Mostrar** desplegará la misma serie de configuraciones que ya habíamos visto al agregar una imagen. Véase la figura 10.15.

Siempre tendremos la posibilidad de poner un poco de orden en el campo de Librería Multimedia que nos permite decidir la manera de mostrar los archivos contenidos en ella. El administrador organizará las imágenes y otros archivos a partir de su título, fecha o de manera aleatoria, además de personalizar el número de columnas en que aparecerá mostrada la información.

Una galería de elementos multimedia se puede colocar con todos sus elementos en una entrada, con sólo dar un clic en el botón **Insertar galería**. Véase la figura 10.16.

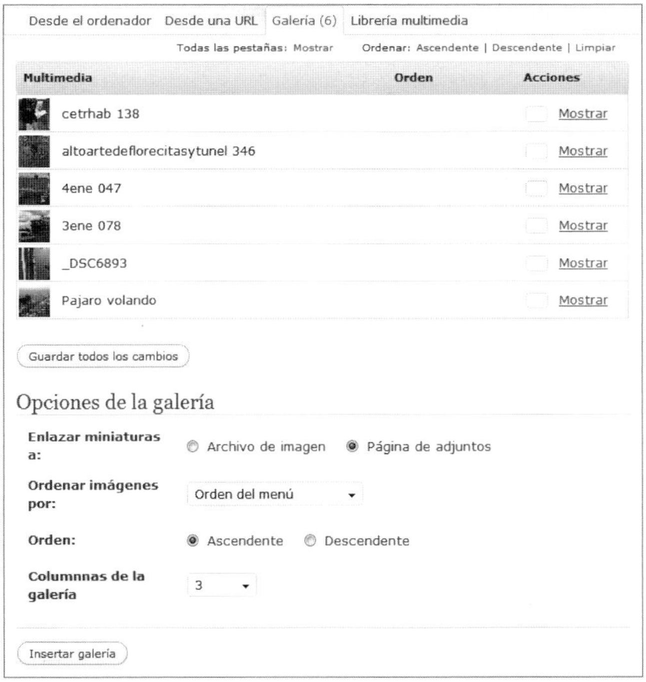

Desde el ordenador	Desde una URL	Galería (6)	Librería multimedia

Todas las pestañas: Mostrar   Ordenar: Ascendente | Descendente | Limpiar

Multimedia	Orden	Acciones
cetrhab 138		Mostrar
altoartedeflorecitasytunel 346		Mostrar
4ene 047		Mostrar
3ene 078		Mostrar
_DSC6893		Mostrar
Pajaro volando		Mostrar

Guardar todos los cambios

Opciones de la galería

Enlazar miniaturas a: ⦿ Archivo de imagen   ⦿ Página de adjuntos

Ordenar imágenes por: Orden del menú ▾

Orden: ⦿ Ascendente   ⦿ Descendente

Columnnas de la galería   3 ▾

Insertar galería

Figura 10.15. Pasar revista a la galería multimedia.

📌 Editar entrada

Posts sin imagenes, pájaros sin alas

Enlace permanente: http://localhost/balsavirtual/?p=16   Enlaces permanentes   Ver entrada

Subir/Insertar   🖼 🖽 🎵 ⚙   Visual   HTML

| B | I | ABC | ☰ | ☰ | " | ≡ | ≡ | ≡ | ⚓ | ⚓ | ⬚ | ▾ | ⬚ | ⊞ |
| Párrafo ▾ | U | ☰ | A ▾ | ⬚ | ⬚ | ⬚ | ⬚ | Ω | ⬚ | ⬚ | ↺ | ↻ | ⓘ |

La alineación de la imagen es un tema que está muy vinculado al diseño del sitio. Por regla general los bloggers nos conformamos con poner una imagen al principio o al final de cada entrada, pero vale la pena explorar otras opciones.

Ruta: p

Figura 10.16. Insertar la galería multimedia.

La librería multimedia, por su parte, optimiza la presentación de los archivos de imagen, audio y vídeo. A través de ella se puede tener acceso a un buscador que agilizará el trabajo especialmente en aquellos blogs que ya llevan tiempo de creados y cuentan con innumerables materiales gráficos.

	Todas las pestañas: Mostrar	Ordenar: Ascendente | Descendente | Limpiar
Multimedia	**Orden**	**Acciones**
cetrhab 138		Mostrar
altoartedeflorecitasytunel 346		Mostrar
4ene 047		Mostrar
3ene 078		Mostrar
_DSC6893		Mostrar
Pajaro volando		Mostrar

Figura 10.17. Organizar y optimizar la librería multimedia.

Si una vez insertada la imagen en la entrada queremos introducirle algunos cambios, sólo debemos hacer clic sobre ella –en el editor de texto– y surgirán dos botones en su extremo superior izquierdo. Uno de ellos nos llevará de vuelta a la ventana emergente de edición y el otro eliminará el archivo de la entrada, pero no el de la galería multimedia.

Figura 10.18. Edición rápida a través de un breve clic sobre la imagen.

Es hora de lanzar a la luz nuestro primer *post* acompañado de una imagen, con lo cual nuestras anteriores publicaciones carentes de elementos visuales nos parecerán como verdaderos pájaros sin alas.

Posts sin imagenes, pájaros sin alas

Posted on 7 Noviembre, 2010 by admin

La alineación de la imagen es un tema que está muy vinculado al diseño del sitio. Por regla general los bloggers nos conformamos con poner una imagen al principio o al final de cada entrada, pero vale la pena explorar otras opciones.

Figura 10.19. Un post publicado acompañado de una foto.

Hasta ahora hemos aprendido a subir imágenes desde el mismo editor de texto en el que preparamos nuestras entradas, pero al menos hay dos caminos más para lograrlo. Uno de ellos es el novedoso menú Multimedia que WordPress ha agregado en la barra lateral izquierda desde su versión 2.5. De ir directamente hacia él se desplegaría la Librería Multimedia en una interfaz mucho más cómoda para trabajarla.

El listado de los archivos no sólo incluirá su nombre y fecha de creación sino también la entrada a la que está asociado. Esta pantalla cumple con la misma estructura y lógica que ya habíamos visto cuando de editar entradas se trataba, pues si algo caracteriza a WordPress es la unificación que ha logrado de los pasos de cada uno de sus procesos. Basta con aprender a usar uno de ellos y por transferencia habremos comprendido también los otros. Véase la figura 10.20.

La otra opción del menú Multimedia es la de Añadir nuevo, que abrirá una interfaz muy similar a la que ya trabajamos desde la opción Subir/Insertar que se encuentra en la parte superior del editor de entradas. Sólo que en ésta tendremos más espacio para personalizar los detalles que acompañarán a la imagen.

Figura 10.20. La galería multimedia vista desde el menú Multimedia.

QUICKPRESS PARA OBTENER EL CÓDIGO DE PUBLICACIÓN DE UNA IMAGEN

La tercera opción nos la brinda el editor QuickPress que encontramos en el tablero principal nada más entrar a la administración de WordPress. Básicamente se trata de un método similar al del editor de entradas, con la ligera diferencia de que una vez insertada la imagen en el cuerpo del *post*, no contaremos con una vista previa sino sólo con el código html que genera su inserción.

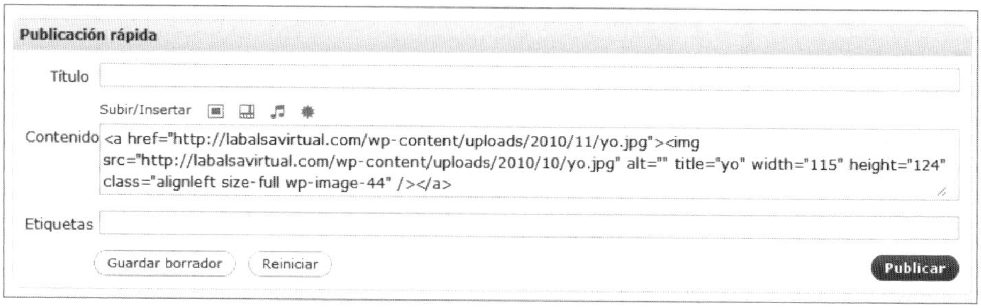

Figura 10.21. El código html que genera la inserción de una imagen a través del QuickPress.

Nos será de mucha utilidad el código html que ofrece el QuickPress, por ejemplo para habilitar un *widget* de texto que contenga una imagen. Bastará con copiarlo y pegarlo, como lo haremos con este código resultante después de subir una imagen que nos represente en la barra lateral:

```
/*
<a href="http://labalsavirtual.com/wp-content/uploads/2010/11/
yo.jpg"><img src="http://labalsavirtual.com/wp-content/uploads/2010/10/
yo.jpg" alt="" title="yo" width="115" height="124" class="alignleft
size-full wp-image-44" /></a>
*/
```

Hora de pegar el código en el interior de un *widget* de texto:

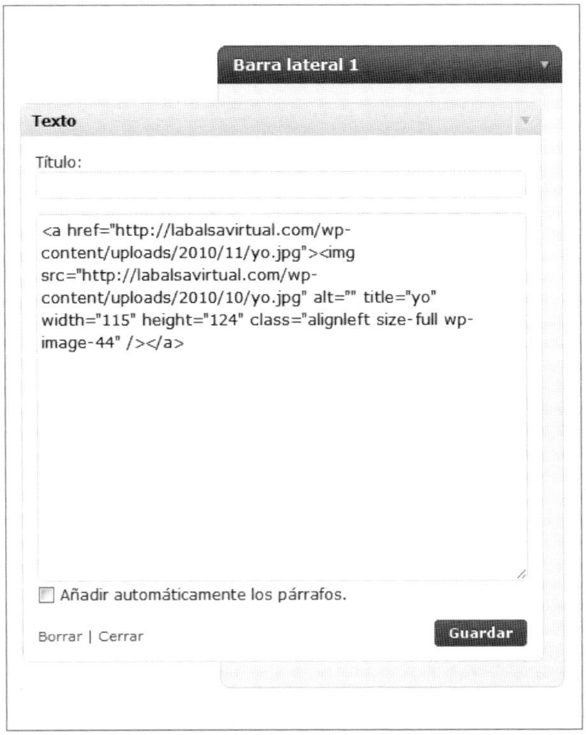

Figura 10.22. Widget de texto que contiene una imagen.

En la portada del blog se verá como muestra la figura 10.23.

Si además nos gustaría que la imagen remitiera a una URL diferente a la que por defecto le asigna WordPress, debemos cambiar la dirección Web contenida en la etiqueta <a href=" "> </a>. Hagamos una prueba convirtiendo esta imagen en un enlace que lleve a los lectores hacia la página donde aparece nuestro perfil.

```
/*
<a href=" http://labalsavirtual.com/?page_id=2"><img src="http://
labalsavirtual.com/wp-content/uploads/2010/11/yo.jpg" alt="" title="yo"
width="115" height="124" class="alignleft size-full wp-image-44" /></a>
*/
```

Figura 10.23. Barra lateral con widget de texto que incluye imagen subida desde el QuickPress.

FUNCIONALIDADES ADICIONALES PARA EL TRATAMIENTO DE IMÁGENES

Paralelamente a las potenciales que WordPress tiene para el tratamiento de imágenes y archivos multimedia, existen innumerables añadidos que pueden optimizarlo mucho más. Estamos hablando de plataformas –generalmente de uso libre– que sirven para almacenar, publicar, compartir y editar fotografías digitales y permiten clasificarlas a través de *tags* u otras taxonomías, facilitando con ello su búsqueda. Estas herramientas cuentan con diferentes formas de presentar las imágenes (*slideshow*), como el caso de Picasa, el servicio que ofrece Google para almacenar y manejar álbumes de fotos.

Ubicada en la URL http://www.picasa.google.com, esta potente pero sencilla herramienta permite trabajar fotografías digitales y organizarlas en galerías para mostrarlas en la Web.

El usuario puede descargar la versión 3.8 del programa Picasa a su disco duro local desde el sitio `http://picasa.google.com/intl/es/thanks.html`. Con él se logra retocar y personalizar esas imágenes irán a parar al ciberespacio, pero también se consigue hacer la labor de transformación directamente online. Basta con crearse una cuenta en este servicio, lo cual es muy fácil para quienes ya tenemos un correo electrónico ubicado en Gmail. Otra de las grandes ventajas que brinda Picasa es la de avisar a nuestros seguidores cuando publicamos una nueva imagen y permitirles relacionarse con ella. Más que un servicio, Picasa es una comunidad con la que se puede interactuar a través de imágenes.

Figura 10.24. Página de acceso al servicio Picasa.

En la página de extensiones de WordPress `http://wordpress.org/extend/plugins` se localizan decenas de *plugins* que hacen la labor de organizar y mostrar imágenes. Allí podremos valorar cuál de ellos seleccionar a partir de la votación que le hayan otorgado los usuarios y las potencialidades que muestre. Por el momento nos decantamos por una extensión que conectará nuestro blog con cualquier galería montada en Picasa. Se trata del magnífico *plugin* **kPicasa Gallery** que apenas si pesa unos 160 Kb en su forma compactada. Una vez descargado debemos ubicarlo en la carpeta destinada a estas funcionalidades añadidas `http://www.midominio.com/wp-content/plugins/` y pasaremos a activarlo desde el tablero de WordPress en el menú Plugins. Para ello basta con seguir los pasos aprendidos en el capítulo 8. Para su funcionamiento, este *plugin* necesita que en el servidor esté instalada una versión igual o superior a PHP5. Al activarlo veremos aparecer una nueva entrada en el menú principal del tablero, con las siguientes posibilidades de configuración:

Figura 10.25. Configurar el plugin kpicass-gallery
para mostrar fotos de la galería de Picassa.

Una vez establecida la conexión entre WordPress y el servicio de Picasa,
sólo falta que creemos una entrada o una nueva página en la que agreguemos
la siguiente línea de código **KPICASA_GALLERY** y quedará integrada la
galería.

Igual de útil y versátil resulta la plataforma Flickr, que no es solamente un
almacén para fotografías, sino una verdadera red social donde los visitantes
pueden, entre otras cosas, comentar, ver geolocalizadas las imágenes (asignadas
a un punto geográfico) e incluso publicarlas en sus propios blogs si así lo deciden.
Abrirse una cuenta en `http://www.flickr.com` es un proceso rápido y
simple especialmente si ya se tiene un correo electrónico en Yahoo.

Figura 10.26. Crear una cuenta en Flickr.

Al subir una foto a Flickr se generará un código que, de ser pegado en una entrada de WordPress u otro gestor de blog, hará que se visualice la imagen almacenada en Flickr. También podremos echar mano de la URL en que está ubicada la foto para insertarla en la galería de nuestro propio blog.

Figura 10.27. Código de inserción de Flickr colocado en una entrada de WordPress.

Figura 10.28. Insertar URL de Flickr en galería de WordPress.

Podríamos pasarnos el resto del libro describiendo caminos y funcionalidades para agregar imágenes y galerías a WordPress, pero ya sabemos de la versatilidad de este CMS cuando de enlazarse con otras plataformas se trata. De manera que acompañar nuestras entradas con imágenes es algo tan fácil como el aletear de un pájaro que ya está acostumbrado a volar. Ahora sólo falta que volemos.

RESUMEN

Los lectores buscan en los blogs no sólo la opinión de quien está cerca del acontecimiento que narra, sino las imágenes que han visto sus ojos. WordPress ofrece una interfaz completa y fácil para manejar desde fotos individuales hasta complejas galerías. Este gestor de contenidos no sólo cuenta con las funcionalidades predeterminadas, sino que la comunidad de sus desarrolladores le ha agregado decenas de *plugins* con las que manejar archivos multimedia. Para hacer aún más completa e interactiva la publicación de imágenes, WordPress puede enlazarse a servicios como Picasa y Flickr que potencian sus posibilidades.

EL VIRUS BLOGGER

La aventura de postear desde Cuba puede resultar un poco absurda si pensamos en el bajo por ciento de mis compatriotas que pueden sentarse frente a un ordenador conectado a Internet. Sin embargo, hay que recordar que esa creatividad para burlar los obstáculos, que nos ha hecho hábiles reparadores de electrodomésticos, diestros compradores de productos en el mercado negro o inventores de piezas de automóviles, también la usamos para colarnos en la Web. Por cada cubano que accede al ciberespacio, quizás una veintena de amigos y conocidos se informa a través de las copias de las páginas que éste hace en un Memory Flash o en un CD. Existen verdaderas redes alternativas que distribuyen las noticias tomadas de la gran telaraña mundial a otros que no pueden surfear en Internet. En los más increíbles rincones de esta Isla hay gente que se entera de lo que pasa en el extranjero o en su propio país, gracias a esa forma artesanal y rudimentaria de difundir las noticias.

Parece imposible ya desactivar la red precaria y clandestina que nos trae "noticias de nosotros mismos". La información sesgada, omitida o distorsionada, ha terminado por convertirnos en ágiles rastreadores de datos, en maestros en el arte de hacernos con los detalles.

11. Bienvenido el Podcast

Adiós al silencio

Ortega y Gasset escribía sobre una España invertebrada, mientras mi blog narra historias de una Cuba fragmentada.

En este capítulo descubriremos cómo:

☐ Crear un podcast.

☐ Editar pequeños audios.

☐ Agregar archivos de audio a las entradas.

☐ Manejar la música y los sonidos en la galería multimedia.

☐ Utilizar el servicio de almacenamiento y gestión de archivos con Blip.tv.

LA INCORPORACIÓN DE ARCHIVOS DE AUDIO A LAS ENTRADAS DE UN BLOG

En la actualidad cualquiera puede producir un programa de televisión desde su propia casa; también es posible crear una estación de radio vía Internet. No se necesita ser una gran compañía ni tener recursos especiales para lograrlo, basta con proponérselo. El llamado Podcast, término que surge como contracción de las palabras *iPod* y *broadcast* (transmisión), viene a ser una ampliación de los inicialmente conocidos como audioblogs y se conforma a partir de la creación y distribución de archivos sonoros en formato MP3. En ellos se combina el estilo radiofónico y el modelo de los blogs.

Figura 11.1. Tango City Tour, un magnífico Podcast hecho en Argentina para los amantes del tango.

El término fue mencionado por primera vez en un artículo del periódico británico *The Guardian*, publicado en febrero de 2004, y la tecnología sobre la que se basa se debe a los desarrollos de Adam Curry, Kevin Marks y Dave Winer. En un inicio estaba enfocada en la descarga y actualización de contenido hacia equipos reproductores, pero poco a poco fue asumida por los blogs para difundir todo tipo de audio en Internet.

La revolución del audio en Internet fue provocada especialmente por el surgimiento y desarrollo del formato MP3. Se trata de un formato de compresión de audio a partir de un algoritmo de codificación desarrollado por MPEG (*Motion Picture Expert Group*) y por otro peso pesado de la investigación de sonidos: el Instituto tecnológico Frauenhofer. La ligereza de este formato se logra quitando del archivo todo lo que no sea audible para el oído humano.

Si para leer determinado texto o admirar una imagen publicada en la Web necesitamos estar sentados frente a la pantalla de un ordenador, los materiales de audio nos permiten escucharlos mientras hacemos otra tarea. De ahí el éxito de estos espacios. A los periodistas ciudadanos que usan el blog para difundir su labor, les resulta más factible difundir entrevistas, reportajes y crónicas de su entorno en formato de sólo audio que utilizando el vídeo. Especialmente si se trata de bloggers que viven en países con bajas velocidades de conexión o si están ubicados en medio de un ambiente de censura donde es difícil sacar una cámara y filmar.

Figura 11.2. Entrada acompañada de un audio.

No sería muy serio hablar de música y sonidos en la Web sin entrar a analizar al menos tres parámetros importantes del audio digital:

- **Hercios (HZ)**: Unidad de medida que representa los ciclos por segundo, y en dependencia de que éstos tengan un número mayor la calidad también irá en aumento. Lo más común para usar en Internet son los 44.100 Hz.

- **Bitrate**: Cada segundo de sonido ocupa determinada cantidad de bits, y es precisamente esa relación la presentada por este elemento. Existe una relación directamente proporcional entre el tamaño y la cantidad de información que contendrá el archivo. Es el caso de la música almacenada en un CD donde el *bitrate* equivale a 1.411, 2 Kbps. Mientras que los archivos con extensión MP3 tienen entre 64 y 360.

- **Canales**: Puede ser lo mismo estéreo que mono; en el primero el sonido se reparte en dos canales y en los últimos años nos hemos acostumbrado a que así sea, aunque también el formato mono resulta muy útil para grabar voz, debido a que ocupa menos espacio.

LA INFRAESTRUCTURA MATERIAL PARA UN PODCAST

Aunque podríamos convertir nuestro espacio virtual en una verdadera emisora radial, en este capítulo aprenderemos más bien a enriquecer las entradas con archivos de audio. Depende de cada uno el por ciento de material sonoro que quiera agregarle a su blog.

Como estamos recién empezando con la práctica de administrar una bitácora, el agregar música, entrevistas grabadas o sonidos ambientales puede ser una buena práctica para definir el derrotero de nuestra nave virtual. Para lograrlo apenas necesitaremos algo de infraestructura, como una grabadora, un programa de edición y codificación de audio y una conexión a la Web para subir el archivo resultante.

Hoy en día hay magníficas ofertas de grabadoras de sonido en el mercado y lo más importante es que seleccionemos una con la posibilidad de conectarse directamente al ordenador, preferiblemente sin necesidad de instalar previamente un *driver* que la reconozca.

Estas herramientas digitales pueden grabar varias horas y generar un tipo de fichero que pueda subirse directamente a Internet sin tener que cambiar su formato.

Figura 11.3. Grabadora de sonido con puerto USB incorporado.

Aunque el bolsillo nos llame a ahorrar, es mejor pensárselo bien antes de desembolsar un precio muy bajo por una herramienta que después nos traerá más dolores de cabeza que gratificaciones. Debemos tener en cuenta varios aspectos a la hora de comprar una grabadora digital: calidad de grabación, capacidad medida en horas de audio que puede contener, compatibilidad con todo tipo de ordenadores, facilidad de uso y sencillez en la acción de transferir archivos. Verifiquemos también que tenga entrada para un micrófono, con lo cual mejorará mucho la calidad, y cerciorémonos de que no sea una verdadera máquina de tragar baterías.

Otros implementos que pueden sernos muy útiles en nuestra nueva misión de recopilar material de audio son un buen micrófono y un aditamento para grabar entrevistas por la línea telefónica. A este último se le conoce como unidad de grabación telefónica o con el breve nombre de *Schack*.

Figura 11.4. Un buen micrófono de cable para acoplar a la grabadora.

Resulta de gran utilidad conocer los diferentes formatos en los que se puede almacenar un archivo de audio. Aunque no sea necesario saberse los pormenores de cada uno, es recomendable acercarse a sus generalidades. Echemos un vistazo pues a los más usados en el ciberespacio:

- MP3 (el más utilizado).
- WAM.
- Real.
- MPEG-4.
- MPEG-4 AAC.
- WAV.
- AIFF.

Lo ideal sería suministrar a los lectores grabaciones en MP3, puesto que se trata de un formato sumamente estándar que podría ser reproducido por cualquier ordenador. Programas como Windows Media Player, iTunes, Real Player o QuickTime lidian muy bien con este tipo de archivo.

RESPETAR LOS DERECHOS DE AUTOR

El respeto al derecho de autor es uno de los puntos que más polémica ha generado en relación a la subida y reproducción de archivos de audio en Internet. Vale recordar el caso del servicio de distribución de música en formato MP3 conocido como Napster (véase la figura 11.5). Creado en 1999 por el joven Shawn Fanning, que nombró a su invento con una palabra alusiva a su tendencia a dormir cada día la siesta. En poco tiempo se convirtió en un fenómeno mundial ganándose la ira de las compañías discográficas. Finalmente, en julio de 2001, un tribunal dio la orden de cerrar Napster y sus desarrolladores tuvieron que pagar sumas millonarias en multas. Véase la figura 11.5.

Seleccionar un buen audio para nuestro blog es algo que tenemos que hacer pensando en los intereses de la comunidad a la que está dirigido nuestro sitio, pero sin quebrantar para ello las restricciones que impone el derecho de autor.

La música de terceros o los programas ya difundidos por otras emisoras no deben ser utilizados sin previo consentimiento por parte de éstos. De ahí que lo mejor será que nosotros creemos nuestro propio material sonoro. Afortunadamente, muchos músicos y productores musicales están ahora mismo más interesados en compartir su música que en hacer dinero, y por eso publican sus canciones bajo licencias *Creative Commons*, que nos permiten usarlas siempre y cuando les demos reconocimiento a sus creadores. *Creative Commons* es una organización sin fines de lucro que ofrece un sistema flexible de licencias y cada autor define el modo en que desea distribuir y compartir sus obras. Sería nefasto que en los inicios de nuestro blog alguien nos interponga una demanda por no respetar su propiedad artística. Véase la figura 11.6.

Figura 11.5. Página principal de Napster.

Figura 11.6. Un archivo de audio con licencia Creative Commons.

EDITAR ARCHIVOS DE AUDIO

Una vez que hayamos decidido qué grabar o cuál archivo ya creado con anterioridad adjuntaremos a una de nuestras entradas, necesitamos un programa para editarlo. Las posibilidades son muchas, y van desde el Adobe Audition –el preferido de los profesionales del sonido– hasta otros más modestos pero que funcionan muy bien. Es el caso del software gratuito Audacity que estudiaremos en este capítulo. Para los bloggers que se mueven todo el tiempo de aquí para allá y pueden estar usando frecuentemente ordenadores públicos o ajenos, lo mejor es optar por la versión portable de Audacity. Para descargarla, puede visitar la Web de sus desarrolladores `http://portableapps.com/ AudacityPortable`.

Figura 11.7. El sitio Web de los desarrolladores de Audacity.

Al descargarlo y colocarlo en una memoria USB ya estará listo para ser usado, de manera que manos a la obra. Lo primero que salta a la vista es la interfaz sencilla e intuitiva de Audacity. En unas breves incursiones a su interior podremos dominar las herramientas de copiar, cortar y pegar fragmentos de audio. También sabremos aplicar sobre la grabación un montón de efectos entre los que se encuentra Eliminación de ruidos, Ecualizar, Cambiar tono y Amplificar. En cuanto esté listo el resultado, desde el menú Archivo el usuario accederá a la exportación en WAV, MP3 o OGG, este último un formato asociado a Ogg Vorbis. Por defecto, Audacity codifica el audio a 128 Kbps lo cual es óptimo para subirlo a Internet.

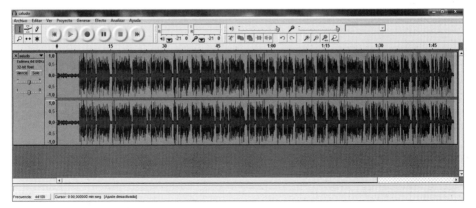

Figura 11.8. Audacity por dentro.

Las funciones básicas de la edición son Cortar y Pegar; para llevar a cabo estas funciones lo primero es seleccionar dentro de la pista de audio un trozo, al que llamaremos clip. Para ello echaremos manos de la opción de Selección que está en el menú Editar. El área marcada se pondrá de un color más oscuro que el resto y se podrá entonces apelar a las posibilidades de edición, entre las que está cortar el fragmento y pegarlo en otro momento de la grabación o copiarlo para duplicarlo.

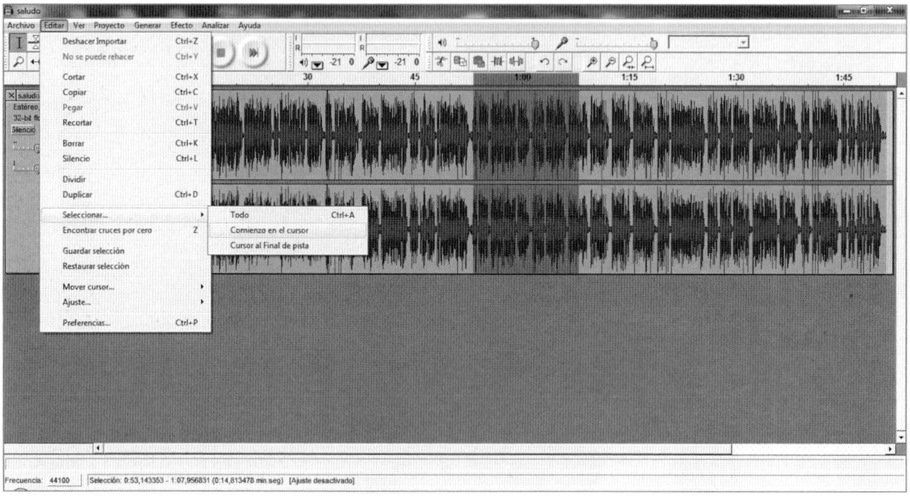

Figura 11.9. Edición sencilla de una grabación con Audacity.

Ya tenemos la mitad del camino avanzado, pues hemos decidido subir audio a la Web, contamos con una herramienta eficaz de grabación y hasta aprendimos algunas nociones de edición de sonidos. Sólo falta que el resultado de ese aprendizaje como audiobloggers llegue al ciberespacio. Para ello tendremos que definir un detalle muy importante: ¿Almacenaremos los archivos de audio directamente en nuestro servidor o los compartiremos en servicios externos pensados para ello? La respuesta a esta interrogante divide este capítulo en dos senderos que surgen del mismo camino. Vamos a recorrer ambos con la alegría de disipar el silencio y ver ganar voz a nuestro blog. ¡Adelante!

INTEGRAR AUDIO CON UN BLOG ADMINISTRADO CON WORDPRESS

Si estamos haciendo uso del servidor público de WordPress.com, debemos recordar que contamos con 3 Gigabytes de memoria disponible, que podrían llenarse muy rápido si los abarrotamos con audios y vídeos. No obstante, la decisión de alojarlo en el espacio gratuito de WordPress.com o subirlo a un servicio externo de almacenaje es algo muy personal. Si optamos por la primera de las variables, bastará entonces con adentrarse en el familiar tablero de administración del blog. En la columna de la izquierda el menú Multimedia tiene todo lo que necesitará por el momento. Bastará con hacer clic en el botón **Añadir nuevo** para comenzar la subida del archivo de audio.

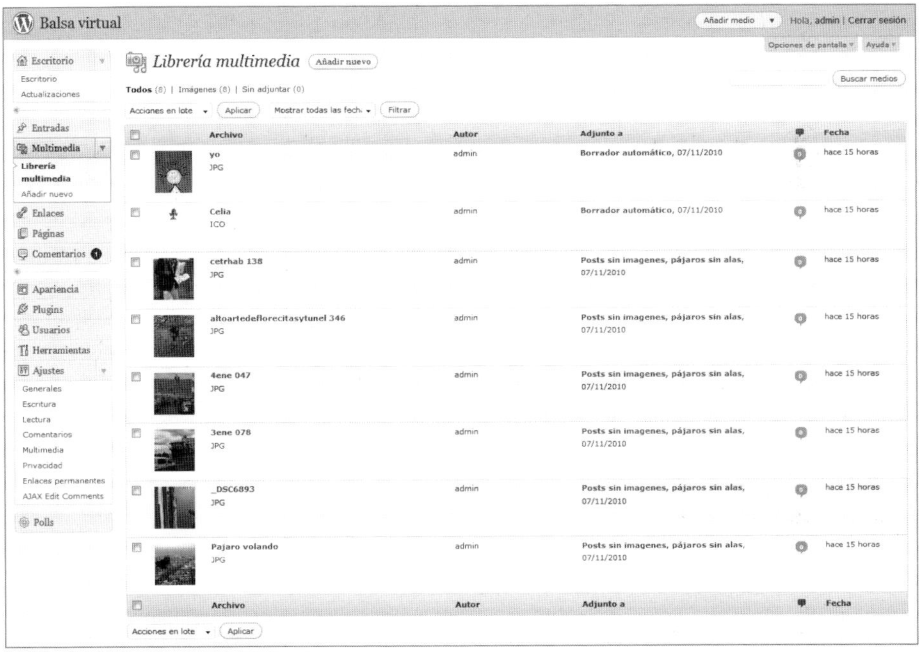

Figura 11.10. Menú multimedia del tablero de administración de WordPress.

Nos queda decidir si vamos a usar la interfaz de subida de audio en su Aplicación Flash o si por el contrario optaremos por Cargar desde el navegador.

Figura 11.11. Comenzar a subir un archivo de audio.

También se aclara el tamaño máximo en megabytes que debe tener el archivo a subir. Eso depende de la capacidad del servidor, aunque en caso de que deseemos ampliar ese rango de subida, podemos cambiar algunos parámetros. Esta opción sólo está habilitada para quienes han instalado WordPress en un servidor propio y consiste en abrir el archivo php.ini y en su código comprobar que esté permitida la subida de archivos y aumentarle el tamaño en Megabytes.

```
; Whether to allow HTTP file uploads.
file_uploads = On
; Maximum size of POST data that PHP will accept.
post_max_size = 16M
; Maximum allowed size for uploaded files.
upload_max_filesize = 32M
```

Una vez seleccionado el archivo a subir, éste quedará colocado en el servidor y el procedimiento será más rápido en dependencia del tamaño y la velocidad de conexión. Se mostrarán las características del fichero de audio y también algunas casillas que el usuario podrá rellenar con más información. Al completar los recuadros de Título, Leyenda y Descripción, un clic sobre el botón **Guardar todos los cambios** insertará el archivo de sonido en la Librería Multimedia.

Figura 11.12. Características del archivo de audio ya subido.

Dividida en cuatro columnas informativas, la Librería Multimedia nos permite obtener la información más importante acerca de cada fichero. Todos los archivos subidos están listados, con los más recientes encabezando la relación. Se puede echar mano de la pestaña Opciones de pantalla para personalizar cómo se mostrará esta pantalla.

Figura 11.13. El número y el orden de las opciones listadas en la Librería Multimedia.

El menú superior agiliza la labor al ofrecer el borrado en bloque y una herramienta de filtrado para cuando el número de elementos de audio o vídeo aumente considerablemente. Puede reducirse el listado por tipo de fichero o por estado del mismo usando los filtros en la parte superior de la pantalla. También se logra filtrar la búsqueda por fecha usando el menú desplegable. Pasando por encima de los títulos en la fila se revelan los enlaces de acción: Editar, Eliminar permanentemente, y Ver.

Al hacer clic sobre Editar o sobre el nombre del archivo multimedia se mostrará una pantalla simple para poder editar metadatos, mientras que la opción Eliminar permanentemente borrará el archivo de la librería multimedia y también de las entradas en las que estaba colocado. Ver, por su parte, nos llevará hacia la pantalla de visualización del archivo.

Una de las ventajas incorporadas en las últimas versiones de WordPress y mejor valoradas por los administradores, ha sido la de agregar un elemento audiovisual a una entrada del blog, desde la propia galería multimedia. Basta con hacer clic sobre la palabra Adjuntar que aparece a la derecha del nombre del fichero y buscar en la ventana emergente que se nos abre la entrada a la que queremos sumarle el archivo de audio.

Figura 11.14. Adjuntar un fichero de audio a una entrada.

A partir del 2005 el podcasting se hizo muy popular, hasta el punto de que ese mismo año nació la empresa Odeo fundada por Evan Williams y orientada al alojamiento y creación de archivos de audio. Appel no se quedó atrás y en junio del 2005 lanzó la versión 4.5 de su iTunes, identificando cada vez más a sus reproductores con la producción de podcasts. Después llegó la incorporación por parte de Yahoo! del podcasting dentro de su buscador y la implementación de un directorio donde los organiza por categorías y etiquetas.

También se puede incorporar la grabación de una entrevista, un sonido ambiental, música o comentario hablado desde el editor de entradas. Para ellos hay que desandar el mismo camino de la publicación o edición de un nuevo *post*, pero esta vez reparando en las opciones de Subir/Insertar que aparecen en la parte superior izquierda. Entre los cuatro iconos que contiene este menú, hay uno en forma de nota musical que está destinado a la subida de archivos de audio. Al presionarlo, una ventana emergente nos permitirá seleccionar la ubicación local del archivo y comenzar la subida, véase la figura 11.15.

A su vez, la nueva ventana muestra tres pestañas para tomar el archivo tanto Desde el ordenador, como Desde una URL o en la Librería Multimedia. En el primer caso es tan fácil como tener listo el audio que vamos a subir, tratando de que su formato sea compatible con la mayoría de los reproductores que tienen los usuarios. O sea, preferiblemente archivos en MP3 y WMA. Seleccionarlo de la Librería Multimedia también es fácil si ya hemos subido con anterioridad los ficheros a utilizar. Sin embargo, en ambos casos, ante los ojos de los internautas el audio se presentará de una manera un tanto rústica, apenas con un enlace que al hacer clic sobre él reproducirá el archivo en el reproductor local del ordenador. Será así si no hemos instalado ningún *plugin* adicional de reproducción de audio o vídeo. Tal y como se muestra en la figura 11.16.

Figura 11.15. Ventana emergente de subida de elementos de audio.

Figura 11.16. Presentación de un archivo multimedia ubicado en el propio servidor del blog y sin usar ningún plugin adicional para reproducirlo.

Si con anterioridad nos hemos decantado por agregarle a WordPress un *plugin* para reproducir ficheros de audio y vídeo, entonces los visitantes tendrán una interfaz más intuitiva y práctica para reproducir estos archivos. Se recomienda el conocido PodPress el cual puede descargarse desde el reservorio de `http://worpdress.org/extend/plugins/`. Una vez descargado de allí, seguir el procedimiento de activar el *plugin*, como aprendimos en el capítulo 8.

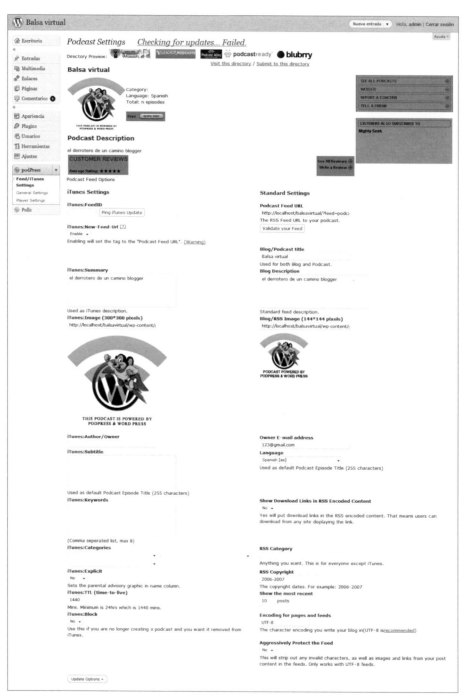

Figura 11.17. Configuración general del plugin PodPress una vez activado.

Cuando esté en funcionamiento tan valioso *plugin*, veremos cómo agregará opciones en la zona de edición de entradas, justo en la parte inferior de la pantalla:

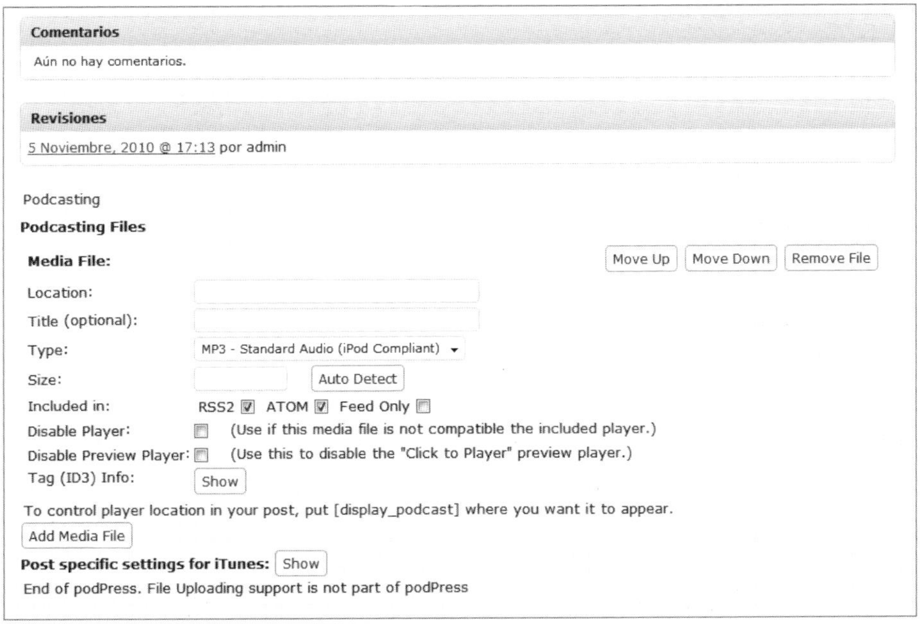

Figura 11.18. Nuevo módulo para agregar Podcast.

ALOJAR EL AUDIO EN SERVICIOS EXTERNOS

Si no disponemos de suficiente espacio o permisos en el servidor, podemos reproducir música previamente almacenada en otro sitio y enlazarla a nuestro blog. Bien recomendado para estos trajines nos llega Blip.tv por su interfaz sencilla, aunque todavía sin una versión en español. Basta con ir hacia la Web principal http://www.blip.tv y abrirse una cuenta de usuario. Véase la figura 11.19.

Al subir el Podcast al servidor de Blip.tv podemos configurarlo para que lo publique automáticamente en nuestro blog, si previamente le hemos dado el nombre de usuario y contraseña de acceso. Esta variante fácil y cómoda la encontramos en el tablero principal de nuestra cuenta en Blip.tv, bajo la frase *Set up cross-posting to your blog!* Si en lugar de eso queremos hacer por nosotros mismos todos los pasos de integración de la grabación en nuestras entradas, lo mejor es hacer clic sobre el botón **Upload** de la zona superior del tablero.

Figura 11.19. Primeros pasos para crearse una cuenta en Blip.tv.

Una pantalla con muchas opciones de configuración se abrirá ante nuestros ojos. Junto al recuadro para agregar un Título, aparece también la posibilidad de rellenar la Descripción, seleccionar la Ubicación del archivo de audio a subir, colocarle una imagen en Miniatura que lo identifique e incluso definir el tipo de Licencia que va desde todos los derechos reservados hasta permitir la distribución sin fines de lucro, bajo la opción de *Creative Commons*. Otras posibilidades son las de enunciar Categorías, precisar los espacios de Distribución del audio tales como Myspace y otros sitios, e incluso los Anuncios que pueden relacionarse con el archivo. Una vez completados todos estos cuadros, el botón **Upload** espera por nosotros.

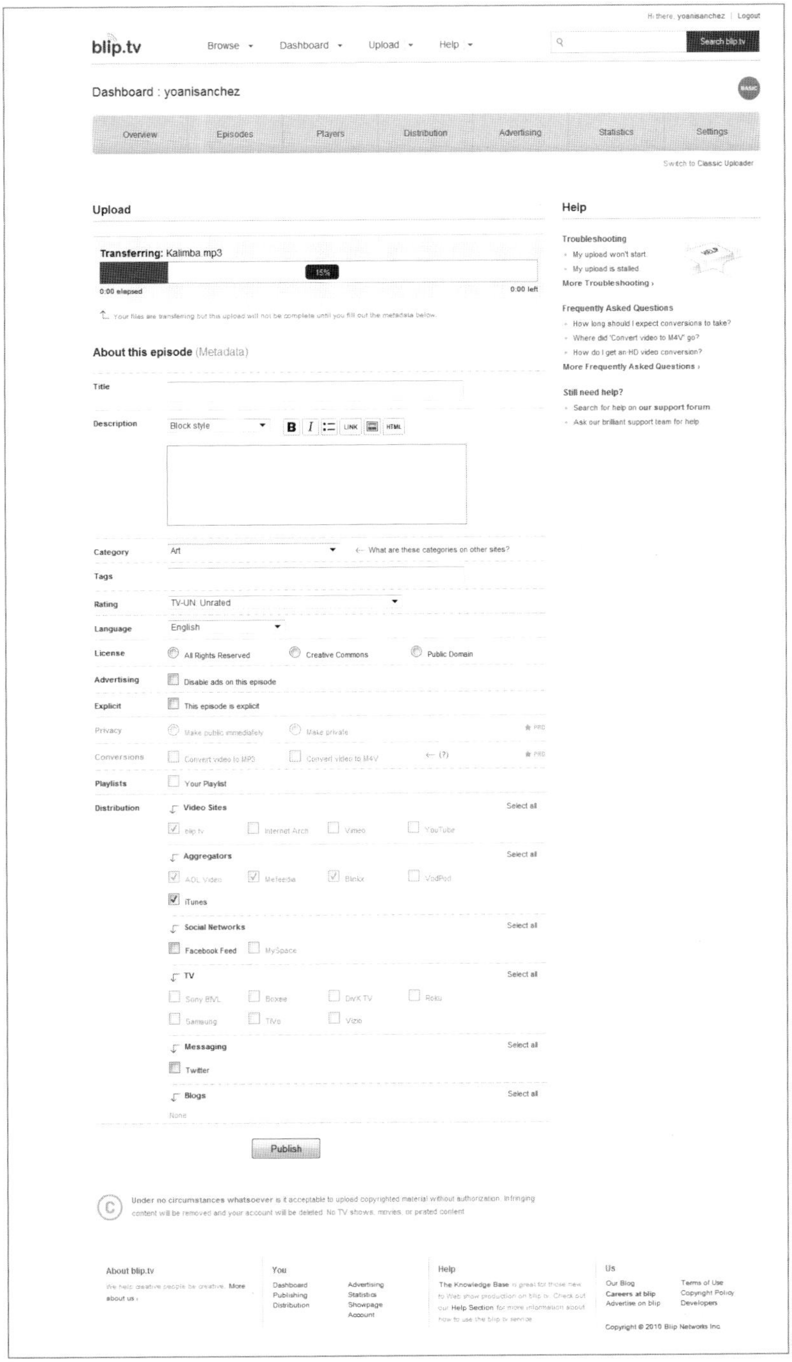

Figura 11.20. Información a rellenar antes de subir el archivo de audio.

Aparecerá una pantalla de transición mientras se sube el archivo, que demorará en dependencia del tamaño de éste y de la velocidad de conexión. Cuando surja la confirmación de que todo ha salido bien haremos clic sobre el título del fichero para comprobar que funciona.

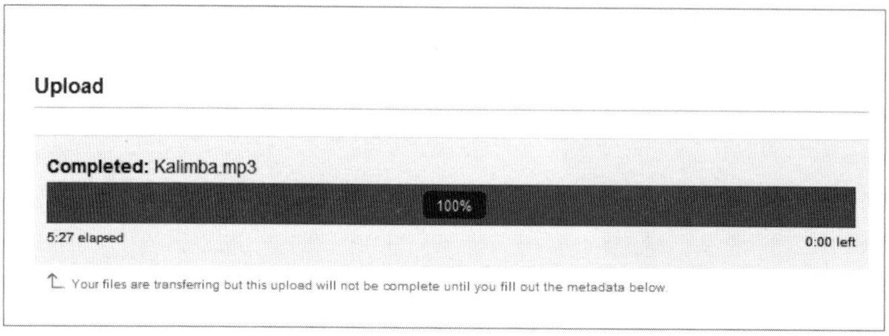

Figura 11.21. Una vez subido, una ventana confirma que todo ha salido bien.

Entre los detalles del archivo subido, tenemos un enlace o *external link* para colocarlo en la entrada de un blog, pero también un código *embed* para incrustarlo en una entrada.

Figura 11.22. Compartir el archivo.

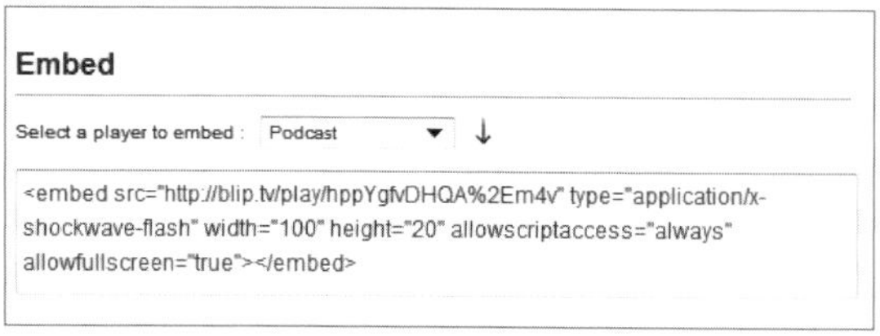

Figura 11.23. Código embed para incrustar el archivo.

Es el momento de retornar al tablero de WordPress y especialmente al editor de entradas, donde hallaremos el menú superior de Subir/Insertar y el símbolo que muestra una nota musical.

Figura 11.24. Menú Subir/Insertar y el icono de subida de audio.

En la ventana emergente que surgirá, nos iremos hasta la pestaña Desde URL. Lo próximo es tan fácil de hacer que prácticamente no necesita explicación. Colocar la URL del archivo de audio que hemos copiado en Blip.tv y agregar un Título.

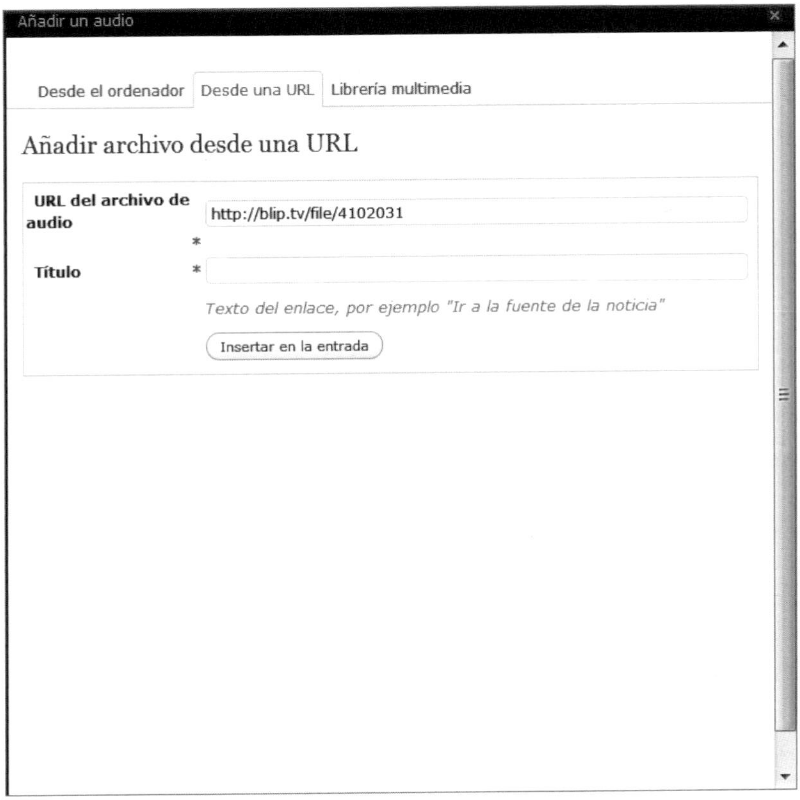

Figura 11.25. Agregar la URL.

También la inserción del archivo de audio se puede hacer directamente en la vista html del editor agregando una línea de código como [audio http://blip.tv/file/get/prueba-de-subida-podcast.mp3], dejando un claro espacio entre la palabra "audio" y el comienzo de la dirección Web.

Figura 11.26. Inserción del código directamente en la entrada.

Con WordPress todos los caminos conducen a Roma y varios atajos nos llevan al mismo resultado: publicar un archivo de audio. De ahí que en la propia barra de herramientas encontramos un botón con la imagen de una película de acetato que anuncia **Insertar/editar inserción de archivos**. Si nos decantamos por usar esa variante, sólo tendremos que poner la URL de ubicación del Podcast y definir algunas opciones generales.

Figura 11.27. Desde la barra de herramienta con la opción de insertar y evitar archivos.

Ya va siendo hora de guardar o actualizar la entrada y darnos una escapadita por la portada del blog a ver cómo ha salido todo. ¡Sorpresa! Además de palabras e imágenes ahora nuestro sitio virtual tiene sonido. La tentación es fuerte y a partir de ahora la música, entrevistas, sonidos ambientales y grabaciones de todo tipo pueden cambiar la faz del blog.

RESUMEN

Añadir audio a las entradas es una experiencia a la que con mayor frecuencia apelan los bloggers. Vale la pena reforzar las palabras con imágenes y vídeos, pero también puede lograrse un acercamiento muy intenso al tema tratado si la voz y el sonido se incorporan al texto. La experiencia de los administradores de bitácoras que han optado por el Podcast es que sus reflexiones permanecen por más tiempo circulando entre los lectores si estos tienen la posibilidad de descargárselas y escucharlas en un dispositivo reproductor. Así los acompañaremos en sus viajes al trabajo, en sus caminatas en el parque o mientras teclean algo en su ordenador gracias a esos archivos en Mp3 que hemos colgado en la Web. Con este fin, el ciberespacio ofrece un montón de sitios al estilo de Blip.tv de almacenaje y gestión de Podcast y WordPress permite una completa integración entre ellos y su tablero de administración. Hacer uso de estas funcionalidades ampliará el alcance de la labor del blogger y puede hacer llegar sus reportes y opiniones hacia sitios de mayor alcance de difusión.

Para lograrlo basta con crear un audio utilizando una de las tantas grabadoras de sonido ofertadas en el mercado, o seleccionar un archivo ya generado por otros que tenga licencia de uso libre. Una vez editado con una herramienta al estilo de Audacity llega el momento de decidir si subirlo al servidor del propio blog o a un servicio externo. Esta última opción permitirá una mayor difusión y no agotará los 3 gigabytes de alojamiento que brinda la plataforma de `wordpress.com` para sus usuarios. Insertar el archivo de audio en la entrada es sumamente fácil en la versión 3.0 de este gestor de contenido y hace la labor del blogger más sencilla y mayor el placer de los internautas.

Al empezar con ese exorcismo personal que es **Generación Y**, no sabía que mis desencantadas viñetas de la realidad podían ser vistas como un trabajo periodístico. Pensaba que para reportar, informar o comunicar se necesita ser un profesional de los medios, un analista objetivo que no deja que las emociones empañen sus razonamientos. Sin embargo, los bloggers son la evidencia de que podemos "tomarnos la información por nuestra mano", de que para narrar o analizar un suceso lo más importante es vivirlo. Así que desde el epicentro de las acciones los protagonistas de las bitácoras se permiten todo aquello que el periodismo serio abomina: el uso de la primera persona, los arranques emocionales, las inconexiones y el no estar obligados a responder las clásicas preguntas de ¿qué? ¿quién? ¿dónde? y ¿cuándo? sino un íntimo e individual ¿por qué?

Cuando me anunciaron que había obtenido el premio Ortega y Gasset 2008 en la categoría de trabajo digital por mi blog, no me detuve mucho en la obra filosófica de ese pensador español, en sus inclinaciones políticas o en su refinado manejo del idioma. Preferí centrarme en esa "i griega" que se levanta profética entre sus dos apellidos. La de él habla de un abolengo familiar de intelectuales y pensadores; la mía, de un grupo inmenso de padres que, al nombrar a sus hijos con tan exótica letra, encontraron el único resquicio de libertad para hacer valer la voluntad paterna por encima de la del Estado. Compartir esta consonante travestida –que se hace pasar por vocal– me dio la señal de que incluso desde la penúltima plaza del abecedario, desde esa extravagante letra tan poco usada en nuestro lengua, se puede lanzar un grito que llegue a las respetables vocales y consonantes de las primeras filas.

Ortega y Gasset escribía sobre una España invertebrada, mientras mi Blog narra historias de una Cuba fragmentada. Él se sentía a sus anchas en el mundo de la intelectualidad; yo soy una filóloga renegada que ha preferido la simpleza del código binario a las sutilezas de la academia. No obstante, algo nos une: a ambos nos han dolido largamente nuestros respectivos países; los dos hemos vivido añorando revitalizar una Nación que se nos

12. Del estatismo al movimiento, del texto plano al vídeo

El kilobyte y la libertad informativa

El kilobyte se ha venido colando –poco a poco– entre las rendijas del deteriorado muro de la censura en Cuba.

En este capítulo descubriremos cómo:

☐ Editar pequeños vídeos.

☐ Agregar archivos de vídeo a las entradas.

☐ Manejar la música y los vídeos en la galería multimedia.

☐ Vincular servicios externos de almacenamiento como YouTube.

LA INCORPORACIÓN DE VÍDEO A LAS ENTRADAS DE UN BLOG

Hacer más interesante el blog se convertirá en una obsesión que nos acompañará una vez abierto nuestro espacio virtual. De ahí que nos bastará con acompañar los textos con fotos y audios; desearemos más. Aparecerá entonces la necesidad de sumar vídeos para apoyar, entretener y hasta educar. A los blogs que se actualizan fundamentalmente con vídeos se les ha dado en llamar *vodcasting*, *videoblogging* o sencillamente *vlog*. La aparición de estos espacios ha cambiado el modelo tradicional de televisión, donde antes los grandes medios determinaban el material visual que llegaría al público, pero donde ahora cualquier ciudadano puede distribuir vídeos por Internet. Lo mismo se puede agregar materiales multimedia hechos por el propio blogger que otros encontrados en la Web o sugeridos por terceros. La inclusión de imágenes en movimiento y presentaciones, complementarán la experiencia del usuario. Los lectores valorarán positivamente cuando determinada información esté asociada a un elemento audiovisual que la enriquezca y amplíe.

Durante la dinámica vida de WordPress la relación con el contenido audiovisual ha sido uno de las características que más ha subyugado a sus seguidores. Si antes los bloggers alardeaban de ser sus propios jefes de redacción, editores y fotógrafos, ahora muchos de ellos se han convertido también en sus propios cineastas. Para potenciar esa capacidad, los diferentes programas de gestión de blogs han desarrollado nuevas implementaciones. WordPress no se ha quedado atrás.

Capturar una imagen en movimiento se ha vuelto una práctica muy común en la vida moderna. Asistimos desde hace varios años a la democratización del cine, a mejoras tecnológicas importantes para quienes realizan documentales y especialmente se percibe un aumento del periodismo acompañado por elementos audiovisuales. Gracias a la extensión y los bajos precios de las cámaras de vídeo, y a sus facilidades para ser manejadas por aficionados, el arte de captar una buena toma ya no es un conocimiento sólo para entendidos. El periodismo ciudadano que se ejerce ahora en los blogs se combina muchas veces con vídeos que apoyan, confirman o amplían la información. Paralelamente a eso, el incremento de la capacidad de las líneas de comunicación ha hecho posible el viejo sueño de poder ver vídeos y programas de televisión en Internet sin necesidad de un *hardware* sofisticado.

Figura 12.1. Entrada acompañada de un vídeo en el blog Octavo Cerco de Claudia Cadelo.

SELECCIONAR UNA CÁMARA

Para comenzar a ejercitarnos en la creación audiovisual, bastará con tener una cámara, un ordenador, un programa para editar vídeos y una conexión a Internet que no sea demasiado lenta. Entre la amplia gama de artilugios tecnológicos que sirven para grabar imágenes, últimamente han ganado mucha popularidad las cámaras conocidas como Flip, véase la figura 12.3. Su atractivo radica en el pequeño tamaño que poseen, la buena definición de sus filmaciones y un puerto USB incluido en su estructura. También contiene una interfaz que se instala tanto en MacOS como en Windows y que permite transferir los archivos hacia el ordenador, véase la figura 12.4. Con esa herramienta se pueden hacer pequeñas películas con música en formato MP4, editar y subir directamente a YouTube el resultado de tan somera edición.

Figura 12.2. El Huffingtonpost, un blog de blogs que hace un magnífico uso del vídeo.

Figura 12.3. Una cámara Flip.

Figura 12.4. Interfaz del programa Flipshare incluido en la cámara.

DIFERENTES PROGRAMAS DE EDICIÓN DE VÍDEOS

Nunca podremos utilizar como excusa para no subir vídeos al blog la de no tener un programa adecuado de edición, pues hay para todos los gustos. Desde el sofisticado Adobe Premiere, pasando por el Nero Vision incluido en el paquete de Nero, el Movie Maker contenido en Windows y el IMovie HD para MacOS.

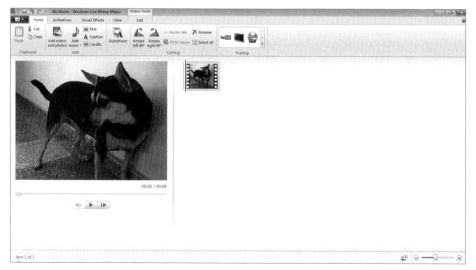

Figura 12.5. Pantalla principal de Windows Movie Maker.

Figura 12.6. Un vistazo al interior de IMovie HD para MacOS.

Dentro de tan amplio listado, recomendamos el llamado VirtualDub, programa de código abierto con muchas potencialidades. Posee además una versión portable que se puede llevar en una memoria USB para trabajar nuestros archivos de vídeo también en ordenadores ajenos.

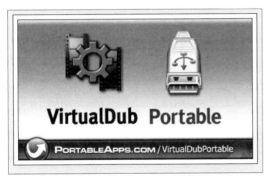

Figura 12.7. VirtualDub en su versión portable.

Uno de los elementos más importantes a tener en cuenta cuando estamos editando vídeo es el formato en que guardaremos el archivo resultante. En Internet se utilizan mucho las extensiones AVI, MPEG, MPEG4, FLV. Últimamente también se han hecho muy populares los formatos resultantes de grabaciones hechas con el teléfono móvil como por ejemplo 3GP. Cada uno de ellos tendrá características peculiares en relación con el tamaño y la calidad del vídeo. La habilidad del blogger consistirá en lograr una buena optimización: menos kilobytes y mayor cantidad de píxeles.

En el caso del programa VirtualDub, cuando hayamos terminado de editar un vídeo y pasamos a almacenarlo, tendremos la opción de utilizar la extensión AVI (*Audio Video Interlave*) que fue creada por la empresa Microsoft como un formato de archivos multimedia donde tanto la imagen como el sonido están guardados conjuntamente en un archivo.

Con sencillez, VirtualDub permite agregar diferentes filtros a un vídeo; se puede editar cuadro a cuadro con herramientas de corte, pegado y copiado que cuentan con sobrada eficacia. A diferencia de otros programas para aficionados, éste conjuga la simpleza al manejarlo con un alto grado de elaboración en la edición.

Veamos por ejemplo que la ventana principal muestra dos paneles de vídeo, donde el de la izquierda representa el archivo original y el de la derecha los resultados que sobre él van creando los diferentes cambios y filtros agregados.

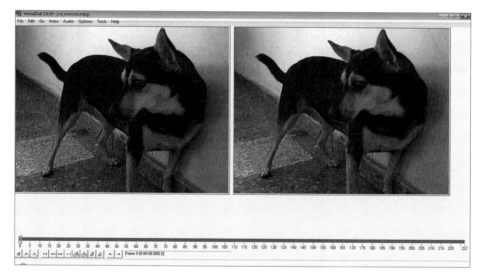

Figura 12.8. Dos paneles de trabajo: en uno el vídeo original y en el otro la vista previa con los cambios aplicados sobre él.

Para cambiar el formato de un archivo de vídeo se recomienda el proyecto de software libre conocido como MediaCoder, que se puede descargar desde http://mediacoder.sourceforge.net. Con una interfaz sencilla y la posibilidad de poder gestionar archivos en lote, este programa está disponible para varias versiones de Windows y es capaz de convertir audio y vídeo a una multiplicidad de formatos.

INSERTAR VÍDEOS EN LAS ENTRADAS

Con WordPress tendremos al menos dos caminos para insertar vídeos en las entradas. Uno de ellos es subir el archivo al servidor a través del tablero de administración y el otro es el de incrustar un contenido audiovisual ubicado en un servicio externo. La primera de las opciones no es muy recomendable, a no ser que tengamos espacio de sobra en el servidor para ocuparlo con vídeos. Para aquellos usuarios con blogs ubicados en el servicio gratuito de WordPress.com, debe primar el ahorro de la capacidad de almacenaje, pues cuenta con 3 Gigabytes que podrían llenarse rápidamente si no se actúa con previsión. Incluso cuando tenemos un servidor propio y estamos amplios de megabytes en él, un archivo de multimedia almacenado en nuestras carpetas remotas puede perder capacidad de interacción con los internautas. Aun así, vamos a aprender en este capítulo cómo subirlo a nuestra guarida virtual.

Lo primero será recordar algunos de los pasos aprendidos en el capítulo 10 para añadir imágenes a nuestras entradas, pues gracias al carácter orgánico de WordPress ambos procedimientos se parecen mucho. En el menú de la izquierda del tablero de administración iremos directamente a Multimedia y, en ella al botón **Añadir nuevo.**

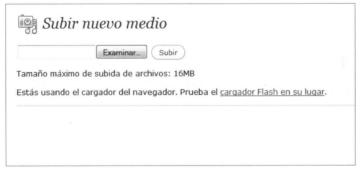

Figura 12.9. Comenzar a subir un vídeo desde el menú Multimedia.

La clásica interfaz para localizar un archivo se abrirá entonces ante nuestros ojos. Para aquellos bloggers que tengan dificultades al ejecutar en su ordenador implementaciones con flash, se recomienda echar mano de la posibilidad de Cargar desde el navegador. Puede parecer una exquisitez pero desde conexiones lentas o con un navegador que no esté actualizado, una aplicación flash podría convertirse en algo tortuoso. Sea cual sea el sendero seleccionado, nos llevará a ubicar dentro de las carpetas locales al archivo que queremos subir. El proceso de colocarlo en el ciberespacio puede demorar en dependencia de la cantidad de megabytes que posea el archivo en cuestión. Una de las ventajas que tiene este método de "subida" de archivos multimedia es que no tendremos ninguna limitación en cuanto a cantidad de minutos de duración, como sí ocurre en el caso de YouTube, donde sólo se pueden almacenar vídeos de hasta 10 minutos.

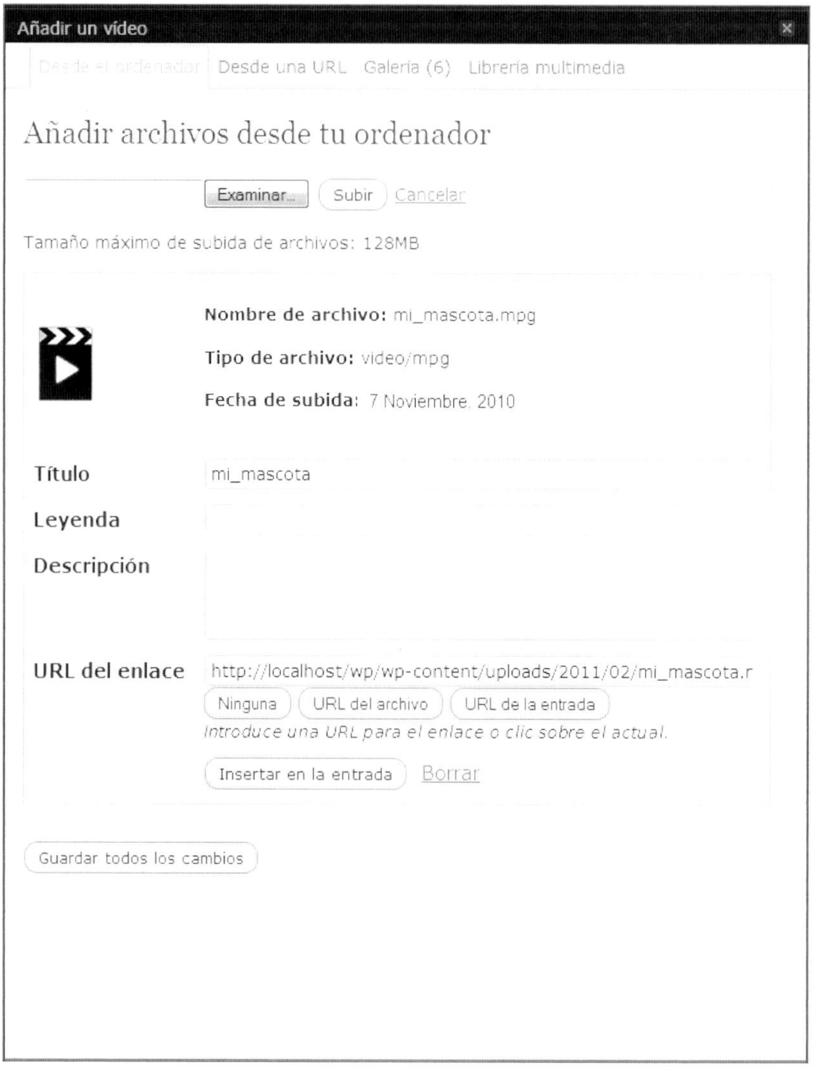

Figura 12.10. Detalles del vídeo una vez subido.

Ahora bastará ubicarlo en una entrada, acompañado de un texto o en solitario. Para lo cual el menú Entrada y su submenú Añadir serán el próximo itinerario en esta ruta de la visualidad. Justamente sobre la esquina izquierda del editor de

WordPress, en el menú Subir/Insertar que ya conocemos de capítulos anteriores. El segundo ícono de dicho menú representa el fotograma de una película de acetato, y al dar un clic sobre él, una ventana emergerá con varias opciones para adjuntar un vídeo. La primera posibilidad es la de hallar en el ordenador el archivo y proceder a subirlo.

Figura 12.11. Ubicar el archivo de vídeo y proceder a subirlo al servidor.

Al lado de una pequeña viñeta que representa al vídeo se encontrarán datos importantes sobre él como son el Nombre, Formato y Fecha de subida al servidor. Otros recuadros podrán ser rellenados por el propio usuario como es el caso del Título, Leyenda y Descripción. En la URL del enlace el usuario determinará si colocar la del archivo, la de la entrada donde éste se ha colocado o simplemente dejarla en blanco.

Una vez establecidos estos detalles, bastará con presionar el botón **Insertar en la entrada** para que el vídeo vaya a parar junto al resto del contenido a publicar. Después sólo hay que seguir el mismo camino que ya conocemos para sacar a la luz un nuevo *post*.

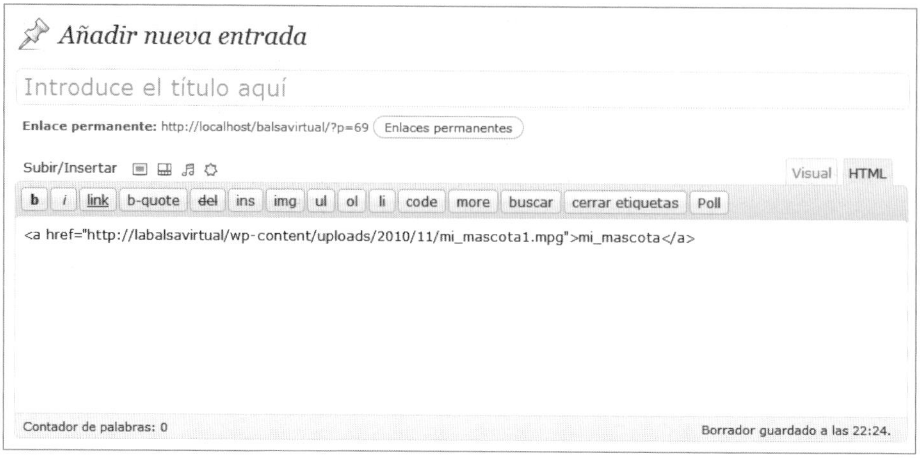

Añadir nueva entrada
Introduce el título aquí
Enlace permanente: http://localhost/balsavirtual/?p=69 Enlaces permanentes
Subir/Insertar
Visual HTML
b i link b-quote del ins img ul ol li code more buscar cerrar etiquetas Poll
<a href="http://labalsavirtual/wp-content/uploads/2010/11/mi_mascota1.mpg">mi_mascota</a>
Contador de palabras: 0
Borrador guardado a las 22:24.

Figura 12.12. Vista del editor html una vez insertado un vídeo en la entrada.

Sin embargo, supongamos que el vídeo fue subido en una ocasión anterior y sólo se trata de ubicarlo en el servidor para pegarlo en la entrada. Nada tan fácil. Bastará con volver a hacer clic sobre el pequeño ícono representado por una película de acetato y seleccionar en la ventana emergente que surja la pestaña Galería o la de Librería multimedia. Ambas nos darán acceso al listado del material audiovisual ya ubicado online.

Añadir un vídeo
Desde el ordenador Desde una URL Galería (1) Librería multimedia
Todas las pestañas: Mostrar
Ordenar: Ascendente | Descendente | Limpiar
Multimedia Orden Acciones
mi_mascota
Mostrar
Guardar todos los cambios

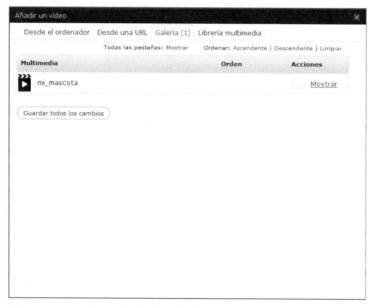

Figura 12.13. Listado de la galería.

La diferencia entre el listado que genera la opción Galería y el que se visualiza al optar por la Librería Multimedia, está dada porque el primero sólo mostrará los archivos de vídeo, mientras que en el segundo aparecerán también las imágenes y sonidos que el blogger ha ido acumulando en su espacio virtual.

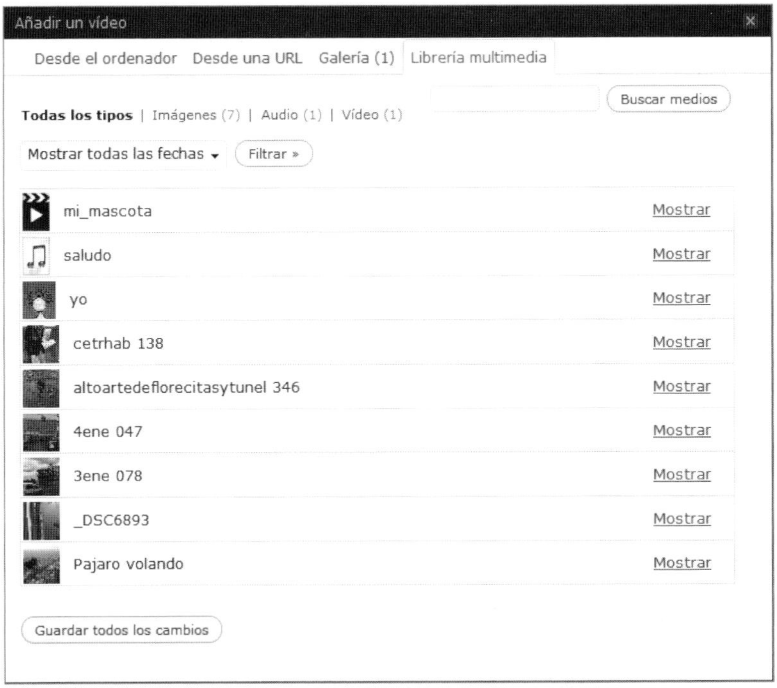

Figura 12.14. La librería multimedia, un compendio de todo el material audiovisual.

AGREGAR UN VÍDEO DESDE UNA UBICACIÓN EXTERNA

Nos hemos saltado a propósito la segunda de las pestañas que aparecen en la ventana emergente Añadir un vídeo. Bajo el título Desde una URL, es esta opción la que más se relaciona con lo próximo que aprenderemos en este capítulo: a vincular nuestras entradas con archivos multimedia ubicados fuera de nuestro servidor.

Una de las nuevas funcionalidades mejor recibidas por los usuarios de WordPress, fue la de incrustación sencilla de vídeos sólo con pegar la URL gracias a la tecnología Oembed, y que comenzó a funcionar en todo su esplendor a partir de la versión 2.9. Puede incrustar contenido desde servicios como YouTube, Daily Motion, Blip.tv, Flickr, Hulu, Viddler, Qik, Revision3, Scribd,

Google Video, Photobucket y PollDaddy. Cada uno de ellos tiene sus ventajas y sus limitaciones, aunque por el momento YouTube se lleva las palmas y se ha convertido en el más usado por los internautas. Fue creado en los primeros meses del 2005 por tres antiguos empleados de PayPal: Chad Hurley, Steve Chen y Jawed Karim. En la actualidad pertenece a Google, que la compró por 1650 millones de dólares en octubre del 2006. Sin embargo, los hispanohablantes tuvimos que esperar hasta junio de 2007 para ver aparecer versiones en otras lenguas, entre ellas la de español. Entre las potencialidades que brinda este sitio está la de permitir localizar vídeos mediante búsquedas muy específicas, gracias a las etiquetas que han puesto los propios usuarios. Usa un formato Adobe Flash para mostrar su contenido.

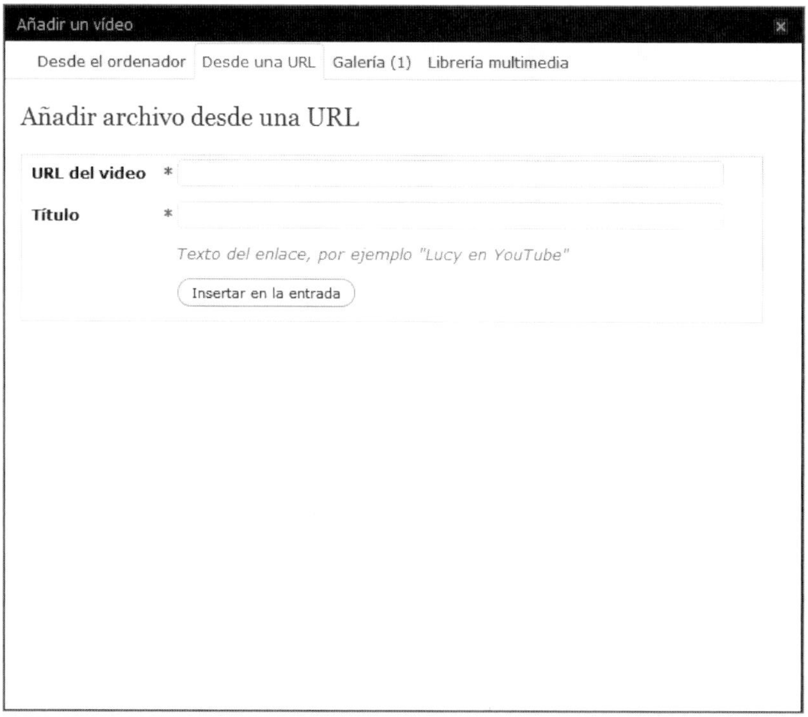

Figura 12.15. Agregar un vídeo desde una ubicación externa.

En una entrevista aparecida en el sitio Web ElMundo.es, María Ferreras –quien es responsable de YouTube en España– comentaba que "Cada día se ven más de 100 millones de vídeos en esa página", "Se suben 13 horas nuevas de vídeo cada minuto", "Se han visto más de 100.000 años de vídeo desde el nacimiento de YouTube".

Figura 12.16. El más popular de los servicios de almacenaje y reproducción de vídeos: YouTube.

Crearse una cuenta en YouTube es cosa de coser y cantar, como dirían nuestras abuelas. Bastará con dirigirse a la portada de este servicio para concretar la inscripción en unos breves pasos. En caso de ser hispanohablante, lo más recomendable es darse un saltico por `http://www.youtube.es` y hacer clic sobre la opción Registrarse que aparece en la esquina superior derecha.

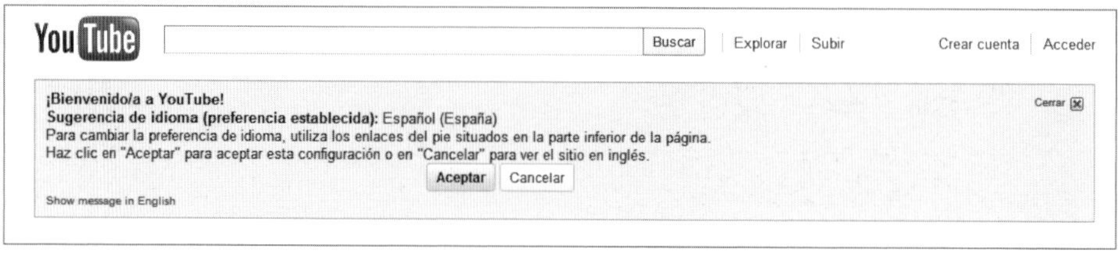

Figura 12.17. Cualquier internauta puede abrirse una cuenta gratuita en YouTube y comenzar a subir vídeos.

Necesitaremos para completar el registro rellenar los recuadros de Dirección de correo electrónico, Contraseña, Volver a escribir la contraseña, Nombre de usuario, Ubicación, Fecha de nacimiento, Sexo, Verificación de palabra.

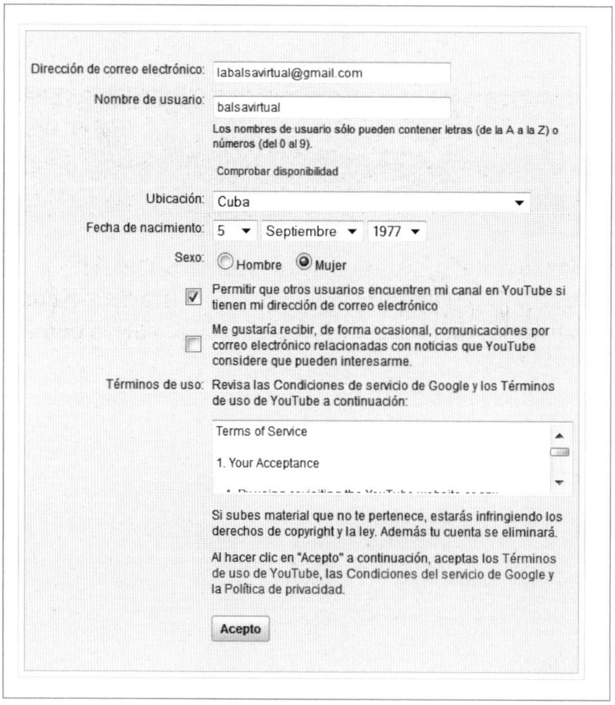

Figura 12.18. Formulario de creación de cuenta en YouTube.

Tras introducir la información solicitada, una vez aceptadas a conciencia las condiciones de uso y la política de privacidad, habrá que pulsar sobre el botón **Crear mi cuenta**. Una vez concluido podremos acceder a nuestra nueva cuenta, desde el menú Acceder en la esquina superior derecha de la portada de este servicio. Aparecerá entonces una ventana pidiéndonos los datos de acceso.

Figura 12.19. Acceder a la cuenta de YouTube.

YouTube no aceptará vídeos que superen los 10 minutos de duración o los 100 megabytes de peso. Aunque brinda unos 58 segundos extras en caso de que nos pasemos en la extensión.

En la parte superior derecha de la pantalla, veremos la opción de Subir. Al hacer clic sobre ella, un llamativo botón color amarillo con la palabra **Subir** nos indicará el lugar para comenzar la subida de los archivos de vídeo. Vale la pena aclarar que los formatos admitidos son:

- Vídeo de Windows Media (`.avi`).
- `.3GP` (teléfonos móviles).
- `.AVI` (Windows).
- `.MOV` (Mac).
- `.MP4` (Ipod/PSP).
- `.MPEG`.`FLV` (Adobe Flash).
- `.MKV` (h.264).

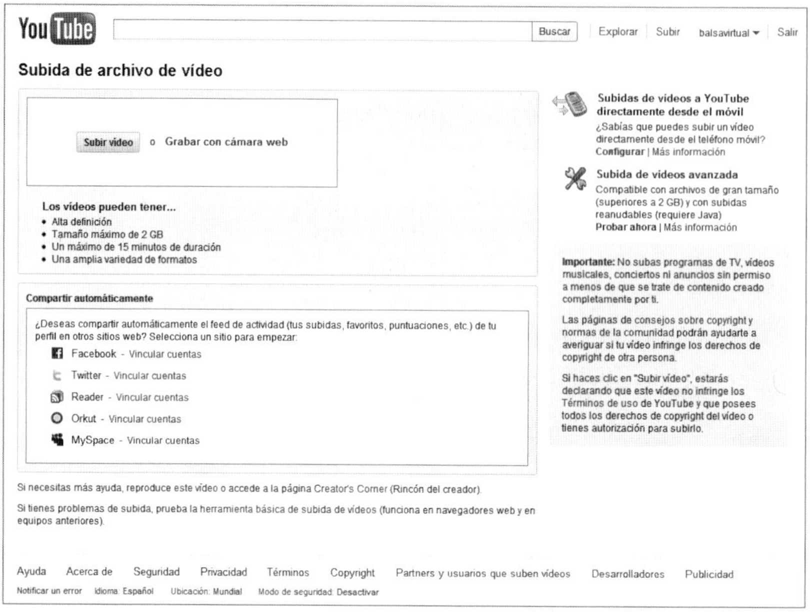

Figura 12.20. Comenzar a subir un vídeo.

Según el equipo de YouTube, el formato con mejores resultados a la hora de subir vídeos es el MP4 con audio MP3 y son automáticamente convertidos a una resolución de 450 X 337 a 30 imágenes por segundo.

En la zona del lateral derecho el usuario tendrá las opciones de subir un archivo directamente desde el teléfono móvil.

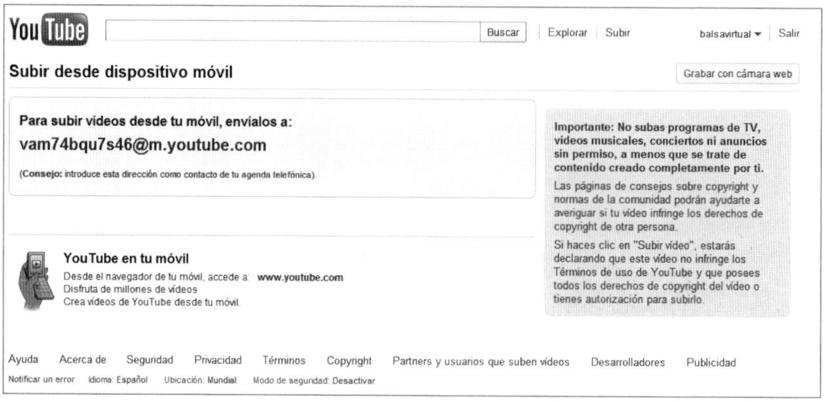

Figura 12.21. Directo desde el teléfono móvil a la Web.

Una vez ubicado el archivo en la carpeta local, comienza la subida cuya duración dependerá de varios factores, como la velocidad de la conexión a Internet y el tamaño del vídeo. Poco a poco el usuario verá cómo se va desplegando ante sus ojos una secuencia de cuadros, de entre los que después podrá elegir uno para que funcione como presentación del vídeo.

Figura 12.22. En pleno proceso de subida.

Mientras esté ocurriendo el proceso de subida nos dedicaremos a rellenar la información relacionada con el vídeo. Los recuadros en blanco incluyen la posibilidad de agregar un título, una breve descripción, la selección de una categoría que lo englobe y la definición de etiquetas para facilitar su búsqueda. También el usuario podrá determinar si el acceso para visualizar el material será público o privado.

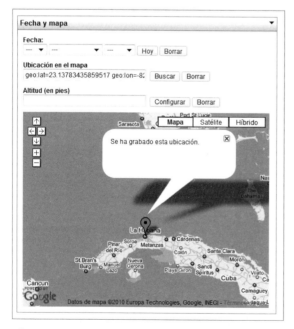

Figura 12.23. Rellenar los datos del vídeo.

Una novedosa interfaz de geo-ubicación permitirá marcar el sitio donde han sido filmadas esas imágenes. Vale la pena enfatizar el hecho de que un vídeo acompañado de un título claro y efectivo, de etiquetas que definan bien su contenido y ubicado correctamente en la región del mundo donde fue realizado, tiene mayores posibilidades de ser encontrado y compartido por los usuarios.

Figura 12.24. Ubicar geográficamente el sitio donde fue realizado el vídeo.

Mientras estemos subiendo un vídeo a YouTube, se recomienda mantener marcada la opción de Privado, pues si queremos adjuntarlo posteriormente con nuestro blog debemos evitar que otro internauta se alce con la primicia antes de que lo hagamos nosotros.

Las posibilidades que ofrece el recuadro Opciones para compartir ayudarán mucho en la interacción de los internautas con el material audiovisual alojado en nuestra cuenta de YouTube.

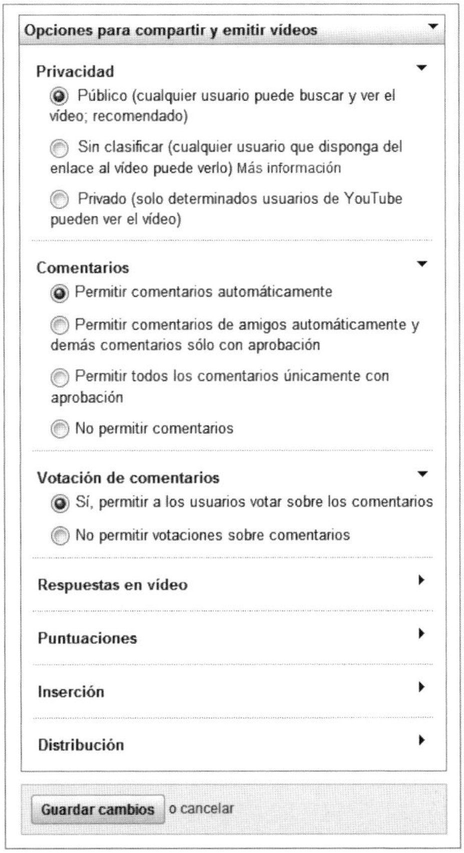

Figura 12.25. Opciones para compartir.

El propio servicio de YouTube aclara que "las subidas de vídeos normalmente tardan entre 1 y 5 minutos por cada MB con una conexión de alta velocidad, además de unos minutos adicionales para realizar la conversión del vídeo".

Una vez terminado de subir el archivo, obtendremos una URL y un código de inserción. Cualquiera de los dos nos servirá para adjuntar el vídeo en una entrada del blog. Veamos un par de ejemplos de la URL de un vídeo en YouTube y del código para pegarlo directamente en la entrada:

```
http://www.youtube.com/v/4xNkbPPxNAw
<object widht="425" height="350"> <param name="movie" value=
"http://www.youtube.com/v/4xNkbPPxNAw"> </param> <embed src=
"http://www.youtube.com/v/4xNkbPPxNAw" type="application/
x-schockwav-flash" width="425" height="350"> </embed> </object>
```

Dentro de nuestra cuenta de YouTube y bajo la sección de Mis Vídeos aparecerá todo lo que hayamos logrado subir hasta el momento. Podremos tener acceso a un listado con una breve descripción de cada archivo y al plato fuerte de cualquier nuevo elemento en la Web: ¿Cuántos usuarios lo han visto?

Figura 12.26. Listado de Mis Vídeos.

> El servicio de YouTube se alzó con el premio al mejor invento del año en 2006, otorgado por la revista *Time*.

Es hora de regresar al tablero de administración de WordPress para adjuntar el nuevo material audiovisual en una de nuestras entradas. Bastará con dirigirnos directamente al editor visual donde con anterioridad ya hemos aprendido a colocar texto, imágenes y vídeos ubicados en el propio servidor.

Durante la edición o creación de una entrada, podremos usar indistintamente la URL de ubicación del vídeo ya alojado en YouTube o el código de inserción generado por ese servicio.

Si preferimos optar por la primera de estas posibilidades entonces es hora hacer clic sobre el botón **Añadir un vídeo** y esperar a que aparezca la ventana flotante correspondiente. La segunda pestaña nos llevará directamente al recuadro donde pegar la URL obtenida. Existe también la posibilidad de colocar un título, cuya función es la de mostrarse cuando el lector pase el ratón sobre el área donde se reproducirá el vídeo.

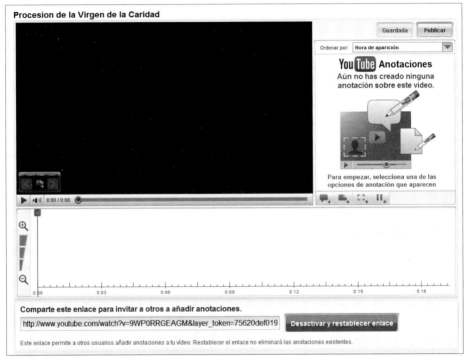

Figura 12.27. Pegar la URL obtenida de YouTube.

Más fácil resultará pegar el código de inserción directamente en el lugar de la entrada donde queremos que quede ubicado el vídeo. Visto en el editor visual quedará como muestra la figura 12.28.

No demoremos más y publiquemos la entrada para comprobar con nuestros propios ojos cómo nuestro blog se ha visto enriquecido con esas imágenes en movimiento. Véase la figura 12.29.

Figura 12.28. Código de inserción de un vídeo en YouTube ya ubicado en una entrada de WordPress.

Figura 12.29. La entrada ya publicada, acompañada de un vídeo.

Hemos dejado de ser bloggers de texto e imágenes estáticas para saltarnos la línea que nos separaba del movimiento y del dinamismo de los materiales audiovisuales. Lo que hemos aprendido hoy será un conocimiento que se perfeccionará en la medida en que lo usemos y nos permitirá explotar al máximo la interacción de WordPress con otros servicios de almacenaje y gestión de vídeos. No perdamos tiempo, a filmar y a publicar, pues si una imagen vale más que mil palabras, un segundo de vídeo tiene el valor de un verdadero diccionario abarrotado de términos y definiciones.

RESUMEN

La experiencia del blogger, del periodista ciudadano y hasta de quien echa mano de un espacio digital como si de una botella lanzada al mar se tratara, se verá profundamente enriquecida con la incorporación de materiales audiovisuales. Para lograr ampliar nuestros horizontes como administradores de un blog, la inserción de vídeos será también un buen ejercicio. En primer lugar, porque nos permite desarrollar una serie de habilidades en la edición de estos materiales y la codificación hacia formatos más eficientes y ligeros. En segundo, porque nos hará codearnos con plataformas verdaderamente sorprendentes, al estilo de YouTube, que ampliarán el horizonte de nuestro pequeño espacio virtual. Cada vídeo publicado será la confirmación de cuánto hemos aprendido.

EL KILOBYTE Y LA LIBERTAD INFORMATIVA

El cambio más significativo operado en los últimos años en Cuba ha sido la pérdida del monopolio informativo por parte del Estado. Aunque el centralismo se mantiene en la esfera económica, con un gobierno que es prácticamente omnipropietario de todas las empresas del país y de los servicios y del aparato comercial, en el terreno de la difusión noticiosa pierde poder día tras día. Miles de familias en todo el país ya no ven la programación televisiva oficial, sino que se refugian en las antenas parabólicas ilegales, en los materiales copiados en CDs y DVDs o frente a la pantalla de un ordenador. Entre las consecuencias de sacudirse el adoctrinamiento ideológico inherente a los medios masivos de la Isla, se percibe un aumento de la referencialidad y de la comparación con el exterior. Se trata de ciudadanos sobre los cuales ya no tienen ningún resultado las sucesivas irrigaciones de propaganda política: un grupo de ovejas descarriadas para las cuales la voz del pastor y su cayado cada vez tienen menos efecto.

Sin lugar a dudas el actual orden de cosas ha sido resultado directo del atrevimiento de los individuos y de la aparición de una infraestructura tecnológica que ha permitido materializarlo en blogs, tweets, SMS, trasmisiones inalámbricas o diminutas memorias USB cargadas de materiales audiovisuales que viajan de un lado a otro. El kilobyte se ha venido colando –poco a poco– entre las rendijas del deteriorado muro de la censura en Cuba y se ha convertido en la unidad primigenia de la libertad informativa.

13. Categorías y etiquetas

La caída de las máscaras

Generación Y derritió la máscara que llevé durante muchos años y dejó a la intemperie un nuevo rostro que cada cual percibe a su manera.

En este capítulo descubriremos cómo:

☐ Definir el concepto de taxonomía.

☐ Tener claras las diferencias entre categorías y etiquetas.

☐ Crear una nueva categoría y a partir de ella otras que se le subordinen.

☐ Buscar las etiquetas para definir una entrada.

☐ Mutar categorías en etiquetas y viceversa.

☐ Colocar *widgets* de categorías y de nube de etiquetas.

☐ Crear nuevas taxonomías más ajustadas al contenido del blog.

ORGANIZAR Y ETIQUETAR EL CONTENIDO

Después de la creación, viene la organización. Si compramos o escribimos muchos libros y todos están formando pilas caóticas en un estante, se impone la tarea de catalogarlos. Poner orden es imprescindible para encontrar la información y tenerla a mano. Por esa razón WordPress provee a sus usuarios de un sencillo y potente sistema de clasificación, etiquetado, jerarquización y ordenamiento que a partir desde la versión 2.3 alcanzó una expresión muy acabada. Conformado por categorías y etiquetas, este mecanismo taxonómico cataloga el contenido del blog de una manera completa y funcional.

> Toda taxonomía es una clasificación y WordPress integra dos formas de ésta: etiquetas y categorías. Las categorías brindan una taxonomía más formal que en su definición necesitan de cierta planificación, mientras las etiquetas se construyen sobre la marcha del blog, en la medida que se publican las entradas. Las categorías son algo que elegimos, mientras las etiquetas brotan espontáneamente del contenido.

DIFERENCIAS ENTRE CATEGORÍAS Y ETIQUETAS

Basado en el binomio que componen categorías y etiquetas se conforma un mecanismo sencillo de aprender y manejar por parte del usuario. Un verdadero matrimonio bien llevado que hace más grata la experiencia –casi hogareña– de almacenar las entradas para su posterior búsqueda. Las categorías y las etiquetas –estas últimas también conocidas como *tags*– no solamente actúan como los armarios y cajones en una casa, si no que le darán al contenido la relevancia que tiene según las preferencias del autor y de los propios internautas. Una de las definiciones más claras para explicar el contraste entre categoría y etiqueta aparece listada en el blog de Vicente Navarro, y dice así:

En una comparación con un supermercado, las categorías son como los grandes carteles que indican las secciones (droguería, charcutería, congelados, limpieza, etc. y las etiquetas son como la propia etiqueta de cada producto que nos lo describe.

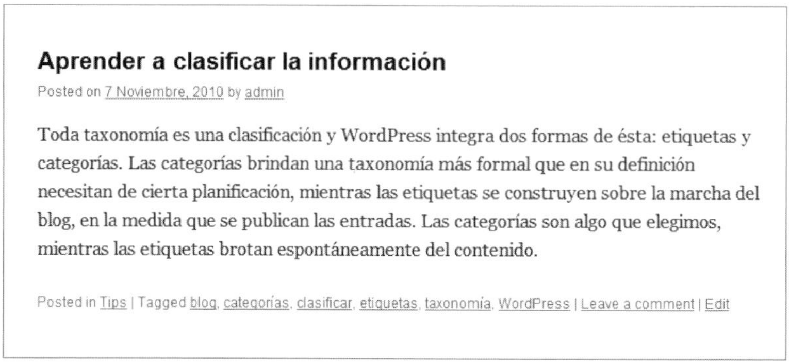

Aprender a clasificar la información

Posted on 7.Noviembre, 2010 by admin

Toda taxonomía es una clasificación y WordPress integra dos formas de ésta: etiquetas y categorías. Las categorías brindan una taxonomía más formal que en su definición necesitan de cierta planificación, mientras las etiquetas se construyen sobre la marcha del blog, en la medida que se publican las entradas. Las categorías son algo que elegimos, mientras las etiquetas brotan espontáneamente del contenido.

Posted in Tips | Tagged blog, categorías, clasificar, etiquetas, taxonomía, WordPress | Leave a comment | Edit

Figura 13.1. Una entrada clasificada a partir de una categoría y varias etiquetas.

Las categorías son el nivel más alto que ofrece un blog para organizar su contenido, de esa manera, el número de los elementos que componen un árbol categorial generalmente no es muy elevado. Existen las llamadas categorías-padre a las cuales se subordinan otras que resultan más específicas y a las que se les puede llamar categorías-hijas.

Para usuarios curiosos que tengan instalado WordPress en un servidor propio, sería una buena idea darse un saltico por la base de datos, para comprobar que el sistema taxonómico de este CMS está organizado en torno a tres tablas:

- wp_terms.
- wp_term_taxonomy.
- wp_term_relationships.

No hay reglas estrictas para el uso de categorías o etiquetas. La adecuada aplicación de lo aprendido en este capítulo no garantizará la popularidad del blog, pero sí la facilidad para hallar la información dentro de él. Se sabe de bloggers que exhiben un impecable sistema categorial y de etiquetas y sin embargo sólo cuentan con poquísimos lectores. Mientras otros han comenzado su espacio virtual sin tener en cuenta la clasificación de las entradas y han logrado no obstante un increíble éxito de público. Lo más importante sigue siendo el contenido, lo novedoso de éste, cuánto logremos diferenciarnos y hacernos peculiares entre los millones de blogs que salpican la Web. No obstante, el uso acertado de etiquetas y categorías puede consolidar el buen trabajo de un administrador de blogs y hacerle más fácil las búsquedas a los lectores.

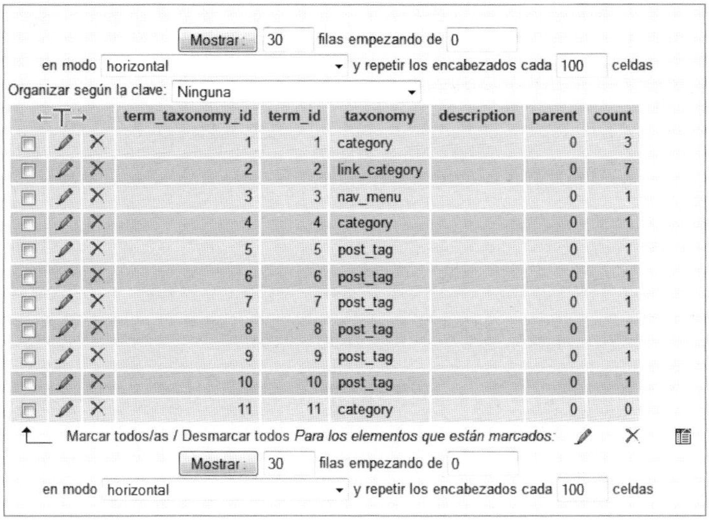
Mostrar: 30 filas empezando de 0
en modo horizontal y repetir los encabezados cada 100 celdas
Organizar según la clave: Ninguna

←T→	term_taxonomy_id	term_id	taxonomy	description	parent	count
	1	1	category		0	3
	2	2	link_category		0	7
	3	3	nav_menu		0	1
	4	4	category		0	1
	5	5	post_tag		0	1
	6	6	post_tag		0	1
	7	7	post_tag		0	1
	8	8	post_tag		0	1
	9	9	post_tag		0	1
	10	10	post_tag		0	1
	11	11	category		0	0

Marcar todos/as / Desmarcar todos *Para los elementos que están marcados:*
Mostrar: 30 filas empezando de 0
en modo horizontal y repetir los encabezados cada 100 celdas

Figura 13.2. Interior de la tabla wp_term_taxonomy.

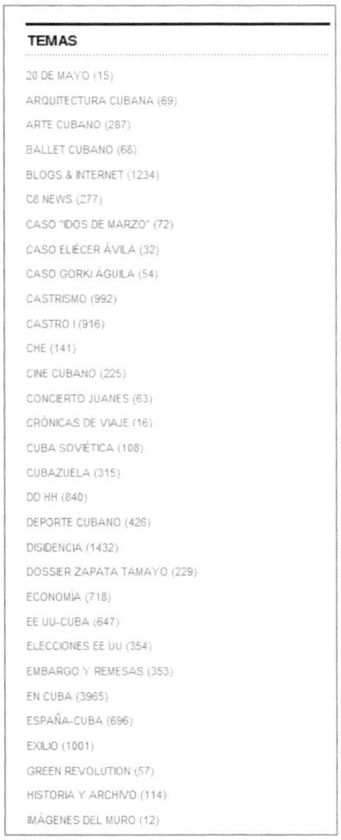
TEMAS
20 DE MAYO (15)
ARQUITECTURA CUBANA (69)
ARTE CUBANO (287)
BALLET CUBANO (68)
BLOGS & INTERNET (1234)
C8 NEWS (277)
CASO "IDOS DE MARZO" (72)
CASO ELIÉCER ÁVILA (32)
CASO GORKI ÁGUILA (54)
CASTRISMO (992)
CASTRO I (916)
CHE (141)
CINE CUBANO (225)
CONCIERTO JUANES (63)
CRÓNICAS DE VIAJE (16)
CUBA SOVIÉTICA (108)
CUBAZUELA (315)
DD HH (840)
DEPORTE CUBANO (426)
DISIDENCIA (1432)
DOSSIER ZAPATA TAMAYO (229)
ECONOMÍA (718)
EE UU-CUBA (647)
ELECCIONES EE UU (354)
EMBARGO Y REMESAS (353)
EN CUBA (3965)
ESPAÑA-CUBA (696)
EXILIO (1001)
GREEN REVOLUTION (57)
HISTORIA Y ARCHIVO (114)
IMÁGENES DEL MURO (12)

Figura 13.3. Una excelente relación de categorías en Penultimosdias.com, blog informativo sobre Cuba.

Figura 13.4. Magnífica nube de etiquetas en el blog eCuaderno.com de José Luis Orihuela.

Para muchos bloggers no quedan claras las diferencias entre categorías y etiquetas, a pesar de que hacen uso frecuente de ambas. Vale la pena repasar las características principales que las diferencian y que iremos desarrollando a lo largo de este capítulo. Algunas de ellas han sido tomadas también del blog de Vicente Navarro y el artículo que las refiere se puede leer en `http://www.vicente-navarro.com/blog/2007/10/29/las-categorias-no-son-etiquetas/`.

- El orden que brindan las categorías es taxonómico, jerárquico.
- El orden que aportan las etiquetas es anárquico, flexible.
- Las categorías pueden usarse como etiquetas, pero las etiquetas no deben usarse como categorías.
- Las etiquetas proporcionan meta información, es decir, información sobre la información.
- Las categorías pueden tener nombres largos, mientras que las etiquetas deben tener un título de tres palabras como máximo.
- Las categorías se relacionan en un árbol. Las etiquetas se relacionan en una red.
- Las categorías se planifican, pero las etiquetas son espontáneas, fruto de una tormenta de ideas momentánea: como si viéramos una foto y escribiéramos las palabras que nos sugiere en ese momento.

- Las categorías no ayudan a los buscadores a buscar información. Las etiquetas, sí, y además, los directorios de etiquetas pueden catalogar el blog.

- Las categorías pueden tener nombres únicos. Las etiquetas tienen que tener nombres conocidos.

- Las categorías ayudan a clasificar aquellas temáticas sobre las que escribe el blogger. Las etiquetas ayudan a compartirlas y extenderlas.

> Se recomienda no superar nunca las 12 categorías en un mismo blog. En efecto, para la gran mayoría de los espacios virtuales una cantidad menor que ésa es más que suficiente. No es aconsejable abusar del número de categorías, sino limitarlas a las temáticas más habituales del blog. El número de etiquetas es una cuestión de cada blogger, pero tampoco el exceso de ellas nos ayudará a encontrar mejor la información, de manera que la mesura y la optimización son premisas claves a la hora de etiquetar o categorizar las entradas.

Uno de los errores más comunes en el que incurren los nuevos bloggers es el de mantener sin cambiar la categoría por defecto que trae WordPress. En la versión inglesa ésta se llama "uncategorized" y en la española "sin categoría", de manera que la Web está plagada de entradas cobijadas bajo esa definición tan indeterminada. Al buscar en el servidor público de WordPress.com cuáles son las categorías más importantes, salta ésta como la que contiene un mayor número de entradas. ¡Qué horror!

CREACIÓN DE CATEGORÍAS

Después de decidir cómo será el sistema de categorías vale la pena ponerlo al alcance de los lectores desde un menú en la barra lateral. Para lograrlo debemos ir hacia el menú lateral Entradas y especialmente hacia su sección Categorías. Una pantalla dividida en dos zonas se presentará ante nuestros ojos: a la izquierda, los recuadros a rellenar para crear una nueva categoría; a la derecha, un listado con sus herramientas de edición para trabajar sobre las ya definidas.

Una intuitiva interfaz nos guiará para crear las categorías, para lo cual debemos incluir datos como nombre, el llamado "*slug*" con el que se le sugiere a WordPress una palabra para que cree la versión amigable de la URL, suele estar en minúsculas y contener sólo letras, números y guiones. Por ejemplo, si en nuestro blog tenemos una pequeña compilación de diferentes ritmos musicales, quizás incluimos una categoría bajo el nombre de "música jazz"; el *slug* bien podría ser sólo "jazz" con lo cual la URL quedaría http://midominio.com/category/jazz/. Si la categoría es "opinión", entonces el *slug* irá sin acento "opinion".

Por defecto, WordPress otorga a las entradas catalogadas bajo determinada categoría una URL al estilo de `http://labalsavirtual.com/?cat=4` donde el número "4" representa en este caso el orden que ocupa en el árbol categorial. No obstante, se puede definir una categoría base que esté presente siempre en la URL del contenido mostrado bajo cada categoría. Para lograrlo bastará con ir a la sección Enlaces permanentes del menú Ajustes y definir allí un término abarcador que las defina.

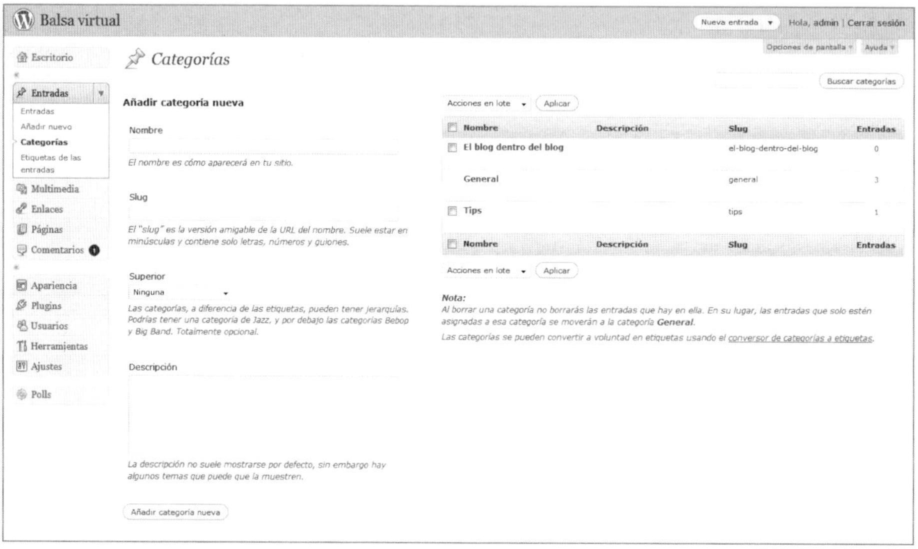

Figura 13.5. Editar y crear categorías desde el tablero de WordPress.

Figura 13.6. Definir una categoría base que aparezca en todas las URLs.

Después de este pequeño salto que nos dimos hasta el menú Ajustes, volvemos a retomar la configuración de una nueva categoría, esta vez en el punto de la jerarquización. Si nos fijamos en los recuadros a rellenar de la sección Categorías del menú Entradas, veremos la posibilidad de seleccionar si la categoría estará subordinada a otra superior o si por el contrario será ella misma una categoría-padre. Recordemos que las categorías, a diferencia de las etiquetas, pueden tener jerarquías.

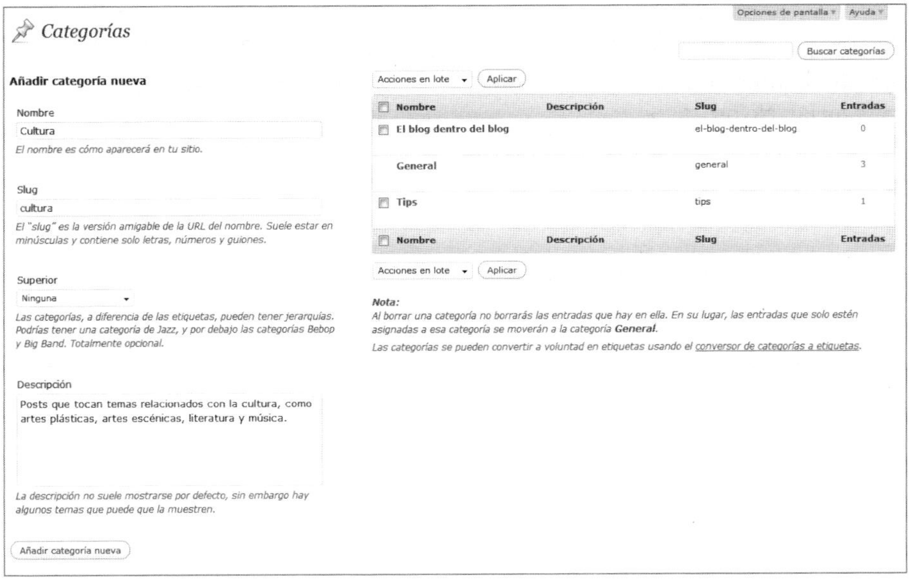

Figura 13.7. Menú desplegable para definir la dependencia o autonomía de una categoría.

La descripción que incluyamos en el recuadro pensado para ese fin no se muestra por defecto, pero hay algunos temas en que sí estará visible, de ahí que se recomienda ser preciso y breve a la hora de rellenarlo.

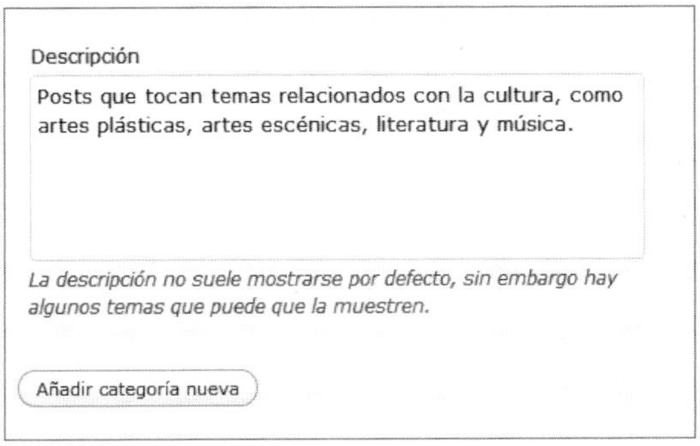

Figura 13.8. Breve descripción de la categoría Cultura.

Después de rellenar toda la información necesaria, se procede a hacer clic sobre el botón **Añadir categoría nueva**. Con lo cual la recién creada categoría aparecerá en el listado de la derecha, junto a otras anteriormente definidas. Prestemos atención a cómo WordPress presentará la subordinación o paternidad de una categoría con relación a otra:

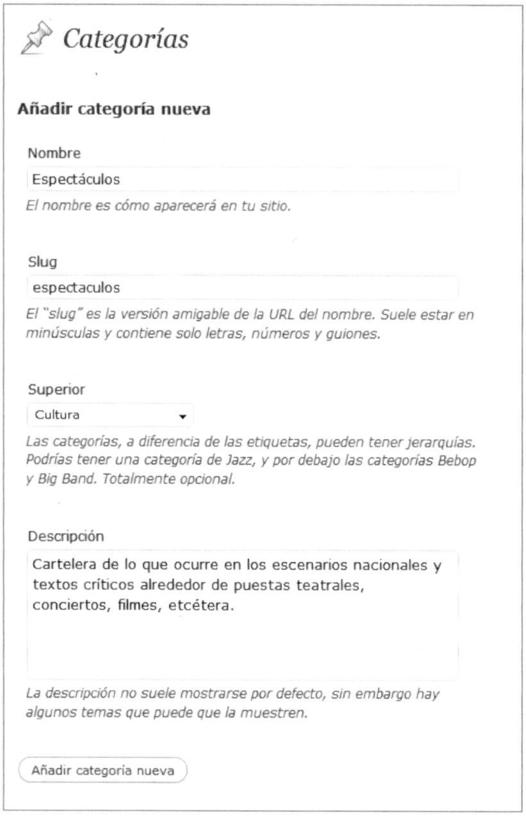

Figura 13.9. La categoría Espectáculos se subordina a la titulada Cultura.

El listado de las ya creadas se parece en sus opciones a los que ya conocemos en la edición por lote de entradas y de elementos de la Librería multimedia. No resulta repetitivo insistir en que el funcionamiento de WordPress se apoya en una lógica que una vez aprendida nos ayudará a desplazarnos y a trabajar en el resto de sus funcionalidades. Como si con sólo aprender el movimiento de un dedo pudiéramos echar a andar la mano y el cuerpo completo. Ésa es la magia intrínseca y siempre sorprendente de este gestor de contenido.

Al pasar el ratón sobre el título de cada categoría emergerá un menú compuesto por tres variables; la primera de ellas es Editar, que nos llevará hasta una nueva pantalla donde es posible cambiar todos los parámetros. Véase la figura 13.10. En caso de tener poco tiempo, el menú debajo del título de cada categoría permite Editar rápidamente, con lo cual podremos cambiarle el Título o el Slug; justo al lado se encuentra la opción de Borrar. Al eliminar una categoría las entradas que están asociadas a ésta pasarán a asociarse a otra, especialmente a la que tengamos configurada por defecto.

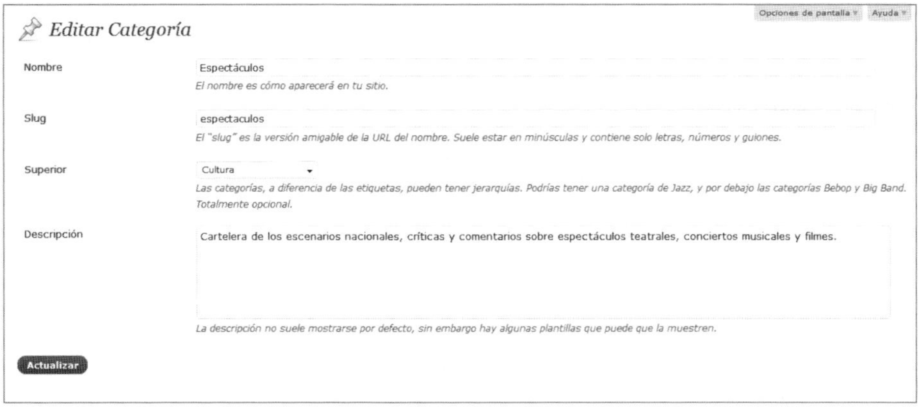

Figura 13.10. La edición de una categoría ya creada.

Reparemos también en la presentación en cuatro columnas que hace WordPress de toda la información alrededor de cada categoría, no sólo su Título, sino también la breve Descripción que hemos escrito con anterioridad, el Slug definido y el número de Entradas que aparecen clasificadas bajo ella. Un menú superior e inferior ayuda a realizar acciones en lote y un buscador facilita encontrar determinado parámetro en un árbol categorial complejo.

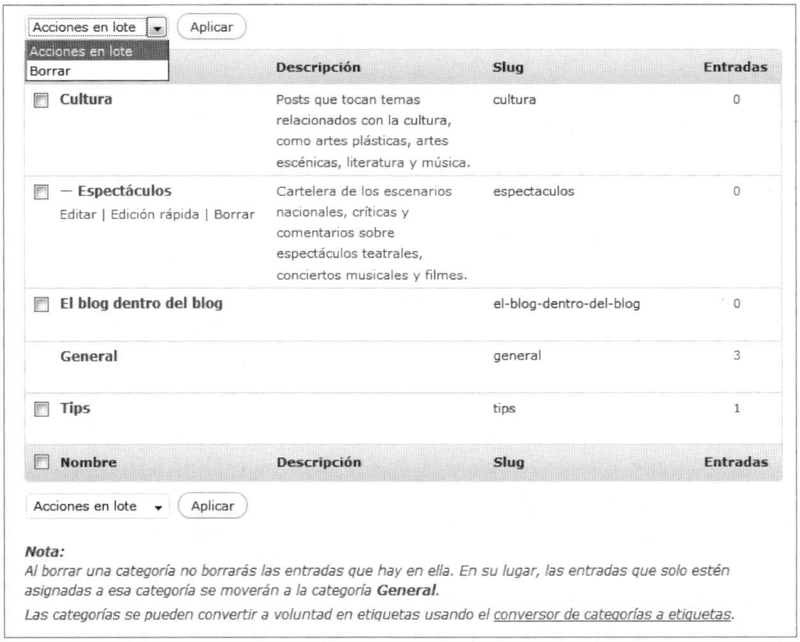

Figura 13.11. Listado de entradas clasificadas bajo determinada categoría.

Al marcar algún número en la columna bajo el título Entradas, accederemos al ya conocido menú de edición. El listado que aparecerá ante nuestros ojos muestra sólo aquel contenido catalogado bajo la categoría seleccionada.

Figura 13.12. Edición en lote y buscador de categorías.

Entre las herramientas más útiles que han añadido las últimas versiones de WordPress está el conversor de categorías a etiquetas.

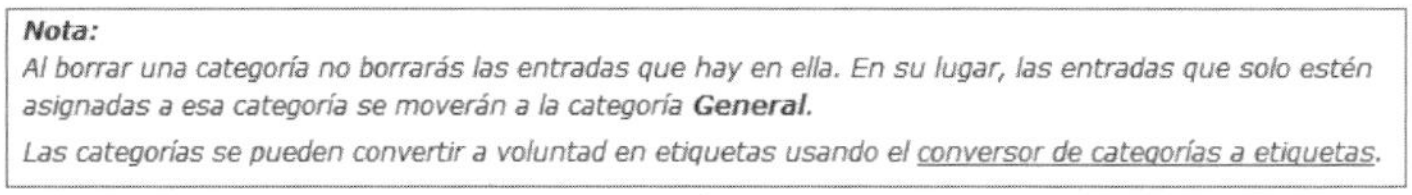

Figura 13.13. Eficaz herramienta para mutar una categoría en etiqueta.

CONVERTIR CATEGORÍAS EN ETIQUETAS

Si accionamos sobre la frase Conversor de categorías a etiquetas que se muestra al final del panel de edición de categorías, iremos a parar a la pantalla de Importar contenido que brinda WordPress. Puede ser que comprobemos entonces que la instalación de WordPress que hemos instalado en nuestro servidor propio necesita instalar esta funcionalidad adicional. Para ello bastará con seguir los pasos que se muestra en la siguiente imagen:

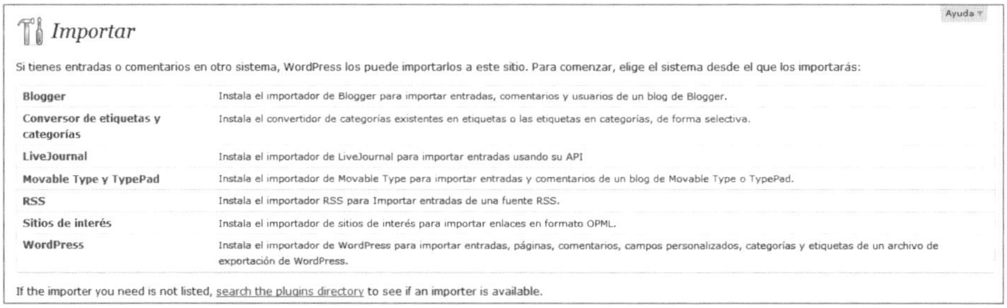

Figura 13.14. Agregar el conversor de categorías en etiquetas en caso de que no esté incluido.

Para los usuarios del servicio gratuito de `WordPress.com` ya el Conversor de categorías a etiquetas está instalado y se mostrará así:

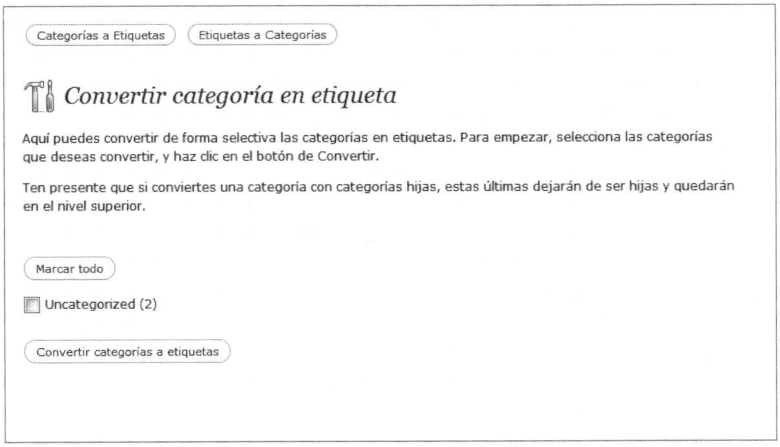

Figura 13.15. Herramienta para convertir categorías en etiquetas del mismo nombre.

Después de marcar las categorías a convertir, el botón ubicado en la parte inferior confirmará la acción y nos brindará una pantalla ratificando que se ha llevado a cabo. Si nos fijamos, notaremos que en la parte superior aparecen dos botones bajo el nombre **Categorías a etiquetas** y el otro **Etiquetas a categorías**. De manera que si estamos arrepentidos ya de haber hecho la trasmutación en una dirección podremos revertirla sin grandes contratiempos.

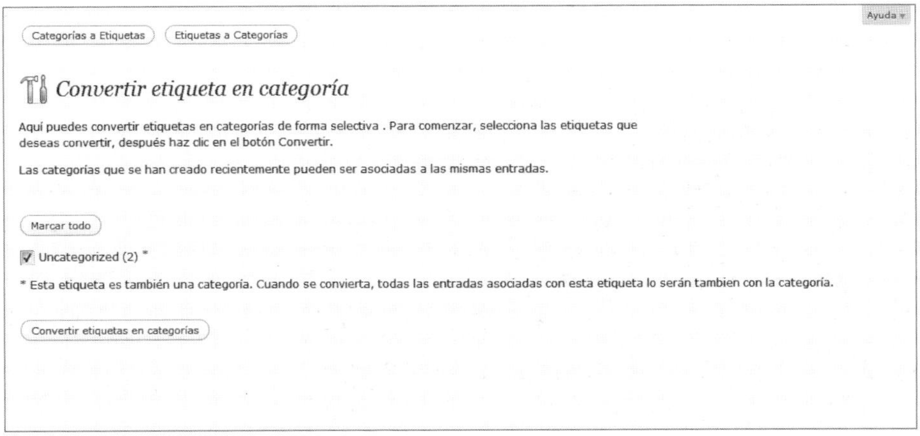

Figura 13.16. Revertir la conversión o pasar una etiqueta a la condición de categoría.

Es importante seguir un camino lógico a la hora de crear tanto las categorías como las etiquetas, pues si no los lectores se sentirán desorientados.

CREACIÓN DE ETIQUETAS

Es hora ya de explorar la creación de etiquetas desde el menú de la izquierda del tablero de WordPress. La sección Etiquetas de las entradas en el menú Entradas nos permitirá acceder al lugar donde se cuecen estos conceptos y definiciones que harán la búsqueda del contenido de nuestro blog más fácil para los lectores y para nosotros mismos.

Recomendamos evitar la superposición de etiquetas, que ocurre cuando una de ellas incluye parte del significado y contenido de la otra. Por ejemplo, si nuestro blog se va a centrar en la vida nocturna de una ciudad, probablemente tendremos categorías generales como "restaurant", "club", "discoteca" y "bar". Pero si escribimos una entrada alabando el magnífico Cuba Libre que nos hemos tomado en la barra de la esquina, entonces además de catalogarla bajo la categoría "bar" la definiremos con etiquetas como "bebida", "cuba", "cola", "ron". La URL que generará esta última palabra utilizada como etiqueta sería `http://www.labalsavirtual.com/tag/ron`. Este ejemplo gustará especialmente a los amantes del piscolabis que no lo olvidarán a la hora de crear las categorías o etiquetas en sus propios blogs.

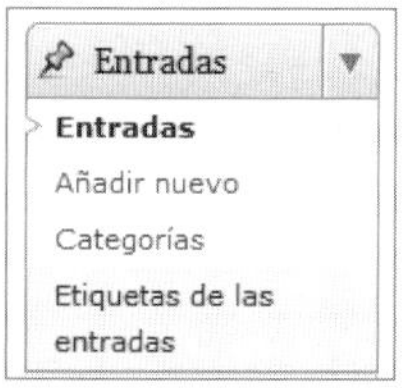

Figura 13.17. Una nueva opción en el menú Entradas a partir de la versión 3.0 de WordPress.

La Web 2.0 ha traído también la llamada *folksonomía*, que no es otra cosa que un sistema de clasificación grupal, una taxonomía social o una manera de organizar la información de manera colectiva que se basa en la colaboración de los propios usuarios que ordena el contenido mediante etiquetas y categorías que no obedecen a una lógica jerárquica sino a las decisiones de los propios internautas. Uno de los mejores ejemplos del uso de la folksonomía es el sitio del.icio.us donde los internautas agregan sus enlaces favoritos y Flickr, en el que clasifican y categorizan fotos y otros contenidos.

El menú de edición de etiquetas –que aparece en la zona izquierda de la pantalla– incluye prácticamente la misma información que el destinado a las categorías. Rellenar el Nombre de la etiqueta, el Slug que conformará la URL en la que se mostrará y una Breve descripción de ésta completará el acto de creación.

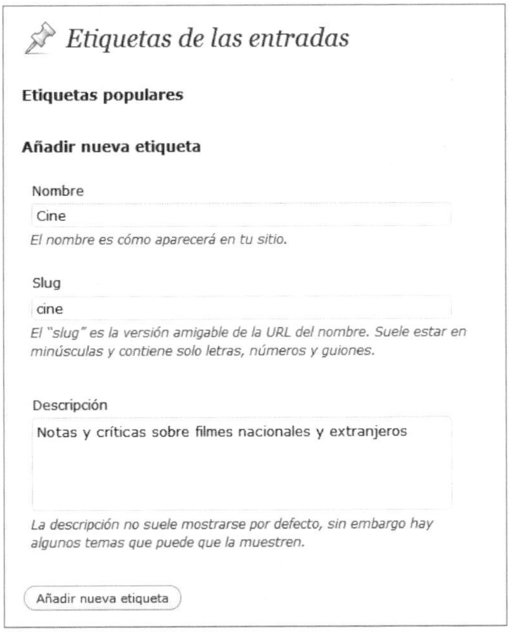

Figura 13.18. Módulo para agregar etiquetas.

Para editar las etiquetas ya creadas nos desplazaremos hacia la parte de la derecha de la pantalla, al ya familiar recuadro en cuatro columnas: Nombre, Descripción, URL y Entradas. Un menú para manejarlas en lote ofrece la posibilidad de borrar varias con unos pocos clics.

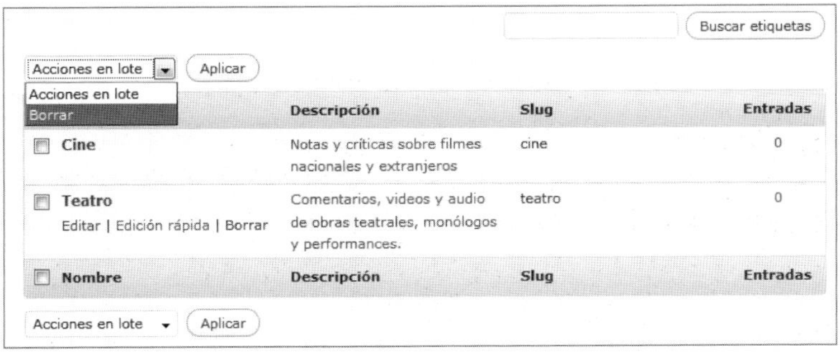

Figura 13.19. Menú de edición de etiquetas ya definidas.

CONVERTIR ETIQUETAS EN CATEGORÍAS

En la zona inferior un enlace anunciará la función del Conversor de etiquetas a categorías. El cual es una de las grandes ventajas añadidas en la versión 3.0 de WordPress. Hasta ese momento se podía hacer la transformación de categorías en etiquetas, pero no viceversa. Para quienes ya tienen la funcionalidad instalada será muy fácil; apenas marcar la casilla a la izquierda del nombre de la etiqueta a convertir y confirmar la acción con el botón inferior. Aquellos que necesiten agregar la funcionalidad a su servidor propio tampoco lo tendrán difícil, pues con apenas unos breves pasos lo lograrán.

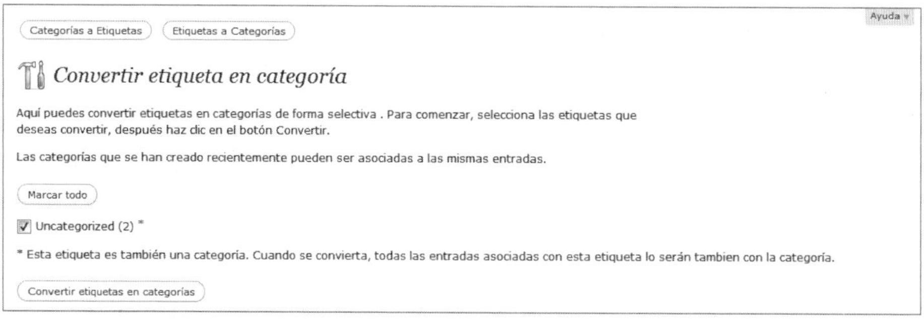

Figura 13.20. Conversor de etiquetas a categorías.

Pero no sólo se crean etiquetas y categorías desde el menú lateral del tablero de WordPress, sino que se puede hacer desde el propio editor de entradas. Echemos una ojeada a la barra de opciones a la derecha del editor de la figura 13.21.

Figura 13.21. Crear categorías y etiquetas desde el propio editor de entradas.

Tendremos no sólo la posibilidad de asignar categorías y etiquetas ya establecidas al contenido que vamos a publicar, sino también crear desde allí mismo otras nuevas.

WordPress 2.3 estableció tres tipos de taxonomías: las categorías y etiquetas que están asociadas a las entradas o artículos del blog, y las categorías de los enlaces, relacionadas con los hipervínculos del *blogroll*.

MOSTRAR LAS ETIQUETAS Y CATEGORÍAS EN LA BARRA LATERAL DEL BLOG

Ya definidas las categorías y creadas algunas etiquetas, podemos pasar a mostrarlas en la barra lateral. Para ello bastará con ir al menú Apariencia y dentro de éste a la sección de Widgets.

Figura 13.22. Activar widgets de categorías y nube de etiquetas.

Recordemos que con sólo arrastrar los *widgets* de la columna izquierda hasta la columna de la derecha, éstos quedarán activados.

En la portada se verán de esta manera:

Categorías
- Cultura
- Espectáculos
- General
- Tips

Etiquetas
bares con musica Cine clubjazz monologos musicales performance Teatro

Figura 13.23. Los lectores agradecerán el menú de categorías y la nube de etiquetas en la barra lateral.

CREACIÓN DE NUESTRAS PROPIAS TAXONOMÍAS

Ahora bien, si tenemos instalado WordPress en un servidor propio y queremos ir mucho más allá, podemos aventurarnos en la creación de una nueva taxonomía. Es sabido que las etiquetas en WordPress no tienen arborescencia, no se pueden agrupar bajo otra etiqueta y se relacionan entre ellas en un plano horizontal, no jerárquico. Sin embargo, el blog con su variedad de temáticas y la complejidad de su contenido nos puede llevar a necesitar catalogar las etiquetas y es allí donde la nueva taxonomía se puede convertir en una realidad.

Supongamos que tenemos una biblioteca virtual en la que brindamos a los internautas un completo catálogo de libros que deseamos organizar por autor, género, fecha, país, cantidad de páginas. Buscaremos entonces el archivo taxonomy.php que está ubicado en la carpeta wp-includes y agregaremos el siguiente código en el campo Taxonomy Registration.

```
register_taxonomy('autor', 'post', array(
'hierarchical' => false, 'label' => 'Autor',
'query_var' => true, 'rewrite' => true));
register_taxonomy('genero', 'post', array(
'hierarchical' => false, 'label' => 'Genero',
'query_var' => true, 'rewrite' => true));
register_taxonomy('fecha', 'post', array(
'hierarchical' => false, 'label' => 'Fecha',
'query_var' => true, 'rewrite' => true));
register_taxonomy('pais', 'post', array(
'hierarchical' => false, 'label' => 'Pais',
'query_var' => true, 'rewrite' => true));
```

```
register_taxonomy('paginas', 'post', array(
'hierarchical' => false, 'label' => 'Paginas',
'query_var' => true, 'rewrite' => true));
```

Inmediatamente en el menú entrada del tablero de WordPress aparecerán representadas las taxonomías recién creadas:

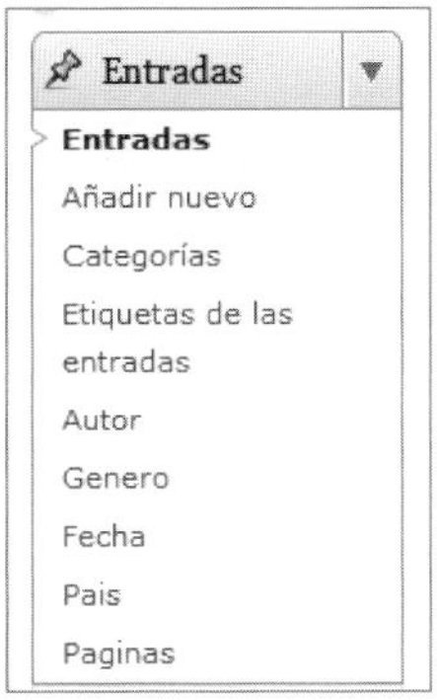

✎ Entradas ▼
Entradas
Añadir nuevo
Categorías
Etiquetas de las entradas
Autor
Genero
Fecha
Pais
Paginas

Figura 13.24. Taxonomías creadas por el administrador.

Si tomamos una de las nuevas taxonomías, por ejemplo la que está bajo el nombre de Autor, se puede analizar cada parte que la conforma, veamos:

```
register_taxonomy('autor', 'post', array(
'hierarchical' => false, 'label' => 'Autor',
'query_var' => true, 'rewrite' => true));
```

Donde autor indica el nombre de la taxonomía tal y como aparecerá en el tablero de WordPress, post define el objeto sobre el que se aplicará la clasificación que ella entraña, hierarchical define si los términos de categorización estarán jerarquizados, por lo que al quedar con el valor "false" se comportarán como etiquetas. Por otra parte, colocar el valor true para la función query_var permite que los usuarios puedan seleccionar artículos utilizando la taxonomía, mientras la opción rewrite es para que WordPress ofrezca URLs amigables cuando se vea una página o archivo de una taxonomía, por ejemplo http://www.midominio.com/autor/cervantes.

A partir del momento en que guardemos el archivo taxonomy.php con los cambios que le hemos realizado, aparecerán en la barra lateral derecha del editor de entradas las casillas con las nuevas taxonomías. Véase la figura 13.25.

Después de haber concluido la osadía de crear incluso nuestras propias taxonomías, el blog habrá alcanzado un mayor nivel de organización.

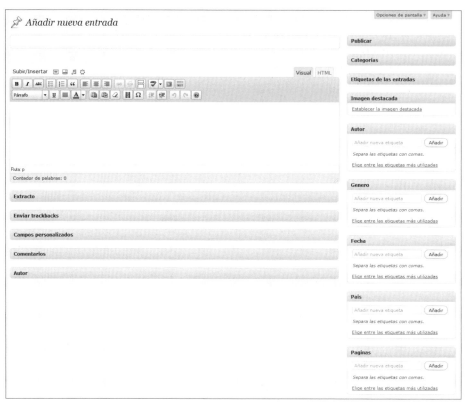

Figura 13.25. Las nuevas taxonomías bien a mano del editor de entradas.

RESUMEN

Bueno, pues parece que el tema de las categorías y las etiquetas ya no nos resulta tan difícil de entender como antes de comenzar a estudiar este capítulo. Al menos ya sabemos distinguir una de otra, reconocer que las categorías tienen un orden taxonómico y frecuentemente jerárquico, mientras las etiquetas son un poco más espontáneas y se relacionan de manera horizontal. Habremos ejercitado también el arte de crear categorías y etiquetas desde el propio tablero de WordPress, agregándole a cada una de ellas una descripción e incluso sugiriendo el *slug* que conformará su URL. La sencilla herramienta de conversión de categorías en etiquetas y viceversa, nos sacará de unos cuantos entuertos y hasta puede ayudarnos a revertir cierta conversión de una en otra si acaso nos arrepentimos. Por otro lado, los *widgets* de representación en la barra lateral de las categorías y de la nube de etiquetas completarán visualmente un proceso de clasificación que hará más fácil para el internauta encontrar la información en nuestro sitio.

Para usuarios atrevidos y con blogs en los cuales se manejan categorizaciones complejas, existe la posibilidad de echar mano de la creación de nuevas taxonomías desde el fichero `taxonomy.php`. Con un sencillo código se logrará incluir, tanto en el menú Entradas como en la barra lateral del editor de WordPress, la secuencia de nuevas taxonomías registradas. Un vasto universo de posibles clasificaciones se abre ante nuestros ojos; ahora es el momento de extraerle todo su potencial.

LA CAÍDA DE LAS MÁSCARAS

Meter en cajones, clasificar y etiquetar no es tarea sólo de oficinistas, burócratas o bloggers haciendo uso de las taxonomías. Hay quienes sienten un gusto especial en colgarle rótulos a los ciudadanos. Vivo justamente en un país donde las clasificaciones se expresan rígidas y los apelativos contundentes. Aquí sólo se puede ser "revolucionario" o "contrarrevolucionario", "escritor" o "ajeno a la cultura", pertenecer al "pueblo" o a un "grupúsculo". En fin, no hay espacio para que mis textos vuelen sin el grillete de lo "conflictivo" y sin las represalias de quienes no entienden su mescolanza. De manera que mi escritura ha terminado por tocar mi vida, cambiarla, ponerla patas arriba y hasta colocarme en la mirilla de instituciones culturales y represivas. Por momentos me gustaría imaginar que mi obra está en un anaquel y que no la llevo sobre mis hombros –cada minuto de mi existencia– decidiendo si sigo libre o si voy tras las rejas, si obtengo o me niegan una autorización para viajar fuera del país y si en los bajos de mi edificio están –o no– los dos hombres que me siguen a todas partes.

Hace meses que sé que no hay retorno al mutismo. **Generación Y** derritió la máscara que llevé durante muchos años y dejó a la intemperie un nuevo rostro que cada cual percibe a su manera. Las palabras vertidas en mi diario virtual no han tenido la carga pesada de los que han sido víctimas o verdugos, son –simplemente– los demonios liberados de alguien que se siente "responsable" de lo ocurrido en su país.

14. Sindicación:
El flujo de RSS y Feeds

LA CENSURA Y LA VELOCIDAD QUE IMPONE LA TECNOLOGÍA

Cada intento por silenciar mis escritos,
generarían más y más hits en el servidor
donde está alojada mi bitácora.

En este capítulo descubriremos cómo:

☐ Definir qué es el RSS y los feeds de un sitio Web.

☐ Comprender el potencial que brindan los canales RSS.

☐ Configurar los feeds del blog.

☐ Utilizar FeedBurner para potenciar el alcance de los feeds.

☐ Gestionar y colocar widgets de RSS.

☐ Usar Mozilla Firefox como agregador de feeds.

EL POTENCIAL Y ALCANCE DEL RSS Y SUS CANALES DE FEEDS

La primera pregunta que se harán algunos de los que comiencen a leer este capítulo es ¿qué significan las siglas RSS y el tan mencionado *feed* de los que todos hablan? Pues la respuesta no es complicada, pues en el acrónimo RSS están enunciadas las claves de su sencillez, al definirse a sí mismo como *Really Simple Syndication* (Sindicación realmente simple). Se trata de un formato de la familia del XML, desarrollado específicamente para compartir información entre sitios que se actualizan frecuentemente. *Feed*, por su parte, es un anglicismo que significa alimentar, aunque en la lengua de Internet se refiere al suministro y actualización de datos. Con esa palabra se denomina a los documentos con formato RSS que incluyen los titulares de noticias, artículos, entradas de blogs o resúmenes de contenidos aparecidos en la Web. Ya estamos acostumbrados a ver en casi todos los sitios que visitamos uno de esos llamativos botones invitándonos a suscribirnos al RSS de su contenido. Al proceso de inscribirse para recibir estos canales de información se le ha llamado "sindicación" o "suscripción", y a través de él se obtiene el contenido o un extracto de éste, además del título y la URL del artículo.

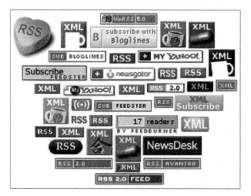

Figura 14.1. Diferentes botones para suscribirse al RSS de un sitio.

La información distribuida en formato RSS puede ser compartida con facilidad y usada en otros sitios Web o programas, e incluso los usuarios pueden recibir a través de ellos las notificaciones de la actualización ocurrida en los diferentes espacios de Internet. Para la revisión de los RSS se requiere de programas que lean y presenten el contenido de los RSS, a los cuales se les llama agregadores o lectores de *feeds*. Un agregador online muy famoso es Bloglines, para el cual no es necesario instalar ninguna aplicación en nuestro ordenador. Los principales formatos de los canales de RSS son el RSS 0.91, RSS 1.0, RSS 2.0 y Atom.

Figura 14.2. Página principal de Bloglines.

Algunos administradores de blogs temen que al suministrar a los lectores el camino del RSS para leer sus entradas, éstos puedan dejar de visitar el sitio ante la posibilidad de leerlo desde un agregador. En este caso un *hit* que se pierde se revierte en mayor difusión de nuestro contenido, de manera que no hay que tenerle miedo al acto de utilizar los *feeds*, los internautas nos los agradecerán. Más que una manera de perder lectores, debemos ver esta aplicación como una ventaja para que puedan leernos aquellos que tienen poco tiempo para quedarse en un sitio Web. El RSS es una de las herramientas más poderosa para promocionar un blog. Véase la figura 14.3.

El gran empujón hacia la popularidad que recibió en los últimos años la tecnología RSS se lo dieron precisamente los blogs, aunque ésta ya existía antes del auge de la blogosfera. Puesto que muchas de las herramientas que se utilizan para crear estas bitácoras virtuales generan automáticamente un *feed* de RSS que ayuda a distribuir su contenido, se puede decir que el RSS y los blogs están íntimamente relacionados. Las bitácoras han llevado en este caso la voz cantante y lograron convencer a los grandes medios de la utilidad de usar estos canales de difusión.

Este es un "canal" de contenido frecuentemente modificado en este sitio.

Puede suscribirse a este canal para recibir actualizaciones cuando este contenido cambie.

Suscribirse a este canal usando [Marcadores vivos ▼]

☐ Siempre usar Marcadores vivos para suscribirse a los canales.

[Suscribirse ahora]

Generación Y

Bienestar y realización: "contrarios a los principios de nuestra sociedad"
jueves, 25 de noviembre de 2010 21:59

Cultura ágrafa
jueves, 25 de noviembre de 2010 8:30

Claudia Cadelo aún espera respuesta de la Fiscalía Provincial a su denuncia por el apartheid cultural en la última muestra de jóvenes realizadores. El agente Rodney nunca dio la cara para validar o negar los tristes sucesos de noviembre de 2009 y alrededor de la casa de Luis Felipe Rojas, unos policías vestidos de civil [...]

El amigo pródigo
martes, 23 de noviembre de 2010 8:22

Regresa a media voz, toca la puerta con cautela ese amigo que hace más de un año no ha querido acercarse. No habla del largo tiempo que pasó sin venir, ni de las causas, pero de la manera en que nos mira todo queda dicho. El miedo, ese elemento que pone a prueba los afectos [...]

Las mandarinas vienen en barco
sábado, 20 de noviembre de 2010 10:08

Es una bolsa de malla, una redecilla tejida de color rojizo con cinco mandarinas en su interior. La ha traído –desde Europa– un lector

Figura 14.3. Visualización de una página de feeds de WordPress.

La CNN también se cautivó con la idea del RSS y lanzó sus primeros contenidos sindicados en enero de 2005.

WordPress hace más llevadera una tarea que ya era bastante simple: la administración de los archivos RSS de un blog. Le brinda a sus usuarios varias herramientas para facilitar la optimización de los *feeds* y hace que éstos lleguen lo más lejos que sea posible en la gran telaraña mundial. En el menú Ajustes encontraremos el submenú Lectura donde se configuran ciertos detalles importantes de la presentación de los *feeds*. Entre ellos está la posibilidad de mostrar el Texto completo de las entradas en los *feeds* o sólo un Resumen. También tendremos la oportunidad de definir la Codificación para páginas y feeds donde se recomienda utilizar el estándar UTF-8. Véase la figura 14.4.

Existe aún hoy una encendida polémica sobre brindar el texto completo de las entradas a través del RSS o sólo un extracto de ellas, que motive al lector a visitar el sitio para completar la información. Según varios bloggers consultados, aunque se pierde por un lado se gana muchísimo por otro, pues con el decrecimiento en el número de *hits* viene aparejado un aumento del alcance del contenido del sitio, de manera que no todo debe quedarse en las cifras de quienes visitan nuestras páginas, sino en cuántos realmente nos están leyendo. De ahí que se recomienda ofrecer a través del RSS las entradas completamente, los lectores sabrán valorar ese gesto.

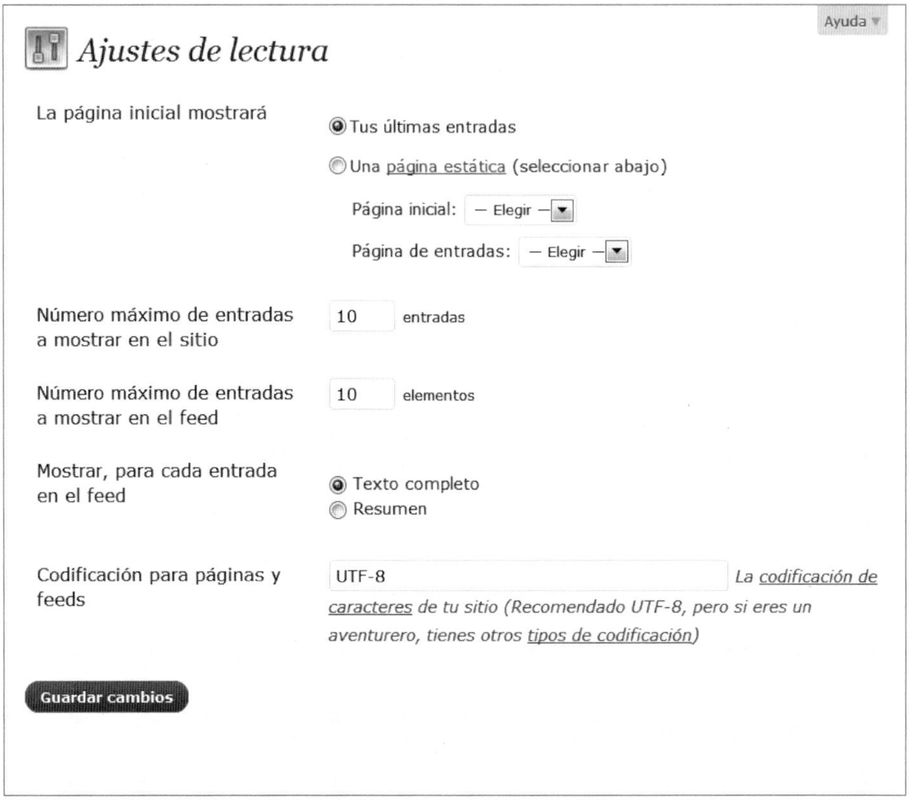

Figura 14.4. Algunos importantes ajustes para la lectura de los feeds.

Entre los medios de habla hispana *El Mundo* fue pionero en ofrecer canales RSS, pues en el ya lejano año 2003 habilitó un sistema de envío de titulares a sus lectores. Después de cumplir con el requisito de un registro previo, el diario mandaba por correo electrónico un mensaje con la URL del *feed* al que el lector se había suscrito de forma gratuita. Véase la figura 14.5.

El uso del RSS para publicar y distribuir información se conoce como "sindicación", mientras los programas que leen y presentan fuentes RSS de diferentes procedencias se denominan agregadores.

Figura 14.5. El Mundo, pionero entre los periódicos de habla hispana en ofrecer canales RSS.

ESTRUCTURA DE LAS URLS DE LOS FEEDS

Cada uno de los canales RSS que emite WordPress tiene una dirección URL que se conforma siguiendo cierta lógica. Es bueno conocerla para suscribirse al contenido de otros blogs administrados con el mismo gestor de contenido. En la siguiente tabla se muestra la versión por defecto de la URL de los canales más importantes y también la versión amigable de esa URL. Con ella el lector podrá suscribirse específicamente a las entradas bajo una categoría, etiquetadas con ciertos términos, o al RSS de los comentarios.

TIPO DE FEED	URL POR DEFECTO	URL AMIGABLE
Entradas RSS 2.0 (defecto)	/?feed=rss2	/feed /feed/rss2
Entradas Atom 1.0	/?feed=atom	/feed/atom

TIPO DE FEED	URL POR DEFECTO	URL AMIGABLE
Comentarios	/?feed=comments-rss2 /?feed=comments-atom	/comments/feed /comments/feed/atom
Categoría (ejemplo: libros)	/?feed=rss2&cat=1 /?feed=atom&cat=1	/category/libros/feed /category/libros /feed/atom
Etiqueta (ejemplo: novela)	/?feed=rss2&tag=novela	/tag/novela/feed /tag/novela/feed/atom
Taxonomía (ejemplo: autor)	/?feed=rss2&genre=autor /?feed=atom&genre=autor	/genre/autor/feed /genre/autor/feed /atom

Que el RSS se muestre en la URL por defecto o en la otra más amigable depende de cuál definición hemos establecido en la sección Enlaces permanentes del menú Ajustes. Si mantenemos la opción por defecto tendremos esas raras direcciones compuestas por signo de interrogación, números y otros símbolos más. Sin embargo, aventurarnos a definir una URL que incluya –por ejemplo– el mes y el nombre hará más grata la tarea de encontrar los *feeds*.

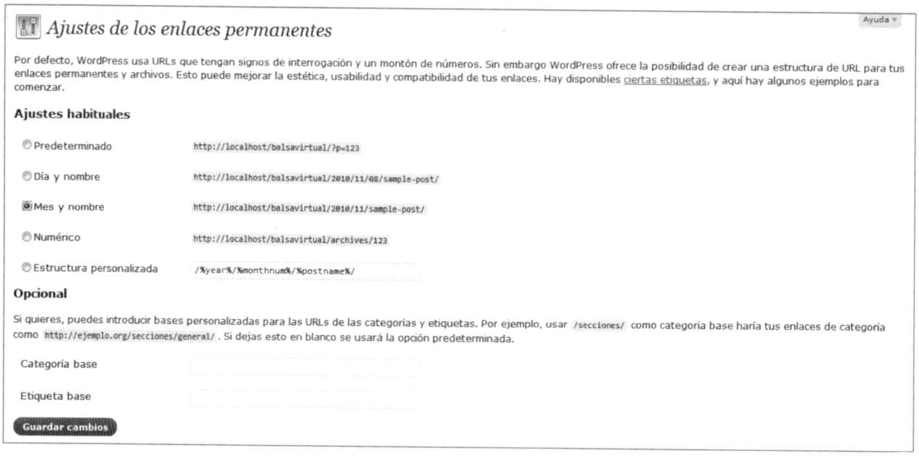

Figura 14.6. Definir enlaces permanentes más amigables también ayuda a la difusión de los feeds.

UTILIZACIÓN DE FEEDBURNER

Aunque ya WordPress nos ofrece una manera sencilla y efectiva de trabajar los RSS, hay otros servicios al estilo de FeedBurner que brindan opciones más completas.

La poderosa herramienta ubicada en `http://www.feedburner.com` contiene funcionalidades como:

- ☐ Un sofisticado sistema de suscripción por e-mail, que permite a los lectores recibir los *feeds* a través del correo electrónico, previa inscripción.

- ☐ Se pueden agregar enlaces interactivos junto al contenido de cada entrada, por ejemplo aquellos que sirven para compartir el texto con otros amigos o en redes sociales al estilo de `del.icio.us`.

- ☐ Convierte automáticamente las entradas a los formatos más estandarizados como RSS 1.0, Atom y RDF.

- ☐ Ofrece un conjunto de herramientas analíticas para saber cuántos lectores están accediendo a los canales de nuestros *feeds*.

- ☐ Una herramienta llamada PingShot que notificará a redes sociales y servicios de intercambio de información cuando haya actualizaciones en nuestras entradas.

- ☐ Si se agrega al blog el *plugin* FeedSmith éste redirigirá automáticamente a nuestra cuenta de Feedburner el número de suscriptores que tenemos por cada canal de RSS.

Corramos pues hacia la Web de FeedBurner para crearnos cuanto antes una cuenta. Si ya somos usuarios de Gmail entonces todo será más fácil.

Figura 14.7. Página principal de FeedBurner.

Para completar la inscripción necesitaremos tener la URL de la fuente del *feed* de las entradas del blog y si lo deseamos también la de los comentarios. Un clic en el botón **Next** nos permitirá ir hacia la siguiente pantalla.

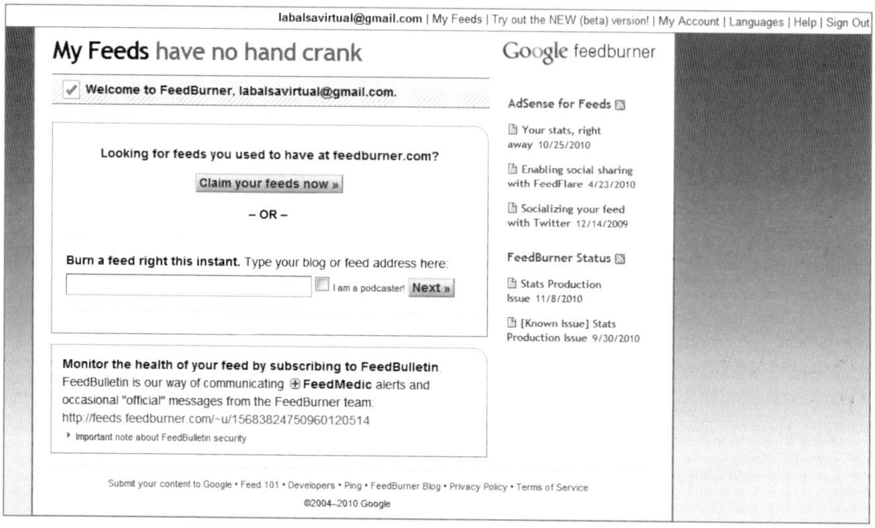

Figura 14.8. Momento para definir las fuentes de las que beberá FeedBurner.

Ahora tendremos que introducir algunos datos como un Título del feed, una sugerencia de Dirección del feed, el Usuario para la cuenta de FeedBurner que estamos creando, la Contraseña de acceso y un Correo electrónico de contacto.

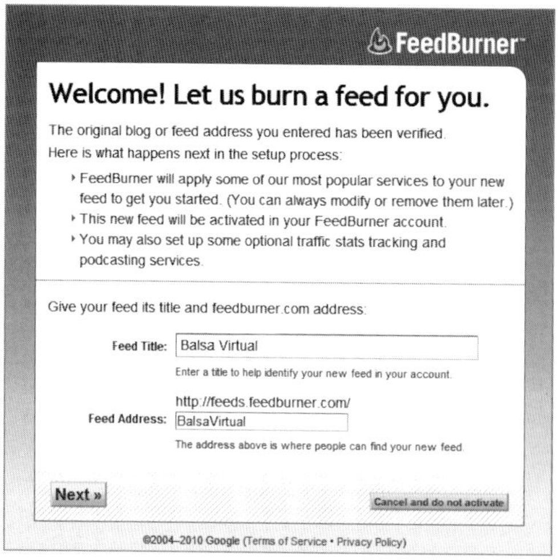

Figura 14.9. Datos para completar la inscripción.

Un recuadro nos permitirá definir la información estadística que nos brindará FeedBurner, que incluirá el número de lectores que usan nuestros canales RSS, cuántos se descargan nuestros Podcast e incluso otras opciones para medir la popularidad de los artículos del blog. Al concluir este paso quedará listo y lanzando nuestros contenidos a los cuatro vientos.

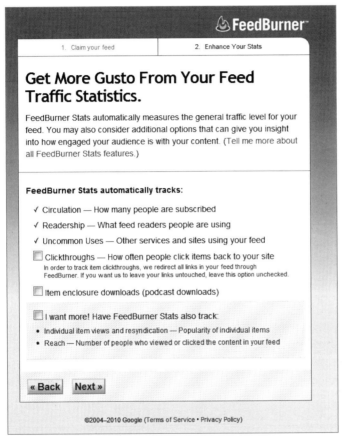

Figura 14.10. Opciones adicionales de FeedBurner.

Para sacarle el máximo partido a FeedBurner podemos también agregar al blog el *plugin* FeedSmith, para lo cual bastará con descargarlo de `http://www.feedburner.com/fb/products/feedburner_feedsmith_plugin_2.3.zip` y después subirlo al servidor siguiendo lo estudiado en el capítulo 8. Una vez activado en el menú Plugins, procederemos a configurar su funcionamiento. Para lo cual necesitamos proveerlo de la URL de nuestro canal de FeedBurner y si lo deseamos –y lo tenemos configurado previamente en ese servicio– el canal de los comentarios de nuestro blog.

Figura 14.11. Configurar el plugin FeedSmith.

Ahora nos daremos un saltico por la cuenta recién creada en el servicio de FeedBurner. Veremos un menú superior que incluye las opciones de Analizar, Optimizar, Publicitar, Monetizar y Otras herramientas. Se recomienda, en la pestaña Optimizar, activar la opción de SmartFeed pues de esa manera será posible traducir nuestros canales de *feed* a todos los formatos compatibles con los agregadores existentes.

Figura 14.12. Llevar los feeds a múltiples formatos.

Otra de las grandes ventajas que ya habíamos visto es la suscripción por e-mail del contenido del blog. Para activar el servicio tendremos que ir al menú Publicitar y seleccionar la opción Suscripciones por Email. Debemos copiar el código HTML del formulario de inscripción.

Figura 14.13. Activar el envío de feeds por e-mail.

El código resultante será como el siguiente:

```
<form style="border:1px solid #ccc;padding:3px;text-align:center;"
action="http://feedburner.google.com/fb/a/mailverify" method="post"
target="popupwindow" onsubmit="window.open('http://feedburner.google.com/
fb/a/mailverify?uri=BalsaVirtual', 'popupwindow', 'scrollbars=yes,width=
550,height=520');return true"><p>Enter your email address:</p><p><input
type="text" style="width:140px" name="email"/></p><input type="hidden"
value="BalsaVirtual" name="uri"/><input type="hidden" name="loc"
value="es_ES"/><input type="submit" value="Subscribe" /><p>Delivered
by <a href="http://feedburner.google.com" target="_blank">FeedBurner</a>
</p></form>
```

Ahora entraremos en el tablero de WordPress y seguiremos la secuencia ya estudiada en el capítulo 8 para agregar un *widget* de texto. En el interior de éste pegaremos el HTML obtenido en FeedBurner.

Texto

Título:

```
<form action="http://feedburner.google.com
/fb/a/mailverify" method="post" target="popupwindow">
<p>Enter your email address:</p><p></p><p>Delivered
by <a href="http://feedburner.google.com"
target="_blank">FeedBurner</a></p></form>
```

☐ Automatically add paragraphs

Borrar | Cerrar   **Guardar**

Figura 14.14. Widget de texto con el código del formulario de FeedBurner.

En la barra lateral del blog aparecerá entonces un formulario de inscripción, donde el lector podrá introducir su dirección de correo electrónico.

Figura 14.15. Formulario para recibir actualizaciones desde FeedBurner.

Cuando el usuario introduce su e-mail en el formulario recibirá de vuelta un correo electrónico para que confirme la suscripción. Al hacer clic sobre el enlace que contiene este mensaje irá a parar a una pantalla que verifica que el suscriptor es una persona real y no una máquina; sólo entonces el proceso concluirá y se comenzarán a recibir las actualizaciones.

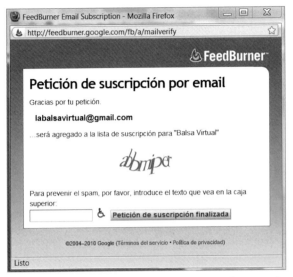

Figura 14.16. Pantalla para confirmar la suscripción.

VISUALIZAR FUENTES RSS EXTERNAS

Además de divulgar información, el RSS nos permite colocar en nuestro blog contenidos generados en otras Webs. Esto no tiene nada que ver con el plagio, si no que se trata de un nuevo mecanismo de distribución informativa. De manera que colocar un *widget* RSS en nuestra barra lateral ayudará a nutrir nuestro espacio virtual con artículos de otros. Tan sencillo como irse al menú de creación de *widgets* y agregar uno de los que vienen por defecto con WordPress. Bajo el nombre de RSS, el nuevo *widget* deberá ser movido hacia la columna de los activos e introducirle la URL del canal de *feed* del que queremos beber.

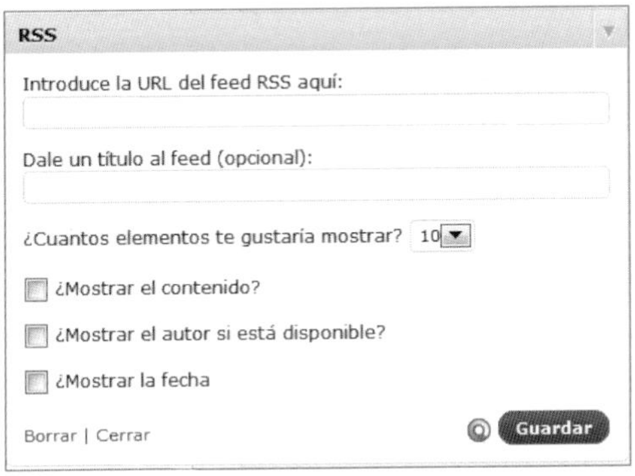

Figura 14.17. Configuración de un widget RSS.

SERVICIOS DE LECTURA DE FEEDS: GOOGLE READER Y BLOGLINES

Para los internautas que quieran organizar y tener a mano todos los canales de RSS que les resultan interesantes, son de gran utilidad los siguientes servicios:

- Google Reader, `http://reader.google.com/`

- Bloglines, `http://bloglines.com/`

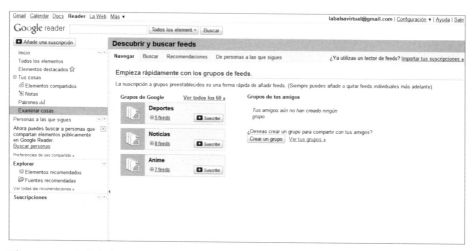

Figura 14.18. Página principal de Google Reader.

Un agregador es una herramienta para leer contenidos publicados en forma de *feed* y optimizar el tiempo de consulta que dedicamos a ellos, para monitorear inteligentemente la información de la Web. El agregador compila las entradas –o un extracto de ellas– publicadas en los distintos sitios que se seleccionen y muestra los elementos recién actualizados en una misma ventana sin necesidad de tener que navegar en cada página Web, incluso avisa de las noticias aparecidas después de nuestra última lectura. Estos programas leen archivos con extensiones `.xml`, `.rss` y `.rdf`, aunque también pueden llegar a interpretar terminaciones como `.php` o `.js`.

En cuanto a los agregadores para instalar en el ordenador, aquí viene una lista con los nombres, sitios de descarga y compatibilidades:

- Vienna, `http://www.opencommunity.co.uk/` para Mac OS X.

- NewsGator, `http://www.newsgator.com/` para Windows.

- FeedReader, `http://feedreader.com/` para Windows.
- RSSOwl, `http://www.rssowl.org/` para Mac, Windows y Linux.
- Liferea, `http://www.liferea.sourceforge.net/` para Linux.

El formato RSS permite distribuir contenido sin necesidad de visualizarlos en un navegador, sino utilizando programas diseñados para leer el RSS de éstos. No obstante, es posible utilizar el propio navegador –como Internet Explorer, Mozilla Firefox u Opera– para ver los contenidos RSS. Las últimas versiones de los principales navegadores permiten leer los RSS sin necesidad de una aplicación adicional.

Siempre se tiene también la posibilidad de utilizar los propios navegadores para leer los *feeds*. En el caso de Mozilla Firefox, por ejemplo, bastará con hacer click sobre el botón de RSS que sale en la propia barra de navegación justo cuando estemos en la Web a la que queremos suscribirnos.

Figura 14.19. Mozilla Firefox y su sencilla herramienta de suscripción a Feeds.

Después de seguir ese procedimiento podremos leer los *feeds* de las páginas que nos interesen con sólo pasar el *ratón* por el nombre de la misma que aparece ahora sobre la ventana del navegador.

Figura 14.20. Canal de feed agregado a Mozilla Firefox.

Después de esta zambullida profunda en el tema del RSS y los canales de *Feeds* ya podremos empezar a usar tan poderosas herramientas. Tanto como emisores de información como receptores de *feeds* ajenos, el camino del RSS se abre tentador y seguro frente a nosotros.

RESUMEN

La popularidad del RSS creció específicamente con el auge de la blogosfera que logró arrastrar en el entusiasmo por los *feeds* a los grandes medios informativos. WordPress por su parte hizo más fácil lo que ya de por sí era bastante sencillo: la configuración de canales de *feeds* que lleven cada vez más lejos el contenido de los blogs. Para ello este gestor de contenido permite definir si los canales de *feeds* llevarán el contenido íntegro de las entradas o sólo un extracto, además de permitir configurar lo amigable de las URLs que mostrarán el RSS, y la codificación que éste tendrá. Complementando estas potencialidades con la herramienta de FeedBurner, se logra que los internautas cuenten con una suscripción vía e-mail al contenido del sitio y que el administrador analice las estadísticas de lecturas de sus RSS.

También los lectores de *feeds* tienen varias herramientas conocidas bajo el nombre de agregadores que ayudan a compilar diferentes canales y optimizar su manejo. Las últimas versiones de los navegadores incluyen recursos de suscripción a *feeds* en pocos pasos.

LA CENSURA Y LA VELOCIDAD QUE IMPONE LA TECNOLOGÍA

Después de tantos tropiezos para colarme en los segregados enclaves turísticos –disfrazada de turista, para poder conectarme a Internet–, a mediados de 2008 se anunció que el apartheid terminaba. Permitieron a los ciudadanos cubanos la compra de ordenadores y la reservación de una habitación en un hotel, pero no quedó claro con qué salario pagaríamos los excesivos precios de esos servicios en moneda convertible. A pesar de esa flexibilización, la mayoría seguimos siendo internautas indocumentados, pues nuestras incursiones en el terreno de Internet están marcadas por la ilegalidad. Las transgresiones ocurren cuando alguien compra una contraseña en el mercado negro para conectarse a la red, o usa sin permiso una conexión oficial para entrar a determinada información restringida. Si en lugar de eso se paga el excesivo precio de conexión en un hotel, entonces se está delatando la probable fuente ilegítima de nuestros recursos materiales. Yo pertenezco al último grupito de criminales, pues desde hace diez años me lancé a ganarme la vida como maestra de español y guía de la ciudad, sin tener licencia para ello.

Cuando todavía no estaba permitida la venta de ordenadores, ya había tenido que decir frente a decenas de periodistas que poseía una laptop. Todos sabían que no la había podido adquirir legalmente en las tiendas de mi país y eso era un riesgo que presagiaba confiscaciones. No obstante, mis exhibicionistas declaraciones parecían protegerme en lugar de implicarme. Comprendí entonces que el fenómeno blogger era nuevo también para los censores; no sabían todavía cómo actuar ante él. Cada intento por silenciar mis escritos generaría más y más hits en el servidor donde estaba alojada mi bitácora. Los tiempos se habían transmutado y los métodos de coacción no habían podido adaptarse a la velocidad que impuso la tecnología.

15. URLs y enlaces

PUENTES QUE NOS UNEN, VÍNCULOS QUE NOS ACERCAN

Generación Y es lo más arriesgado que
he hecho en mis tres décadas de vida.

En este capítulo descubriremos cómo:

☐ Mejorar la presentación y el alcance de los enlaces permanentes.

☐ Aprovechar el potencial de los pingbacks y los trackbacks.

☐ Definir categorías de enlaces.

☐ Crear y gestionar enlaces.

☐ Configurar un blogroll.

☐ Colocar un *widget* de enlaces.

LA NECESARIA INTERCONECTIVIDAD DE UN BLOG A TRAVÉS DE SUS URLS

Cuando se piensa en un blog hay varios conceptos que vienen a la mente, pero ninguno con tanta fuerza como el de la conectividad. Una bitácora no es una burbuja aislada lanzada en el ciberespacio, sino una partícula que se conecta a otras para conformar lo que se hace llamar la blogosfera. Aunque la gran mayoría de los blogs son como diarios individuales, cada uno de ellos construye a su vez redes de intercambio con otros sitios. Esas relaciones se establecen tanto con los enlaces entrantes como salientes, y no sólo a partir del hipertexto enriquecido que se ubica en el interior de las entradas, sino también con el listado de enlaces que se sugiere en la barra lateral y fundamentalmente con las direcciones URLs del propio blog que se difunden hacia afuera. Sobre la conectividad influye el relacionarse con otros espacios digitales, pero también la optimización de los enlaces de nuestro propio blog para que sean más fáciles de utilizar por quienes quieran enlazarnos. De ahí que este capítulo se dividirá en al menos dos aspectos: optimizar los enlaces que produce nuestro propio blog y por otro lado hacer un uso eficiente de los que pertenecen a otros sitios Web.

Las relaciones con otros espacios es una parte intrínseca de la experiencia blogger. Es a través de estos mecanismos y prácticas que se genera una forma de sociabilidad; a partir de un enlace, una referencia o el propio hipertexto se conectan espacios digitales y los autores que los han elaborado. Así se tienden puentes hasta formar una red que permite oír voces que de otro modo quedarían anónimas.

Enlazar otros blogs es el camino más rápido para que nos enlacen. Buscar una comunidad en la que insertarse y participar en las discusiones y debates alrededor de ciertos temas es una buena forma de estrechar vínculos. Eso nos permitirá entrar en contacto con una dinámica red social de la que podrán derivarse ayudas, contactos comerciales, intercambio de conocimientos y apoyo cívico. No desestimemos el poder de esos lazos virtuales que terminará por influir en nuestras vidas y hacernos sentir mejor acompañados.

NUESTRAS PROPIAS URLS

La primera parte del largo camino de la conectividad ya lo hemos aprendido en el capítulo 6 cuando repasamos la secuencia para crear enlaces que enriquecen la hipertextualidad de nuestras entradas. Ahora vamos a aprender a que cada contenido que genere nuestro blog sea fácil de citar y enlazar a lo largo de la gran telaraña mundial. Para lograrlo hay un término que resume la optimización de las URLs que componen nuestro sitio: el *permalink*.

El *permalink* tiene una gran importancia en la estructura y dinámica de la blogosfera. Éste se puede definir como una dirección única para cada una de las entradas y es generada por la propia plataforma de publicación. Con un *permalink* que muestre claramente el contenido de la entrada, ésta tendrá identidad propia y podrá ser aludida o referenciada desde cualquier otro sitio mediante la URL correspondiente, además de mejorar notablemente su posicionamiento en los buscadores.

Es de suma importancia que las direcciones Web que contiene nuestro sitio estén conformadas de manera lógica para que el contenido sea óptimamente enlazado. A los buscadores les resultan más familiares las URLs con palabras claves y con una estructura más amable. Aunque por defecto WordPress tiene una forma despersonalizada y algo antiestética para mostrar los links, se puede arreglar si nos zambullimos en este gestor de contenido. Las URLs predeterminadas de WordPress contienen signos de interrogación y números al estilo de `http://www.balsavirtual.com/?p=26`. Sin embargo, también existe la posibilidad de crear otras estructuras de enlaces permanentes para los usuarios que tienen instalado el *script* en un sitio propio. Sólo ellos podrán hacer uso de esta ventaja siempre y cuando se tenga alguno de estos servidores:

- Apache o LiteSpeed, con el módulo mod_rewrite instalado.
- Microsoft IIS 7, con el módulo URL Rewrite 1.1 instalado y PHP 5 ejecutándose con el acelerador FastCGI.
- Microsoft IIS 6 y el modulo rewrite.
- Lighttpd, y el módulo `mod_rewrite` o el módulo `mod_magnet`.

Si el servidor donde está alojado el blog contiene un archivo .htacces, WordPress lo modificará automáticamente al hacer algún cambio en la sección de Permalinks. En caso de que WordPress no pueda reescribir el archivo, será mejor revisar los permisos de escritura del servidor o agregar manualmente a .htacces el siguiente código:

```
# BEGIN WordPress
<IfModule mod_rewrite.c>
RewriteEngine On
RewriteBase /
RewriteCond %{REQUEST_FILENAME} !-f
RewriteCond %{REQUEST_FILENAME} !-d
RewriteRule . /index.php [L]
</IfModule>
# END WordPress
```

Una vez comprobado que se tienen los requisitos anteriores y habiendo hecho los cambios pertinentes en el servidor, se podrá entonces mejorar la estética, usabilidad y compatibilidad de los enlaces. Hay varios caminos para lograrlo, pero vamos a darnos primero un saltico hasta el menú Ajustes y dentro de él hasta la sección Enlaces permanentes.

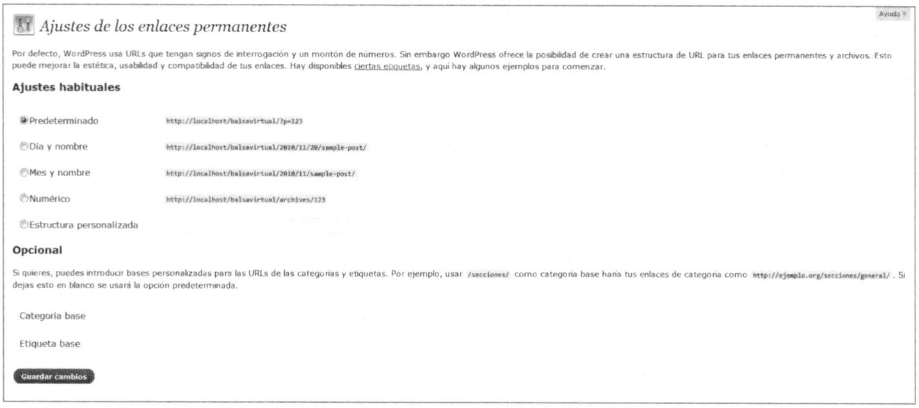

Figura 15.1. La pantalla donde se cuece el formato de los links.

Aparece marcada por defecto la opción predeterminada que obedece a la estructura ya conocida de http://midominio.com/?p=123. Pero también podemos hacer que nuestras URLS tenga una secuencia de Día y nombre; Mes y nombre; Numérico y Estructura personalizada. Dentro de ellas una de las más aceptadas por los lectores es la que muestra el mes y el año acompañados del título de la entrada, a la manera de http://balsavirtual.com/2010/08/ sample-post/.

En teoría se puede cambiar la estructura de los *permalinks* todas las veces que se quiera, pues WordPress redirigirá a los visitantes que visitan las viejas URLs hacia las nuevas usando el protocolo HTTPs 301. Sin embargo –y aquí viene algo muy importante– WordPress sólo guardará la estructura anterior a la actual, de manera que sucesivos cambios en la forma que se presentan los *permalinks* harán que los internautas se pierdan. La mesura debe marcar las transformaciones en la estructura de los *permalinks*.

Una vez activada una opción diferente a la predeterminada para los *permalinks*, notaremos que al editar una entrada sobre el editor de texto aparecerá la posibilidad de introducir manualmente un cambio en la URL. Al hacer clic sobre el botón **Editar**, accederemos a un recuadro que permite reescribir al menos la última parte que compone el enlace permanente.

Figura 15.2. Pasar a cambiar el permalink desde la pantalla de edición de entradas.

Habremos comprobado también que el botón **Obtener enlace corto** nos lleva de vuelta a aquella versión de URL con número y signo de interrogación. Nunca es tarde para regresar a la opción por defecto si nos parece que la más amable también puede necesitar más trabajo. Véase la figura 15.3.

En el capítulo 13 ya habíamos visto también la definición de un *slug* para cada categoría o etiqueta, lo cual también influye en la manera en que se mostrará la URL. Podemos ayudar a los buscadores personalizando el *slug* de las entradas. ¿Cómo se logra esto? Pues es realmente fácil, si nos vamos al menú Entradas y a su primer submenú del mismo nombre. En el listado de *posts* ya publicados y pasando el ratón sobre los títulos, encontraremos la opción de Edición rápida que incluye la posibilidad de cambiar el *slug*. Véase la figura 15.4.

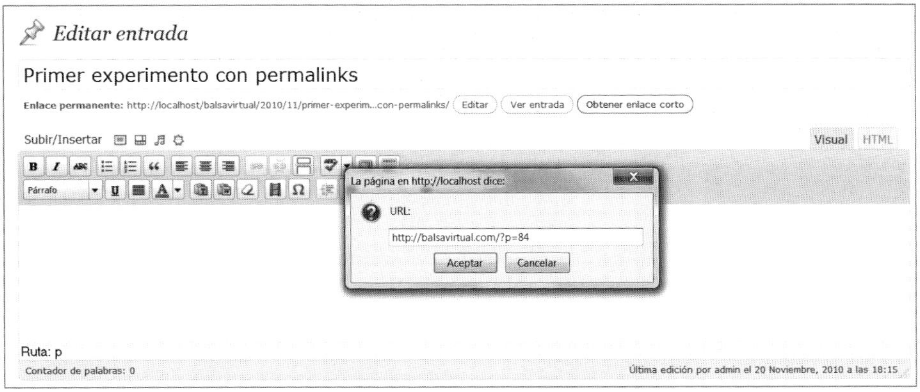

Figura 15.3. Retornar a la versión corta de la URL.

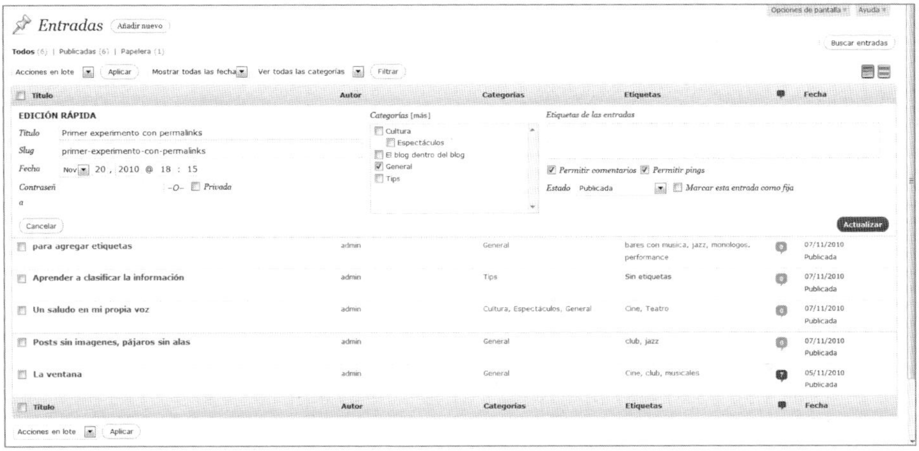

Figura 15.4. Un slug amigable hace una URL más fácil de indexar por los buscadores.

PINGBACKS Y TRACKBACKS

Pero no sólo la estructura de las URLs determina la conectividad de un blog, sino también los llamados *trackbacks* y *pingbacks* que son enlaces que viajan difundiendo nuestro contenido.

Gracias a estas herramientas tan útiles podremos llevar más lejos nuestras entradas y notificarle a otros sitios que hemos actualizado el contenido o que hemos hecho referencia a ellos en nuestro blog. Se trata de funcionalidades que tejen relaciones y estrechan vínculos.

Los *trackbacks* son un modo de avisar a los sistemas antiguos de blogs de que hay una nueva entrada o de que se ha hecho referencia a ellos en el interior de ésta. Para lograr mandar esa notificación debemos introducir la URL de envío. Esto se hace desde un módulo que está debajo del editor de texto de entradas, encabezado justamente por la palabra Trackbacks.

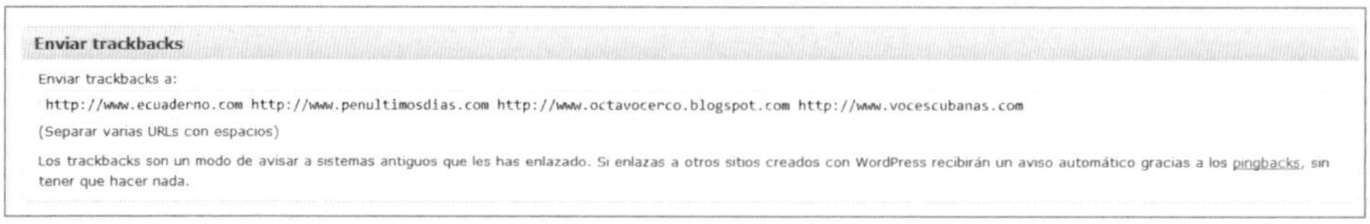

Enviar trackbacks

Enviar trackbacks a:
http://www.ecuaderno.com http://www.penultimosdias.com http://www.octavocerco.blogspot.com http://www.vocescubanas.com
(Separar varias URLs con espacios)
Los trackbacks son un modo de avisar a sistemas antiguos que les has enlazado. Si enlazas a otros sitios creados con WordPress recibirán un aviso automático gracias a los pingbacks, sin tener que hacer nada.

Figura 15.5. Módulo para escribir las URLs a las que se les enviará un trackback de la entrada.

Los *pingbacks*, por su parte, funcionan de forma automatizada y moderna, basta con que incluyamos en el contenido de una entrada el enlace a otro sitio y éste será informado de forma automática de que hemos aludido a él. También es posible definir en el submenú Escritura del menú Ajustes las direcciones de servicios de actualizaciones a los que avisarle de que tenemos nuevo contenido.

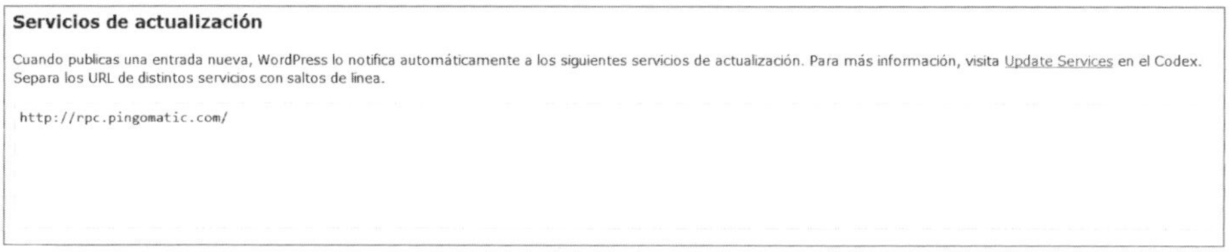

Servicios de actualización

Cuando publicas una entrada nueva, WordPress lo notifica automáticamente a los siguientes servicios de actualización. Para más información, visita Update Services en el Codex. Separa los URL de distintos servicios con saltos de línea.

http://rpc.pingomatic.com/

Figura 15.6. Sitios a los que se les notificará de actualizaciones en el blog.

A los *pingbacks* y *trackbacks* también se les llama retroenlaces, enlaces inversos o referencias inversas. Para recibir los que emiten otros blogs, debemos tener activada esa función en la sección de Comentarios del menú Ajustes.

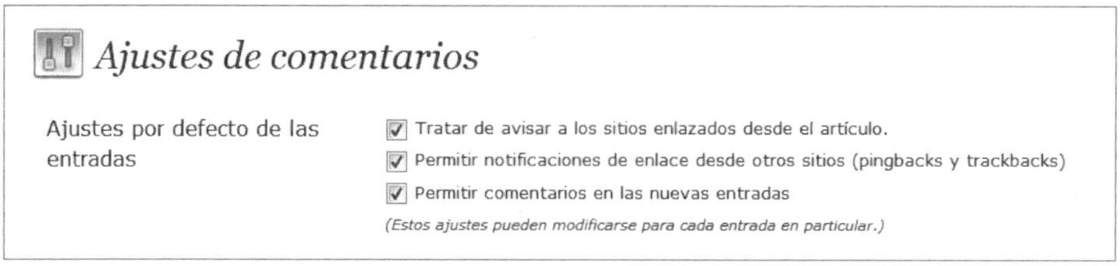

Ajustes de comentarios

Ajustes por defecto de las entradas

☑ Tratar de avisar a los sitios enlazados desde el artículo.
☑ Permitir notificaciones de enlace desde otros sitios (pingbacks y trackbacks)
☑ Permitir comentarios en las nuevas entradas
(Estos ajustes pueden modificarse para cada entrada en particular.)

Figura 15.7. Activar la recepción de trackbacks y pingbacks.

Cuando publicas una entrada nueva, WordPress automáticamente lo notifica al servicio de actualización de `http://rpc.pingomatic.com/`.

Para optimizar aún más el envío y recepción de *trackbacks* y *pingbacks* –especialmente a servicios de actualización– podemos apelar a la herramienta Pingshot de FeedBurner. Para lo cual debemos entrar a nuestra cuenta en ese servicio y dirigirnos hacia la opción Publicitar. En la página destinada a Pingshot hay un listado de servicios a los que notificarles las actualizaciones de nuestro blog, podemos seleccionar todos aquellos que queramos, pero lo mejor es no elegir Ping-o-matic, que ya está configurado por defecto en nuestro tablero de WordPress.

PingShot

La mayoría de los lectores RSS online comprobarán de vez en cuando si hay actualizaciones. Dales un empujón con PingShot. Elige los servicios a los que quieres hacer ping y nosotros les avisaremos cuando publiques nuevo contenido.

✓

Cuando publique nuevo contenido en mi feed, avisad a estos servicioss...

Este servicio está **activo**   Desactivar

Figura 15.8. Opciones que brinda Pingshot.

Technorati es un servicio que sigue minuto a minuto todos los blogs y detecta cuáles enlazan a cuáles. Se supone que, cuantos más enlaces recibe un blog, más importante es.

Nunca nuestros enlaces habían llegado tan lejos y ahora va siendo hora de hacer un labor solidaria para determinar así su grado de interconectividad y de importancia en la blogosfera.

BLOGROLL

Una máxima que recorre la blogosfera mundial dice "enlaza y te enlazarán", de manera que para ganar en interconectividad no basta con tener unos impecables *permalinks* o un eficiente envío de *pingbacks* y *trackbacks*, si no ayudamos a difundir otros blogs. Una las características que distingue a estos espacios personales es justamente el hecho de que habitualmente cuentan con una sección de enlaces recomendados a los que también se les conoce como *blogroll*.

Esta colección de links suele estar compuesta por blogs que el autor lee con asiduidad, que considera de especial relevancia o que –sencillamente– refieren a sitios hechos por amigos o por personas cercanas.

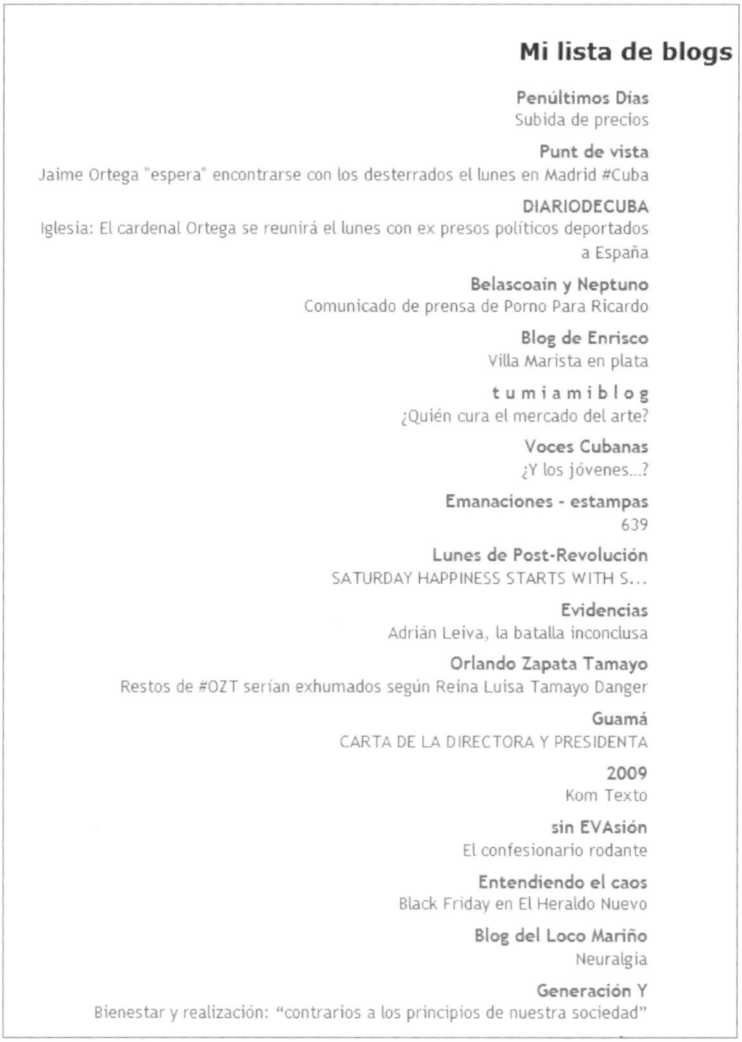

Mi lista de blogs

Penúltimos Días
Subida de precios

Punt de vista
Jaime Ortega "espera" encontrarse con los desterrados el lunes en Madrid #Cuba

DIARIODECUBA
Iglesia: El cardenal Ortega se reunirá el lunes con ex presos políticos deportados a España

Belascoaín y Neptuno
Comunicado de prensa de Porno Para Ricardo

Blog de Enrisco
Villa Marista en plata

t u m i a m i b l o g
¿Quién cura el mercado del arte?

Voces Cubanas
¿Y los jóvenes...?

Emanaciones - estampas
639

Lunes de Post-Revolución
SATURDAY HAPPINESS STARTS WITH S...

Evidencias
Adrián Leiva, la batalla inconclusa

Orlando Zapata Tamayo
Restos de #OZT serían exhumados según Reina Luisa Tamayo Danger

Guamá
CARTA DE LA DIRECTORA Y PRESIDENTA

2009
Kom Texto

sin EVAsión
El confesionario rodante

Entendiendo el caos
Black Friday en El Heraldo Nuevo

Blog del Loco Mariño
Neuralgia

Generación Y
Bienestar y realización: "contrarios a los principios de nuestra sociedad"

Figura 15.9. El blogroll de Octavo Cerco, blog de Claudia Cadelo.

Enlazar un sitio en nuestro *blogroll* es algo que se hace –la mayoría de las veces–
porque el contenido de éste nos inspira confianza, o porque sus entradas ayudan
a completar los temas que tratamos en las nuestras, e incluso hacemos
links a Webs que gozan de prestigio, como son los medios tradicionales de
comunicación. Pero las razones para enlazar a otro sitio pueden ser tan variadas
como las que nos llevan a crear amistad con una persona. También los motivos
para retirar un enlace pueden ser tan vastos como lo son las desavenencias entre
individuos. Nuestro comportamiento en Internet calca nuestras luces y nuestras
sombras en la vida real, nuestros amores y desamores, cariños repentinos e
indiferencias momentáneas.

> Google y Yahoo! también contabilizan los enlaces que muestran los sitios
> Webs y los blogs. A través de ellos se puede conocer cuáles son los blogs más
> enlazados.

Por defecto WordPress trae en el listado de su *blogroll* los siguientes links:

- `http://codex.wordpress.org/`
- `http://wordpress.org/extend/plugins/`
- `http://wordpress.org/extend/ideas/`
- `http://wordpress.org/support/`
- `http://wordpress.org/extend/themes/`
- `http://wordpress.org/development/`
- `http://planet.wordpress.org/`

A menos que la temática de nuestro blog verse sobre ese gestor de contenidos,
lo mejor es dedicar el espacio de estos enlaces por defecto a otros sitios que nos
resulten más afines. La selección de quiénes aparecerán en nuestro *blogroll*
es mejor no tomarla a la ligera. También será una buena idea revisarlos cada
cierto tiempo, por si alguno de esos sitios cerró, dejó de actualizar o su contenido
perdió confiabilidad. Colocar enlaces rotos en el *blogroll*, sugerir Webs que llevan
meses sin agregar una nueva entrada o que falsean la información, son algunas
de las razones que hacen a los lectores perder la credibilidad en un sitio.

Es momento de explorar el menú Enlaces del tablero de WordPress. Aunque
parezca un poco raro comenzaremos precisamente por su última sección,
la de Categorías de enlaces. ¿Por qué lo haremos así? Lo aprendido en el
capítulo 13 apunta a que la creación de categorías debe ser un acto meditado
y preferiblemente previo a la aparición de contenido. Aunque podemos ir

generando estas taxonomías sobre la marcha, lo mejor es tomarse un momento antes de empezar a llenar el *blogroll* y definir cómo nos gustaría organizar los enlaces para mostrarlos. Para aclarar de qué sirve dividir los links en grupos, tomemos como ejemplo un blog personal donde se escribe lo mismo sobre eventos culturales que verdaderas disquisiciones políticas.

El autor tiene a su vez una fuerte inclinación por la tecnología; no es uno de esos fanáticos de la informática conocidos como *geek* –pero casi, casi– y quiere además de *linkear* sitios de sus amigos y colegas del trabajo, poner un enlace a varias páginas de contenido informático.

Para englobar a estos últimos creará una categoría bajo el nombre de "Afinidades informáticas" y el resto de los links los pondrá con el título "Enlaces recomendados". De esa manera el blogger nos hace saber de las especificidades entre sus sitios preferidos.

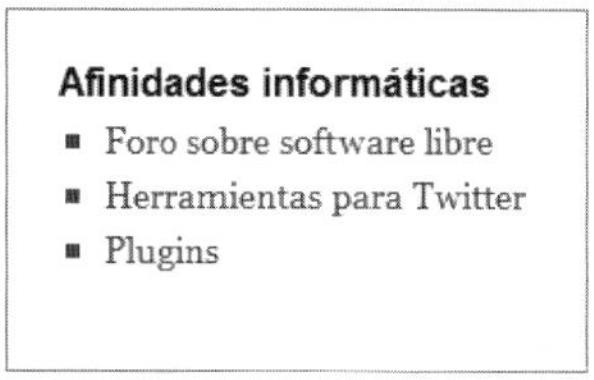

Afinidades informáticas
- Foro sobre software libre
- Herramientas para Twitter
- Plugins

Figura 15.10. La categoría Afinidades informáticas.

La pantalla para crear categorías de enlaces tiene la misma estructura y lógica que la destinada a crear categorías para las entradas. Como ya hemos estudiado esa con anterioridad, no nos parecerá desconocida la actual.

Ya es hora de rellenar la información que se nos pide como el Nombre de la categoría de enlaces, el Enlace del slug de categoría, y la breve Descripción, que es opcional. El *slug* sólo funcionará –tal y como aprendimos en este mismo capítulo– para aquellos que hayan logrado activar el modo rewrite en su servidor y cambiado la estructura de los *permalinks*. Véase la figura 15.11.

Una vez completados todos los datos necesarios, un clic en el botón **Añadir categoría** hará que ésta pase a la columna de la derecha donde aparecen listadas las categorías en uso. Veremos que por defecto WordPress tiene ya configurada una con el nombre de Sitios de Interés. Lo mismo se puede conservar ésta última y añadirle otras que borrar definitivamente la categoría predeterminada y agregar nuevas de nuestra propia cosecha.

Un menú en lote edita varias categorías a la vez, mientras la ya conocida barra de opciones –que emerge debajo del nombre de cada una cuando movemos el ratón sobre ella– ofrece una edición más individual. Véase la figura 15.12.

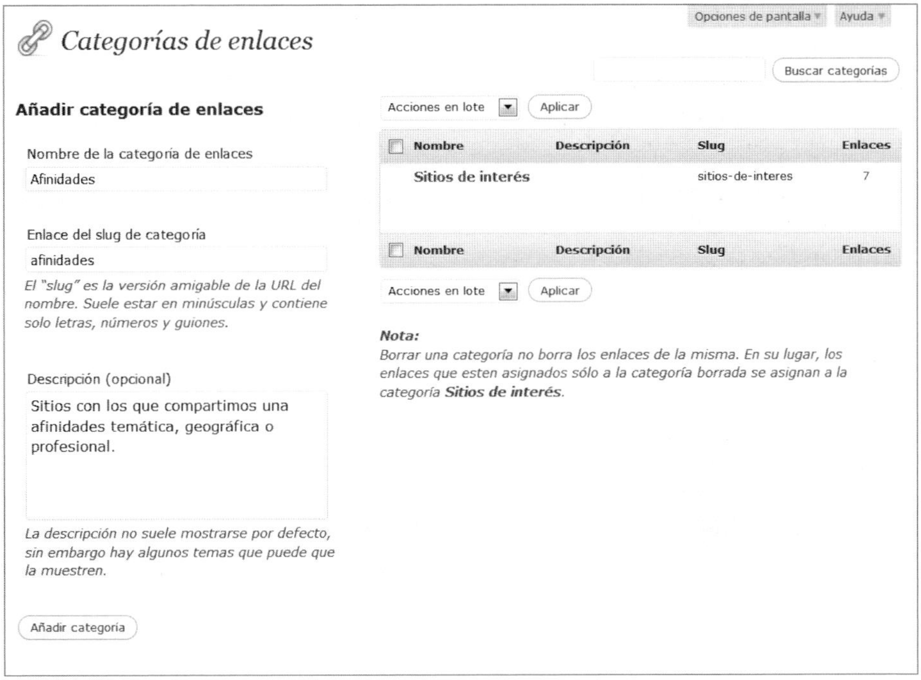

Figura 15.11. Rellenar la información de la categoría.

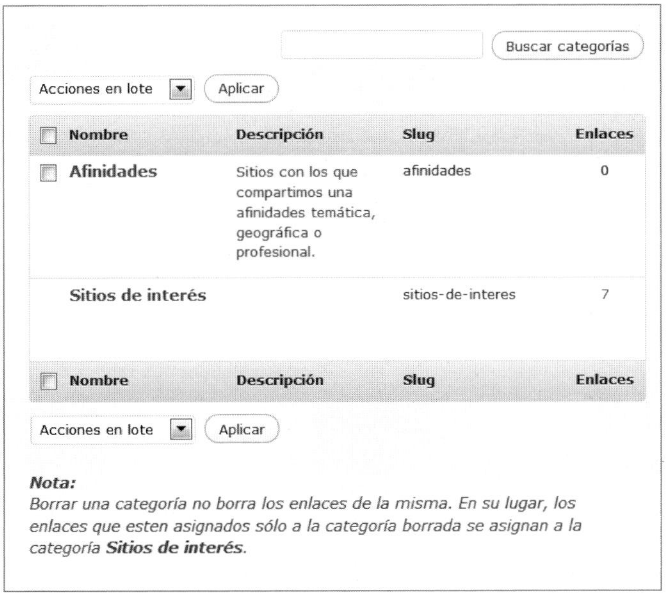

Figura 15.12. Editar categorías ya sea en lote o cada una por separado.

Pues ya hemos llegado al minuto mágico de ver nacer un nuevo enlace, esta vez con la ventaja de tener definido ya en cuál categoría lo incluiremos. La opción Añadir enlace del propio menú Enlaces desplegará una muy completa pantalla de creación y configuración.

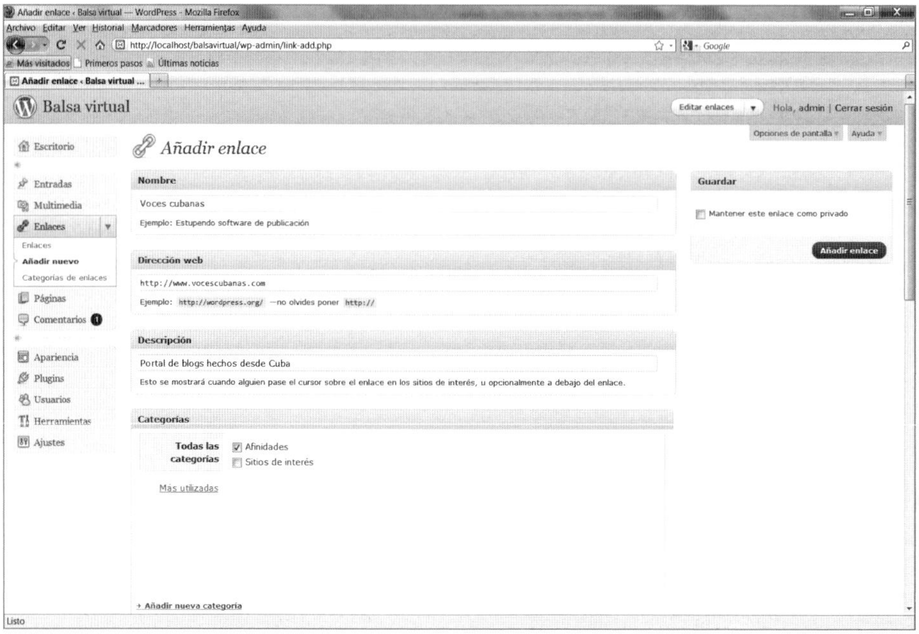

Figura 15.13. Creación y configuración de un nuevo enlace.

Lo mejor aquí es ir por partes para comprender el potencial de toda la información que WordPress nos pide antes de colocar un nuevo link en nuestro *blogroll*. Lo primero que vale la pena señalar es que los módulos para rellenar el Nombre, URL y Descripción del nuevo link son fijos, no se pueden cambiar de lugar. Sin embargo el resto de los módulos está bajo las reglas del *drag and drop*, de manera que se pueden arrastrar hacia el lugar que deseemos. También los módulos pueden ser plegados o desplegados en dependencia de nuestras preferencias.

El Nombre del enlace será la información visible para el usuario, de manera que debe ser claro y explicativo. Si queremos enlazar un blog, el Nombre corresponderá entonces al título de ese sitio. La URL es la dirección Web de la página a enlazar y se recomienda prestar mucha atención a la hora de escribirla; un enlace roto dañaría la imagen de nuestro nuevo *blogroll*. Por su parte, la Descripción se mostrará cuando el lector pase el ratón sobre el enlace, de ahí que debamos ser breves, concisos y no cometer errores ortográficos.

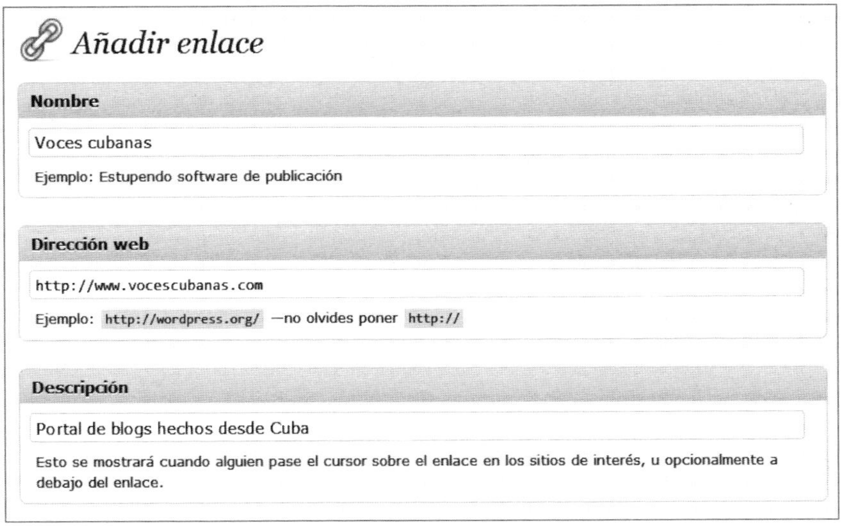

🔗 Añadir enlace

Nombre

Voces cubanas

Ejemplo: Estupendo software de publicación

Dirección web

http://www.vocescubanas.com

Ejemplo: http://wordpress.org/ —no olvides poner http://

Descripción

Portal de blogs hechos desde Cuba

Esto se mostrará cuando alguien pase el cursor sobre el enlace en los sitios de interés, u opcionalmente a debajo del enlace.

Figura 15.14. Introducir el Nombre, URL y Descripción de un enlace.

El trabajo adelantado en la creación de categorías dará sus frutos aquí, justo cuando nos preguntan bajo cuál categoría irá el enlace. Para los morosos, WordPress ofrece la posibilidad de definir ahí mismo –desde el propio menú de creación de enlaces– una nueva categoría.

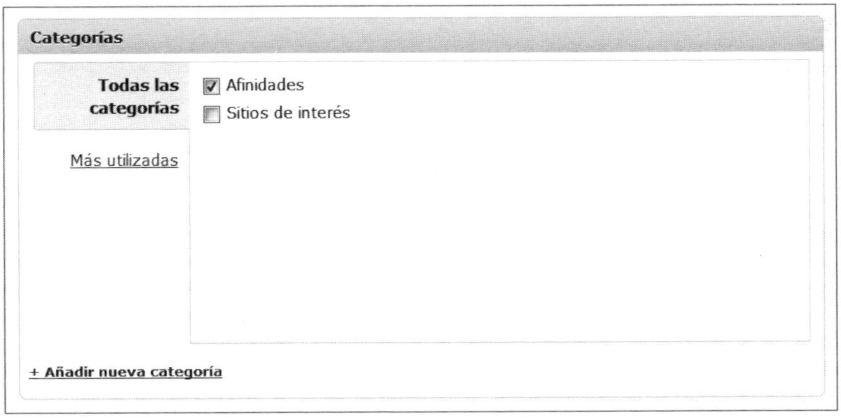

Categorías

Todas las categorías

☑ Afinidades
☐ Sitios de interés

Más utilizadas

+ Añadir nueva categoría

Figura 15.15. Definir bajo qué categoría irá un enlace o crear una nueva.

Quizás una de las más interesantes y desestimadas opciones que WordPress pone a disposición de sus usuarios, es la de decidir cómo se abrirá la página enlazada una vez se haga un clic sobre su link. Bajo el título Destino, un módulo nos permite seleccionar la opción _blank que abrirá el sitio en una página o pestaña nueva del navegador. También podríamos decantarnos por seleccionar la casilla que dice _top y entonces el sitio enlazado se mostrará en la misma pestaña o ventana del navegador, pero sin marcos. Por otro lado, la opción _none abrirá la Web también en la misma ventana. Si el blogger no marca ninguna de ellas se quedará de forma predeterminada la opción _none.

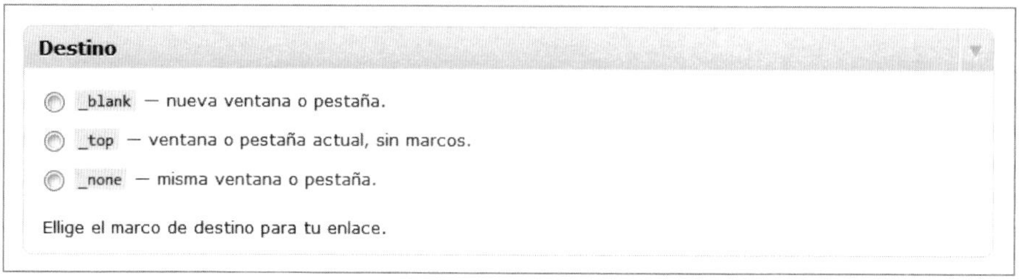

Figura 15.16. Seleccionar cómo se abrirá el sitio enlazado.

Ahora le toca el turno a una de las potencialidades más interesantes cuando de gestionar enlaces con WordPress se trata. Lamentablemente es también una de las más desestimadas y menos tenidas en cuenta. Pero al menos nosotros no vamos a caer en ese error y exploraremos el módulo Relación con el enlace (XFN) para exprimirle todas sus ventajas.

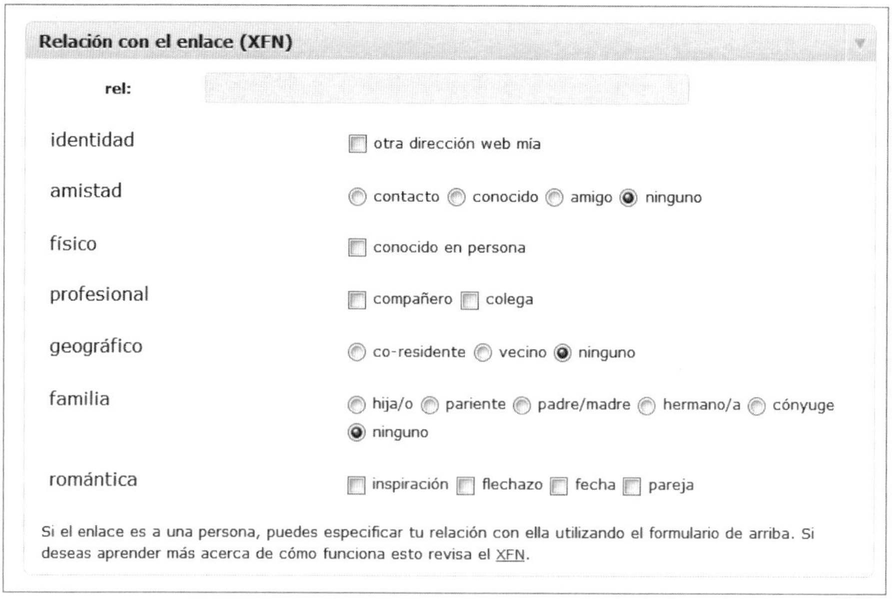

Figura 15.17. Módulo para establecer la relación de parentesco o afinidad con el sitio enlazado.

XFN™ es un micro formato que agrega clases e IDs a las etiquetas básicas para convertir HTML llanos en una fuente rica de datos. Se refiere específicamente a aquellos datos que conforman una red de amigos XHTML (*XHTML Friends Network*) y se usa para determinar la relación con los autores o propietarios del sitio al que se está enlazando. Los datos de XFN no son visibles a los visitantes, pero sí para las arañas de los buscadores.

Las opciones de familiaridad o parentesco que brinda el formulario a rellenar son:

- Identidad.
- Amistad.
- Físico.
- Profesional.
- Geográfico.
- Familia.
- Romántica.

Dentro de cada una de ellas hay a su vez múltiples grados de relación. Por ejemplo, si nuestro propio padre ha decidido abrirse un blog en Internet y queremos enlazarlo con el nuestro, entonces seleccionaríamos el grado de relación Familia y dentro de éste la opción Padre/madre. Pero si encima de esos somos de esos hijos que todavía viven con sus padres, entonces en el campo Geográfico elegiremos la opción co-residente. Notaremos entonces que en la casilla superior del módulo, junto a la abreviatura rel aparece la combinación co-resident parent. La URL resultante del enlace quedará así:

```
<a href="http://ejemplo.com" rel="co-resident parent">...</a>
```

Todos los campos de XFN son opcionales, de manera que si nos confunde un poco definir el grado de relación que tenemos con la persona del sitio enlazado, lo mejor es dejarlo en blanco.

El próximo escalón para completar la creación de un enlace está bajo el título de Avanzado y ofrece la opción de agregar imágenes con el link. Para lograrlo se necesita la URL de la imagen, que debe ser de pequeño tamaño o preferiblemente un icono para mostrar en nuestra barra lateral, sin dañarnos el diseño del sitio. Se recomienda que en lugar de tomar la imagen de una ubicación fuera de nuestro sitio, subamos primero ésta a nuestra Librería multimedia y la enlacemos desde allí, siguiendo los pasos aprendidos en el capítulo 10. Eso nos ahorrará el vínculo roto de la imagen si el sitio que queremos enlazar la cambia de lugar. Por último, una escala de valoración del 0 al 10 determinará la importancia que le damos al link.

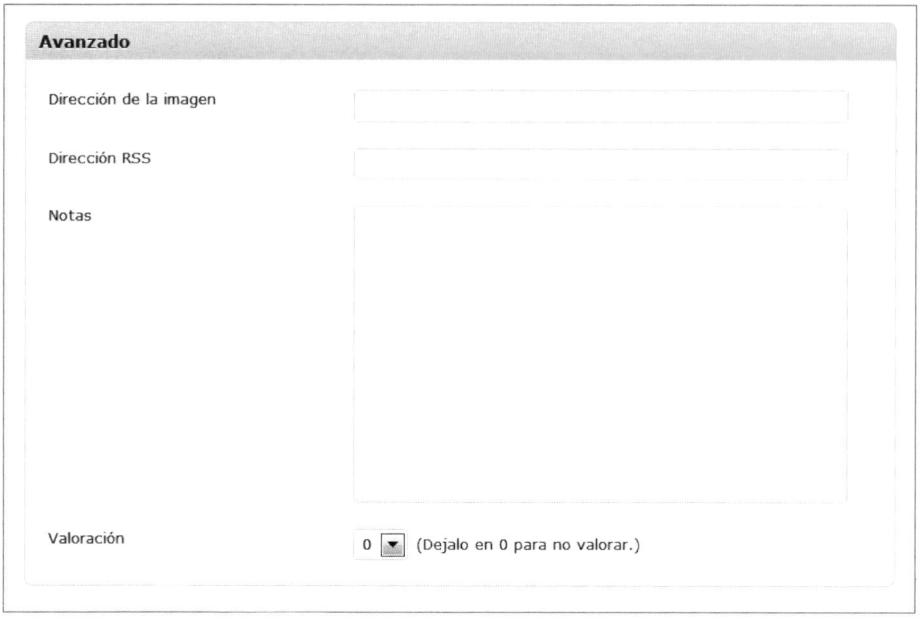

Figura 15.18. Módulo para acompañar con una imagen a un enlace.

Rellenados ya todos los campos, haremos clic sobre el botón de la derecha **Añadir enlace**. Una cuadrícula que aparece justo sobre él activará la privacidad del enlace cuya información quedará incluida en el *blogroll* pero sin mostrarse.

Un aspecto poco conocido de la gestión de enlaces en WordPress es el hecho de que es posible importar y exportar el *blogroll* utilizando el llamado formato OPML. El OPML es un formato XML utilizado principalmente para recoger canales de RSS en un solo archivo que se localiza en `http://www.midominio.com/wp-links-opml.php`. Es de gran utilidad si conocemos algún otro blog que tiene varios enlaces que nos gustaría agregar al nuestro. Vayamos hacia el menú Herramientas y dentro de él a la opción Importar. Dentro de la amplia lista de servicios que se pueden importar hacia WordPress encontraremos la opción de llevar a cabo esa acción desde otro sistema a partir de un archivo OPML. Lo mismo si lo tenemos guardado en nuestro ordenador –previa descarga de otro sitio– que si deseamos tomarlo directamente desde una URL, lograremos llevar a cabo la importación. Véase la figura 15.19.

WordPress ofrece la opción de definir bajo cuál categoría quedarán listados los enlaces, y un clic en el botón **Importar archivo OPML** completará la operación. Después, si queremos eliminar algunos de los links importados, debemos ir hacia el menú Enlaces en el submenú del mismo nombre. Véase la figura 15.20.

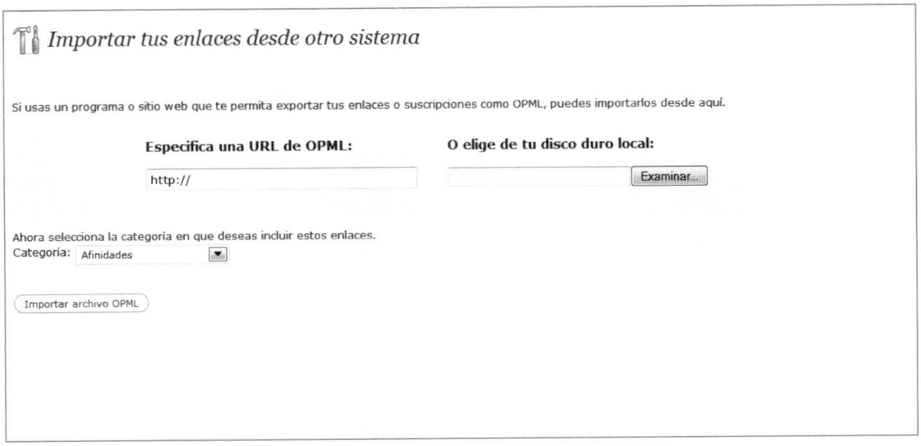

⚒ *Importar tus enlaces desde otro sistema*

Si usas un programa o sitio web que te permita exportar tus enlaces o suscripciones como OPML, puedes importarlos desde aquí.

Especifica una URL de OPML:

http://

O elige de tu disco duro local:

Examinar...

Ahora selecciona la categoría en que deseas incluir estos enlaces.
Categoría: Afinidades ▼

(Importar archivo OPML)

Figura 15.19. Importar enlaces desde otro sitio.

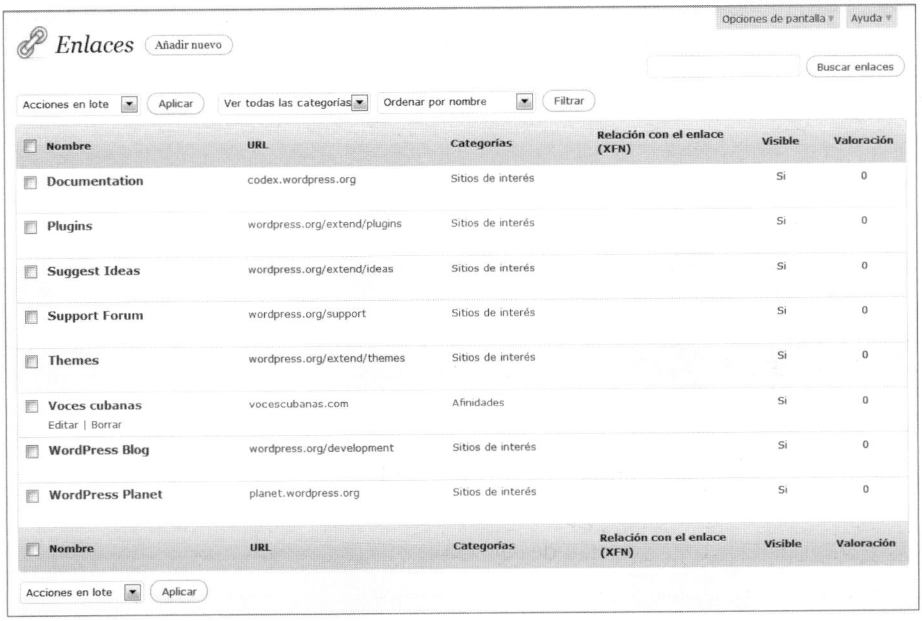

🔗 *Enlaces* (Añadir nuevo)

Opciones de pantalla ▼   Ayuda ▼

Buscar enlaces

Acciones en lote ▼ (Aplicar) Ver todas las categorías ▼ Ordenar por nombre ▼ (Filtrar)

☐ Nombre	URL	Categorías	Relación con el enlace (XFN)	Visible	Valoración
☐ Documentation	codex.wordpress.org	Sitios de interés		Si	0
☐ Plugins	wordpress.org/extend/plugins	Sitios de interés		Si	0
☐ Suggest Ideas	wordpress.org/extend/ideas	Sitios de interés		Si	0
☐ Support Forum	wordpress.org/support	Sitios de interés		Si	0
☐ Themes	wordpress.org/extend/themes	Sitios de interés		Si	0
☐ Voces cubanas Editar | Borrar	vocescubanas.com	Afinidades		Si	0
☐ WordPress Blog	wordpress.org/development	Sitios de interés		Si	0
☐ WordPress Planet	planet.wordpress.org	Sitios de interés		Si	0
☐ Nombre	URL	Categorías	Relación con el enlace (XFN)	Visible	Valoración

Acciones en lote ▼ (Aplicar)

Figura 15.20. Edición de enlaces ya creados.

Siguiendo la lógica de edición de contenido que nos ha enseñado WordPress, lo mismo lograremos hacer acciones en lote como Borrar, Ver todas las categorías, Ordenar por nombre y Filtrar desde el menú superior, que configurar cada uno de manera individual.

Las cinco columnas que componen el listado de enlaces, resumen la información más importante que necesitamos saber de cada uno de ellos: Nombre, URL, Categorías, Relación con el enlace (XFN), Visible y Valoración.

Buen momento para ir a revisar si tenemos activado el *widget* de Enlaces y darle algunos toquecitos en su configuración. Para lograrlo, aguarda por nosotros el área de Widgets dentro del ya conocido menú Apariencia.

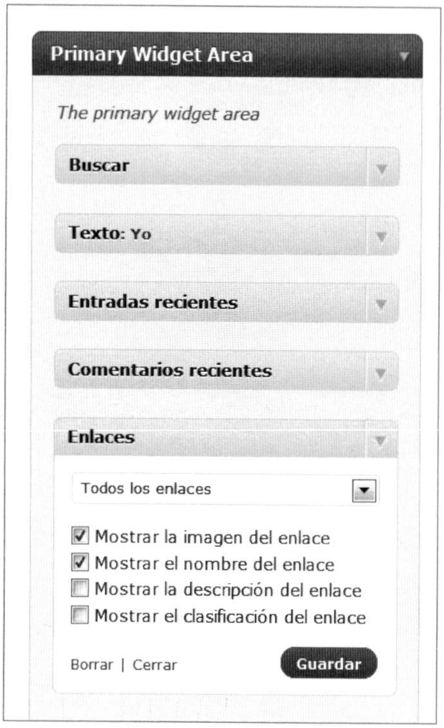

Figura 15.21. Activar el widget de enlaces.

Comprobemos la configuración de este *widget* y las diferentes posibilidades que ofrece:

- ☐ Mostrar la imagen del enlace.

- ☐ Mostrar el nombre del enlace.

- ☐ Mostrar la descripción del enlace.

- ☐ Mostrar la clasificación del enlace.

Ya en el enunciado mismo de estas opciones queda claro qué efecto se logrará con cada una. Por defecto vienen marcadas las primeras dos, Mostrar la imagen del enlace y Mostrar el nombre del enlace. Es hora entonces de mirar cómo se visualiza en la portada el *widget* que incluye nuestro *blogroll*.

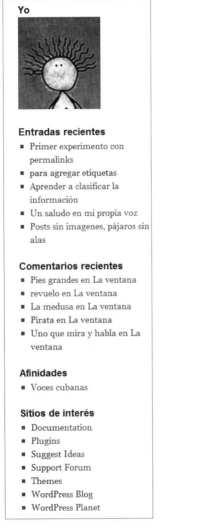

Yo

Entradas recientes
- Primer experimento con permalinks
- para agregar etiquetas
- Aprender a clasificar la información
- Un saludo en mi propia voz
- Posts sin imagenes, pájaros sin alas

Comentarios recientes
- Pies grandes en La ventana
- revuelo en La ventana
- La medusa en La ventana
- Pirata en La ventana
- Uno que mira y habla en La ventana

Afinidades
- Voces cubanas

Sitios de interés
- Documentation
- Plugins
- Suggest Ideas
- Support Forum
- Themes
- WordPress Blog
- WordPress Planet

Figura 15.22. El blogroll una vez configurado.

Nunca se da por terminada la labor de enlazar otros sitios y el *blogroll* es también una parte muy dinámica de un sitio, así que no nos tiemble la mano para agregar nuevo sitios o quitar aquellos que ya no queremos vincular.

RESUMEN

La importancia de configurar URLs amigables a los buscadores y otros sitios que quieran vincularse con nuestro blog es de gran importancia para la socialización y el posicionamiento de éste. De ahí que los usuarios que cuentan con un *script* de WordPress instalado en un servidor propio, deban decantarse por cambiar la forma predeterminada de mostrar los links por otra más clara y lógica. También potenciar el envío y la recepción de *pingbacks* y *trackbacks* puede hacer que las actualizaciones de nuestro contenido viajen en forma de mensaje contenedores de un hipervínculo hacia servicios como Technorati o Ping-o-matic. Eso ampliará el alcance de las entradas y la cantidad de lectores.

Configurar un útil y atractivo *blogroll* es tarea fácil si se comienza definiendo las categorías bajo las que estarán almacenados los enlaces. Con posterioridad se pasa a crear cada uno de éstos, prestando especial atención a las potencialidades que brinda el micro formato XFN™ y el grado de relación con el sitio enlazado que él contiene. Un *widget* de enlaces bien situado y completamente configurado hará que nuestros lectores confirmen que nuestro sitio forma parte de una red más amplia o de una blogosfera con estrechos vínculos.

PUENTES QUE NOS UNEN, VÍNCULOS QUE NOS ACERCAN

Tampoco mi breve pasado de pionerita repetidora de consignas, adolescente evasiva y aprendiz de cuanta línea esotérica pasaba por mi lado, me avala ante quienes quieren un historial que me sustente. Intento decirle que sólo soy una treintañera compulsiva a la que le gusta teclear y poner por escrito lo que vive; pero ellos necesitan más. Quieren que, como en esos currículos exagerados, les declare que siempre fui el pichón de rebelde que parezco ahora. Pues no, **Generación Y** es lo más arriesgado que he hecho en mis tres décadas de vida y después de comenzar a escribir en mi bitácora, me tiemblan a menudo las rodillas. Para evitar endiosamientos y futuras crucifixiones, aclaro en una de las páginas de mi blog que éste es un ejercicio personal de cobardía para decir en la red todo aquello que no me atrevo a expresar en la vida real.

Empecé con mi blog sin calcular –responsablemente– la relación entre kilobytes publicados y ofensas recibidas, historias narradas y enemigos ganados. Vivo mis textos con una intensidad inusual para un escritor, pues arrastro las consecuencias que cada uno de ellos me produce y recibo inmediatamente el feed back de los lectores. Ya no puedo vegetar a salvo como tantos otros que jamás serán "manipulados", instrumentalizados o puestos en entredicho por nadie. Son esos que han logrado tan idílico estadio de preservación personal, gracias a que no se pronuncian ante nada. En similar mudez, viven millones sobre esta Isla, como si supieran de antemano lo que yo comprobé meses después de comenzar mi bitácora: que al opinar me estaba delatando.

16. Roles y usuarios

A CIEGAS, A TIENTAS

Un grupo de traductores lleva mis escritos a más de veinte lenguas.

En este capítulo descubriremos cómo:

- ☐ Reconocer los diferentes tipos de usuarios.
- ☐ Profundizar en el grado de privilegio de cada rol.
- ☐ Crear un nuevo usuario y asignarle determinados privilegios.
- ☐ Gestionar roles ya creados.
- ☐ Gestionar roles con *plugins*.

ADMINISTRAR UN BLOG EN COLECTIVO

La labor del administrador de un blog no tiene que ser en solitario, frecuentemente es más una experiencia en grupo que un actividad individual. Hay magníficos ejemplos de espacios digitales que se nutren del trabajo de una comunidad de autores, editores y suscriptores. Se les llama blogs colectivos o cooperativos. La calidad del contenido y la variedad de enfoques y opiniones son características que resaltan en aquellos espacios digitales a los que contribuyen varias personas. WordPress es un CMS en el que la tarea de administrar un blog en compañía se hace de manera intuitiva y con muchas opciones de configuración. Este gestor de contenido nos permite construir verdaderas comunidades de usuarios con diferentes grados de privilegios. Bastará para ello con definir quiénes nos ayudarán en la labor de bloggear.

Figura 16.1. La coctelera, un buen ejemplo de blog colectivo.

La "jerarquía" que determinado usuario asume o ejecuta dentro de un blog se llama 'rol'. A través del término "rol" se describe el conjunto de tareas que este usuario puede llevar a cabo. Por ejemplo, el rol del Administrador incluye la posibilidad de realizar todo tipo de tareas en un blog confeccionado con WordPress. Las capacidades están preasignadas a cada rol, pero pueden variar o ampliarse con el uso de *plugins*.

CREACIÓN DE NUEVOS USUARIOS DESDE EL TABLERO

Con la llegada de la reluciente versión 3.0 de WordPress ya el usuario "admin" no aparece de forma predeterminada para quienes instalaban el programa en un servidor propio. Antes de contar con esa nueva ventaja, WordPress creaba un usuario por defecto con derechos de administrador llamado "admin" y generaba una contraseña que le llegaba hasta su buzón de correo electrónico. Muchos, inmediatamente, entraban a la administración del blog y a través de la línea de bienvenida "Hola, admin" sustituían la contraseña por defecto. Sin embargo, no se podía cambiar desde el tablero aquel nombre original del usuario, lo cual hacía más fácil la labor de los intrusos que sólo tenían que descifrar la contraseña. Para ahorrarnos el paso de modificar o añadir otro usuario administrador, ahora durante la instalación de la nueva versión de WordPress se le pregunta al usuario los datos de acceso que desea para su blog. De manera que el ID y la contraseña de entrada estarán definidos de antemano por el blogger. Un verdadero alivio para aquellos que frecuentemente creamos blogs con este gestor de contenidos.

Fue con la versión 2.0 de WordPress, llamada "Duke", que se introdujo el concepto de los roles o perfiles de usuarios. Se simplificó así el complejo sistema de permisos que usaba WordPress 1.5 en el que se les asignaba a los usuarios un número del 0 al 9 y el 10 quedaba reservado para el administrador. En la medida en que se tenía un número más alto el usuario podía editar las anotaciones de los que tenían niveles más bajos. Era un sistema que generaba confusión además de mostrar demasiadas complejidades para usuarios medios.

WordPress tiene la capacidad de definir cinco diferentes roles de usuarios, donde cada uno tiene determinados permisos. Ellos son:

- Administrador
- Editor
- Autor
- Colaborador
- Suscriptor

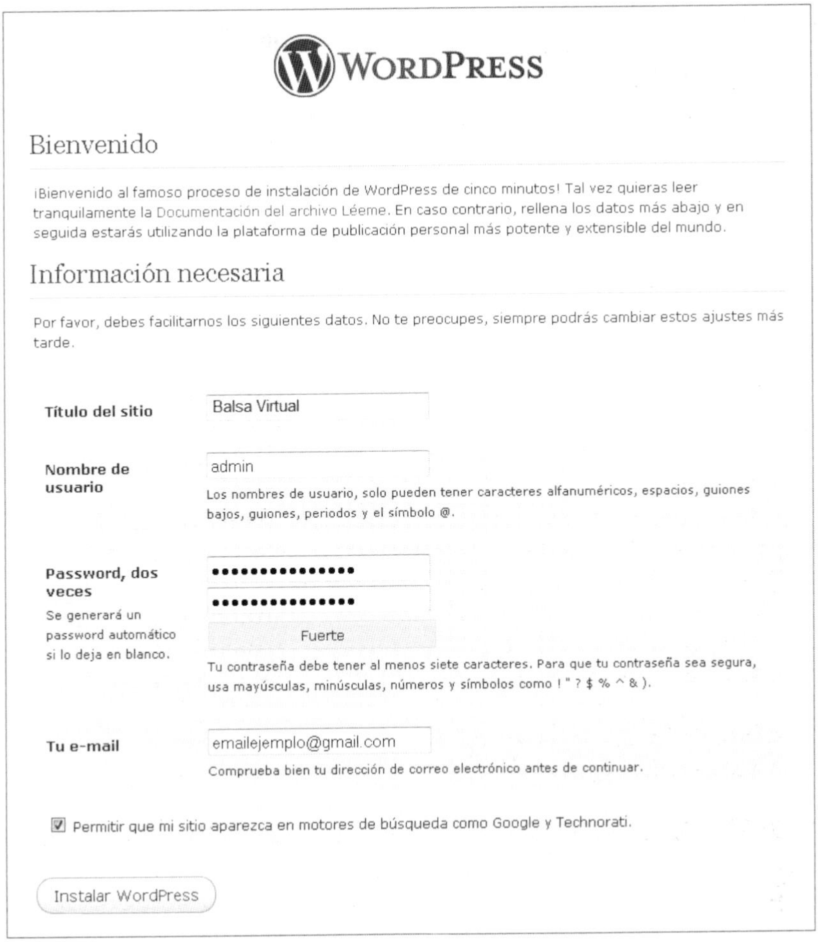

Bienvenido

¡Bienvenido al famoso proceso de instalación de WordPress de cinco minutos! Tal vez quieras leer tranquilamente la Documentación del archivo Léeme. En caso contrario, rellena los datos más abajo y en seguida estarás utilizando la plataforma de publicación personal más potente y extensible del mundo.

Información necesaria

Por favor, debes facilitarnos los siguientes datos. No te preocupes, siempre podrás cambiar estos ajustes más tarde.

Título del sitio
Balsa Virtual

Nombre de usuario
admin

Los nombres de usuario, solo pueden tener caracteres alfanuméricos, espacios, guiones bajos, guiones, periodos y el símbolo @.

Password, dos veces

Se generará un password automático si lo deja en blanco.

Fuerte

Tu contraseña debe tener al menos siete caracteres. Para que tu contraseña sea segura, usa mayúsculas, minúsculas, números y símbolos como ! " ? $ % ^ &).

Tu e-mail
emailejemplo@gmail.com

Comprueba bien tu dirección de correo electrónico antes de continuar.

☑ Permitir que mi sitio aparezca en motores de búsqueda como Google y Technorati.

Instalar WordPress

Figura 16.2. Durante la instalación el usuario introduce un nombre y una contraseña.

ATRIBUCIONES Y ROL DE CADA USUARIO

Cada rol en WordPress tiene un número determinado de capacidades. Sin embargo, eso no significa que alguno en particular sea superior a otro, simplemente en ellos están definidos las diversas responsabilidades de los diferentes tipos de usuarios. Aunque se podría escribir largo y tendido sobre las facultades que le compete a cada tipo de usuario, lo mejor es observar éstas en una tabla donde aparecen resumidas y desglosadas. De esta manera no nos quedarán duda de la distribución de competencias y permisos que cada uno de ellos ostentará:

PRIVILEGIOS	ADMINISTRADOR	EDITOR	AUTOR	COLABORADOR*	SUSCRIPTOR
Gestionar temas	X				
Crear o editar el perfil de otros usuarios	X				
Gestionar el propio perfil	X	X	X	X	X
Gestionar el menú ajustes	X				
Moderar comentarios	X	X	X	X	
Gestionar widgets	X				
Gestionar plugins	X				
Gestionar categorías	X	X			
Gestionar etiquetas	X	X			
Gestionar enlaces	X	X			
Gestionar librería multimedia	X	X	X		
Subir archivos	X	X	X		
Usar todo el editor de texto	X	X	X		
Editar artículos propios	X	X	X		
Editar artículos ajenos	X	X			
Editar artículos publicados	X	X			
Publicar artículos propios	X	X			
Supervisar y publicar artículos ajenos	X	X			
Editar páginas	X	X			
Leer	X	X			

* El colaborador no puede publicar directamente artículos, pero sí ponerlos en la cola de supervisión para que el administrador o el editor lo aprueben. Tampoco puede hacer uso de todas las opciones del editor de texto.

El administrador juega a ser Dios, pues es el único rol que tendrá la capacidad de crear nuevos usuarios desde el interior del tablero de WordPress, incluso darle vida a otro administrador. Antes de crearlos, es recomendable meditar primero en la lista de quiénes estarán interesados en colaborar con el blog. Después viene el paso de determinar las tareas y competencias que se le asignarán a cada uno. Una vez decidida la estructura de la comunidad, es momento de ir al menú Usuarios, especialmente a la sección referida a Añadir nuevo. Una pantalla con varios campos a rellenar nos dará la bienvenida.

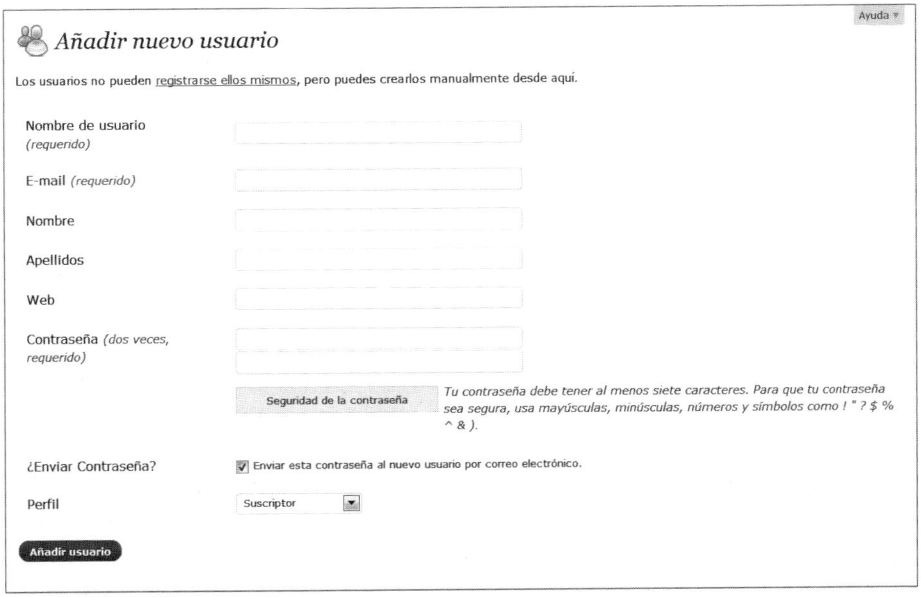

Figura 16.3. Formulario para agregar usuarios.

No es buena idea que el Nombre de usuario contenga acentos, "ñ" ni otros caracteres demasiado peculiares. El E-mail que se introduzca debe estar en activo, pues a él llegará la invitación del administrador para formar parte del blog y con posterioridad todas las otras notificaciones.

Tampoco se pueden crear dos o más usuarios que compartan el mismo e-mail, cada uno debe tener una dirección electrónica diferente. El resto de los datos a rellenar son más bien personales e incluyen Nombre, Apellidos la URL de la Web si la tuviera y, para terminar, la Contraseña. Esta última con una barra de colores que prueba su fortaleza y con una casilla para determinar si será enviada o no por correo electrónico al nuevo usuario. Se sugiere que la contraseña tenga al menos siete caracteres y para que sea más segura se pueden usar mayúsculas, minúsculas, números y símbolos como ! " ? $ % ^ &.

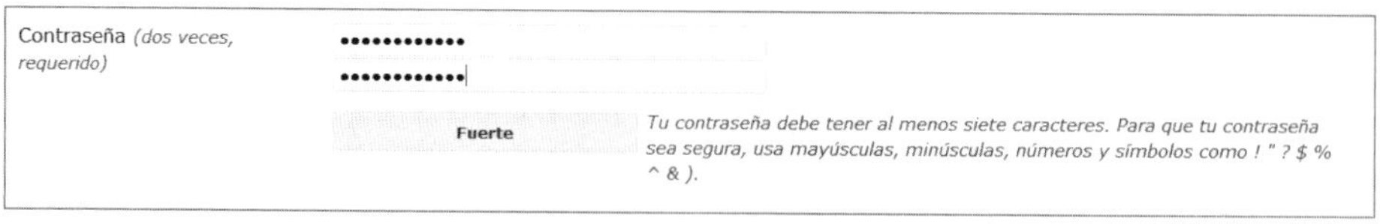

Contraseña *(dos veces, requerido)*

●●●●●●●●●●●
●●●●●●●●●●●|

Fuerte   *Tu contraseña debe tener al menos siete caracteres. Para que tu contraseña sea segura, usa mayúsculas, minúsculas, números y símbolos como ! " ? $ % ^ &).*

Figura 16.4. Probar la fortaleza de una contraseña.

El recién inscrito usuario recibirá vía correo electrónico una invitación.

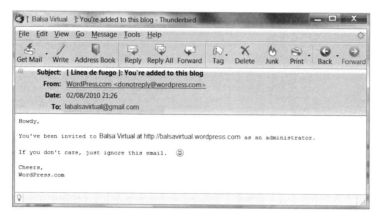

Figura 16.5. E-mail confirmando inscripción.

Si la sección Generales del menú Ajustes aparece marcada la opción de que Cualquiera puede registrarse, los propios lectores conseguirán hacerse suscriptores y después el administrador decidirá cuáles ganan en facultades dentro del blog. Cuando está activada la opción de la auto registración, veremos que en la barra lateral del blog, justamente en el *widget* Meta, aparece un link bajo el nombre Registrarse.

Figura 16.6. La opción de registrarse en el blog a la mano de cada internauta.

Un breve formulario pedirá el nombre de usuario y un e-mail al que enviar la contraseña generada por WordPress. Los usuarios registrados por este camino recibirán automáticamente el rol de suscriptor.

Figura 16.7. Rellenar los datos para un nuevo usuario.

Para los olvidadizos, WordPress ofrece un servicio de obtener una nueva contraseña en caso de pérdida de la anterior. Bastará hacer clic sobre el enlace ¿Has perdido tu contraseña? en la parte inferior del formulario de entrada.

Figura 16.8. Solución para quienes hayan perdido su contraseña.

Rellenar el e-mail de contacto y en breves minutos a nuestro buzón de correo electrónico llegará la nueva contraseña (véase la figura 16.9).

Figura 16.9. Rellenar el e-mail para recibir una nueva contraseña.

Una vez dentro de su nuevo tablero, el usuario comprobará que éste sólo está compuesto por módulos de presentación de la información general del blog y un menú para cambiar los datos del Perfil (véase la figura 16.10).

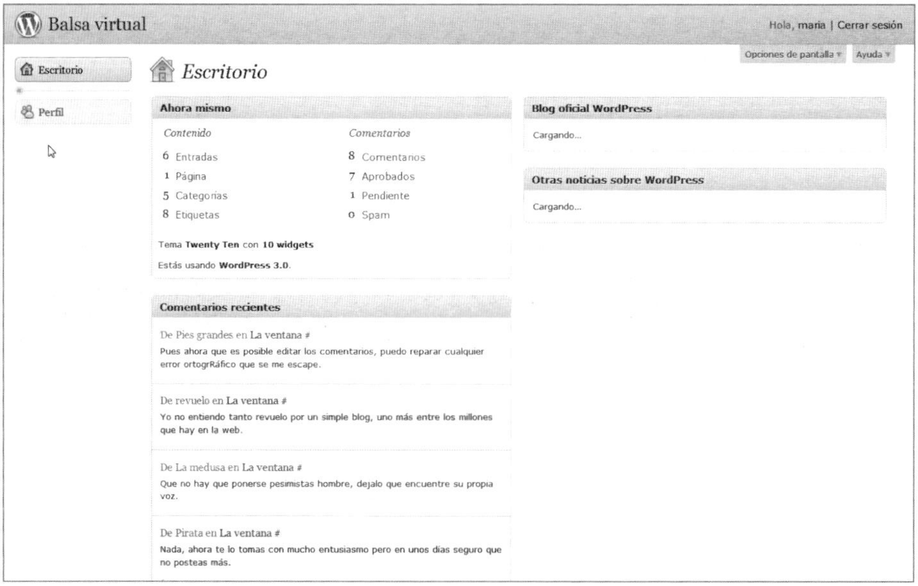

Figura 16.10. El tablero principal de WordPress para un suscriptor.

El nuevo usuario podrá cambiar la contraseña autogenerada por WordPress por otra más fácil de recordar o más personalizada.

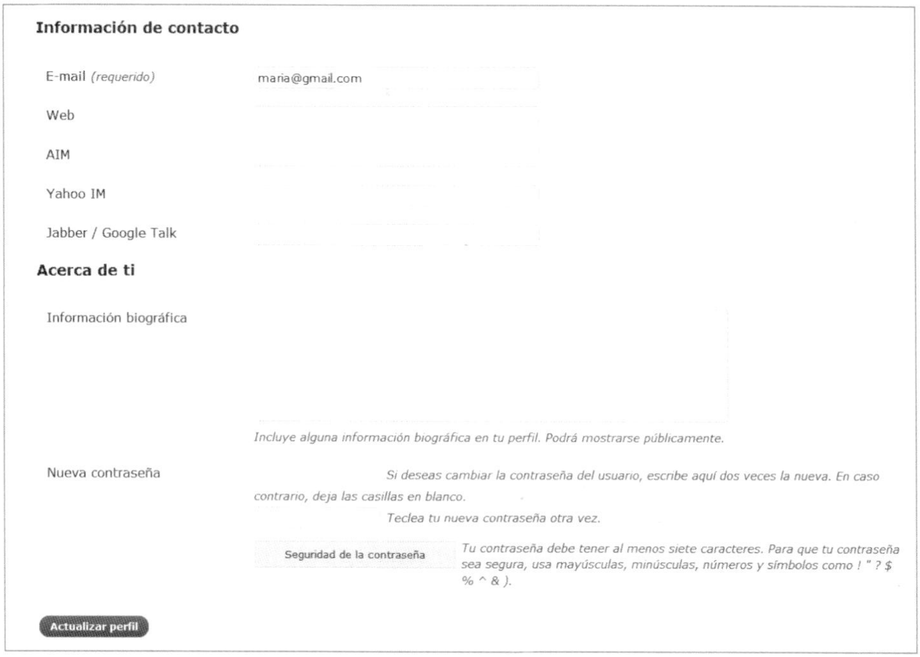

Información de contacto

E-mail *(requerido)*   maria@gmail.com

Web

AIM

Yahoo IM

Jabber / Google Talk

Acerca de ti

Información biográfica

Incluye alguna información biográfica en tu perfil. Podrá mostrarse públicamente.

Nueva contraseña   *Si deseas cambiar la contraseña del usuario, escribe aquí dos veces la nueva. En caso contrario, deja las casillas en blanco.*
Teclea tu nueva contraseña otra vez.

Seguridad de la contraseña   *Tu contraseña debe tener al menos siete caracteres. Para que tu contraseña sea segura, usa mayúsculas, minúsculas, números y símbolos como ! " ? $ % ^ &).*

Actualizar perfil

Figura 16.11. Formulario para mantener o cambiar la contraseña autogenerada.

También el suscriptor tendrá acceso a un formulario más completo donde podrá rellenar otros datos como cuenta de AIM o Google Talk, número de Teléfono y una breve Información biográfica.

> El campo de la biografía no se visualizará frecuentemente, al menos que se trate de una plantilla que sí lo muestre.

Echemos una ojeada a las diferencias que mostrará el menú de la izquierda cuando se trata de un editor, autor, colaborador o suscriptor, véase la figura 16.12.

Al administrador también le compete la gestión y edición de los perfiles de usuarios de terceros. Para ello cuenta, en el propio menú Usuarios, con una opción del mismo nombre que despliega el listado de los ya registrados.
Para quienes ya estamos algo familiarizados con la forma en que WordPress muestra su contenido dentro del tablero de administración, será fácil orientarnos

en las acciones en lote y las opciones para editar. Veremos que las columnas no sólo muestran el Nombre de usuario, sino también su Nombre completo incluyendo apellidos, el E-mail de contacto, el Perfil o rol que desempeñan en el blog y la cantidad de Entradas que ha publicado. Véase la figura 16.13.

Figura 16.12. Diferencias entre las opciones del menú según el rol del usuario.

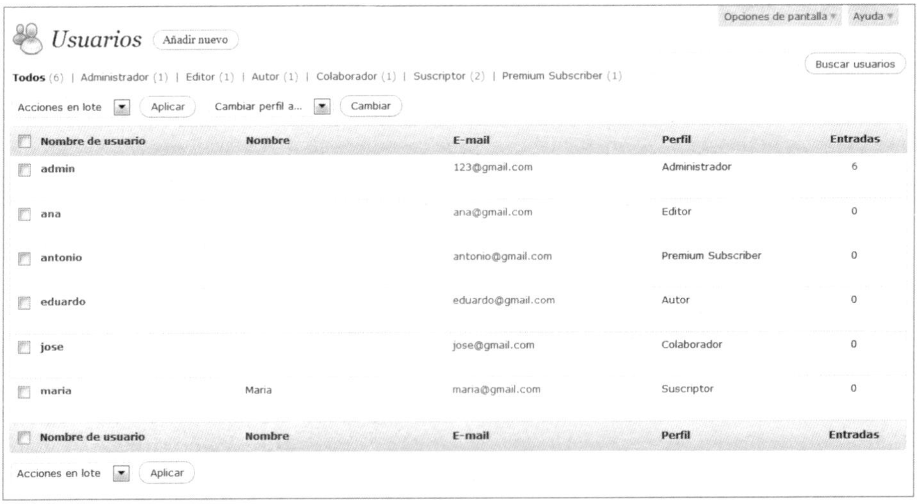

Figura 16.13. La pantalla de edición de usuarios ya creados.

Al pasar el cursor por encima de los nombres de los usuarios, emergerá la palabra Editar debajo de ellos.

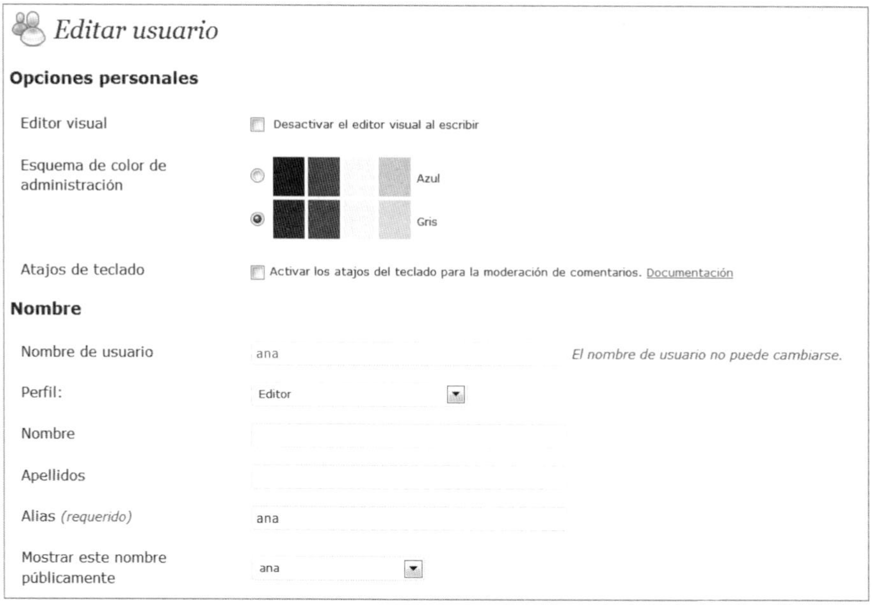

Figura 16.14. Editar de forma individual cada usuario.

El administrador tiene entonces la potestad de cambiar los datos personales del usuario, determinar si se va a Desactivar el editor visual, cambiar el Esquema de color de la administración e incluso sustituir por otra la Contraseña. Antes de hacer ninguna transformación en la información de un usuario se debe meditar bien si con ello no estamos siendo desleales con alguien a quien no informamos de antemano de que hurgaremos en su perfil. Esa es una decisión que pondrá a prueba nuestra ética como administradores de un blog. Para poner en vigor los cambios realizados, tendrá que hacer clic sobre el botón inferior **Actualizar usuario**. Véase la figura 16.15.

CREACIÓN Y GESTIÓN DE USUARIOS DESDE LA BASE DE DATOS

Siempre hay que pensar en aquellos usuarios curiosos a los que les gusta hacer parte de la administración del blog desde la base de datos. Para que ellos puedan divertirse creando usuarios desde las tablas de WordPress, vamos a repasar la secuencia para lograrlo. Primeramente debemos abrir el phpMyAdmin o cualquier otro administrador de base de datos con el que trabajemos. Veremos que, entre las tablas que ha creado este gestor de contenido, hay una bajo el nombre de wp_users. Si la examinamos se hará evidente que cada usuario ocupa una fila de la nueva sub tabla. Véase la figura 16.16.

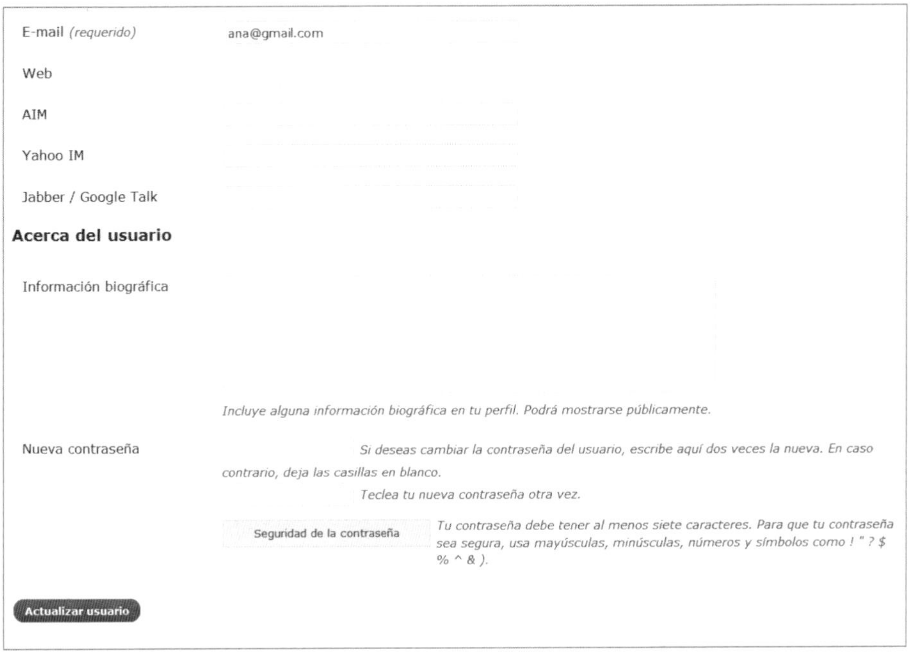

E-mail *(requerido)*	ana@gmail.com
Web	
AIM	
Yahoo IM	
Jabber / Google Talk	

Acerca del usuario

Información biográfica

Incluye alguna información biográfica en tu perfil. Podrá mostrarse públicamente.

Nueva contraseña

Si deseas cambiar la contraseña del usuario, escribe aquí dos veces la nueva. En caso contrario, deja las casillas en blanco.

Teclea tu nueva contraseña otra vez.

Seguridad de la contraseña

Tu contraseña debe tener al menos siete caracteres. Para que tu contraseña sea segura, usa mayúsculas, minúsculas, números y símbolos como ! " ? $ % ^ &).

Actualizar usuario

Figura 16.15. Cambiar los datos de un usuario, incluyendo la contraseña.

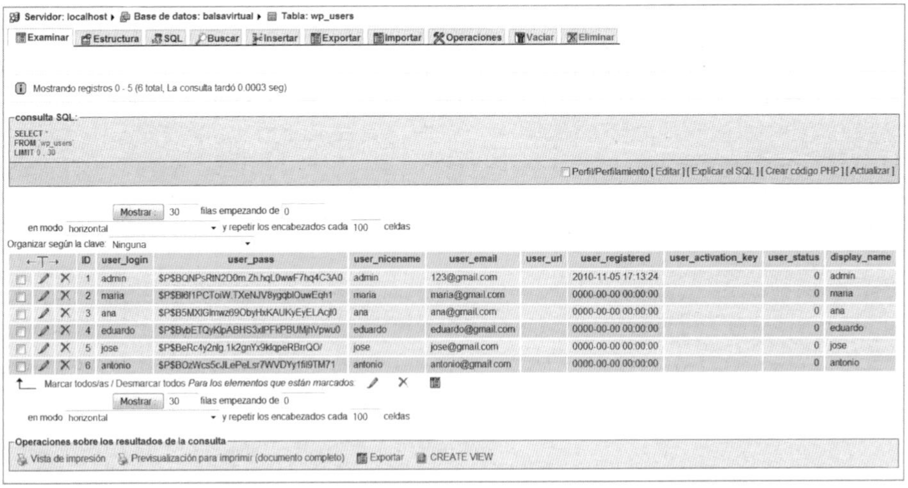

Servidor: localhost ▸ Base de datos: balsavirtual ▸ Tabla: wp_users

Examinar   Estructura   SQL   Buscar   Insertar   Exportar   Importar   Operaciones   Vaciar   Eliminar

Mostrando registros 0 - 5 (6 total, La consulta tardó 0.0003 seg)

consulta SQL:
SELECT *
FROM wp_users
LIMIT 0 , 30

Perfil/Perfilamiento [Editar] [Explicar el SQL] [Crear código PHP] [Actualizar]

Mostrar : 30 filas empezando de 0
en modo horizontal   ▾ y repetir los encabezados cada 100 celdas
Organizar según la clave Ninguna   ▾

	ID	user_login	user_pass	user_nicename	user_email	user_url	user_registered	user_activation_key	user_status	display_name
✎ ✗	1	admin	PBQNPsRtN2D0m.Zh.hqL0wwF7hq4C3A0	admin	123@gmail.com		2010-11-05 17:13:24		0	admin
✎ ✗	2	maria	PB9l1PCToiW.TXeNJV8ygqblOuwEqh1	maria	maria@gmail.com		0000-00-00 00:00:00		0	maria
✎ ✗	3	ana	PB5M0Glmwzi99ObyHxKAUKyEyELAcjl0	ana	ana@gmail.com		0000-00-00 00:00:00		0	ana
✎ ✗	4	eduardo	PBvbETQyKlpABHS3xlPFkPBUMjhVpwu0	eduardo	eduardo@gmail.com		0000-00-00 00:00:00		0	eduardo
✎ ✗	5	jose	PBeRc4y2nlg.1k2gnYx9ikiqeRBrrQO/	jose	jose@gmail.com		0000-00-00 00:00:00		0	jose
✎ ✗	6	antonio	PBOzWcs5cJLePeLsr7WVDYy1fii9TM71	antonio	antonio@gmail.com		0000-00-00 00:00:00		0	antonio

↑ Marcar todos/as / Desmarcar todos *Para los elementos que están marcados:* ✎ ✗ ▦

Mostrar : 30 filas empezando de 0
en modo horizontal   ▾ y repetir los encabezados cada 100 celdas

Operaciones sobre los resultados de la consulta
Vista de impresión   Previsualización para imprimir (documento completo)   Exportar   CREATE VIEW

Figura 16.16. Una fila para cada usuario.

En el menú superior del phpMyAdmin podremos hacer clic en la opción Insertar, que desplegará una serie de campos a rellenar para la creación de un nuevo usuario.

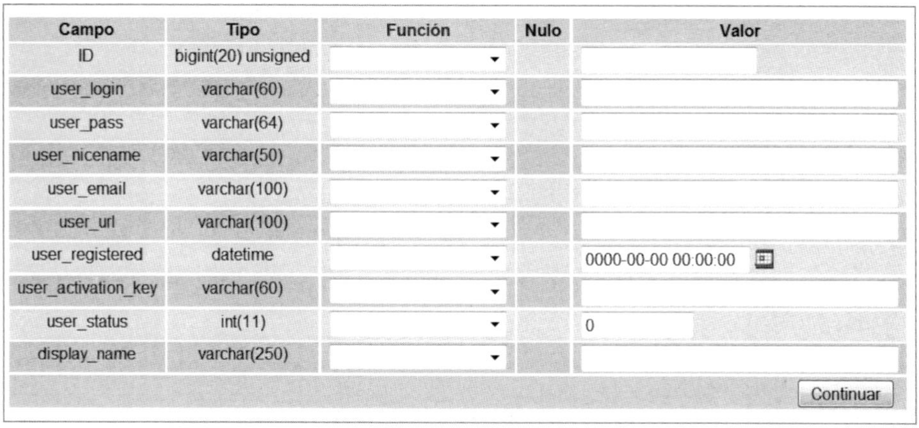

Campo	Tipo	Función	Nulo	Valor
ID	bigint(20) unsigned	▼		
user_login	varchar(60)	▼		
user_pass	varchar(64)	▼		
user_nicename	varchar(50)	▼		
user_email	varchar(100)	▼		
user_url	varchar(100)	▼		
user_registered	datetime	▼		0000-00-00 00:00:00
user_activation_key	varchar(60)	▼		
user_status	int(11)	▼		0
display_name	varchar(250)	▼		
				Continuar

Figura 16.17. Campos a rellenar para crear un nuevo usuario.

El ID será el número de usuario según el orden en que se han creado o el valor que se les ha asignado. No es posible duplicar el número, pues la base de datos devolverá un error y no permitirá la creación del nuevo usuario. Para completar la fila dedicada a la contraseña user_pass se recomienda activar, en la columna Función y en la celda correspondiente, la opción MD5. De esa manera la contraseña quedará cifrada para que los ojos de los curiosos no puedan adivinarla si logran entrar a la base de datos.

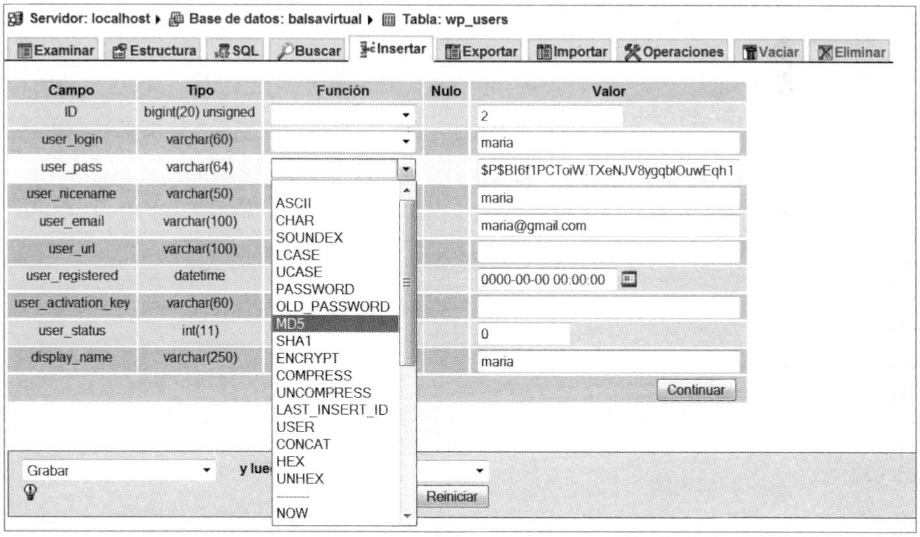

Figura 16.18. Cifrar la contraseña.

Se rellenan los otros campos y un clic sobre el botón **Continuar** permitirá al usuario hacer uso de su nuevo rol, entrando a través del menú ubicado en el *widget* Meta de la barra lateral o bien a través de la URL `http://www.balsavirtual.com/wp-login.php`.

PLUGINS PARA GESTIONAR USUARIOS

Pero las potencialidades de los roles no se quedan aquí, pues decenas de *plugins* ayudan a ampliarlas y hacerlas más específicas. Si nos damos una escapadita por el reservorio de *plugins* de WordPress `http://worpdress.org/extend/plugins/` y hacemos una búsqueda a partir de las palabras claves *users*, *usuario*, *rol* o *roles*, encontraremos muchos entre los que seleccionar.

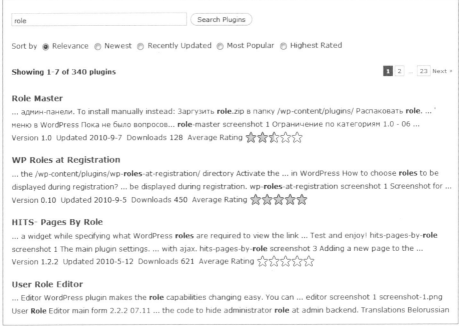

Figura 16.19. Listado de plugins para gestionar roles de usuarios.

Especialmente recomendable es el llamado Role Manager *plugin*. Para descargarlo e instalarlo, debemos seguir las recomendaciones esbozadas en el capítulo 8 o bien irnos directamente a la Web de los desarrolladores `http://redalt.com/Resources/Plugins/Role+Manager/download/rolemanager`. En conclusión, este *plugin* asignará o negará capacidades a cada usuario.

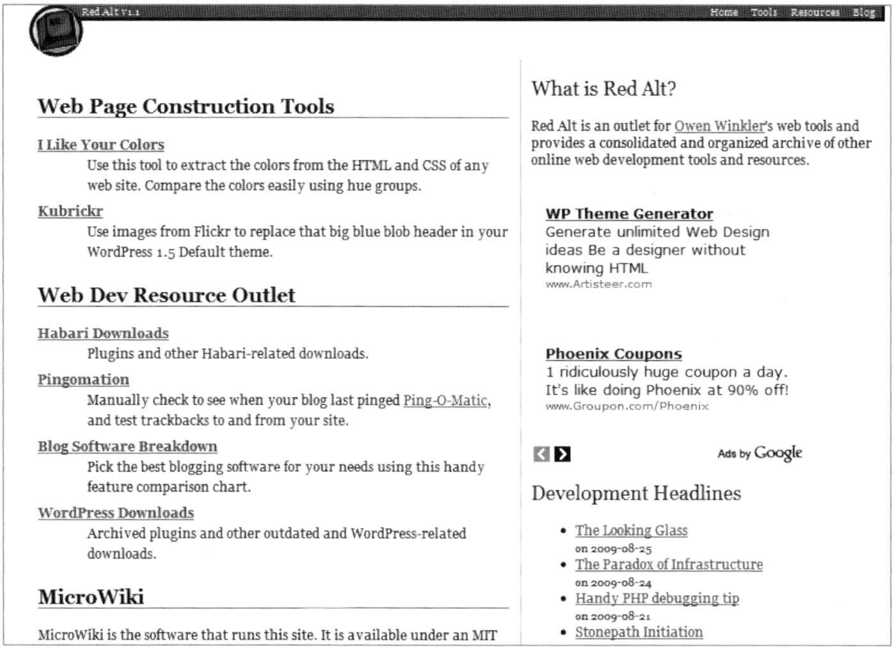

Figura 16.20. Página de descarga de Role Manager.

El *plugin* Role Manager ayudará al administrador a:

- Crear perfiles personalizados.
- Asignar capacidades extra a usuarios concretos.
- Renombrar los perfiles por defecto.
- Modificar los perfiles por defecto.
- Integrarlo con otros *plugins* para permitir capacidades adicionales.

Entre las nuevas funcionalidades que agrega Role Manager está la de poder editar las capacidades de los cinco perfiles predeterminados de WordPress: administrador, editor, autor, colaborador y suscriptor. Con un simple clic al costado de cada funcionalidad podremos activarla o desactivarla para determinado rol. Véase la figura 16.21.

Además, permite también crear nuevos perfiles o roles de usuarios con un nombre específico y capacidades bien delimitadas. Este *plugin* convierte a un blog personal en una verdadera y dinámica redacción periodística donde los nuevos usuarios lograrán ir ascendiendo escalonadamente en número de responsabilidades, tal y como le ocurre a los empleados recién llegados a un periódico. Véase la figura 16.22.

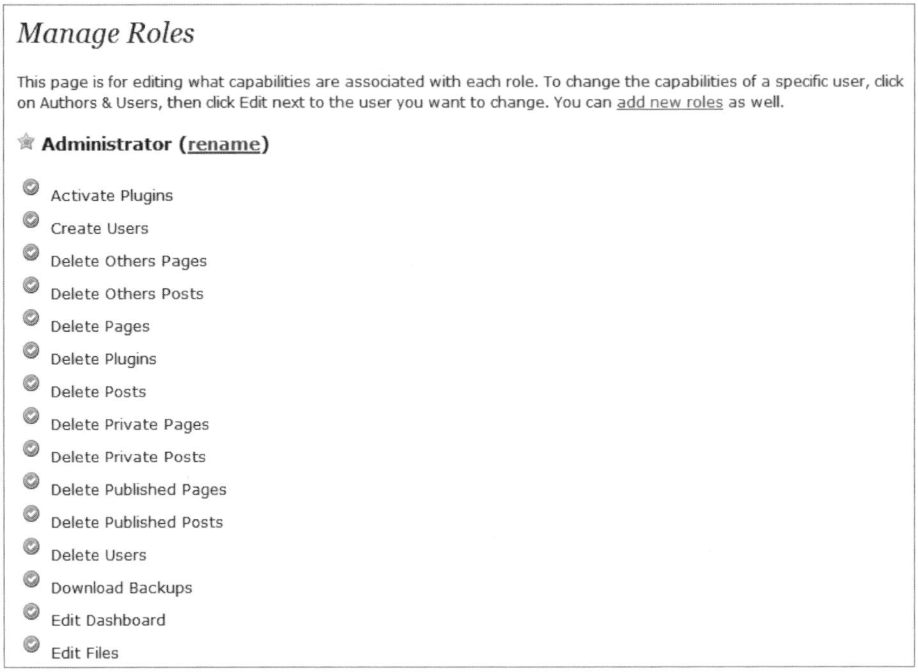

Manage Roles

This page is for editing what capabilities are associated with each role. To change the capabilities of a specific user, click on Authors & Users, then click Edit next to the user you want to change. You can add new roles as well.

⭐ **Administrator (rename)**

- ⊘ Activate Plugins
- ⊘ Create Users
- ⊘ Delete Others Pages
- ⊘ Delete Others Posts
- ⊘ Delete Pages
- ⊘ Delete Plugins
- ⊘ Delete Posts
- ⊘ Delete Private Pages
- ⊘ Delete Private Posts
- ⊘ Delete Published Pages
- ⊘ Delete Published Posts
- ⊘ Delete Users
- ⊘ Download Backups
- ⊘ Edit Dashboard
- ⊘ Edit Files

Figura 16.21. Amplia lista de capacidades para adjudicar a cada rol.

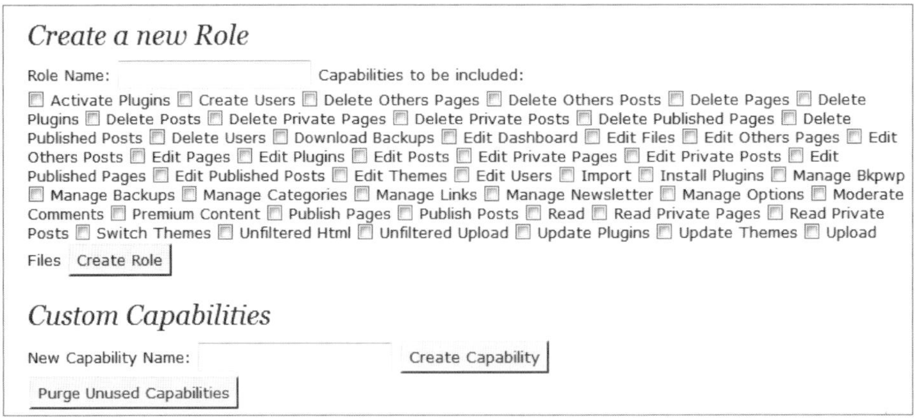

Create a new Role

Role Name: _____   Capabilities to be included:

☐ Activate Plugins ☐ Create Users ☐ Delete Others Pages ☐ Delete Others Posts ☐ Delete Pages ☐ Delete Plugins ☐ Delete Posts ☐ Delete Private Pages ☐ Delete Private Posts ☐ Delete Published Pages ☐ Delete Published Posts ☐ Delete Users ☐ Download Backups ☐ Edit Dashboard ☐ Edit Files ☐ Edit Others Pages ☐ Edit Others Posts ☐ Edit Pages ☐ Edit Plugins ☐ Edit Posts ☐ Edit Private Pages ☐ Edit Private Posts ☐ Edit Published Pages ☐ Edit Published Posts ☐ Edit Themes ☐ Edit Users ☐ Import ☐ Install Plugins ☐ Manage Bkpwp ☐ Manage Backups ☐ Manage Categories ☐ Manage Links ☐ Manage Newsletter ☐ Manage Options ☐ Moderate Comments ☐ Premium Content ☐ Publish Pages ☐ Publish Posts ☐ Read ☐ Read Private Pages ☐ Read Private Posts ☐ Switch Themes ☐ Unfiltered Html ☐ Unfiltered Upload ☐ Update Plugins ☐ Update Themes ☐ Upload Files   Create Role

Custom Capabilities

New Capability Name: _____   Create Capability

Purge Unused Capabilities

Figura 16.22. Creación de un nuevo rol o perfil.

Será de mucha utilidad también en blogs que tengan un gran caudal de comentarios y se necesite de una verdadera brigada de moderadores para mantener el debate en un buen punto. Para ello bastará con activar la casilla de Moderación de comentarios en los nuevos roles creados.

RESUMEN

De un blog personal podemos pasar al trepidante mundo de la creación colectiva, especialmente si hacemos un buen uso de los roles y usuarios que incluye WordPress. Este gestor de contenido brinda hasta cinco diferentes roles, entre los que se encuentran editor, autor, colaborador, suscriptor además del ya omnipresente administrador. Bajo la mirada y voluntad de éste último se les asignarán a los usuarios diferentes privilegios para la publicación de contenido. Un usuario puede cambiar de rol en la medida en que su participación en el blog se haga más intensa y confiable. La jerarquía de los roles, más que un asunto de menor o mayor importancia, se trata de un elemento para distribuir responsabilidades. En el caso de que las opciones de WordPress se nos queden cortas, siempre es posible apelar a los *plugins* que amplían y especifican el trabajo con perfiles de usuarios. Role manager parece ser uno de los más valorados por aquellos bloggers que llevan sitios cooperativos.

A CIEGAS, A TIENTAS

Mi bitácora tiene un corrector obstinado, crítico feroz y fregador estrella de platos y cazuelas. Cuando un amigo le preguntó a mi esposo Reinaldo si sentía orgullo o envidia del éxito de mi blog, su estocada verbal fue tan rápida como acostumbra: "Pura envidia, porque si te dijera orgullo parecería que tengo algo de gloria en su triunfo y no es así". Aunque la modestia no es la característica más sobresaliente de mi marido, en este caso se quedó corto con la responsabilidad que le toca.

No sólo este periodista desfenestrado sostiene **Generación Y**, sino también un grupo de traductores que lleva mis escritos a más de veinte lenguas. Son gente que un buen día me escribieron un e-mail y con esa confianza ciudadana que permite fiarse de otro –al que nunca se ha visto– les di las contraseñas para que llevaran autónomamente su versión al inglés, francés, italiano o finlandés. El blog se multiplicó así y con esto en la plaza pública se podía leer desde caracteres latinos hasta ideogramas japoneses. Cuando me bloquearon el sitio en los servidores de Internet que dan servicio a los hoteles y a los cibercafé cubanos, tuve que volverme muy creativa para publicar cada nuevo texto. Las mismas manos virtuales y amigas me ayudaron a mantener mi espacio, a pesar de haberme convertido en una blogger a ciegas, en una internauta a tientas. No poder administrar mi bitácora constituyó un motivo más para seguir escribiendo.

17. Integración con redes sociales y otros servicios

EL TRINO DEL PÁJARO AZUL

*Aun así algo surgiría... quizás ese
mismo pájaro azul me sacaría del
obligado silencio.*

En este capítulo descubriremos cómo:

☐ Valorar el potencial de conectar el blog con redes sociales.

☐ Utilizar Facebook para llegar a más lectores.

☐ Difundir contenido con Twitter.

☐ Seleccionar los *plugins* para la integración de WordPress a estas redes sociales.

WORDPRESS Y SU INTEGRACIÓN CON LAS REDES SOCIALES

En los últimos años, con la extensión de la llamada Web 2.0 que permite una mayor participación y decisión de los usuarios en el contenido, las redes sociales se han convertido en verdaderos motores de opinión y creación. Se trata de espacios virtuales para compartir artículos, información, materiales multimedia, conocimientos o programas, y alrededor de ellos se aglutinan millones de personas. Estas herramientas –en su mayoría gratuitas y de fácil uso– ofrecen un espacio para todo aquel que quiera intercambiar y almacenar datos. Entre las más populares por estos días están Facebook, Twitter, Flickr, Jaiku, LinkedIn. Integrarnos a ellas y utilizar su potencial para difundir nuestro blog es, más que una opción, una necesidad en los tiempos que corren.

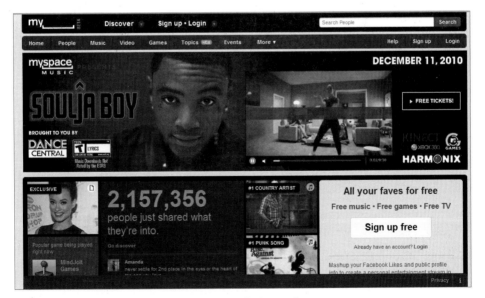

Figura 17.1. Portada de MySpace, una de las más populares redes sociales del momento.

En la Web 2.0 la red digital deja de ser una simple vidriera de contenidos multimedia para convertirse en una plataforma abierta, basada en la participación de los usuarios. Entre sus exponentes más conocidos está Wikipedia, YouTube, Flickr, WordPress, Blogger, MySpace, Facebook, OhMyNews y cientos de herramientas que fomentan en los usuarios las características de generadores de contenidos.

Figura 17.2. Wikipedia, la enciclopedia donde todos podemos ser editores de contenido.

La blogosfera también funciona como una red social, con sus propias subredes constituidas por los *blogrolls* y las plataformas o agregados de blogs. En algunos de los capítulos anteriores hemos aprendido a potenciar el alcance de nuestro blog a partir de los enlaces, *pingbacks* y *trackbacks*, aunque ahora nos sumergiremos de lleno en la tarea de difundirlo mucho más a través de otros caminos. Para ello echaremos mano de las redes sociales y varios servicios de compilación o indexación de contenido.

Para los usuarios que tienen su blog alojado en el servidor `WordPress.com`, nada será tan fácil como integrarse a las redes sociales. Justamente en el menú de la izquierda del tablero y bajo la sección Mis blogs, podemos vincularlos con servicios como Facebook, Twitter y Yahoo! Updates.

En el listado de los blogs que hemos creado aparece una columna bajo el título de Publicitar.

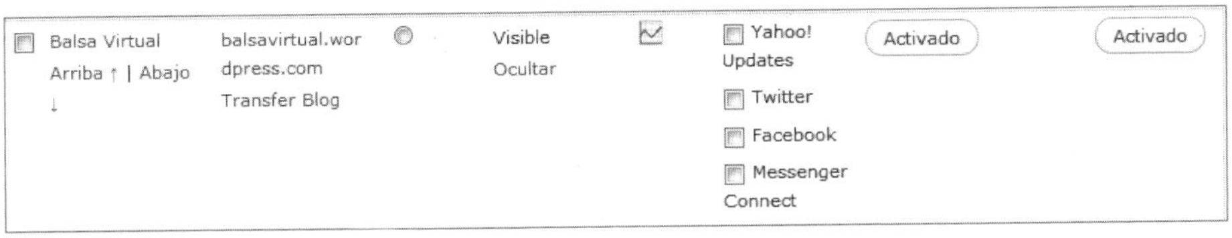

☐ Balsa Virtual Arriba ↑ | Abajo ↓	balsavirtual.wor dpress.com Transfer Blog	◎	Visible Ocultar	☑	☐ Yahoo! Updates
					☐ Twitter
					☐ Facebook
					☐ Messenger Connect

(Activado)   (Activado)

Figura 17.3. Difundir el contenido del blog para usuarios de WordPress.com.

Al marcar la casilla que está al lado de cada servicio, se abrirá una ventana de confirmación donde debemos introducir los datos de acceso a cada una de nuestras cuentas en ellos. Sólo así WordPress tendrá la posibilidad de publicar de manera automática en ellos.

Cuando estemos en el editor de texto, notaremos que en la barra lateral derecha, justamente en el módulo Publicar se muestran las redes sociales que se actualizarán inmediatamente después de que saquemos a la luz una nueva entrada.

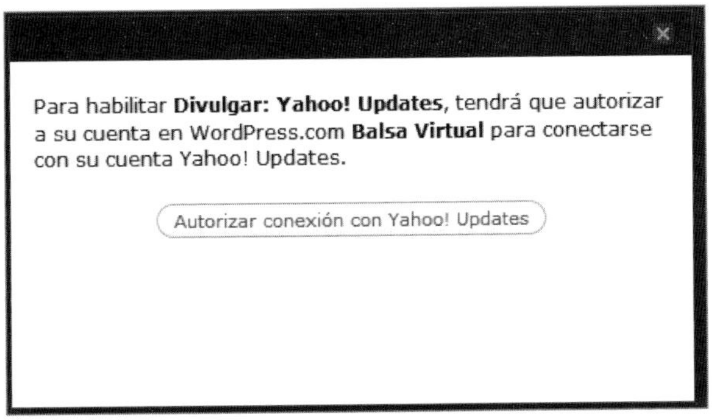

Para habilitar **Divulgar: Yahoo! Updates**, tendrá que autorizar a su cuenta en WordPress.com **Balsa Virtual** para conectarse con su cuenta Yahoo! Updates.

(Autorizar conexión con Yahoo! Updates)

Figura 17.4. Dar autorización para difundir el contenido del blog para usuarios de WordPress.com.

LA INTEGRACIÓN CON FACEBOOK

Ahora pasemos a enfocarnos en los pasos a seguir para quienes tenemos instalado el *script* de WordPress en un servidor propio.

Vayamos paso a paso, comenzando por Facebook y aprendiendo en una primera etapa aquellas aplicaciones que una vez configuradas trabajarán de manera automática. Después los propios lectores nos ayudarán a insertar nuestras entradas en las redes sociales.

Facebook es una herramienta social que nos pone en contacto con los amigos y conocidos. A través de ella podemos mostrar las fotografías del último fin de semana que hemos salido de casa, contar lo que nos ha ocurrido en las vacaciones, en nuestra boda o mientras practicamos deportes. Esto significa que el volumen de información que se mueve en esa red social tiende a ser informal –con cierta tendencia al chismorreo– y con un fuerte carácter personal. Pero en medio del tono desenfadado y hasta familiar de Facebook se puede encontrar espacio para difundir opiniones, propuestas, textos reflexivos y noticias. Incluso las actualizaciones de estado de Facebook son usadas como *microblogs*, como breves mensajes que llegan a una audiencia creciente.

Así que podremos vincular nuestro blog con nuestra cuenta en Facebook, sin temor a que esto resulte incongruente. Lo primero –claro está– es crearnos una cuenta en Facebook, para lo cual hay que dirigirse a `http://www.facebook.com`.

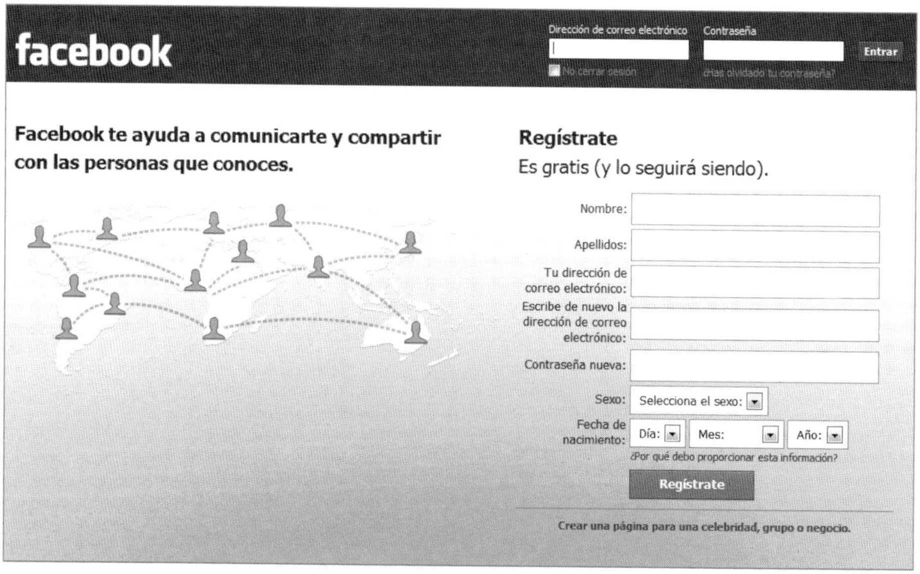

Figura 17.5. Página principal de Facebook.

Una vez allí, es necesario seguir los pasos para inscribirse en el servicio a partir del formulario que aparece a la derecha. Después de crearnos una cuenta, podemos acceder desde la barra superior donde se nos pide que introduzcamos E-mail y Contraseña.

Ya dentro del panel de administración –que se muestra en la figura 17.6–, notaremos que en la columna izquierda se pueden activar filtros o acceder a aplicaciones, mientras que en la derecha se muestra un resumen de eventos destacados y solicitudes. Precisamente nos iremos hacia el menú Aplicaciones y haremos clic sobre Notas. Quizás tengamos que marcar la opción Más para poder ver este submenú, pero al final aparecerá.

Figura 17.6. El panel de administración de una cuenta en Facebook.

Figura 17.7. En el panel de una cuenta en Facebook, la opción Notas.

En la pantalla que aparecerá hay que seleccionar Mis Notas y a continuación en la opción Importar un blog que aparece a la derecha.

Figura 17.8. Proceso para vincular un blog con una cuenta en Facebook.

Se mostrará entonces un recuadro donde podemos introducir la URL de nuestro blog. Se recomienda sólo incorporar la dirección electrónica de un sitio que tenga contenido creado por nosotros mismos. No se verá nada bien que nos dediquemos a publicar la obra de terceros en nuestra cuenta personal de Facebook. Incluso hay una casilla de verificación de derechos de autor que marcar antes de proceder a importar las primeras entradas.

Es el momento de hacer clic sobre Iniciar importación. Aparecerá una página de confirmación, en la que ratificaremos el proceso.

Las entradas importadas desde el blog se diferenciarán de las escritas directamente en Facebook por un ícono color naranja que aparece a su lado. Así, los lectores sabrán que ha sido tomada desde otro sitio y podrán seguir el enlace a éste justamente accionando sobre el pequeño ícono.

Pasemos revista ahora a una implementación que podemos activar desde el tablero de WordPress: es el conocido *plugin* Wordbook. Primero debemos descargarlos desde su ubicación en `http://wordpress.org/extend/plugins/wordbook/` y después activarlo.

Para cuando esté funcionando agregará al menú Ajustes una entrada bajo el título de Wordbook. Será a través de ella que accederemos a la configuración del *plugin*. Se nos mostrará un enlace hacia Facebook, en el que introduciremos nuestros datos de usuarios y obtendremos a cambio un código que será indispensable para el funcionamiento correcto del *plugin*.

Ahora bien, si queremos recuperar para el blog los comentarios que se hacen sobre nuestras entradas en Facebook, hay otro *plugin* que lo logrará.

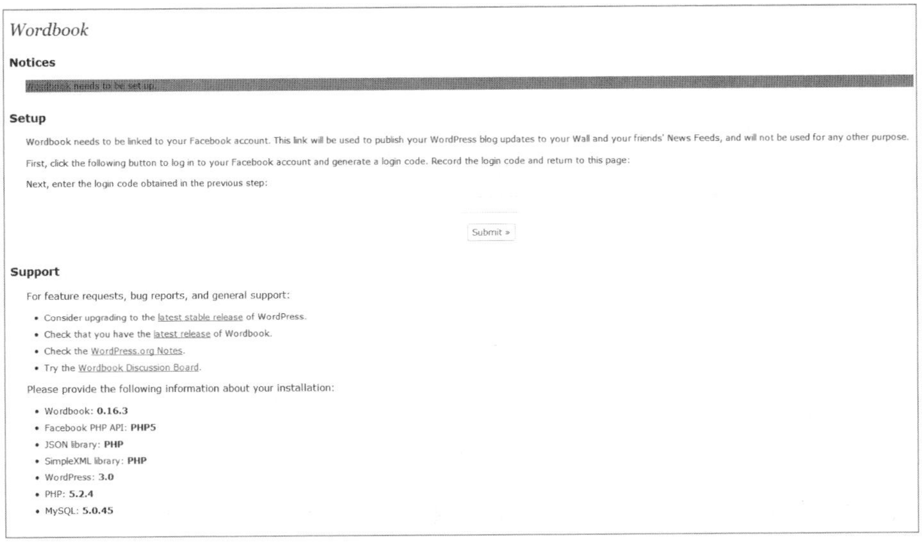

Wordbook

Notices

Wordbook needs to be set up.

Setup

Wordbook needs to be linked to your Facebook account. This link will be used to publish your WordPress blog updates to your Wall and your friends' News Feeds, and will not be used for any other purpose.

First, click the following button to log in to your Facebook account and generate a login code. Record the login code and return to this page:

Next, enter the login code obtained in the previous step:

Submit »

Support

For feature requests, bug reports, and general support:

- Consider upgrading to the latest stable release of WordPress.
- Check that you have the latest release of Wordbook.
- Check the WordPress.org Notes.
- Try the Wordbook Discussion Board.

Please provide the following information about your installation:

- Wordbook: **0.16.3**
- Facebook PHP API: **PHP5**
- JSON library: **PHP**
- SimpleXML library: **PHP**
- WordPress: **3.0**
- PHP: **5.2.4**
- MySQL: **5.0.45**

Figura 17.9. Ajustes del plugin Wordbook.

Un breve clic sobre el ícono de Facebook y éste nos llevará a una pantalla para generar un código único que permitirá la conexión entre ambas aplicaciones.

Debemos –claro está– copiar el código resultante y lo pegaremos en la configuración del *plugin* en el interior del tablero de WordPress.

Al terminar este proceso, veremos aparecer un nuevo ícono en la barra izquierda de nuestra cuenta de Facebook bajo el nombre de Wordbook, que al seleccionarlo nos mostrará un listado con el *feed* de nuestro blog.

De manera automática, este *plugin* redirigirá las entradas que publiquemos en WordPress hacia esos lectores que se pasan todo el día pegados a Facebook y prefieren leernos desde allí.

Hay un montón de *plugins* más que mejorarán la comunicación entre WordPress y Facebook, por ejemplo el magnífico Simple Facebook Connect que se puede obtener en `http://wordpress.org/extend/plugins/simple-facebook-connect/` y dispone de varios módulos activables a voluntad. Claro está que uno de esos módulos permite publicar las entradas del blog en la página o perfil de Facebook de manera automatizada.

Otro muy recomendable es Add to Facebook –disponible en el reservorio de *plugins* de WordPress– que incorpora al final de cada entrada un botón para que los propios lectores compartan nuestro contenido en esa red social.

LAS VENTAJAS DE TWITTER Y SUS 140 CARACTERES

Después de dejar atado y bien tensado el binomio WordPress-Facebook es hora de experimentar con otras redes sociales. ¿Qué tal si probamos con ese pájaro azul que revolotea juguetonamente por la Web? El éxito de Twitter se basa en su sencillez e inmediatez. De más está decir que para tener algo que decir sobre Twitter lo mejor es abrirse una cuenta cuanto antes y comenzar a usarla. La página principal http://twitter.com/ apenas si adelanta el potencial del que disfrutarán sus usuarios una vez inscritos. No demoremos más hacer clic sobre el botón verde que dice **Regístrate**.

Figura 17.10. Twitter.

Al inscribirnos debemos llenar un formulario con algunos datos personales y un Nombre de usuario y Contraseña. Una vez completado ese requisito, ya es posible comenzar a enviar los pequeños mensajes de 140 caracteres e invitar a los amigos a que nos lean. Pasemos pues a integrar la nueva cuenta de Twitter con nuestro blog. Para aquellos usuarios que disfrutan del servidor gratuito de WordPress.com la integración será muy sencilla. Basta con buscar en el menú Apariencia, bajo la sección Widgets aquél que ostenta precisamente el nombre de Twitter. Al colocarlo para que sea visible desde la barra lateral del blog, debemos configurar el Título que tendrá ese módulo, el Nombre de usuario de Twitter y el número de *tweets* que se mostrarán. Por defecto se mostrarán también las respuestas a nuestros *tweets*, de manera que si queremos que no sea así, es importante marcar la opción Hide replies.

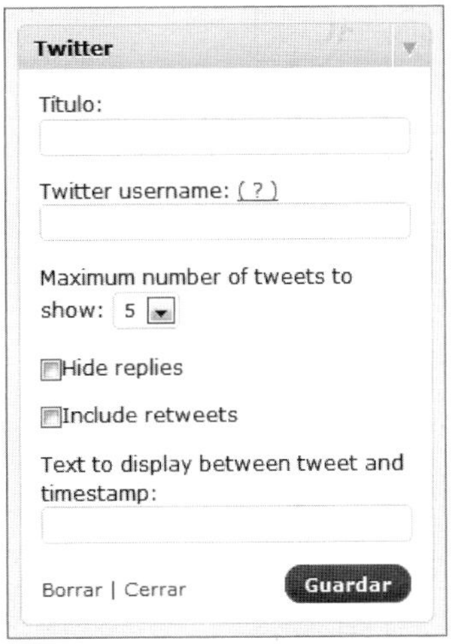
Twitter
Título:
Twitter username: (?)
Maximum number of tweets to show: 5
Hide replies
Include retweets
Text to display between tweet and timestamp:
Borrar | Cerrar
Guardar

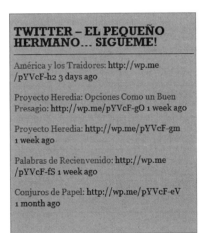

Figura 17.11. Configuración del widget de Twitter.

El resultado será que las micro entradas publicadas en Twitter aparecerán visibles en la barra lateral de nuestro blog, de la siguiente manera:

TWITTER – EL PEQUEÑO HERMANO... SIGUEME!
América y los Traidores: http://wp.me/pYVcF-h2 3 days ago
Proyecto Heredia: Opciones Como un Buen Presagio: http://wp.me/pYVcF-gO 1 week ago
Proyecto Heredia: http://wp.me/pYVcF-gm 1 week ago
Palabras de Recienvenido: http://wp.me/pYVcF-fS 1 week ago
Conjuros de Papel: http://wp.me/pYVcF-eV 1 month ago

Figura 17.12. Visualizar los tweets en la barra lateral.

Para que los usuarios con un servidor propio visualicen sus *tweets* en la barra lateral del blog existen varios caminos, pero vamos a probar uno muy fácil que parte del interior de la cuenta de Twitter en la pestaña superior de Configuración bajo la pestaña Perfil. Al desplegar esa pantalla veremos que justo debajo del campo para rellenar con la URL de nuestro sitio, aparece en letras pequeñas y azules la frase También puedes añadir Twitter a la página Web aquí.

Al marcar sobre esa zona aparecerá una nueva pantalla que nos pregunta si queremos un *widget* para un sitio Web o para Facebook, y por el momento, claro está, seleccionaremos la primera opción.

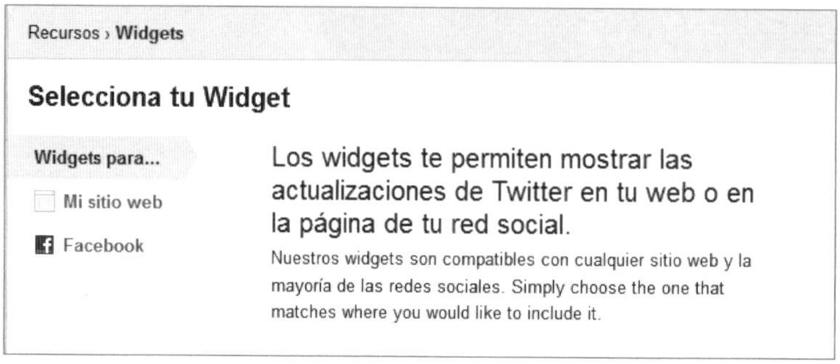

Figura 17.13. Decidir el tipo de widget.

A su vez eso abre la posibilidad de elegir entre cuatro diferentes tipos de *widgets*, de los cuales optaremos por el primero, Widget de Perfil, si lo que queremos mostrar en la barra lateral son solamente nuestros *tweets*. Una última pantalla de confirmación exhibe en la parte inferior dos botones: **Probar configuración** y **Terminar y guardar código**.

Figura 17.14. Obtener el código para visualizar los tweets.

Si accionamos este último, obtendremos el código para copiar que se verá más o menos así:

```
<script src="http://widgets.twimg.com/j/2/widget.js"></script>
<script>
new TWTR.Widget({
  version: 2,
  type: 'profile',
  rpp: 4,
  interval: 6000,
  width: 250,
  height: 300,
  theme: {
    shell: {
      background: '#333333',
      color: '#ffffff'
    },
    tweets: {
      background: '#000000',
      color: '#ffffff',
      links: '#4aed05'
    }
  },
  features: {
    scrollbar: false,
    loop: false,
    live: false,
    hashtags: true,
    timestamp: true,
    avatars: false,
    behavior: 'all'
  }
}).render().setUser('balsavirtual').start();
</script>
```

Es momento de crear un *widget* de texto en nuestra barra lateral que contenga el código obtenido en Twitter (véase la figura 17.15).

Un hermoso módulo aparecerá en la barra de nuestro blog, actualizado con los últimos *tweets* que hemos publicado (véase la figura 17.16).

También podemos echar mano de una implementación tan completa como es la de Twitter Tools que se obtiene en `http://wordpress.org/extend/plugins/twitter-tools/`. Estupendo *plugin* que permite multitud de funcionalidades para integrar Twitter con WordPress, incluida la publicación de un anuncio de nuevas entradas del blog en nuestra cuenta de Twitter. Debemos configurarlo para sacarle el máximo potencial.

El *plugin* nos pedirá una verificación de usuario y contraseña, y después procederemos a ajustar sus potencialidades, entre las que se encuentra la posibilidad de mostrar un *tweet* cada vez que actualicemos el blog, e incluso de convertir cada *tweet* en una entrada de blog.

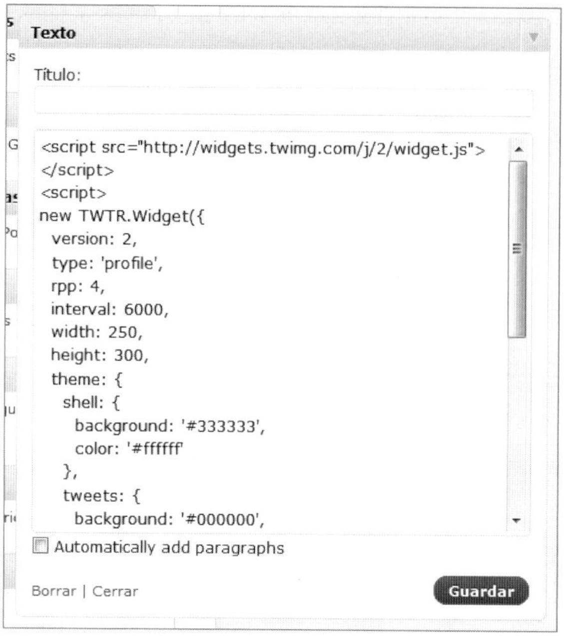

Texto

Título:

```
<script src="http://widgets.twimg.com/j/2/widget.js">
</script>
<script>
new TWTR.Widget({
  version: 2,
  type: 'profile',
  rpp: 4,
  interval: 6000,
  width: 250,
  height: 300,
  theme: {
    shell: {
      background: '#333333',
      color: '#ffffff'
    },
    tweets: {
      background: '#000000',
```

☐ Automatically add paragraphs

Borrar | Cerrar   **Guardar**

Figura 17.15. Configuración de un widget de texto con código de Twitter.

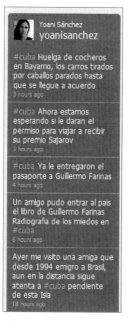

Figura 17.16. Módulo de tweets publicados.

Uno de los grandes aciertos de Twitter es que permite ser actualizado desde innumerables dispositivos y aplicaciones. Lo mismo se puede usar un teléfono móvil –a través de un mensaje de texto o SMS– que un teléfono inteligente o desde el navegador Web, el correo electrónico y aplicaciones especiales. Gracias a eso este servicio de *microblogging* brinda tanto la inmediatez como la libertad de movimiento que cualquier blogger ansía tener.

Si queremos publicar en Twitter aun sin tener acceso a Internet –lo cual puede ser muy útil para quienes viven en países con censura– podemos echar mano del sms y emitir mensaje en 140 caracteres. Bastará con crearnos una cuenta en Twitter y con posterioridad enviar cuatro mensajes de texto a su número de servicio +447624800379 con los siguientes comandos:

- start
- nombredeusuario
- contraseña
- ok

Es importante que los mensajes se manden en el orden descrito, sin dejar espacios ni delante ni detrás de cada palabra, sin poner acentos ni "ñ". De eso depende que funcione. Una vez logrado, agregaremos ese mismo número telefónico a nuestra agenda de contactos del móvil bajo el nombre de Twitter y a partir de ese momento todos los sms que enviemos a ese destinatario se publicarán automáticamente como *tweets*. También hay otras opciones –menos rústicas– para ciertas compañías telefónicas que tienen acuerdos con Twitter, pero ésta que hemos descrito funciona desde cualquier punto del planeta Tierra.

Llegó el momento de dar trabajo a los propios visitantes del sitio. Para que la ayuda de los internautas en la difusión de nuestro contenido sea efectiva, hay una serie de *plugins* muy valiosos para compartirlos en diferentes redes sociales. Vale la pena recomendar al multifacético ShareThis que se ubica en el reservorio de WordPress bajo la URL http://wordpress.org/extend/plugins/share-this/. Al instalarlo aparecerá un botón debajo de cada una de las entradas publicadas. Véase la figura 17.17.

Al hacer clic sobre él veremos tres columnas bajo el nombre de Social Web, Post y E-mail. En la primera se muestra un listado muy completo de redes sociales con las que se conseguirá compartir el contenido de la entrada, en la segunda se logrará incluso insertar ésta como un *post* en otros blogs y también en redes sociales. Véase la figura 17.18.

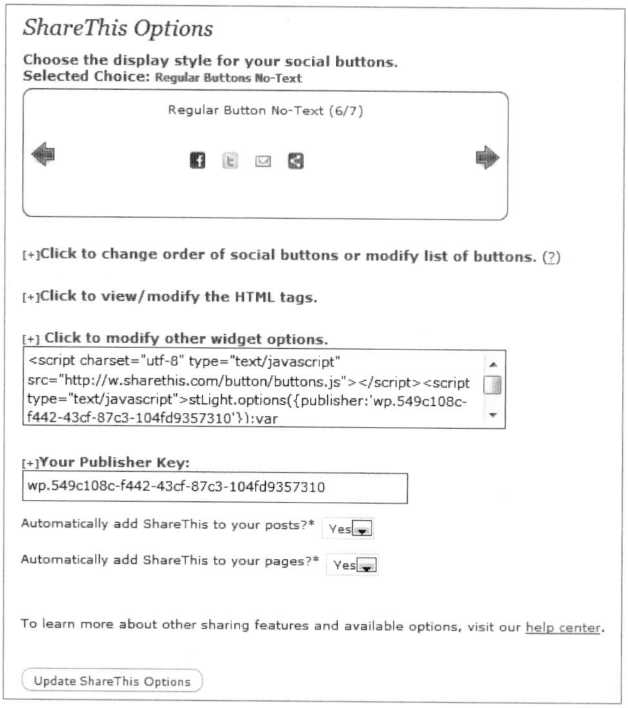

ShareThis Options
Choose the display style for your social buttons.
Selected Choice: Regular Buttons No-Text
Regular Button No-Text (6/7)
[+]Click to change order of social buttons or modify list of buttons. (?)
[+]Click to view/modify the HTML tags.
[+] Click to modify other widget options.
<script charset="utf-8" type="text/javascript"
src="http://w.sharethis.com/button/buttons.js"></script><script
type="text/javascript">stLight.options({publisher:'wp.549c108c-
f442-43cf-87c3-104fd9357310'}):var
[+]Your Publisher Key:
wp.549c108c-f442-43cf-87c3-104fd9357310
Automatically add ShareThis to your posts?* Yes
Automatically add ShareThis to your pages?* Yes
To learn more about other sharing features and available options, visit our help center.
Update ShareThis Options

Figura 17.17. Configuración del plugin Share This.

Comparte con tus amigos
Email
Facebook
Twitter
Google Buzz
Blogger
MySpace
Digg
AIM Share
Stumbleupon
Messenger
Encuentra un serv
Ver todos
Privacy Policy | Opt-Out
¿Que comparten tus amigos?
Entrar

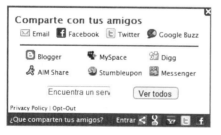

Figura 17.18. Contenido del botón ShareThis.

Al instalar el *plugin* ShareThis en nuestro blog, debemos registrarnos también para obtener una cuenta gratuita en `http://sharethis.com/wordpress`. Así podremos acceder a las herramientas de optimización que tiene esta aplicación para cambiar los ajustes y la forma en que se mostrará el botón **Compartir**.

Con esto nuestro blog quedará más que conectado a redes sociales y servicios de difusión de entradas. El reto ahora es publicar un contenido interesante y novedoso que resulte atractivo no sólo para los visitantes de nuestro sitio sino

también para quienes van a interactuar con él en otros espacios de la gran
telaraña mundial.

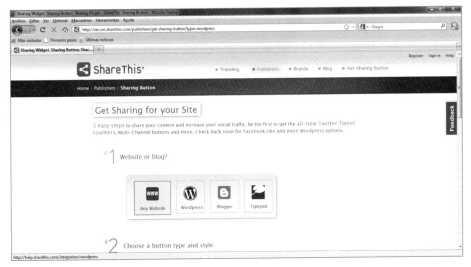

Figura 17.19. Ajustes desde nuestra cuenta personal en ShareThis.

RESUMEN

El blog ya se nos queda pequeño para difundir las entradas y ahora queremos
potenciarlas a través de las redes sociales. Para ello echaremos mano de servicios
como Facebook, Twitter, MySpace y Del.ic.ious. Conectarlos con el blog
resultará fácil, pues muchas de estas aplicaciones incluyen –como es el caso de
Twitter– una implementación para tender puentes entre un sitio Web y otro.
También existen *plugins* que nos harán la tarea más fácil, como es el caso de
Wordbook, Twitter Tools y ShareThis. Incluso sin ellos, WordPress 3.0 trae
widgets y herramientas que permiten la interacción de manera fácil y rápida
de configurar por el usuario. Para quienes tienen alojada su bitácora en el
servicio público de WordPress.com, nada será tan fácil como determinar
desde el principio si se les enviarán anuncios de actualización a Twitter y Yahoo!
Updates. Pero nada de esto tendrá mucha razón de ser si lo que hemos publicado
no vale la pena ser difundido. Así que volvemos al viejo axioma de que lo más
importante en un blog es la calidad y el atractivo de su contenido. Si logramos
sorprender y cautivar a los internautas, ellos se convertirán en verdaderos
embajadores de nuestras palabras. Trabajemos entonces en distinguirnos de
los millones de blogs que hay allá afuera y las redes sociales no se querrán
perder nuestro contenido. ¡Allá vamos!

EL TRINO DEL PÁJARO AZUL

Antes de que Twitter apareciera en mi vida, bloggear era sinónimo de
opinar o de escribir crónicas que apenas podían saborear la inmediatez
y mucho menos experimentar el vértigo que produce narrar un suceso
mientras se vive. Sólo en agosto de 2008 me creé una cuenta en ese servicio
de microblogging, con más interrogantes que certezas. Recuerdo que abrí
aquel espacio por la curiosidad de cuán lejos podía llegar el trino del pájaro
azul, sin saber muy bien cómo hacer para que volara.
Un año después tengo más de 65 mil seguidores que están al tanto de
esos mensajes en 140 caracteres que logran romper la censura y salir
de esta Isla.

Como si no fuera suficiente estar a ciegas en la tarea de bloggear,
ahora me defino a mí misma como una twittera a tientas, pues sólo
puedo emitir tweets pero no leer los que escriben otros. Contrario a
lo que recomiendan todos los especialistas del microblogging, he podido
potenciar la herramienta a pesar de mi minusvalía para conectarme a
Internet. Cuando descubrí que desde un teléfono móvil sin acceso a la Web
se podía publicar en Twitter.com fue como caer en la cuenta de que una
vez "infectado" por el virus de expresarse, el ser humano puede apelar
incluso a las señales de humo para seguir haciéndolo. Ahora siento que
si me quitaran el ordenador, si me confiscaran el móvil, cortaran mi línea
telefónica o limitaran mi movimiento por la ciudad, aun así algo surgiría...
quizás ese mismo pájaro azul me sacaría del obligado silencio.

18. Mantenimiento y limpieza en casa

De mudanza

Mi condición de blogger a ciegas era insufrible.

En este capítulo descubriremos cómo:

- Importar y exportar contenido.
- Actualizar la versión de WordPress.
- Mudar el blog.
- Proteger el blog.

IMPORTAR Y EXPORTAR CONTENIDO

Tomar de otros o de nosotros mismos, sumar contenido alojado en diversos servicios y aglutinar en un blog datos dispersos por la Web, serán labores que realizaremos frecuentemente. La gran telaraña mundial nos lleva a unir hebras, dar y asumir, importar y exportar información. Quizás por eso en los últimos años se han hecho tan frecuentes las herramientas de importación y exportación de contenido, no sólo en los programas que utilizamos en nuestros ordenadores, sino también en el ciberespacio. WordPress ha ido perfeccionando esas potencialidades hasta hacerlas fáciles e intuitivas para cualquier usuario.

En el menú Herramientas tenemos listadas las dos opciones Importar y Exportar, con las que se puede obtener o preparar contenido desde y para gran variedad de sistemas de blogs y CMS. En las versiones anteriores de WordPress al abrir la opción Importar aparecía un amplio listado de importadores incluidos.

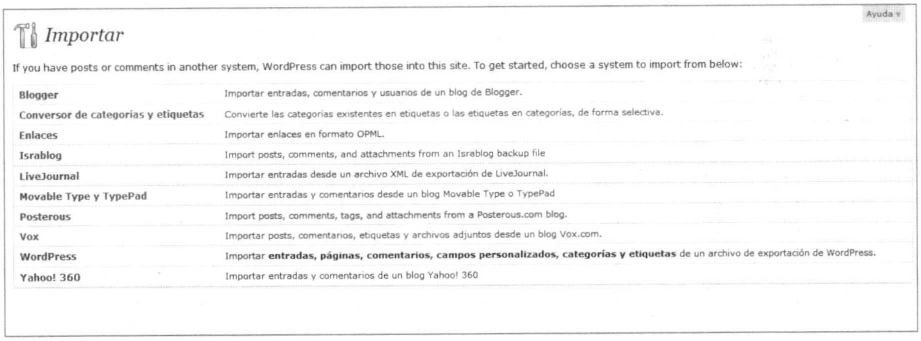
Ayuda

Importar

If you have posts or comments in another system, WordPress can import those into this site. To get started, choose a system to import from below:

Blogger	Importar entradas, comentarios y usuarios de un blog de Blogger.
Conversor de categorías y etiquetas	Convierte las categorías existentes en etiquetas o las etiquetas en categorías, de forma selectiva.
Enlaces	Importar enlaces en formato OPML.
Israblog	Import posts, comments, and attachments from an Israblog backup file
LiveJournal	Importar entradas desde un archivo XML de exportación de LiveJournal.
Movable Type y TypePad	Importar entradas y comentarios desde un blog Movable Type o TypePad
Posterous	Import posts, comments, tags, and attachments from a Posterous.com blog.
Vox	Importar posts, comentarios, etiquetas y archivos adjuntos desde un blog Vox.com.
WordPress	Importar **entradas, páginas, comentarios, campos personalizados, categorías y etiquetas** de un archivo de exportación de WordPress.
Yahoo! 360	Importar entradas y comentarios de un blog Yahoo! 360

Figura 18.1. Listado de importadores.

Ahora muchos de ellos han sido convertidos en *plugins* opcionales, a partir de que los desarrolladores comprobaron que muchos usuarios apenas los usaban. De todas formas no vamos a preocuparnos con ese detalle, ya que los importadores más utilizados siguen incluidos por defecto en la instalación de WordPress.

Si aun así el servicio desde el que queremos importar no aparece en la lista, habrá que accionar el enlace en la parte inferior de ésta y buscaremos por ese camino el *plugin* correspondiente.

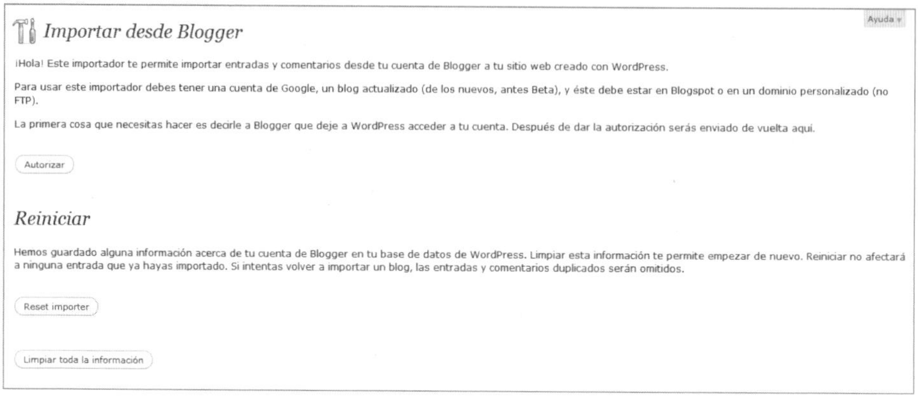
Ayuda
Importar desde Blogger
¡Hola! Este importador te permite importar entradas y comentarios desde tu cuenta de Blogger a tu sitio web creado con WordPress.
Para usar este importador debes tener una cuenta de Google, un blog actualizado (de los nuevos, antes Beta), y éste debe estar en Blogspot o en un dominio personalizado (no FTP).
La primera cosa que necesitas hacer es decirle a Blogger que deje a WordPress acceder a tu cuenta. Después de dar la autorización serás enviado de vuelta aquí.
Autorizar
Reiniciar
Hemos guardado alguna información acerca de tu cuenta de Blogger en tu base de datos de WordPress. Limpiar esta información te permite empezar de nuevo. Reiniciar no afectará a ninguna entrada que ya hayas importado. Si intentas volver a importar un blog, las entradas y comentarios duplicados serán omitidos.
Reset importer
Limpiar toda la información

Figura 18.2. Buscar el plugin correspondiente para importar.

Algunas de estas herramientas de importación ya las hemos estudiado en capítulos anteriores, como la que toma los RSS, los enlaces o el conversor de etiquetas en categorías. De manera que nos concentraremos por esta vez en aquellos servicios de blogs como Live Journal, Blogger, Movable Type, TypePad y el propio `WordPress.com`. Supongamos que tenemos un blog ubicado en uno de esos gestores de contenido y queremos sumar a nuestro blog de WordPress las entradas, enlaces y comentarios que están ubicados en ellos. Hagamos la prueba con `Blogger.com`, a ver cómo resulta. La operación exigirá que se compruebe la propiedad de la cuenta de Blogger, de manera que nos pedirá nuestro nombre de usuario y contraseña para proseguir.

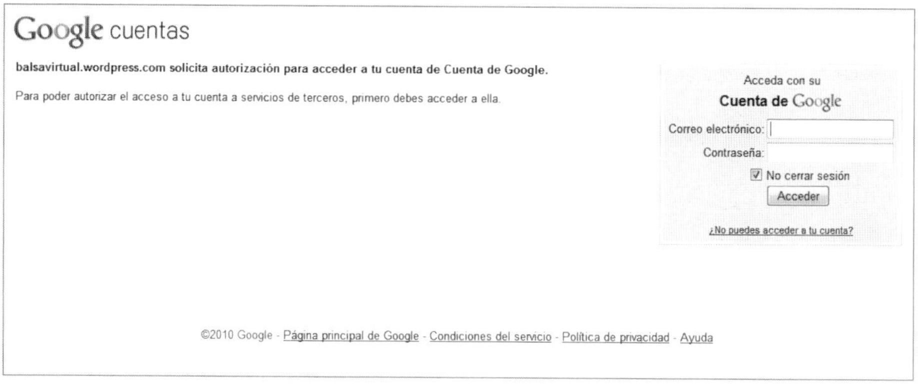
Google cuentas
balsavirtual.wordpress.com solicita autorización para acceder a tu cuenta de Cuenta de Google.
Para poder autorizar el acceso a tu cuenta a servicios de terceros, primero debes acceder a ella.
Acceda con su
Cuenta de Google
Correo electrónico:
Contraseña:
No cerrar sesión
Acceder
¿No puedes acceder a tu cuenta?
©2010 Google - Página principal de Google - Condiciones del servicio - Política de privacidad - Ayuda

Figura 18.3. Google exige una autorización para obtener el contenido.

Una vez pasada la etapa de la verificación, se mostrará una pantalla con unas barras que irán en aumento en la medida que se vaya importando el contenido. Una de ellas representa las entradas y la otra los comentarios, y a la derecha de ambas hay un botón que permite indagar y seleccionar a los autores del contenido. El mágico botón **Importar** comenzará con la tarea.

Una pantalla posterior nos preguntará de cuál autor queremos importar el contenido y sólo quedará por accionar el botón **Guardar cambios**. WordPress conservará la información de la cuenta en Blogger a menos que le aclaremos que no lo haga con el botón **Limpiar la información de la cuenta**.

Si importar nos ha parecido sencillo, nos vamos a sorprender aún más cuando veamos la opción Exportar del menú Herramientas que permite generar un fichero en formato XML llamado WXR. En él pueden incluirse entradas, páginas, comentarios, campos personalizados, categorías y etiquetas. Una serie de campos a seleccionar, permiten establecer filtros para que el archivo WXR sólo incluya una fecha, o un autor, determinada categoría, cierta etiqueta, todas las entradas o todas las páginas, etcétera. Después de que nos decidamos por alguna de estas opciones, el botón de **Descargar** el archivo de exportación completará la operación.

El ciclo de exportar-importar se convierte así en una serpiente que se muerde la cola, pues el archivo XML resultante de este primer paso podrá ser importado a su vez desde otro blog de WordPress u otros gestores de contenido.

ACTUALIZAR WORDPRESS

El organismo vivo que es WordPress evoluciona constantemente, de ahí que la tarea de actualizar la versión de nuestro blog deba hacerse con frecuencia. No se trata sólo de subirse al carro de la moda de lo más actual, sino que cada nueva versión de este CMS incluye correcciones a problemas de seguridad descubiertos y mejorías funcionales que van a al ritmo de las últimas tendencias en la *World Wide Web*. De manera que mantener WordPress actualizado es una forma de proteger nuestro contenido e insertarnos más eficientemente en el ciberespacio. Para los usuarios que tienen su blog en el servicio gratuito de WordPress la actualización no será tema de preocupación, pues automáticamente éste va agregando las recientes potencialidades. Sin embargo, quienes han instalado el *script* en un servidor propio, deben estar al tanto de cuando aparecen nuevas versiones. Podremos suscribirnos al RSS o a la lista de anuncios por correo electrónico que ofrece el sitio `http://wordpress.org/development/` y nos llegarán a nuestro buzón las últimas novedades.

En el propio tablero principal de nuestro blog tendremos también un anuncio de si hay actualizaciones disponibles. Con sólo entrar a la administración, veremos una franja roja en la parte superior que nos advierte de las buenas nuevas.

La versión 3.0 de WordPress ha incorporado también un submenú denominado Actualizaciones anexo al menú Escritorio. En él podemos tener un reporte de la necesidad de poner al día nuestro gestor de contenidos, los *plugins* o las plantillas que éste contiene. Con esta nueva herramienta podremos lo mismo actualizar de forma individual o en lote, resultando muy práctica esta última posibilidad. Cuando hay actualizaciones disponibles, el número de ellas aparecerá –como una notificación– en una burbuja del menú de la izquierda.

Figura 18.4. Un anuncio advertirá de la existencia de nuevas actualizaciones.

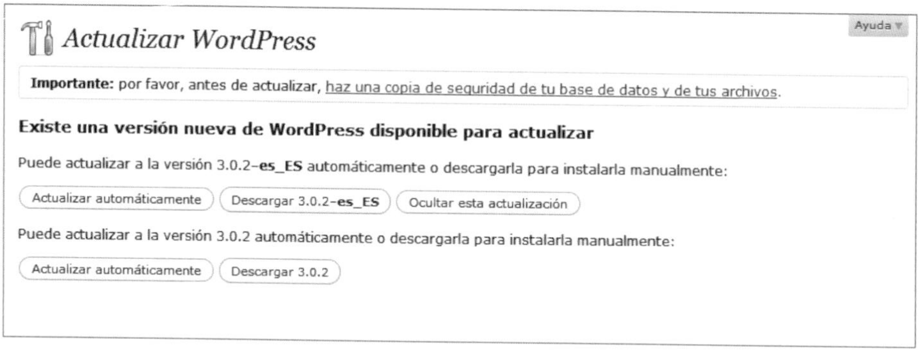

Figura 18.5. Nueva opción para actualizar el blog y sus complementos.

Ahora bien, hay dos caminos por donde podemos actualizar nuestra versión de WordPress: de manera automática o subiendo nosotros mismos los nuevos archivos al servidor. Las actualizaciones automáticas no podrían ser más simples. Bastará con hacer clic sobre el anuncio en rojo que aparece en el tablero y seguir la ruta que éste nos indica. Un mensaje advertirá que debemos hacer una copia de la base de datos. No se recomienda subestimar tal advertencia: más de un blogger ha visto despedazarse su sitio por no seguir los consejos de hacer respaldo de su información. Tampoco debemos aterrarnos, se trata de un proceder de rutina para el cual hay que seguir rigurosamente ciertos pasos.

Todo será más fácil a la hora de copiar la base de datos si con antelación hemos instalado el *plugin* WP-DB-Backup. Lo podemos encontrar en el ya familiar sitio `http://worpdress.org/extend/plugins/` y siguiendo las recomendaciones del capítulo 8 procederemos a subirlo al servidor e instalarlo. Una vez en activo notaremos que en el menú Herramientas ha aparecido un nuevo submenú bajo el título de Backup. Al accionar sobre él se mostrará una pantalla así:

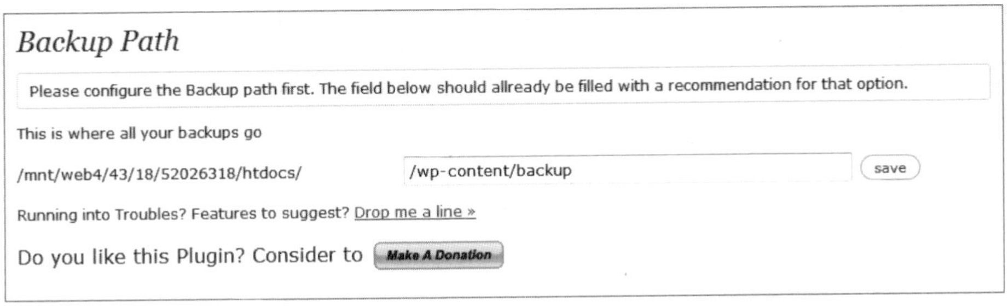

Backup Path

Please configure the Backup path first. The field below should allready be filled with a recommendation for that option.

This is where all your backups go

/mnt/web4/43/18/52026318/htdocs/   /wp-content/backup   (save)

Running into Troubles? Features to suggest? Drop me a line »

Do you like this Plugin? Consider to **Make A Donation**

Figura 18.6. Dónde quedará almacenada la copia de seguridad.

El nuevo *plugin* nos permitirá decidir qué contenido queremos salvaguardar y si preferimos hacer la copia de seguridad en el propio servidor o bajarla a nuestro ordenador.

Otra forma de hacer una copia de la base de datos es directamente desde el phpMyAdmin. Bastará con abrir la base de datos correspondiente a nuestro blog y marcar la pestaña Exportar en la parte superior de phpMyAdmin.

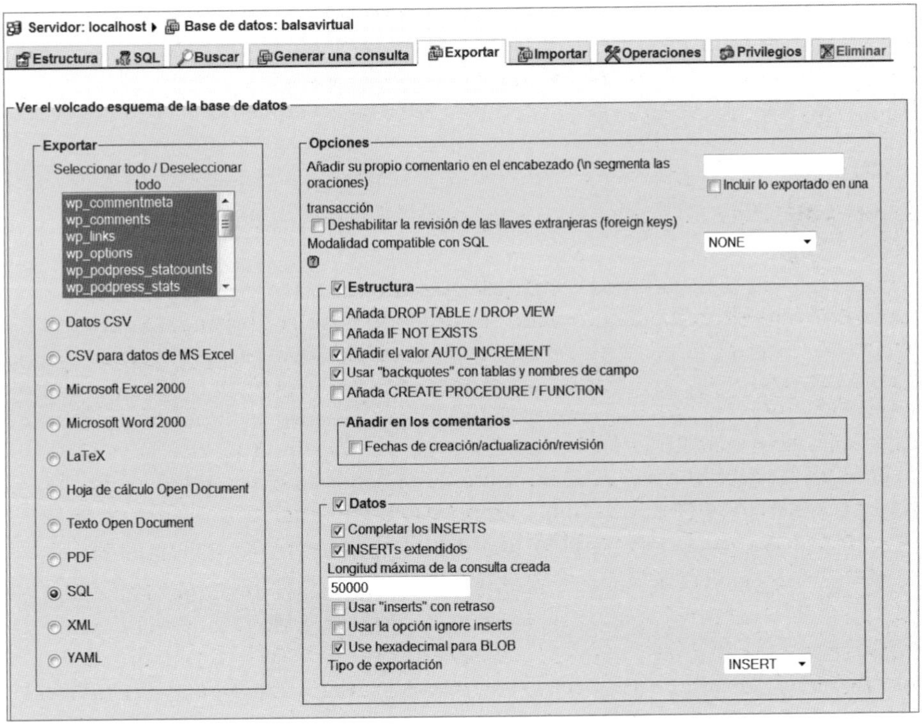

Figura 18.7. La opción exportar comienza el proceso de copiar la base de datos.

En la pantalla de exportación encontraremos diferentes campos a rellenar antes de proceder a hacernos con una copia de la base de datos.

Podremos seleccionar las tablas de la base de datos que queremos descargar, entre las que se encuentran:

- wp_commentmeta
- wp_comments
- wp_links
- wp_options
- wp_postmeta
- wp_post
- wp_terms
- wp_term_relationships
- wp_term_taxonomy
- wp_usermeta
- wp_users

Con posterioridad decidiremos si Enviar (genera un archivo descargable) el formato en que se descargará la base de datos y si queremos compactarlo para que no pese demasiado. Las posibilidades para esto último son comprimido con .zip o comprimido con .gzip.

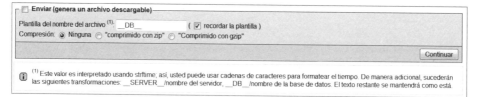

Figura 18.8. Diferentes opciones para exportar la base de datos.

Realizada con éxito la copia de la base de datos, es hora de proseguir en la actualización de nuestra versión de WordPress. Para concluirla con efectividad la aplicación debe contar con permisos de reescritura en el servidor, pues algunos archivos serán sustituidos.

No debemos preocuparnos si por algunos minutos nuestro sitio no está accesible y en lugar de la portada del blog aparece un cartel de que estamos haciendo labores de mantenimiento. Todo volverá a la normalidad, y si no, pues tenemos una copia de la base de datos para regresar al punto anterior.

El otro camino para hacer la actualización de WordPress consiste en subir nosotros mismos los nuevos ficheros al servidor. Primero debemos dirigirnos hacia el sitio `http://wordpress.org/` y descargarnos de allí la última versión ya probada de este gestor de contenidos.

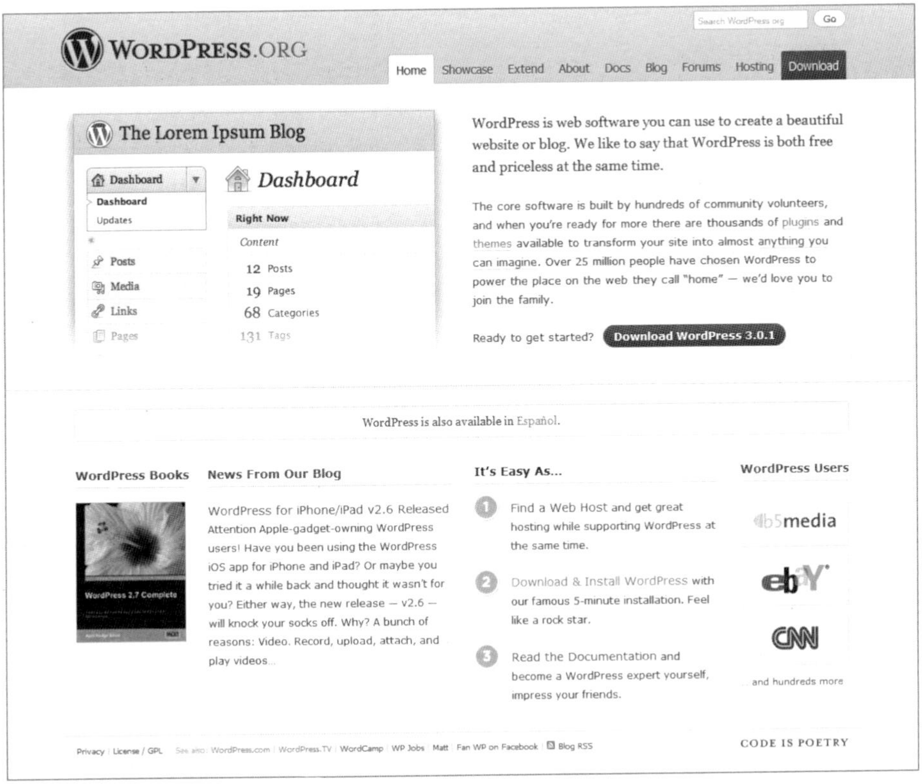

Figura 18.9. Descargar la versión más actual de WordPress desde el sitio de sus desarrolladores.

Ahora empezaremos a usar nuestro cliente de FTP favorito. Se sugiere enfáticamente el versátil Filezilla que ya conocemos desde el capítulo 7. Haremos una copia de seguridad de la carpeta `wp-content` y del archivo `wp-config.php`, que son los archivos que distinguen a nuestro blog de los otros. Con ellos copiados y la base de datos también salvada, tendremos la capacidad de reconstruir nuestro sitio pese a cualquier desastre o adversidad. Crucemos los dedos para que no pase nada malo.

Viene entonces el paso de subir la nueva versión de WordPress al servidor, sustituyendo todos los archivos con excepción de los incluidos en `wp-content` y del importantísimo `wp-config.php`.

En caso de que después de hacerlo todo la administración del sitio no funcione, es que ha ocurrido algún error de subida en la carpeta `wp-includes` o bien `wp-admin/includes`.

Una vez arreglado este percance todo debería correr sobre rieles de cristal. Si no fuera así, bastará con reintegrar los archivos salvados al servidor e importar la vieja base de datos desde el phpMyAdmin. Pero eso será en un caso extremo, por regla general todo sale bien. Mente positiva... en Internet también funcionan los buenos pensamientos.

MUDAR EL BLOG

Si alguna vez necesitamos mover la instalación de WordPress de un servidor a otro, debemos seguir una secuencia inversa a la del proceso de instalación.

- Copiar los archivos de WordPress al nuevo servidor. Especial hincapié merece la copia del fichero `wp-config.php` y de `.htaccess`, además del directorio `wp-content`.

- Exportar la base de datos. Si se ha instalado algún *plugin* debemos verificar que hemos incluido las tablas y filas que éste haya creado en la base de datos.

- Poner el sitio viejo en el modo de mantenimiento para que los visitantes no sigan dejando comentarios.

- Revisar el archivo de `wp-config.php`. Cambiar los datos de conexión a la anterior base de datos para que se correspondan con el nuevo servidor. Se puede agregar también al archivo `wp-config` información sobre la nueva URL donde está ubicado el blog para que la base de datos no remita al viejo sitio. Por ejemplo, así:

  ```
  define('WP_SITEURL', 'http://nuevositio.com);
  define('WP_HOME', 'http://nuevositio.com');
  ```

- Subir los ficheros al nuevo servidor, incluyendo el `wp-config.php` ya modificado.

- Importar la base de datos al nuevo servidor desde phpMyAdmin. Véase la figura 18.10.

- Anotar en el menú Ajustes generales del tablero de WordPress la nueva ubicación, por ejemplo `http://www.nuevositio.com/`.

- Instalar el *plugin* Search & Replace para reparar todas las URLs del sitio y que dirijan ahora hacia la nueva ubicación.

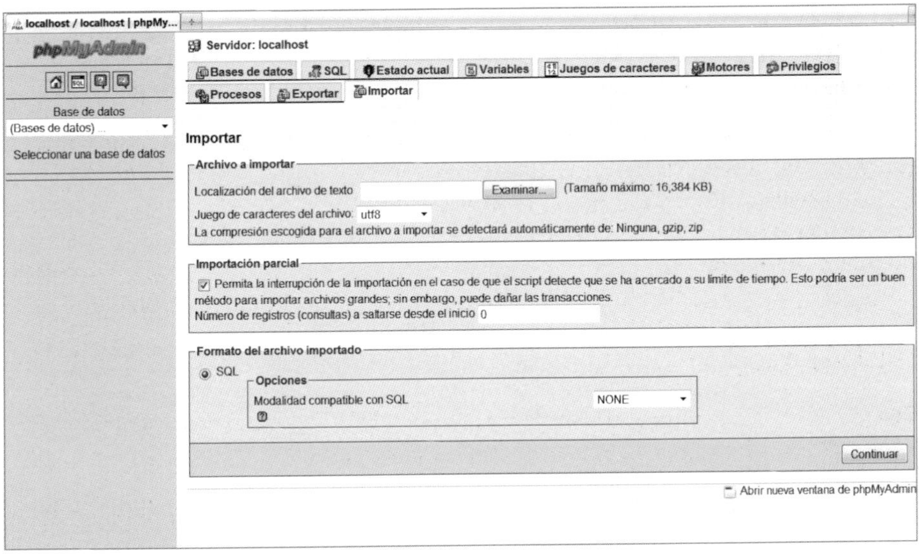

Figura 18.10. Importar la base de datos al nuevo servidor.

En relación con el *plugin* Search & Replace, nos será de mucha utilidad no sólo a la hora de mudar un sitio sino con cualquier cambio que hagamos en las URLs de nuestro blog. Al instalarlo y dejarlo activo, aparecerá una nueva sección bajo el título Search & Replace en el menú Ajustes. Nos dará la opción de marcar todos los campos de la base de datos donde queramos cambiar la antigua URL por otra.

En la parte inferior de la pantalla del *plugin*, dos campos permiten escribir la URL a remplazar y también apuntar la nueva.

Es el momento ya de probar la nueva casa a ver cuán a gusto se siente el inquilino WordPress en ella. Por el momento todo parece marchar bien. ¡Hora de sacar la alfombra roja!

PROTEGER EL BLOG DE ATAQUES E INTRUSOS

En las versiones anteriores de WordPress, la primera cuenta de usuario que se creaba se llamaba siempre admin. Esto hizo relativamente fácil para los hackers aplicar toda su energía en descifrar la contraseña de entrada, ya que conocían el usuario de antemano.

Afortunadamente, y como ya habíamos visto en el capítulo 16, a partir de las versión 3.0 se puede seleccionar otro nombre de usuario mientras se realiza la instalación. De cualquier forma no está de más proteger la entrada a nuestro tablero de administración utilizando el cifrado SSL, que se logra al comenzar la

URL de entrada al sitio con https, por ejemplo: `https://midominio.com/wp-login.php/`. El navegador nos advertirá de que estamos tratando de entrar a un sitio que tiene un certificado SSL que él no reconoce, de manera que habrá que agregar dicho certificado a la lista de excepciones.

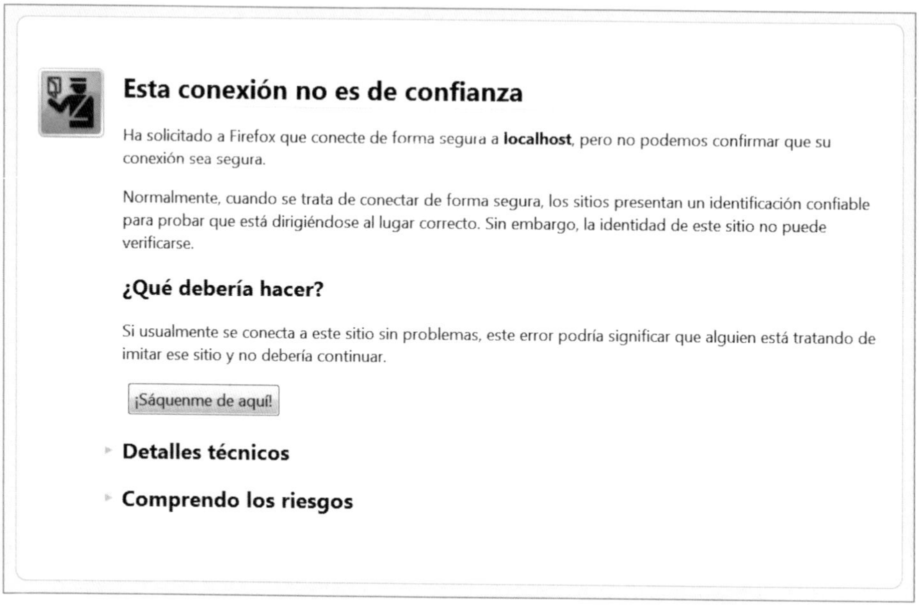

Esta conexión no es de confianza

Ha solicitado a Firefox que conecte de forma segura a **localhost**, pero no podemos confirmar que su conexión sea segura.

Normalmente, cuando se trata de conectar de forma segura, los sitios presentan un identificación confiable para probar que está dirigiéndose al lugar correcto. Sin embargo, la identidad de este sitio no puede verificarse.

¿Qué debería hacer?

Si usualmente se conecta a este sitio sin problemas, este error podría significar que alguien está tratando de imitar ese sitio y no debería continuar.

¡Sáquenme de aquí!

▸ **Detalles técnicos**

▸ **Comprendo los riesgos**

Figura 18.11. Aceptar el certificado SSL del sitio es indispensable para continuar.

Un pequeño candado se mostrará entonces en la parte inferior del navegador si estamos usando Mozilla Firefox o Internet Explorer. Este símbolo nos anuncia que el sitio Web al que queremos acceder y el navegador que utilizamos han acordado intercambiar información a través de un canal cifrado.

Se puede obligar a nuestro WordPress para que siempre use la opción SSL cuando algún usuario vaya a entrar en la administración. Así los datos personales como nombre de usuario y contraseña y los *cookies* de autorización que se reciban al momento de acceder al tablero, estarán encriptados de una forma segura y confiable.

Para lograrlo bastará con agregar en el fichero `wp-config.php` las líneas siguientes:

```
//https para acceder a una session de administrar:
define('FORCE_SSL_ADMIN', true);
//https requerido para entrar al tablero de WordPress:
define('FORCE_SSL_LOGIN', true);
```

Otra manera de proteger el acceso al escritorio de WordPress es con la instalación de un *plugin* que resguarde permanentemente la página del formulario de entrada. Uno muy recomendable es el conocido Login Lockdown que podemos descargar del reservorio de *plugins* de `http://worpdress.org/extend/plugins/` o bien agregar desde el interior del tablero tal y como aprendimos en el capítulo 8. La pequeña pero útil funcionalidad nos permitirá proteger el formulario de entrada contra los llamados ataques de fuerza bruta. Cuando desde una misma IP –y durante un breve periodo de tiempo– se hayan probado varias contraseñas para entrar, el *plugin* impedirá al usuario seguir intentándolo.

Figura 18.12. La protección de Login Lockdown en el formulario de acceso.

Login Lockdown no es un *plugin* para usuarios desmemoriados, de manera que si somos de esos que se quedan con la mente en blanco a la hora de recordar nuestra contraseña, mejor no activamos esta funcionalidad.

Otro detalle pequeño pero que protegerá muchísimo nuestro blog es eliminar la información –ubicada en la parte superior de la plantilla– sobre la versión de WordPress que estamos usando. Si curioseamos un poco en el código de nuestra página Web, veremos que aparece la siguiente línea:

```
<meta name="generator" content="WordPress 3.0" />
```

Debemos evitar que los inquietos piratas de la Web sepan de los puntos débiles de nuestra versión de WordPress y nos ataquen aprovechándose de ellos. Para eliminar esa información del encabezamiento de cada página, debemos escribir una breve línea en el archivo `functions.php` perteneciente a la plantilla que estamos usando:

```
remove_action('wp_head', 'wp_generator');
```

RESUMEN

Quién nos hubiera dicho mientras aprendíamos a dar los primeros pasos en WordPress que ahora estaríamos mudándonos a un nuevo servidor, actualizando la versión, importando y exportando contenido y hasta protegiéndonos de los ataques externos. Gracias a las facilidades brindadas por este CMS dichas labores son muy fáciles e intuitivas en la actualidad. La herramienta de importar contenido –por ejemplo– permite obtener entradas, links, comentarios y otros datos desde servicios externos como Live Journal, Blogger, Movable Type, TypePad y el propio `WordPress.com`, mientras que la exportación resulta en un fichero XML que puede ser asumido por otros gestores de contenido.

La versión 3.0 de WordPress ha hecho más sencilla la actualización del blog hacia una versión más reciente, pero aun así se recomienda seguir determinados pasos para salvaguardar la información. En ellos se incluye hacer copias de seguridad de la base de datos, de la carpeta `wp-content` y del archivo `wp-config.php`. Varios *plugins* pueden ayudarnos en esa tarea y también en la decisión de mudarnos hacia una nueva ubicación, especialmente el conocido como Search & Replace que eliminará el pesado problema de las URLs rotas durante la mudanza. Una vez en la nueva casa, vale la pena reforzar las medidas de seguridad para que los merodeadores de la Web no logren entrar a nuestro tablero de administración. Algunas normas como establecer el cifrado SSL de los datos de acceso o eliminar la información de la versión de WordPress del encabezamiento de las páginas, pueden ayudarnos en ese empeño. Ahora tenemos una casa más moderna, más conectada con el exterior y más segura. ¡Disfrutémosla!

DE MUDANZA

A mediados de febrero de 2009 decidí mudar mi sitio de servidor. Fue un desastre. La vieja versión 2.3 de WordPress se desarmó y la base de datos resultó más difícil de mover que un mamut siberiano. Durante once días todo el dominio `desdecuba.com` estuvo offline. Yo no podía dormir, el buzón de e-mail estaba repleto de mensajes de alarma y en medio de aquel caos un hacker oportunista vulneró la seguridad e hizo leña del árbol caído.

Tuve que apelar a las copias de seguridad guardadas. Mi condición de blogger a ciegas era insufrible. Veía cómo el trabajo de casi dos años se iba abajo con aquellos mensajes de error que aparecían en las pantallas de todo el que quería entrar a **Generación Y**. Un amigo me regaló una tarjeta de cinco horas de conexión para un hotel de La Habana, me fui allí dispuesta a no levantarme hasta que volviera a ver mi blog funcionando. Una de las personas que me ayuda a postear estaba en el chat.

Él, desde el país donde vive, podía navegar perfectamente por la Web y entrar al panel de control de mi servidor pero le faltaban los conocimientos técnicos para reparar el entuerto; yo tenía algunas ideas de cómo solucionarlos y sin embargo no podía hacer nada. Combinamos sus ojos y mis nociones, él fue mi vista y yo su mente. Cerca de las once de la noche ya la página volvía a estar disponible, con algunas imperfecciones, pero viva.

Sobre la marcha se arregló el resto y el nuevo espacio en el servidor demostró poseer una mayor capacidad para aceptar el creciente tráfico. Cambié a la plantilla de Atahualpa, que conservo todavía. Tres semanas después era vulnerado por un nuevo ataque. El desastre me ayudó a protegerme mejor. Después vino una etapa de estabilidad técnica y de desasosiego vital por sucesos que iban pasando en el mundo real. Hasta que a mediados de octubre alguien encontró una nueva vulnerabilidad, entró y borró el archivo `index.php`.

19. Trabajar para el posicionamiento y las estadísticas, pero sin neurosis

ALUNIZAR

Fue como haber –finalmente– alunizado
con mi rústica nave.

En este capítulo descubriremos cómo:

☐ Desentrañar el misterio de SEO.

☐ Verificar la relevancia, indexabilidad y popularidad del blog.

☐ Calcular el Pagerank.

☐ Gestionar Google Analytics.

☐ Crear el Sitemap del sitio.

☐ Visualizar el posicionamiento con Mozilla Firefox.

POSICIONAMIENTO WEB

Sin apenas saberlo ya hemos ido trabajando con algunas de las técnicas que mejoran el posicionamiento de un sitio en los buscadores. Cuando en el capítulo 13 aprendimos a seleccionar las etiquetas más adecuadas para definir un texto, estábamos cumpliendo con lo que recomiendan los especialistas de SEO, *Search Engine Optimization* según su nombre en inglés. Pues bajo estas tres breves siglas se esconde un verdadero mundo que puede llegar a sernos muy útil o esclavizarnos al comprobar constantemente el lugar que ocupamos en los buscadores. De manera que antes de empezar a desentrañar otros senderos para posicionarnos mejor, valdría la pena repetir como un mantra: "¡No vamos a obsesionarnos con las estadísticas!".

La principal herramienta de *marketing* en la Web son los buscadores. Un buscador es un sistema que explora automáticamente la Web y recoge en una base de datos la información de las diferentes páginas visitadas. Esa base de datos puede ser consultada por los internautas y ofrece diferentes resultados según las solicitudes de información que se le hagan.

El llamado SEO es uno de los tres pilares básicos sobre los que se levanta una estrategia de *marketing* en Internet, siendo los otros dos:

☐ SEM (*Search Engine Marketing*) que se ocupa de la publicidad de pago ubicada en buscadores. Normalmente se trata de enlaces comprados que aparecen en la parte superior y a la derecha de los resultados habituales. Véase la figura 19.1.

☐ IM (*Marketing* de Internet externo) que se basa en la difusión que se hace de un sitio Web a través de cursos, eventos, publicidad tradicional, etcétera.

Figura 19.1. Enlaces de pago en Google.

En este capítulo nos ocuparemos solo del SEO, puesto que el SEM depende del alcance económico de cada uno y el IM de la habilidad que se tenga para difundir nuestro contenido en sociedad.

Una araña es un pequeño programa que se mueve por la red y visita cada sitio para leer el contenido. La araña lleva toda la información recopilada a una central, donde un sistema la procesa, almacena e indexa. Algunos de los nombres de las arañas de los diferentes buscadores son el Google Bot de Google, Slurp de Yahoo!, y Scooter de Altavista.

Figura 19.2. Buscador de Yahoo!.

También podemos inscribir nuestro blog en Technoratic `http://www.technorati.com/` que es un servicio para monitorear actualizaciones en la blogosfera mundial. A diferencia de buscadores como Google que demora días en rastrear un sitio, Technorati está al tanto de cada nueva entrada que publicamos. Es decir, indexa inmediatamente cada nueva información que agreguemos a nuestro blog.

Primero vamos a comprobar si existimos para los buscadores, si éstos nos han descubierto ya o tenemos que inscribirnos por nosotros mismos. Pero sólo nos daremos de alta si ya tenemos una cantidad de contenido que valga la pena mostrar. Llamar a las arañas buscadoras para enseñarles sólo el *post* predeterminado de WordPress con su título "¡Hola Mundo!" será perder el tiempo por gusto. En las siguientes URLs se puede llevar a cabo el proceso de inscripción:

- Google `http://www.google.com/addurl/`
- Yahoo! `https://siteexplorer.search.yahoo.com/submit/`
- MSN `http://search.msn.com.sg/docs/submit.aspx/`

Si pudiéramos resumir muy escuetamente los factores que pueden ayudarnos a posicionar mejor nuestro sitio en los buscadores, encontraríamos al menos tres grupos de ellos:

- Relevancia: Contenido atractivo, calzado con palabras claves y etiquetas bien seleccionadas.
- Indexabilidad: El diseño y la programación deben ser amigables para que los robots buscadores puedan rastrear el sitio sin dificultades.
- Popularidad: Recibir enlaces de calidad desde otras Webs, blogs o portales.

El primero de estos puntos, la relevancia, ya lo hemos venido trabajando y tiene su sustento fundamental en cuán interesante resulte nuestro contenido para los lectores. Se puede tener un sitio impecablemente diseñado, que cumpla con todos los requisitos técnicos que necesitan las arañas indexadoras, pero si las entradas publicadas en él son mediocres, aburridas y repetitivas, ni los lectores ni los buscadores nos lo perdonarán.

Así que cuando se empieza a hablar de posicionamiento, elevar el número de visitantes y lograr que sitios prestigiosos nos enlacen debemos ofrecer un contenido peculiar y distintivo. ¡Manos a la obra!

Si además ese contenido está reforzado con un buen sistema de etiquetas, palabras claves y es localizable a través de URLs amigables como las estudiadas en el capítulo 15, entonces tendremos más de la mitad del trabajo adelantado. ¡Vamos ahora por el otro 50%!

La usabilidad de un sitio Web está dada porque ésta respeta las normas de la navegación intuitiva y su diseño complace los deseos y necesidades del usuario. Esto también contribuye significativamente a su indexabilidad, puesto que hace más fácil la labor de las arañas de los buscadores. De ahí que se pueda decir que una Web usable (*user friendly*) e indexable (*search engine friendly*) va a lograr posicionarse mejor que otras que no tengan estas características.

Para ahorrarnos tiempo podemos poner a trabajar para nosotros al *plugin* All in One SEO Pack que hará una serie de ajustes en el blog para mejorar su posicionamiento. Descargarlo del almacén de *plugins* de WordPress.org y activarlo será cuestión de unos pocos clics, pero serán muchos más los que esta funcionalidad nos ahorrará a partir de ahora. Veamos algunos de los campos a configurar en ella, una vez que ya esté instalada, véase la figura 19.3.

Las páginas generadas por WordPress cumplen con los estándares de las normas que el W3C (*World Wide Web Consortium*) emite públicamente, y que reflejan la manera en que una página Web debe ser escrita. De todas formas podemos comprobar por nosotros mismos cuán dentro de los parámetros de usabilidad estamos si nos acercamos a la Web http://validator.w3.org y escribimos en el recuadro central la URL de nuestro blog, véase la figura 19.4.

La popularidad de un blog viene a ser como las relaciones públicas que ésta sea capaz de fomentar y mantener en el ciberespacio, de manera que se representa fundamentalmente por los enlaces externos que apuntan hacia nuestro sitio. En la medida en que tengamos un mayor número de enlaces recibidos, nuestro sitio será más popular. Pero no todo link que brilla es oro, algunos pueden parecer muy altisonantes y sin embargo reportarnos poca popularidad. Lo descubriremos si nos vamos a un sitio que la mide al estilo de http://www.marketleap.com/publinkpop/.

PageRank TM (PR) es un valor numérico que representa la importancia o trascendencia que una página Web tiene en Internet. Se calcula a partir de un conjunto de algoritmos cuyo resultado numérico valora a las páginas Web según el número de veces que otras páginas las recomienden y según el PageRank que tengan estas páginas. El máximo valor que se puede obtener de PageRank es 10 y el mínimo 0.

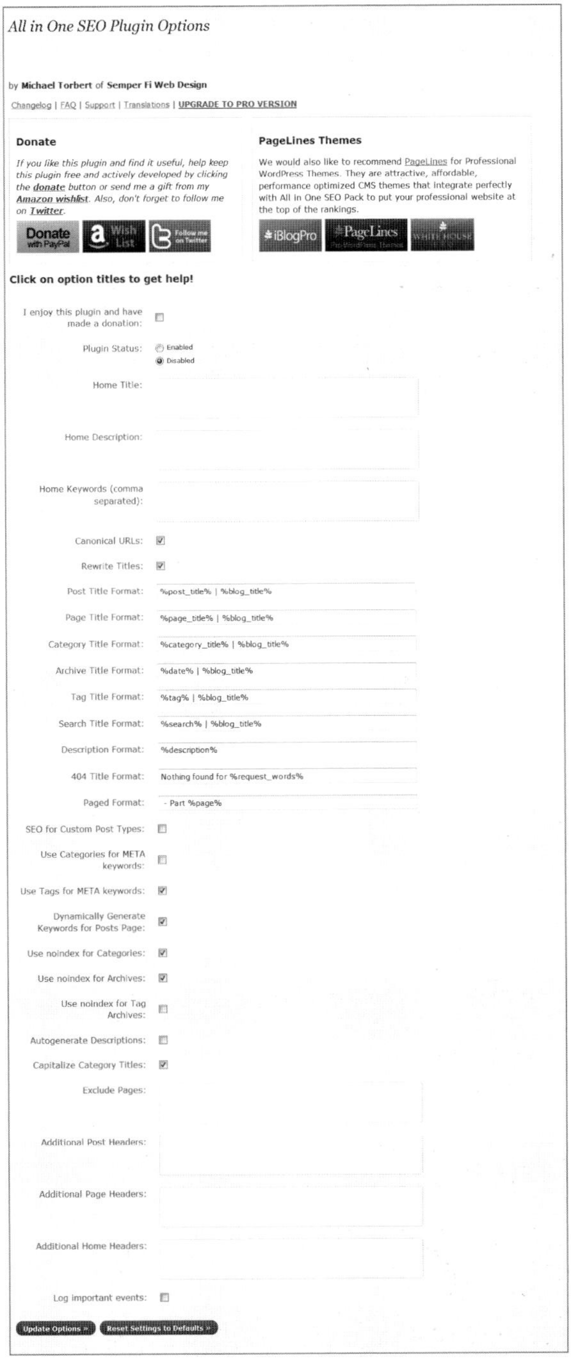

All in One SEO Plugin Options

by **Michael Torbert** of **Semper Fi Web Design**

Changelog | FAQ | Support | Translations | **UPGRADE TO PRO VERSION**

Donate

*If you like this plugin and find it useful, help keep this plugin free and actively developed by clicking the **donate** button or send me a gift from my Amazon **wishlist**. Also, don't forget to follow me on **Twitter**.*

PageLines Themes

We would also like to recommend PageLines for Professional WordPress Themes. They are attractive, affordable, performance optimized CMS themes that integrate perfectly with All in One SEO Pack to put your professional website at the top of the rankings.

Click on option titles to get help!

I enjoy this plugin and have made a donation:	☐
Plugin Status:	○ Enabled ● Disabled
Home Title:	
Home Description:	
Home Keywords (comma separated):	
Canonical URLs:	☑
Rewrite Titles:	☑
Post Title Format:	%post_title%	%blog_title%
Page Title Format:	%page_title%	%blog_title%
Category Title Format:	%category_title%	%blog_title%
Archive Title Format:	%date%	%blog_title%
Tag Title Format:	%tag%	%blog_title%
Search Title Format:	%search%	%blog_title%
Description Format:	%description%
404 Title Format:	Nothing found for %request_words%
Paged Format:	- Part %page%
SEO for Custom Post Types:	☐
Use Categories for META keywords:	☐
Use Tags for META keywords:	☑
Dynamically Generate Keywords for Posts Page:	☑
Use noindex for Categories:	☑
Use noindex for Archives:	☑
Use noindex for Tag Archives:	☐
Autogenerate Descriptions:	☐
Capitalize Category Titles:	☑
Exclude Pages:	
Additional Post Headers:	
Additional Page Headers:	
Additional Home Headers:	
Log important events:	☐

Update Options »   Reset Settings to Defaults »

Figura 19.3. Configuración del plugin All in One SEO Pack.

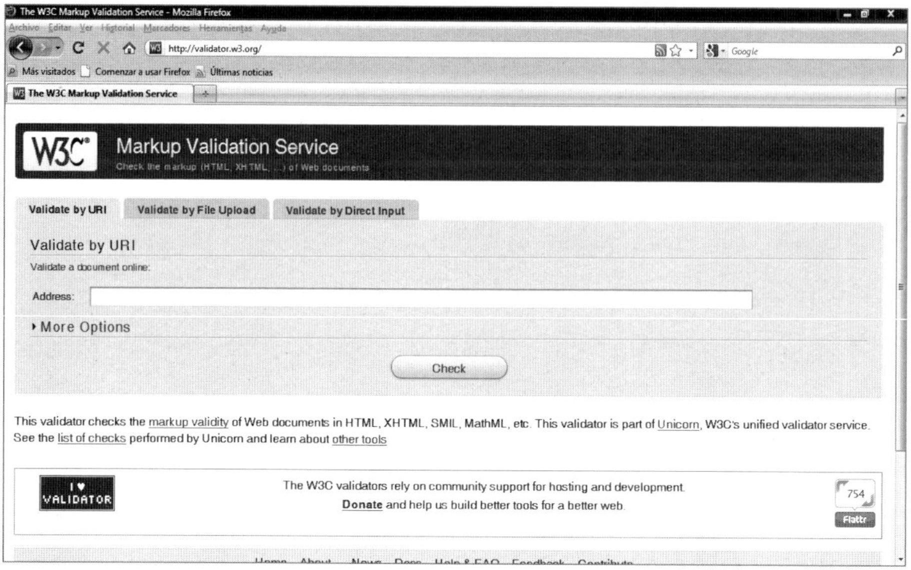

Figura 19.4. Página para validar el código de nuestro sitio.

Valor de PageRank	Cantidad de enlaces
0	0 - 3
1	3 - 19
2	19 - 130
3	130 - 907
4	907 - 6351
5	6351 - 44458
6	44458 - 311209
7	311209 - 2178466
8	2178466 - 15249262
9	15249262 - 106765607
10	> 106765607

Figura 19.5. Valores del PageRank según el número de enlaces entrantes.

Miremos cuánto de PageRank nos ha asignado un sitio como
`http://rankwhere.com/google-page-rank.php/` y después sabremos
si debemos congratularnos o regañarnos por nuestro blog. Pero no vale la
pena desesperarse, el PageRank puede variar en la medida que continuemos
publicando y sumando lectores.

Si deseamos que nuestro PageRank siga creciendo lo más sabio será:

☐ Aumentar el número de enlaces en Webs de terceros que recomiendan nuestro sitio.

☐ Conseguir enlaces en páginas Web que tengan el PageRank.

☐ Lograr enlaces en páginas Web donde no haya muchos otros enlaces, pues el valor del link que nos hagan queda dividido por el número total de enlaces que salgan de esa página Web.

> Se puede verificar a través de Google los enlaces entrantes a nuestro blog, con sólo escribir en el recuadro del buscador la siguiente línea `link:http://www.midominio.com`.

ESTADÍSTICAS DEL SITIO

Ahora pasemos a otro mundo apasionante y adictivo: las estadísticas de nuestro blog. El análisis de los visitantes de una Web es fundamental para conocer su popularidad, las secciones más visitadas, de dónde provienen los visitantes y cuanto tiempo se quedan en el sitio. Hace años todo eso estaba englobado en un simple concepto conocido como registro de visitas, pero hoy por hoy se ha convertido en un complejo sistema de análisis, donde no sólo se cuenta a los usuarios de la Web, sino que se tiene todo tipo información acerca de su experiencia navegando.

> Toda Web tiene un sistema de estadísticas ya sea de menor o mayor complejidad. Normalmente cuando alojamos un sitio en un servidor, éste incluye un sistema de estadísticas gratuito y que suele encontrarse en las carpetas `stats` o `estadisticas`. También puede ser accesible desde el panel de control del administrador de la Web.

Ahora vamos a aprender a usar una mezcla de servicios externos y de *plugins* que le harán más fácil a WordPress el manejo de tantos datos. En primer lugar hay que aclarar que el servicio gratuito de `WordPress.com` ofrece a los usuarios que tienen alojados blogs en él, un completo servicio de estadísticas visible desde el tablero de administración.

Pero si buscamos algo más completo tendremos la posibilidad de optar entre servicios al estilo de Omniture, WebTrends, Woopra, aunque por esta vez nos decantaremos por la maravillosa herramienta Google Analytics, que nos ofrecerá –de forma gratuita– un completísimo análisis estadístico de nuestro blog. Debemos tener previamente una cuenta de correo electrónico en Gmail, que lograremos si accedemos a `http://mail.google.com/mail/signup/` y completamos los datos personales que se nos piden. Recordemos que una contraseña fuerte debe tener más de 8 caracteres y se aconseja limpiar bien nuestras gafas para leer el *captcha* de Gmail que comprueba si realmente somos humanos y no una máquina. ¡Qué letras tan apretadas y pequeñas!

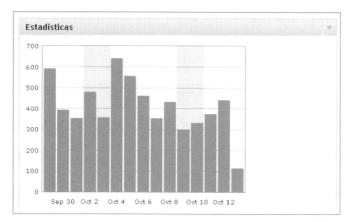

Figura 19.6. Módulo de estadísticas para los usuarios de WordPress.com.

Figura 19.7. Formulario para obtener una cuenta en Google.

Una vez creada nuestra cuenta de correo electrónico en Gmail ésta nos dará acceso a otros servicios de Google como Analytics, Sitemaps, Reader, Bookmarks, etcétera. Para comenzar a usar Google Analytics accedemos a su página Web en la URL http://www.google.es/analytics/, donde el registro es gratuito y debemos utilizar los datos de la cuenta de Google creada con anterioridad. Con el mismo usuario lograremos asociar hasta 50 Webs para que sean analizadas y mostradas sus estadísticas. Durante el proceso de registro nos piden una URL para comenzar el análisis. Vale la pena reparar en la pantalla donde aceptamos los términos del contrato. Una opción en la parte inferior permite Editar la configuración y decidir si nuestros datos estadísticos se mostrarán públicamente (véase la figura 19.9). La opción de privacidad sobre nuestros datos podrá ser cambiada con posterioridad desde dentro del tablero de Google Analytics.

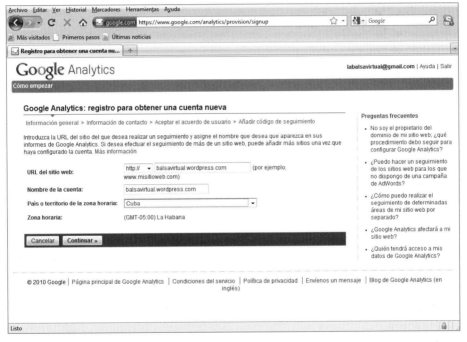

Figura 19.8. Proceso de registro.

Normalmente Google Analytics demorará 24 horas después de la inscripción en comenzar a mostrar las estadísticas de un sitio. Para que este proceso se complete en un blog, vamos a necesitar agregar algunas líneas de código o un *plugin* desde el tablero de administración. Para obtener estos datos bastará con darle alta al sitio Web que será analizado, desde el botón **Crear nuevo perfil de sitio web** dentro del tablero de Google Analytics.

Después de rellenar todos los campos y accionar el botón **Finalizar** obtendremos un número de cuenta de seguimiento al estilo de UA-53xx01-2, y también un código que se verá así:

```
<script type="text/javascript">
var gaJsHost =(("https:"==document.location.protocol)?
"https://ssl.": "http://www.");
document.write(unescape("%3Cscript src='" + gaJsHost +
"google-analytics.com/ga.js' type='text/javascript'%3E%3C/script%3E"));
</script>
<script type="text/javascript">
var pageTracker = _gat._getTracker("UA-53xx01-2");
pageTracker._trackPageview();
</script>
```

Figura 19.9. Configuración de privacidad antes de concluir el proceso de registro.

Se supone que debemos pegar ese código de seguimiento en la cabecera de todas las páginas que contiene nuestro blog, pero puede ser riesgoso si no estamos muy acostumbrados a trabajar a esas profundidades. De manera que vamos a aplicar una estrategia más sencilla. En pocas palabras, pidámosle ayuda al magnífico *plugin* Google Analyticator. Primero lo descargamos del repertorio ubicado en `http://worpdress.org/extend/plugins/` y lo activamos siguiendo la secuencia aprendida en el capítulo 8. Una vez funcionando veremos que se agrega al menú Ajustes una opción con el nombre de Google Analytics. Al abrirla nos pedirá un identificador de nuestra cuenta que es el dichoso UA-53xx01-2 que obtuvimos al inscribir la Web en ese servicio. Lo pegamos y listo.

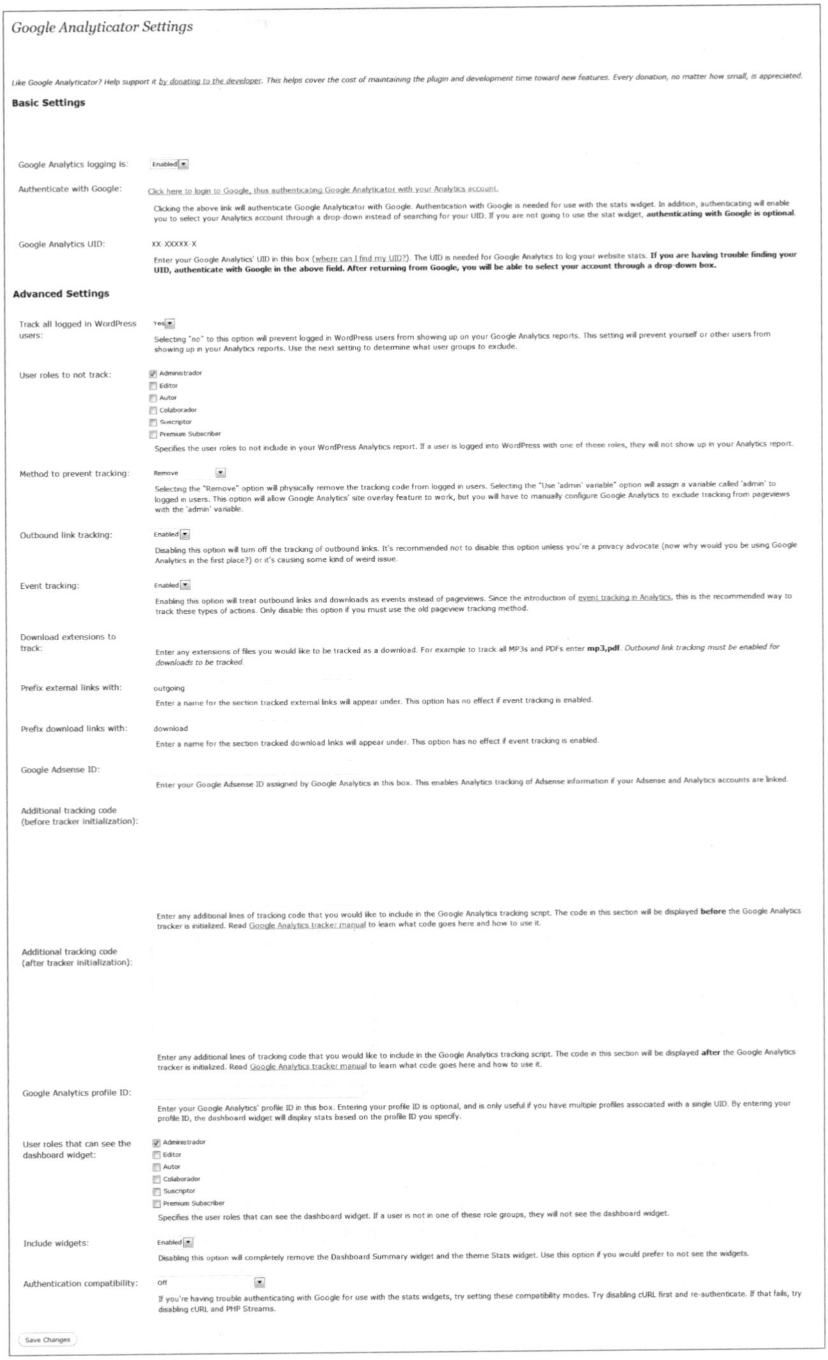

Google Analyticator Settings

Like *Google Analyticator*? Help support it by donating to the developer. This helps cover the cost of maintaining the plugin and development time toward new features. Every donation, no matter how small, is appreciated.

Basic Settings

Google Analytics logging is:	Enabled
Authenticate with Google:	Click here to login to Google, thus authenticating Google Analyticator with your Analytics account.
	Clicking the above link will authenticate Google Analyticator with Google. Authentication is needed for use with the stats widget. In addition, authenticating will enable you to select your Analytics account through a drop-down instead of searching for your UID. If you are not going to use the stat widget, **authenticating with Google is optional**.
Google Analytics UID:	XX-XXXXX-X
	Enter your Google Analytics' UID in this box (where can I find my UID?). The UID is needed for Google Analytics to log your website stats. **If you are having trouble finding your UID, authenticate with Google in the above field. After returning from Google, you will be able to select your account through a drop-down box.**

Advanced Settings

Track all logged in WordPress users:	Yes
	Selecting "no" to this option will prevent logged in WordPress users from showing up on your Google Analytics reports. This setting will prevent yourself or other users from showing up in your Analytics reports. Use the next setting to determine what user groups to exclude.
User roles to not track:	☑ Administrador ☐ Editor ☐ Autor ☐ Colaborador ☐ Suscriptor ☐ Premium Subscriber
	Specifies the user roles to not include in your WordPress Analytics report. If a user is logged in WordPress with one of these roles, they will not show up in your Analytics report.
Method to prevent tracking:	Remove
	Selecting the "Remove" option will physically remove the tracking code from logged in users. Selecting the "Use 'admin' variable" option will assign a variable called 'admin' to logged in users. This option will allow Google Analytics' site overlay feature to work, but you will have to manually configure Google Analytics to exclude tracking from pageviews with the 'admin' variable.
Outbound link tracking:	Enabled
	Disabling this option will turn off the tracking of outbound links. It's recommended not to disable this option unless you're a privacy advocate (now why would you be using Google Analytics in the first place?) or it's causing some kind of weird issue.
Event tracking:	Enabled
	Enabling this option will treat outbound links and downloads as events instead of pageviews. Since the introduction of event tracking in Analytics, this is the recommended way to track these types of actions. Only disable this option if you must use the old pageview tracking method.
Download extensions to track:	Enter any extensions of files you would like to be tracked as a download. For example to track all MP3s and PDFs enter **mp3,pdf**. *Outbound link tracking must be enabled for downloads to be tracked.*
Prefix external links with:	outgoing
	Enter a name for the section tracked external links will appear under. This option has no effect if event tracking is enabled.
Prefix download links with:	download
	Enter a name for the section tracked download links will appear under. This option has no effect if event tracking is enabled.
Google Adsense ID:	Enter your Google Adsense ID assigned by Google Analytics in this box. This enables Analytics tracking of Adsense information if your Adsense and Analytics accounts are linked.
Additional tracking code (before tracker initialization):	Enter any additional lines of tracking code that you would like to include in the Google Analytics tracking script. The code in this section will be displayed **before** the Google Analytics tracker is initialized. Read Google Analytics tracker manual to learn what code goes here and how to use it.
Additional tracking code (after tracker initialization):	Enter any additional lines of tracking code that you would like to include in the Google Analytics tracking script. The code in this section will be displayed **after** the Google Analytics tracker is initialized. Read Google Analytics tracker manual to learn what code goes here and how to use it.
Google Analytics profile ID:	Enter your Google Analytics' profile ID in this box. Entering your profile ID is optional, and is only useful if you have multiple profiles associated with a single UID. By entering your profile ID, the dashboard widget will display stats based on the profile ID you specify.
User roles that can see the dashboard widget:	☑ Administrador ☐ Editor ☐ Autor ☐ Colaborador ☐ Suscriptor ☐ Premium Subscriber
	Specifies the user roles that can see the dashboard widget. If a user is not in one of these role groups, they will not see the dashboard widget.
Include widgets:	Enabled
	Disabling this option will completely remove the Dashboard Summary widget and the theme Stats widget. Use this option if you would prefer to not see the widgets.
Authentication compatibility:	Off
	If you're having trouble authenticating with Google for use with the stats widgets, try setting these compatibility modes. Try disabling cURL first and re-authenticate. If that fails, try disabling cURL and PHP Streams.

(Save Changes)

Figura 19.10. Configuración del plugin Google Analyticator.

Para concluir la operación hay que ir hacia el tablero de nuestra cuenta en Google Analytics y desde la página principal pulsar el botón **Comprobar estado**. Así sabremos si el código está correctamente instalado y recogiendo información. A partir de ese momento podremos ver en la cuenta de Google Analytics una completa relación de estadísticas obtenidas de nuestro blog.

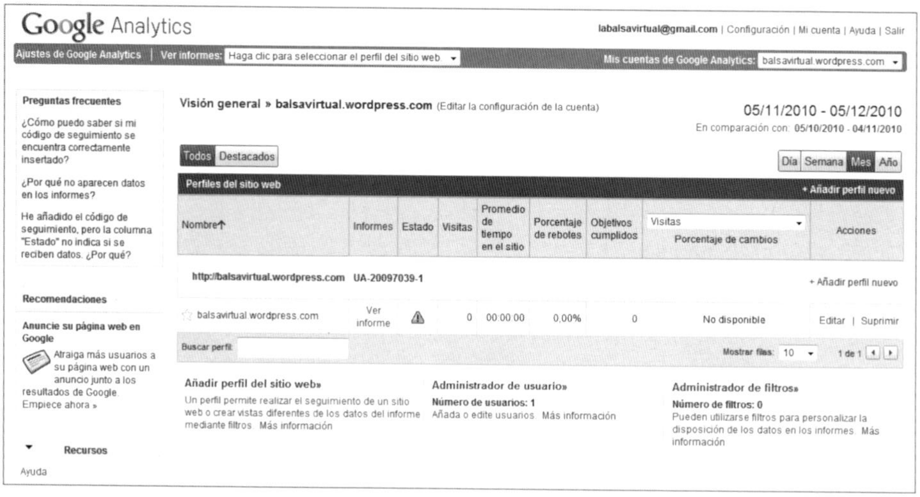

Figura 19.11. Tablero de Google Analytics.

Hace algún tiempo que Google utiliza el llamado Sitemaps para estar mejor informado del listado de páginas que hay en una Web. Se trata de un archivo en formato XML que indica la dirección, importancia y última modificación de cada página contenida en un sitio. Incluso le sugiere a los buscadores cada cuánto tiempo deben actualizar la información que tiene de cada página. El archivo Sitemaps hace más rápida la labor de las arañas al advertirles que no pierdan tiempo con páginas o contenido que cambia muy poco.

Para quienes les gusta levantarse y tomarse su cucharada de código cada mañana, aquí va un ejemplo de cómo se ve el interior de un archivo sitemap.xml:

```
<?xml version="1.0" encoding="UTF-8" ?>
<urlset xmlns=http://www.sitemaps.org/schemas/sitemap/0.9
xmlns:xsi="http://www.w3.org/2001/XMLSchema-instance"
xsi:schemaLocation="http://www.sitemaps.org/schemas/sitemap/0.9
http://www.sitemaps.org/schemas/sitemap/0.9/sitemap.xsd">
<!-- created with Online Sitemap Generator www.xml-sitemaps.com -->
<url>
<loc>http://www.sitioejemplo.com/</loc><priority>1.00</priority>
<lastmod>2010-08-15T17:17:39+00:00</lastmod>
<changefreq>yearly</changefreq>
</url>
```

```
<url>
<loc>http://www.sitioejemplo.com/nosotros.html</loc>
<priority>0.80</priority>
<lastmod>2010-08-15T17:17:39+00:00</lastmod>
<changefreq>yearly</changefreq>
</url>
</urlset>
```

Si se quiere obtener un Sitemaps completo y exacto de nuestro blog debemos poner en nuestro navegador la dirección `http://www.google.es/webmasters/` y en ella dirigirnos específicamente a la sección Herramientas para webmasters. Primero habrá que comprobar si ya nuestra Web está indexada.

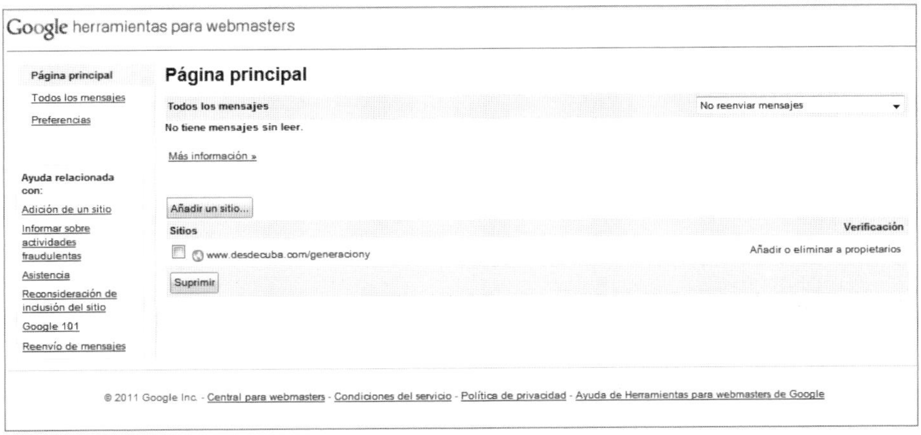

Figura 19.12. Primer paso para crear el Sitemaps.

Google nos generará un estado del sitio que incluye un reporte de posibles errores y la advertencia de que puede haber más información disponible sobre esa Web para uso exclusivo de su propietarios. A partir de ese momento tendremos en `http://www.google.es/webmasters/` la posibilidad de consultar el estado de nuestro sitio y cómo se están indexando cada una de sus páginas.

Para completar la optimización de tal herramienta con relación a nuestro blog, debemos descargarnos el *plugin* Google XML Sitemaps desarrollado por Arne Brachhold y que se puede encontrar en el reservorio de *plugins* de `WordPress.org` o en la Web `http://www.arnebrachhold.de/`.

Una vez instalado y activado el *plugin* desde el tablero de administración de nuestro blog, debemos buscar en el menú Ajustes una nueva entrada bajo el nombre de XML-Sitemap. En la parte superior de la pantalla debemos accionar sobre Generar el Sitemap.

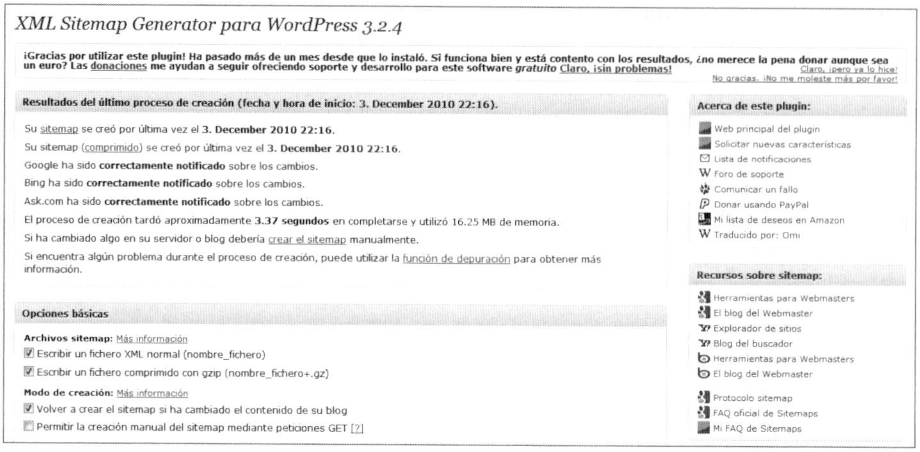

Figura 19.13. Plugin XML-Sitemap.

El archivo generado por el *plugin* XML-Sitemap se ubicará en
`http://midominio.com/sitemap.xml/`, pero podemos ver su
estructura desde el interior mismo del *plugin* y se verá más o menos así:

Creación de sitemaps
🔗 Compartir   🖨 Imprimir

Aunque Google acepta sitemaps en diferentes formatos, se recomienda utilizar aquellos que empleen el protocolo de sitemaps. De este modo, el mismo archivo se puede enviar a otros motores de búsqueda, como Bing y Yahoo!, que son miembros de sitemaps.org.

A continuación, se indica un ejemplo de un sitemap básico con una única entrada para una URL que incluye una imagen y un vídeo (para comodidad del usuario, solo se muestra un subconjunto de la información de vídeo disponible).

```
<?xml version="1.0" encoding="UTF-8"?>
<urlset xmlns="http://www.sitemaps.org/schemas/sitemap/0.9"
        xmlns:image="http://www.sitemaps.org/schemas/sitemap-image/1.1"
        xmlns:video="http://www.sitemaps.org/schemas/sitemap-video/1.1">
  <url>
    <loc>http://www.example.com/foo.html</loc>
    <image:image>
       <image:loc>http://example.com/imagen.jpg</image:loc>
    </image:image>
    <video:video>
       <video:content_loc>http://www.example.com/video123.flv</video:content_loc>
       <video:player_loc allow_embed="yes" autoplay="ap=1">
          http://www.example.com/reproductordevideo.swf?video=123</video:player_loc>
       <video:thumbnail_loc>http://www.example.com/thumbs/123.jpg</video:thumbnail_loc>
       <video:title>Barbacoas en verano</video:title>
       <video:description>Consiga que los filetes queden perfectamente hechos siempre</video:description>
    </video:video>
  </url>
</urlset>
```

Una vez creado el sitemap, puede utilizar las Herramientas para webmasters de Google para enviarlo a Google (previamente, debe haber añadido su sitio a su cuenta de Herramientas para webmasters de Google).

Figura 19.14. Estructura del Sitemaps recién creado.

El nuevo *plugin* creará un archivo XML en el que se describe la estructura de nuestro sitio y lo ubicará donde las arañas de Google puedan encontrarlo y leerlo fácilmente.

Sin duda la presencia de ese archivo en nuestro sitio ayudará posicionar mejor nuestra Web en los buscadores.

XML Sitemap Generator para WordPress 3.2.4

El sitemap todavía no se ha generado.

El sitemap todavía no se ha creado. Pinche aquí para crearlo por primera vez

Si encuentra algún problema durante el proceso de creación, puede utilizar la función de depuración para obtener más información.

Opciones básicas

Archivos sitemap: Más información
☑ Escribir un fichero XML normal (nombre_fichero)
☑ Escribir un fichero comprimido con gzip (nombre_fichero+.gz)

Modo de creación: Más información
☑ Volver a crear el sitemap si ha cambiado el contenido de su blog
☐ Permitir la creación manual del sitemap mediante peticiones GET [?]

Notificación de actualización Más información
☑ Notificar a Google sobre cambios en su blog
No es necesario registrarse, pero puede unirse a las herramientas de Google para webmasters para revisar sus estadísticas.

☑ Notificar a Bing (anteriormente MSN Live Search) sobre cambios en su blog
No es necesario registrarse, pero puede unirse a las herramientas de Bing para webmasters para revisar sus estadísticas.

☑ Notificar a Ask.com sobre cambios en su blog
No es necesario registrarse.

☐ Notificar a Yahoo sobre cambios en su blog
Su Id de aplicación:
¿No tiene esa identificación? Puede solicitar una aquí (Web Services by Yahoo!)

☑ Añadir la URL del sitemap al archivo robots.txt virtual
Se utiliza el archivo robots.txt virtual generado por WordPress. ¡NO debe existir un fichero real robots.txt dentro del directorio del blog!

Opciones avanzadas: Más información
Limitar el número de artículos en el sitemap: (Los artículos más recientes se incluirán primero)
Tratar de incrementar el límite de memoria a: (ej.: "4M", "16M")
Tratar de incrementar el límite de tiempo de ejecución a: (en segundos, ej.: "60" o "0" para ilimitado)
Incluir una hoja de estilos XSLT   (URL completa o relativa hacia su fichero .xsl) ☑ Utilizar el predeterminado
☐ Activar el modo estándar de MySQL. Sólo deberá utilizarlo si está padeciendo errores de MySQL (necesita mucha memoria)
☑ Crear el sitemap en segundo plano (así no tendrá que esperar cuando grabe un artículo)

Páginas adicionales

Aquí puede especificar los ficheros o URLs que deben incluirse en el sitemap, pero que no pertenecen a su blog/WordPress.
Por ejemplo: si su dominio es www.foo.com y su blog está en www.foo.com/blog, quizás quiera incluir su página de inicio de www.foo.com

Nota: ¡Si su blog está en un subdirectorio y quiere añadir páginas que NO están en el directorio de su blog o por debajo del mismo, DEBE colocar su fichero sitemap en el directorio raíz (Mire la sección "Localización de su fichero sitemap" en esta página)!

URL de la página: URL de la página. Ejemplos: http://www.foo.com/index.html o www.foo.com/home

Prioridad: Escoja la prioridad relativa de la página comparándola con la de las otras páginas. Por ejemplo, su página de inicio debe tener una mayor prioridad que sus datos personales.

Últimos cambios: Introduzca la fecha del último cambio como AAAA-MM-DD (por ejemplo: 2005-12-31) (opcional).

URL de la página	Prioridad	Frecuencia de cambios	Últimos cambios	
		Ninguna página definida		

Añadir una nueva página

Prioridad del artículo

Por favor, seleccione como se calculará la prioridad de cada artículo:
○ No utilizar el cálculo de prioridad automático
Todos los artículos tendrán la misma prioridad según se haya definido en "prioridades"
◉ Contador de comentarios
Utiliza la cantidad de comentarios en un artículo para calcular su prioridad
○ Promedio de comentarios
Utiliza el promedio de comentarios para calcular la prioridad

Acerca de este plugin:
Web principal del plugin
Solicitar nuevas características
Lista de notificaciones
Foro de soporte
Comunicar un fallo
Donar usando PayPal
Mi lista de deseos en Amazon
Traducido por: Gmi

Recursos sobre sitemap:
Herramientas para Webmasters
El blog del Webmaster
Explorador de sitios
Blog del buscador
Herramientas para Webmasters
El blog del Webmaster
Protocolo sitemap
FAQ oficial de Sitemaps
Mi FAQ de Sitemaps

Donaciones recientes:

Ocultar esta lista
PayPal DONATE ¡Gracias por su colaboración!

Figura 19.15. El plugin Google XML Sitemaps ya activado desde el tablero de WordPress.

Para terminar, y que la cabeza no nos comience a echar humo entre números, códigos XML y lugares en los buscadores, vamos a acercarnos a una herramienta que hará más fácil la visualización de todos estos datos. Se trata de una extensión de Mozilla Firefox que bajo el nombre de SEOQuake se puede descargar en `https://addons.mozilla.org/en-US/firefox/addon/303/`.

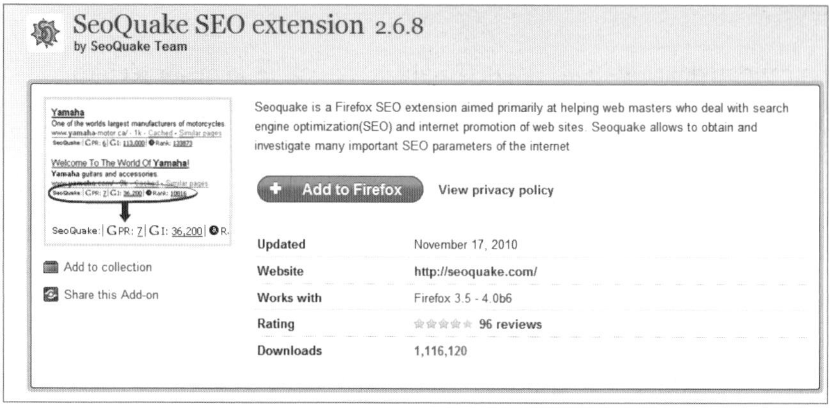

Figura 19.16. El plugin SEOQuake en el almacén
de extensiones de Mozilla Firefox.

Con esa extensión de Firefox ya instalada lograremos tener en la barra inferior
del navegador una completa relación del puntaje que en ellos tiene cada sitio que
visitemos.

Figura 19.17. Estadísticas al pie de cada página.

Ahora sí que tendremos que repetir el mantra del principio: "¡No vamos a
obsesionarnos con las estadísticas!".

RESUMEN

Aunque la calidad del contenido y la originalidad de éste es la mejor técnica SEO que podamos usar, no hay que desestimar otras que ayudarán a posicionar nuestro blog en los buscadores. Conocer la tríada de relevancia, indexabilidad y popularidad puede sernos útil para determinar de cuál pata está cojo el sitio Web que hemos creado. Podemos empezar comprobando el Pagerank y a partir de ahí trazarnos estrategias para elevarlo. Las herramientas de Google Analytics es una buena aliada para comprender cuáles de las temáticas que hemos tratado y de las entradas publicadas han sido más populares. También nos ayudará a determinar los países desde los que más nos visitan y el tiempo que pasan los internautas en el blog. La labor de indexación de los buscadores se facilita con la creación de un Sitemap, y si al final queremos verificar cómo nos ha ido con la aplicación de estas técnicas de SEO, debemos instalar una extensión en Mozilla Firefox y empezaremos a degustar las estadísticas.

ALUNIZAR

Para finales de 2008 mi blog estuvo nominado en tres importantes
certámenes: 20 Minutos, Bitácoras y el premio The BOBs. Las
posibilidades eran ínfimas. Recuerdo que tenía por ese entonces la
plantilla Mandingo con un banner que ésta traía por defecto, no hacía
uso de las categorías, ni de las etiquetas, casi no podía cambiar mi barra
lateral, la zona de enlaces era un desastre, apenas si había logrado instalar
algún plugin y encima de eso los comentaristas estaban necesitados de una
zona más funcional para escribir sus opiniones. Era como intentar volar
a la luna con un cohete hecho de rocas y trozos de árbol, pero resultaba
muy gratificante ver que levantaba vuelo y se podían ver las estrellas. Así
que le pedí ayuda a varios amigos y uno de ellos me diseñó un banner
personalizado y un logo para **Generación Y**.
De ahí nació el que todavía me acompaña. Tras bambalinas todo estaba
cogido con pinzas y yo misma me sentía superada por la tarea de
administrar un dominio y un blog.

Junto a quienes me ayudaban a postear, logramos habilitar algunas
mejoras en el blog, entre ellas que las páginas de comentarios se dividieran
en grupos de cien para que no fueran tan lentas de cargar. Le dimos
algunos toques a la plantilla Mandingo y el nuevo banner funcionó de
maravilla. El año terminó con el trofeo de The BOBs
y el premio de Bitácoras; a pesar de sus minusvalías técnicas,
Generación Y se había alzado con ambos galardones. Fue como
haber –finalmente– alunizado con mi rústica nave.

20. Blog multiplataforma

AL PRINCIPIO FUE EL KILOBYTE

Necesito algo más que kilobytes, estoy
precisada de realidades.

En este capítulo descubriremos cómo:

☐ Valorar las potencialidades de una multiplataforma blogger.

☐ Instalar WordPress como multiplataforma.

☐ Gestionar una red de blogs.

☐ Utilizar el *plugin* Buddy Press.

WORDPRESS COMO MULTIPLATAFORMA

La Web está salpicada de sitios que contienen decenas o centenares de blogs.

Figura 20.1. Red de blogs en The New York Times.

Manejar una plataforma multiblogger era un verdadero dolor de cabeza antes de la versión 3.0 de WordPress. Quienes descargamos el *script* de WordPress y lo instalamos en nuestro servidor propio, sólo podíamos tener un solo blog por cada instalación. Los administradores hacíamos el truco de crear subcarpetas en el mismo dominio y colocar dentro de ellas sucesivos paquetes de WordPress. De esa manera daba la impresión de que se trataba de una comunidad, aunque no dejaba de ser un problema a la hora de administrarla en conjunto y gestionar las bases de datos que surgían con cada instalación. En fin, era engorroso plantearse un sitio Web con múltiples blogs.

Estaba también el conocido WordPress MU que había bregado durante algunos años en las inquietas aguas de sitios multiplataformas y que permitía que éstos confluyeran en un tablero común de administración y una misma base de datos. Pero la versión MU no evolucionaba a la misma velocidad de WordPress y además tenía serios problemas a la hora de asumir algunos de sus *plugins*. Afortunadamente ya los primos lejanos que eran WordPress y WordPress MU se han fundido en un solo abrazo para felicidad de los usuarios y alivio de los Webmasters.

Como en un acto de magia, WordPress MU se esconde ahora en el interior de WordPress y sólo necesita un par de toques para surgir del sombrero y mostrarse en toda su potencialidad. De administradores de nuestro blog podemos pasar entonces a ser super administradores de una verdadera red de blogs. Veamos a partir de aquí cómo mover la varita y sorprender al público.

La instalación de un blog multiplataforma se parece mucho en su secuencia inicial a la instalación de WordPress para un solo blog, de manera que para quienes ya hayan olvidado cómo hacerlo, un saltico por el capítulo 2 no vendría nada mal. En resumen se trata de descargarnos el *script* desde `http://www.wordpress.org/` y colocarlo directamente en el *root* de nuestro servidor o en una carpeta que hayamos ideado para él. La creación de una base de datos resulta indispensable para proseguir con la instalación y WordPress nos pedirá una serie de datos como Título del blog, nombre de Usuario y Contraseña.

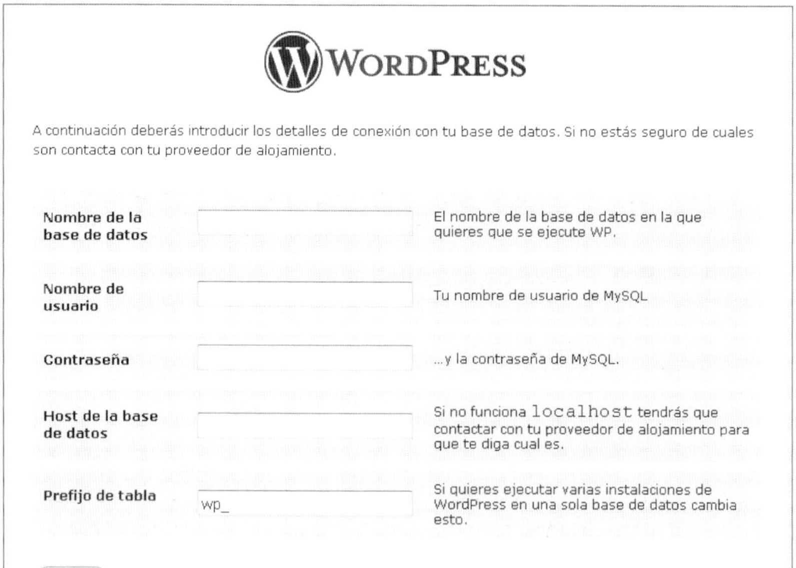

Figura 20.2. La ya conocida instalación de WordPress.

Continuamos con la rutina con la que ya estamos familiarizados y entramos al nuevo panel de administración que conocemos al dedillo. Hasta aquí todo parece idéntico a cuando instalamos WordPress para administrar sólo un blog, pero en breve veremos que, como en el milagro de los panes y los peces, nuestro sencillo blog se convierte en una verdadera plataforma. Para ello debemos escribir una breve línea en el archivo wp-config.php ubicado en el servidor:

```
define( 'WP_ALLOW_MULTISITE', true );
```

Recordemos que Filezilla puede ser la herramienta perfecta para entrar por FTP a nuestro sitio y gestionar los archivos.

Al instante de agregar la línea de código con la que se autoriza a WordPress a manejar multisitios, veremos cómo en el menú Herramientas de la barra lateral izquierda, aparece una nueva entrada bajo el título de Red. No demoremos en hacer clic sobre ella.

Con el encabezamiento de Crear una red de sitios de WordPress la nueva pantalla nos hace algunas preguntas que debemos meditar antes de responder. Por ejemplo, bajo el subtítulo Dirección de los sitios en nuestra red nos interroga si los nuevos blogs que se van a crear en esta plataforma estarán ubicados en subdominios o en subcarpetas. Las URLs resultantes quedarán de diferentes maneras:

- http://nuevoblog.midominio.com/
- http://midominio.com/nuevoblog/

Para crear blog en subdominios o en subcarpetas necesitaremos tener el módulo de reescritura (*rewrite*) activado en nuestro servidor. La ubicación del fichero en el que se activa este módulo puede variar en cada servidor, pero en el caso de Apache es httpd.conf y está ubicado normalmente en la carpeta apache/conf. Procederemos a quitarle el símbolo "#" delante de la siguiente línea:

```
#LoadModule rewrite_module modules/mod_rewrite.so
```

En el mismo fichero, buscamos las dos ocasiones en que aparece escrito AllowOverride None y lo sustituimos por:

```
AllowOverride All
```

Pero no nos preocupemos por eso, en caso de que no nos atrevamos a hacer nosotros mismos los cambios, le podemos pedir al administrador del servidor que le active la reescritura. Una vez que esté funcionando ya podemos optar por las opciones que nos da la plataforma multiblogs. Los dominios del tipo http://nuevoblog.midominio.com/ se ven más profesionales y recuerdan a la estructura de las URLs que crea el propio WordPress en su alojamiento gratuito. Pero si nos gustan más las subcarpetas, tampoco están tan mal.

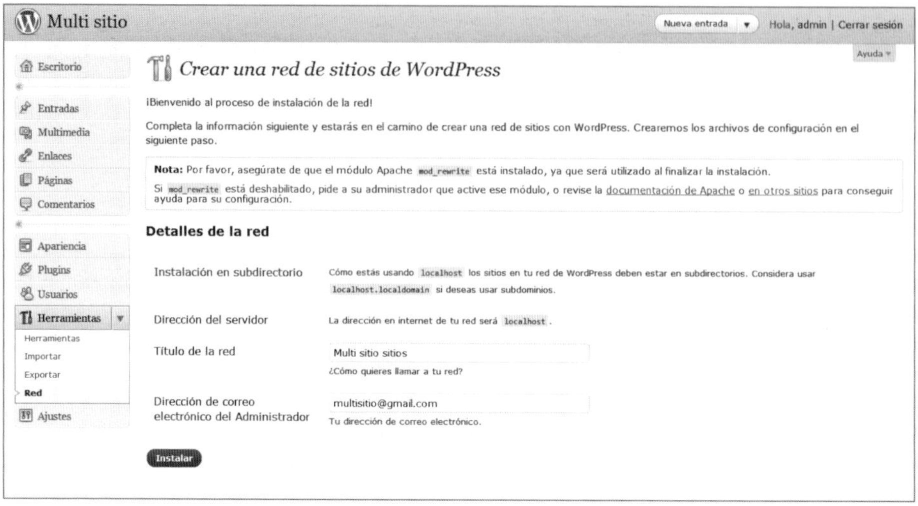

Figura 20.3. Instalar la red de multiblogs.

En una segunda parte de la misma pantalla hay dos campos a rellenar con el nombre que llevará la red y el e-mail del super administrador, a donde se enviarán las notificaciones cuando se creen blogs nuevos. Una vez rellenados estos recuadros no olvidemos hacer clic sobre el botón **Instalar**.

CREACIÓN DE MULTIBLOGS

Si nos hemos decidido por la opción de los subdominios, puede ocurrir que al proceder con la instalación de la red aparezca un mensaje de alerta advirtiéndonos que nuestro "Wildcard (comodín) del DNS no está trabajando correctamente". Si tenemos la idea de –como administradores– crear manualmente cada nuevo blog, entonces lo mejor es no hacerle caso a esa advertencia, pero si queremos que los propios usuarios den vida a sus blogs, es hora de ponerse en contacto con el administrador del servidor donde está alojado nuestro blog y pedirle que cambie la configuración del *wildcard*.

En la pantalla resultante después de la instalación, aparecerán tres pasos a seguir para concluir con éxito la creación de la red:

1. Crea el directorio `blogs.dir` en el interior de la carpeta `/wp-content/`. Este directorio se usa para almacenar los archivos subidos por los blogs y debe tener activados los privilegios de reescritura. Véase la figura 20.4.

2. Añadir el código generado al archivo `wp-config.php` justo antes de la línea que dice `/* ¡Eso es todo, no hay que editar nada más! Feliz blogging. */`. Véase la figura 20.5.

3. Agregar las siguientes líneas de código producidas por WordPress al archivo `.htaccess`, reemplazando las reglas existentes de WordPress. Véase la figura 20.6.

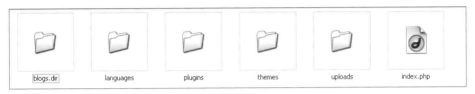

Figura 20.4. Nuevo directorio blogs.dir en wp-content.

Ayuda

Crear una red de sitios de WordPress

Por favor, completa los pasos de configuración. Para crear una nueva red necesitarás vaciar o eliminar las tablas de la red en la base de datos.

Activando la red

Completa los siguientes pasos para activar la función de creación de red de sitios.

Atención: Recomendamos realizar una copia de seguridad de tus archivos `wp-config.php` y `.htaccess` existentes.

1. Crea el directorio `blogs.dir` en `C:\xampp\htdocs\wp_mu/wp-content`. Este directorio se usa para almacenar los archivos subidos por los sitios adicionales y el servidor web, debe poder escribir en él.
2. Añade lo siguiente a tu archivo `wp-config.php` en `C:\xampp\htdocs\wp_mu/` **sobre** la línea que dice `/* ¡Eso es todo, no hay que editar nada más! Feliz blogging. */`:

```
define( 'MULTISITE', true );
define( 'SUBDOMAIN_INSTALL', false );
$base = '/wp_mu/';
define( 'DOMAIN_CURRENT_SITE', 'localhost' );
define( 'PATH_CURRENT_SITE', '/wp_mu/' );
define( 'SITE_ID_CURRENT_SITE', 1 );
define( 'BLOG_ID_CURRENT_SITE', 1 );
```

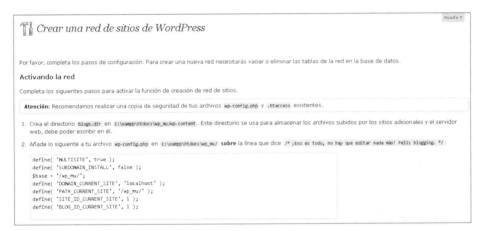

Figura 20.5. Código para agregar al archivo wp-config.php.

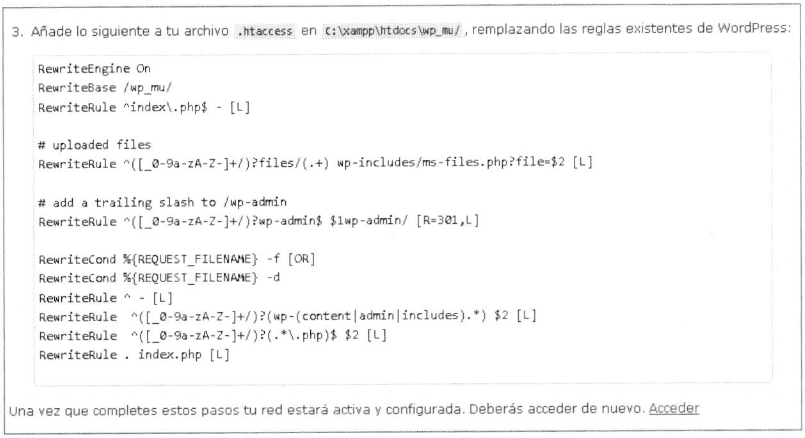

3. Añade lo siguiente a tu archivo `.htaccess` en `C:\xampp\htdocs\wp_mu/`, remplazando las reglas existentes de WordPress:

```
RewriteEngine On
RewriteBase /wp_mu/
RewriteRule ^index\.php$ - [L]

# uploaded files
RewriteRule ^([_0-9a-zA-Z-]+/)?files/(.+) wp-includes/ms-files.php?file=$2 [L]

# add a trailing slash to /wp-admin
RewriteRule ^([_0-9a-zA-Z-]+/)?wp-admin$ $1wp-admin/ [R=301,L]

RewriteCond %{REQUEST_FILENAME} -f [OR]
RewriteCond %{REQUEST_FILENAME} -d
RewriteRule ^ - [L]
RewriteRule  ^([_0-9a-zA-Z-]+/)?(wp-(content|admin|includes).*) $2 [L]
RewriteRule  ^([_0-9a-zA-Z-]+/)?(.*\.php)$ $2 [L]
RewriteRule . index.php [L]
```

Una vez que completes estos pasos tu red estará activa y configurada. Deberás acceder de nuevo. Acceder

Figura 20.6. Código para agregar al archivo .htaccess.

Después de hacer los cambios en los ficheros correspondientes, debemos salir del tablero de administración y volver a entrar. Algunos cambios saltarán a la vista. El más notable es la aparición de un menú en la parte superior de la barra izquierda, bajo el título de Super Addmin:

Figura 20.7. Nuevo menú Super Admin.

En el primer punto del nuevo menú contamos con la opción Administrar, que a manera de vista rápida nos anuncia cuántos blogs tiene la red. Desde allí se podrán realizar búsquedas y editar.

Figura 20.8. Administrar sitios.

Los módulos de la pantalla principal del tablero reflejarán ahora los datos globales de toda la red de blogs.

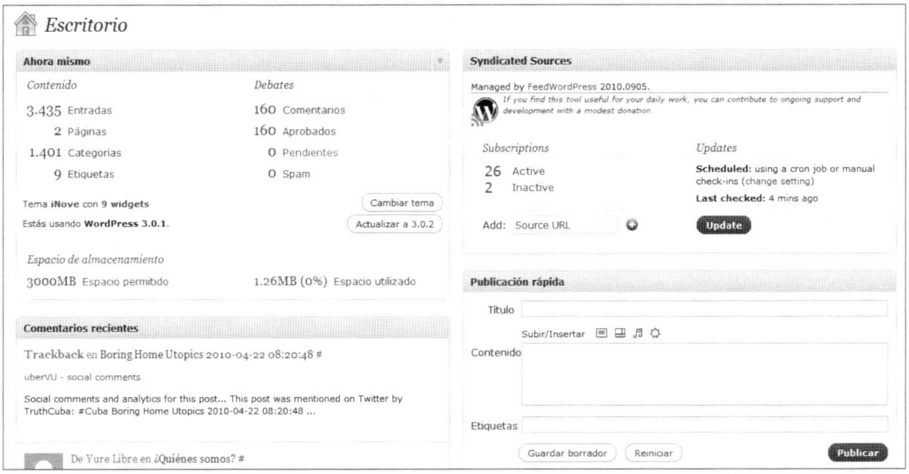

Figura 20.9. Los módulos *drag and drop* muestran ahora la información de toda la red de blogs.

El super administrador tendrá la posibilidad de crear nuevos blogs desde la sección Sitios del menú Super Admin. Al abrir esa pantalla veremos el repertorio de nuevos sitios y podremos elegir entre mostrarlos como un listado o en la opción extractos. Para seleccionar una u otra es necesario recurrir a los dos íconos ubicados en la parte superior derecha de la tabla.

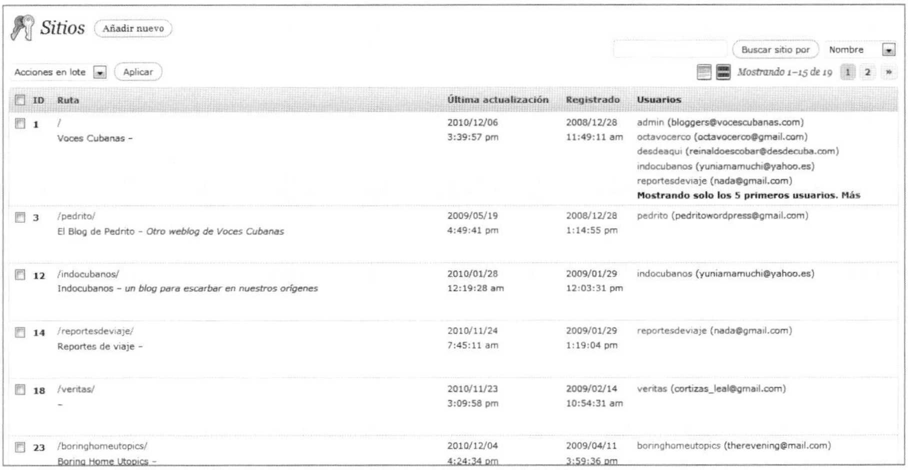

Figura 20.10. Mostrar los sitios en forma de listado o de extracto.

Al pasar el cursor sobre el nombre del sitio se muestran siete opciones para cada blog creado dentro de la red y sólo tres opciones para el sitio primario:

- ☐ Editar, conduce a una pantalla donde se pueden editar las opciones del sitio por separado.

- ☐ Trastienda, se refiere al escritorio del blog creado.

- ☐ Desactivar, Archivar y Spam nos llevan a pantallas de confirmación. Estas acciones pueden revertirse más tarde.

- ☐ Eliminar, es una acción permanente después de una pantalla de confirmación.

- ☐ Visitar, para ir a la portada del blog.

	14	/reportesdeviaje/	2010/11/24	2009/01/29	reportesdeviaje (nada@gmail.com)
		Reportes de viaje –	7:45:11 am	1:19:04 pm	
	18	/veritas/	2010/11/23	2009/02/14	veritas (cortizas_leal@gmail.com)
		–	3:09:58 pm	10:54:31 am	
		Editar | Trastienda | Desactivar | Archivar | Spam | Borrar | Visitar			

Figura 20.11. Menú de edición.

Debajo tenemos los campos a rellenar para crear nuevos sitios.

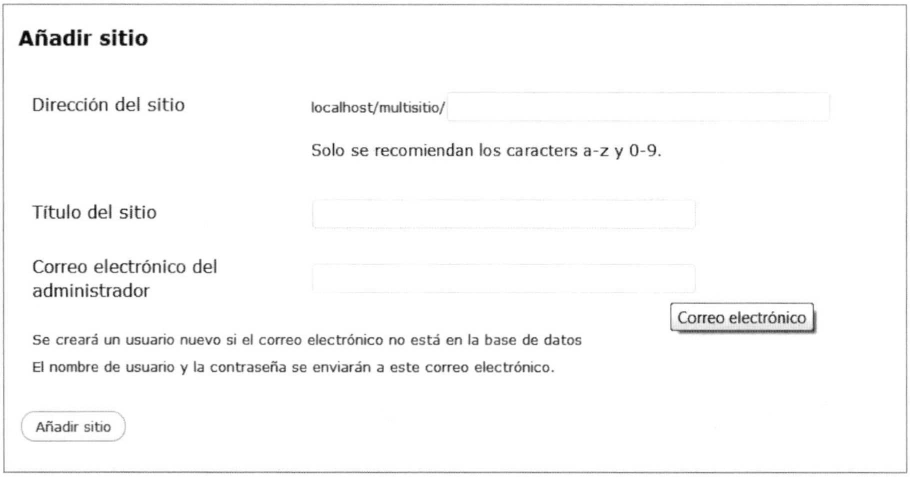

Añadir sitio

Dirección del sitio   localhost/multisitio/

Solo se recomiendan los caracters a-z y 0-9.

Título del sitio

Correo electrónico del administrador

Correo electrónico

Se creará un usuario nuevo si el correo electrónico no está en la base de datos
El nombre de usuario y la contraseña se enviarán a este correo electrónico.

Añadir sitio

Figura 20.12. Crear nuevos sitios.

Una vez completados el título, la dirección y el e-mail del administrador que va a gestionar el nuevo blog, sólo faltará hacer clic sobre el botón **Añadir sitio** para que éste quede creado. El nombre de usuario y la contraseña se enviarán a ese correo electrónico. Vale la pena aclarar que si el correo electrónico del administrador del nuevo blog no existe en la base de datos, también se creará un nuevo usuario.

Justamente en el nuevo menú Super Admin se muestra ahora una sección llamada Usuarios, desde la que se pueden gestionar los ya existentes y crear otros nuevos. Para lograr esto último se necesita ingresar un nombre y un correo electrónico. Al buzón del destinario llegarán los datos de acceso.

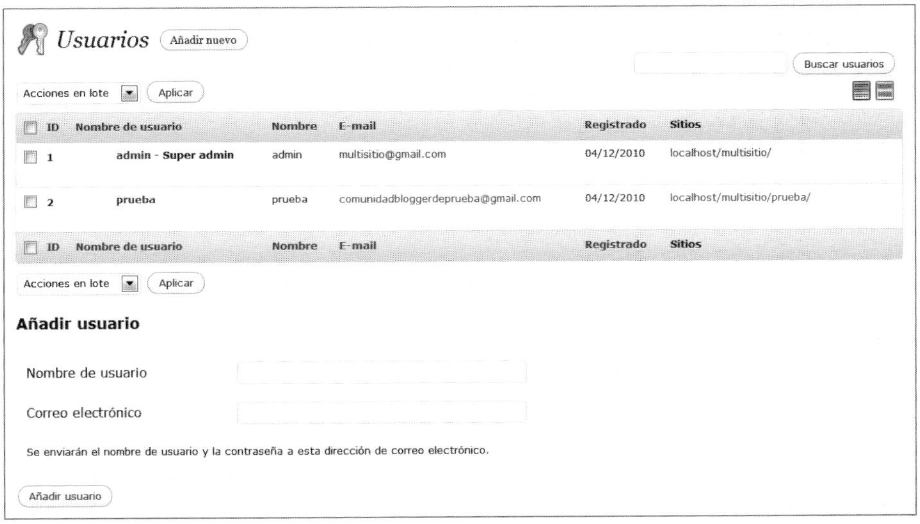

Figura 20.13. Formulario para crear nuevos usuarios.

La nueva opción bajo el nombre de Temas, permite definir cuáles plantillas estarán en uso para toda la comunidad de blogs. Si por error el administrador de la red desactiva un tema que está en uso, éste seguirá funcionando sin problemas en el sitio que lo tenga configurado como plantilla. Si en el sitio selecciona otro tema, el tema ya no volverá a aparecer en el menú Apariencia de su tablero. Véase la figura 20.14.

AJUSTES DE LA NUEVA RED DE BLOGS

Con el nombre de Opciones encontraremos una muy completa gama de configuraciones que determinarán el funcionamiento de los blogs de la red. Esta pantalla establece y cambia las opciones para toda la red. Entre los ajustes operacionales que debemos definir se encuentran campos para rellenar con el Nombre de la red y el Correo electrónico del administrador. El Escritorio del sitio es una opción para dar un sitio a usuarios que no tienen uno en el sistema;

su perfil por defecto es suscriptor, pero puede cambiarse. El Feed de avisos del administrador puede, a través de RSS o Atom, ofrecer avisos de las últimas entradas en todos los escritorios o, si lo dejamos en blanco, no mostrar aviso alguno. Véase la figura 20.15.

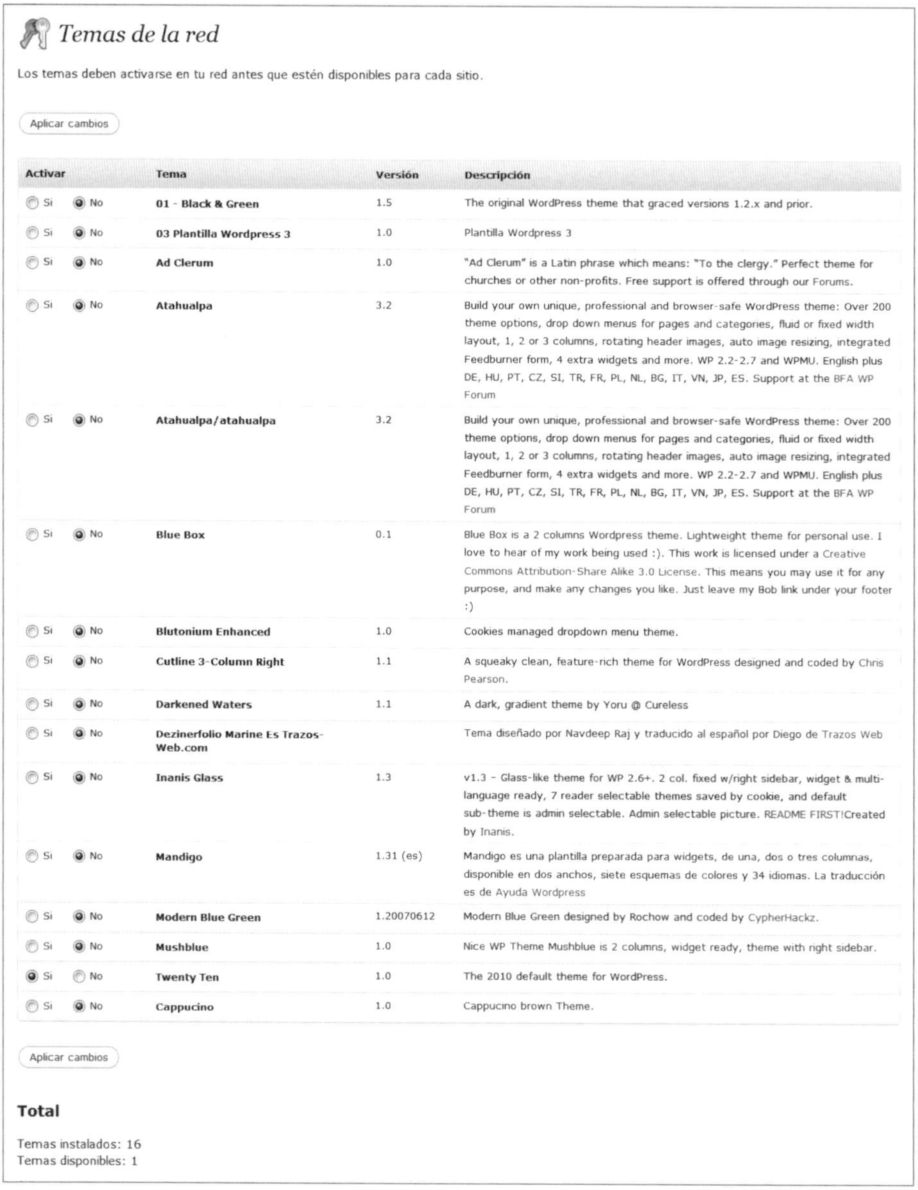

Temas de la red

Los temas deben activarse en tu red antes que estén disponibles para cada sitio.

Aplicar cambios

Activar	Tema	Versión	Descripción
Si ● No	01 - Black & Green	1.5	The original WordPress theme that graced versions 1.2.x and prior.
Si ● No	03 Plantilla Wordpress 3	1.0	Plantilla Wordpress 3
Si ● No	Ad Clerum	1.0	"Ad Clerum" is a Latin phrase which means: "To the clergy." Perfect theme for churches or other non-profits. Free support is offered through our Forums.
Si ● No	Atahualpa	3.2	Build your own unique, professional and browser-safe WordPress theme: Over 200 theme options, drop down menus for pages and categories, fluid or fixed width layout, 1, 2 or 3 columns, rotating header images, auto image resizing, integrated Feedburner form, 4 extra widgets and more. WP 2.2-2.7 and WPMU. English plus DE, HU, PT, CZ, SI, TR, FR, PL, NL, BG, IT, VN, JP, ES. Support at the BFA WP Forum
Si ● No	Atahualpa/atahualpa	3.2	Build your own unique, professional and browser-safe WordPress theme: Over 200 theme options, drop down menus for pages and categories, fluid or fixed width layout, 1, 2 or 3 columns, rotating header images, auto image resizing, integrated Feedburner form, 4 extra widgets and more. WP 2.2-2.7 and WPMU. English plus DE, HU, PT, CZ, SI, TR, FR, PL, NL, BG, IT, VN, JP, ES. Support at the BFA WP Forum
Si ● No	Blue Box	0.1	Blue Box is a 2 columns Wordpress theme. Lightweight theme for personal use. I love to hear of my work being used :). This work is licensed under a Creative Commons Attribution-Share Alike 3.0 License. This means you may use it for any purpose, and make any changes you like. Just leave my Bob link under your footer :)
Si ● No	Blutonium Enhanced	1.0	Cookies managed dropdown menu theme.
Si ● No	Cutline 3-Column Right	1.1	A squeaky clean, feature-rich theme for WordPress designed and coded by Chris Pearson.
Si ● No	Darkened Waters	1.1	A dark, gradient theme by Yoru @ Cureless
Si ● No	Dezinerfolio Marine Es Trazos-Web.com		Tema diseñado por Navdeep Raj y traducido al español por Diego de Trazos Web
Si ● No	Inanis Glass	1.3	v1.3 - Glass-like theme for WP 2.6+. 2 col. fixed w/right sidebar, widget & multi-language ready, 7 reader selectable themes saved by cookie, and default sub-theme is admin selectable. Admin selectable picture. README FIRST!Created by Inanis.
Si ● No	Mandigo	1.31 (es)	Mandigo es una plantilla preparada para widgets, de una, dos o tres columnas, disponible en dos anchos, siete esquemas de colores y 34 idiomas. La traducción es de Ayuda Wordpress
Si ● No	Modern Blue Green	1.20070612	Modern Blue Green designed by Rochow and coded by CypherHackz.
Si ● No	Mushblue	1.0	Nice WP Theme Mushblue is 2 columns, widget ready, theme with right sidebar.
● Si No	Twenty Ten	1.0	The 2010 default theme for WordPress.
Si ● No	Cappucino	1.0	Cappucino brown Theme.

Aplicar cambios

Total

Temas instalados: 16
Temas disponibles: 1

Figura 20.14. Definir qué temas estarán disponibles en la red.

Los Ajustes de registro pueden activar o desactivar el registro público. Si se permite a la gente registrar un sitio, se debe instalar un filtro en el que se escriba con espacios, sin comas, los nombres de sitios que no serán permitidos en esta red. Véase la figura 20.16.

Figura 20.15. Ajustes operacionales.

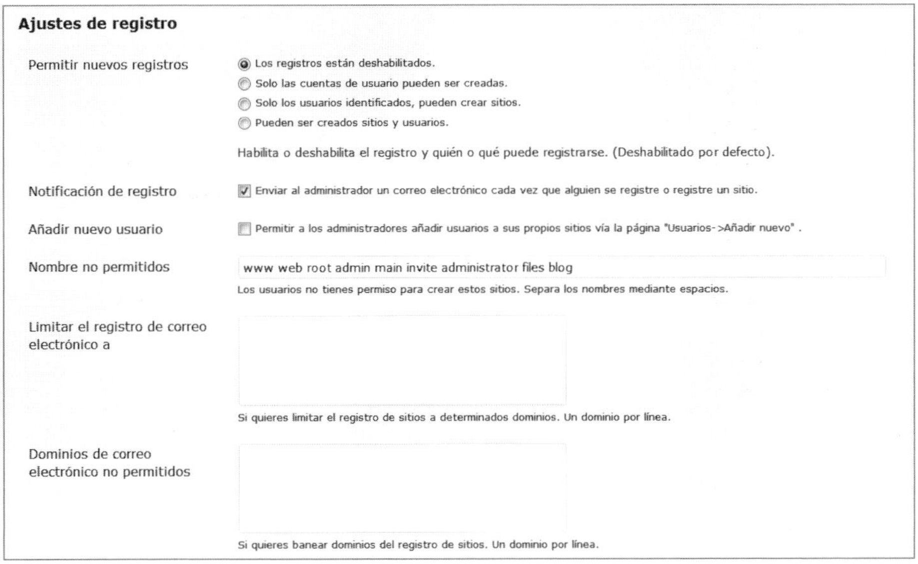

Figura 20.16. Ajustes del registro público.

Los Ajustes para nuevos sitios se aplican cuando se crea un nuevo sitio en la red. Esto incluye correo electrónico de bienvenida cuando se registra un nuevo sitio o cuenta de usuario y qué poner en la primera entrada, página, comentario, autor del comentario y la URL del comentario.

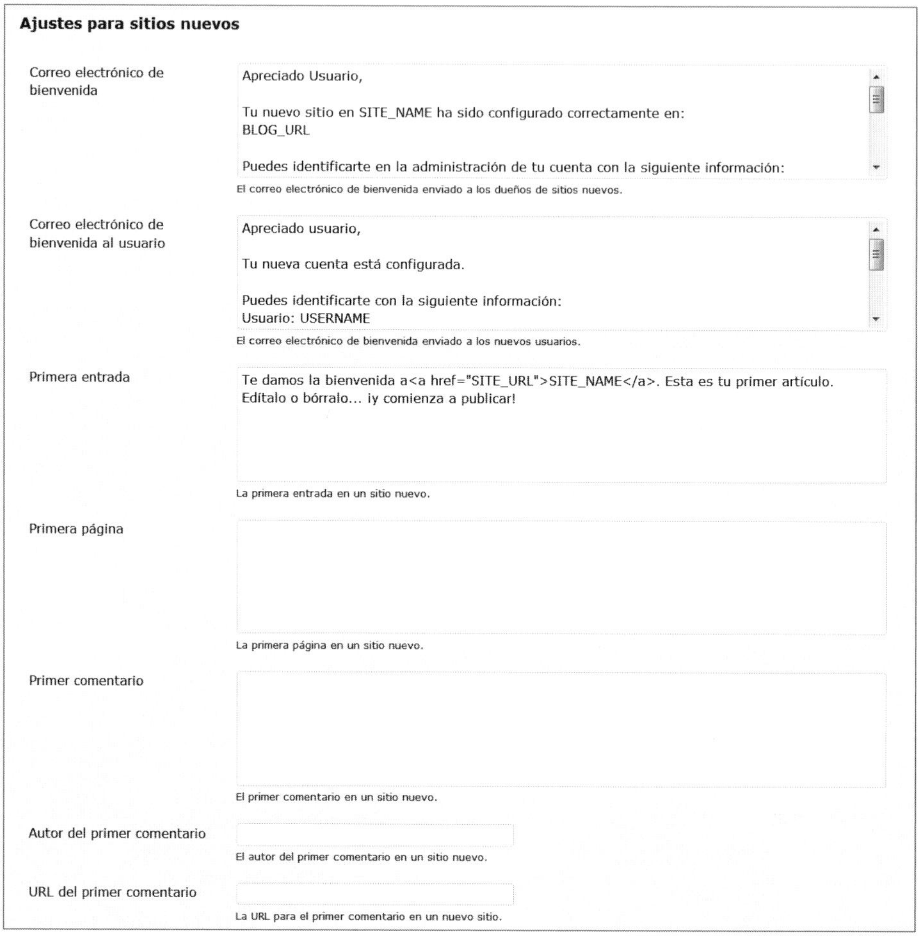

Ajustes para sitios nuevos

Correo electrónico de bienvenida	Apreciado Usuario, Tu nuevo sitio en SITE_NAME ha sido configurado correctamente en: BLOG_URL Puedes identificarte en la administración de tu cuenta con la siguiente información: El correo electrónico de bienvenida enviado a los dueños de sitios nuevos.
Correo electrónico de bienvenida al usuario	Apreciado usuario, Tu nueva cuenta está configurada. Puedes identificarte con la siguiente información: Usuario: USERNAME El correo electrónico de bienvenida enviado a los nuevos usuarios.
Primera entrada	Te damos la bienvenida a<a href="SITE_URL">SITE_NAME</a>. Esta es tu primer artículo. Edítalo o bórralo... ¡y comienza a publicar! La primera entrada en un sitio nuevo.
Primera página	La primera página en un sitio nuevo.
Primer comentario	El primer comentario en un sitio nuevo.
Autor del primer comentario	El autor del primer comentario en un sitio nuevo.
URL del primer comentario	La URL para el primer comentario en un nuevo sitio.

Figura 20.17. Ajustes para nuevos sitios.

Por su parte, los Ajustes de subida controlan el tamaño para la subida de archivos y la cantidad de espacio de subida disponible para cada sitio. En este campo se otorgan valores globales para toda la red, pero se puede cambiar el valor por defecto para sitios específicos cuando se edite un sitio en concreto. También se listan los tipos de archivo permitidos (separados sólo por espacios). Las casillas seleccionables para los botones de subida de Imágenes, Vídeos y

Música hacen que se muestren en el editor visual. Si está desmarcado, un botón genérico se mantendrá visible. Otros tipos de archivos multimedia pueden continuar subiéndose.

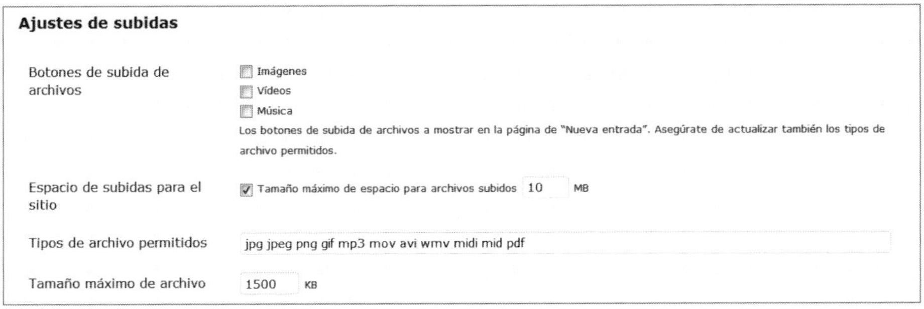

Figura 20.18. Ajustes de subida.

En Ajustes de menú se activa o desactiva la posibilidad de que aparezca o no el menú Plugins para los usuarios que no son Super Admin. Es decir, sólo los Super Admins –no los Admin– tienen acceso a los *plugins*.

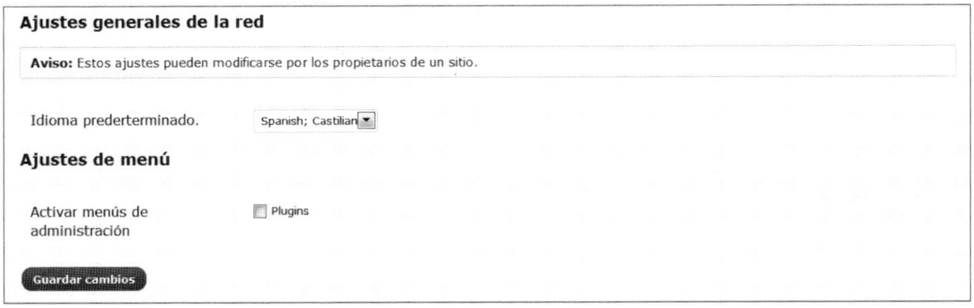

Figura 20.19. Ajustes generales de la red.

Otro cambio significativo, después de activar la red de blogs, es que ahora el rol de cada usuario se otorga desde el menú Super Admin>Usuarios. Debajo de cada Nombre de usuario aparece el enlace Editar, que nos llevará a una página donde se pueden conceder privilegios de Administrador, Editor, Autor, Colaborador, Suscriptor. Véase la figura 20.20.

La última sección del nuevo menú Super Admin se refiere a la Actualización de la red. Se utiliza esta opción una vez que se haya actualizado a una nueva versión de WordPress mediante el menú Escritorio>Actualizaciones. Hacer clic en el botón **Actualizar red** nos guiará por una serie de pasos que irán actualizando los sitios de la red, serán cinco en cada paso y los cambios se aplicarán también en la base de datos. Véase la figura 20.21.

Editar usuario

Opciones personales

Editor visual	☐ Desactivar el editor visual al escribir
Esquema de color de administración	○ ▉▉ ▉ Azul
	◉ ▉▉ ▉ Gris
Atajos de teclado	☐ Activar los atajos del teclado para la moderación de comentarios. <u>Documentación</u>

Nombre

Nombre de usuario	prueba	*El nombre de usuario no puede cambiarse.*
Perfil:	— No hay perfil para este sitio — ▾	
	☐ Dar permisos de super admin en la red a este usuario.	
Nombre		
Apellidos		
Alias *(requerido)*	prueba	
Mostrar este nombre públicamente	prueba ▾	

Información de contacto

E-mail *(requerido)*	comunidadbloggerdeprueba@gmail.com
Web	
AIM	
Yahoo IM	
Jabber / Google Talk	

Acerca del usuario

Información biográfica	

Incluye alguna información biográfica en tu perfil. Podrá mostrarse públicamente.

Nueva contraseña	*Si deseas cambiar la contraseña del usuario, escribe aquí dos veces la nueva. En caso contrario, deja las casillas en blanco.*
	Teclea tu nueva contraseña otra vez.
Seguridad de la contraseña	*Tu contraseña debe tener al menos siete caracteres. Para que tu contraseña sea segura, usa mayúsculas, minúsculas, números y símbolos como ! " ? $ % ^ &).*

Actualizar usuario

Figura 20.20. Edición de roles de usuarios.

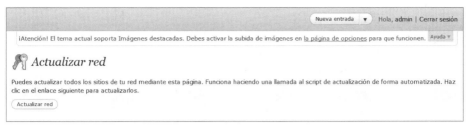

Figura 20.21. Opciones de actualización.

Si el proceso de actualización fallara por alguna razón, cuando los usuarios accedan nuevamente a sus sitios éste comenzará a efectuarse.

Probablemente se nos muestre una advertencia en la parte superior del tablero, anunciando que el tema actual acepta imágenes destacadas y debemos activar la subida de imágenes desde el menú Opciones del Super Admin. Nada tan fácil de lograr, y además con ello le estamos dando la posibilidad de subir imágenes al resto de la red de blogs.

Para quienes crean que ya el Super Admin tenía demasiados atajos para estar informado sobre el estado y la composición de su red, pues aquí van tres tazas de caldo: en el menú Escritorio con la opción Mis Sitios se despliega un informe completo de cada uno.

Esa pantalla muestra los usuarios de forma individual con todos sus sitios en la red y también permite al usuario marcar un sitio como principal. Se pueden utilizar los enlaces bajo cada sitio para visitar la portada o el escritorio de cada uno.

Figura 20.22. Mis sitios, listado detallado de los blogs que componen la red.

El super administrador podrá moverse por el interior de todos los sitios contenidos en la red. Basta que acceda con su contraseña y datos de usuarios al tablero principal y de ahí logrará visitar la "trastienda" de todos los otros.

EL PLUGIN BUDDYPRESS Y LA CREACIÓN DE UNA COMUNIDAD

Y ahora viene la gran sorpresa de un blog convertido no sólo en una red de sitios, sino en una verdadera red social al mejor estilo de Facebook o MySpace. No nos levantemos del asiento todavía antes de darle un aplauso al *plugin* BuddyPress que le cambiará la faz a nuestra pequeña bitácora personal. BuddyPress es un *plugin* con varios temas asociados y se puede descargar lo mismo desde el reservorio de *plugins* de WordPress.org que desde la página de sus desarrolladores http://buddypress.org/download/.

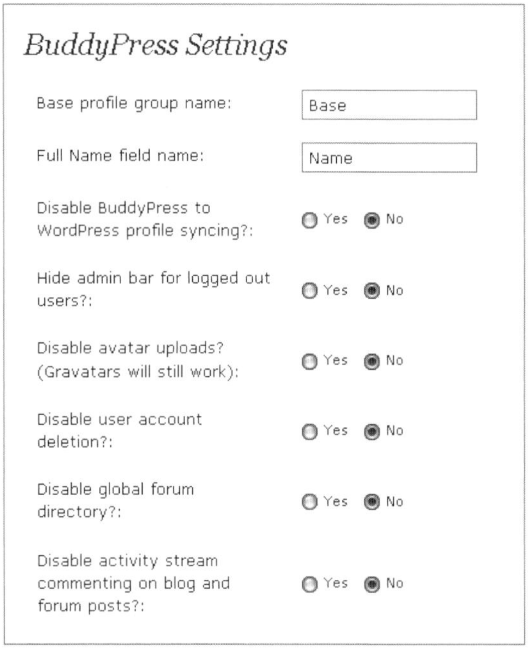

Figura 20.23. BuddyPress.

El inquieto Buddy logra que los usuarios puedan crear sus propios perfiles, les ofrece opciones de mensajería privada, muro de noticias, grupos y páginas, foros, redes de amigos, etcétera. Es como tener nuestro propio Facebook con los lectores habituales. Finalmente este *plugin* está también disponible para las instalaciones únicas de WordPress, pues durante mucho tiempo sólo era posible usarlo con WordPress Mu y sus multi sitios. Una vez activado BuddyPress éste funcionará en toda la red, pues no es posible activarlo sólo para un blog contenido dentro de ella sin que a su vez se active en todos los otros.

Cuando tengamos activado el nuevo *plugin*, siguiendo –claro está– los consejos del capítulo 8, veremos aparecer un menú nuevo en la barra lateral izquierda. Bajo el nombre de BuddyPress. En los Ajustes Generales definiremos algunos aspectos de organizativos y visuales de la nueva red social. Por defecto BuddyPress sincroniza los usuarios de esta nueva red con los registrados por WordPress, pero esa opción se puede cambiar si así lo deseamos. Generalmente también se permite a los usuarios anular sus propias cuentas de BuddyPress, no obstante si queremos quitarles esa posibilidad bastará con seleccionar "sí" en la casilla correspondiente. Varios ajustes más determinarán el funcionamiento de la red y podemos seleccionar un avatar estándar para aquellos usuarios que no tengan uno propio.

Procederemos entonces a determinar los componentes que formaran parte de nuestra nueva red social. Justamente bajo el título de Setup de componentes de BuddyPress, tendremos una lista donde por defecto todos están activados.

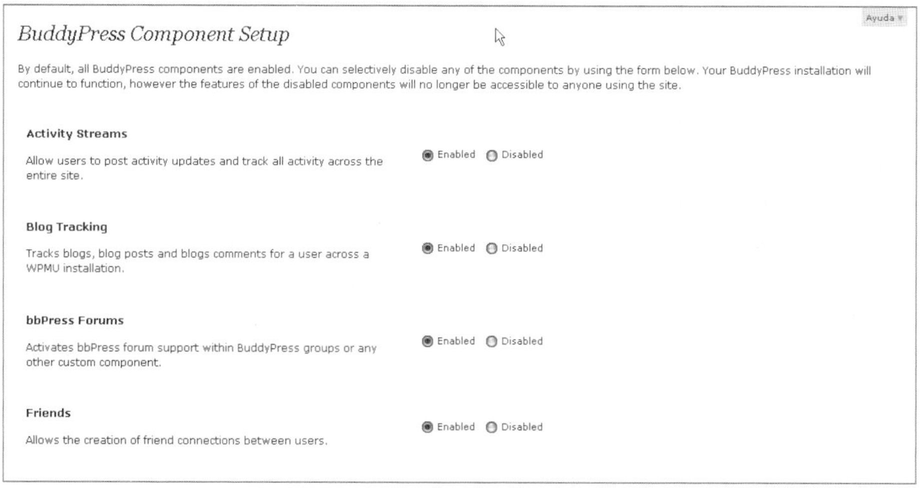

Figura 20.24. Componentes de BuddyPress.

Hasta aquí apenas nos hemos aproximado al potencial de BuddyPress, que lo mismo sirve para crear una red social que una verdadera intranet comercial o un sitio de organización profesional. Por ejemplo, para crear un espacio de confluencia de estudiantes, puede ser una magnífica idea usar este *plugin*. Si queremos además verificar las aplicaciones añadidas que posee BuddyPress, podemos darnos un saltico a `http://buddypress.org/extend/plugins/` y buscar nuevas plantillas para visualizarlo en `http://buddypress.org/extend/themes/`.

RESUMEN

Pues sí, esa botella que lanzamos al mar al principio de este libro se ha convertido en una verdadera red de blogs, intercambio, aproximación y opinión. Gracias a que WordPress 3.0 sumó en su *script* las funciones que antes desempeñaba el abuelo WordPress Mu, ahora los internautas podemos convertir una bitácora individual y sencilla en una verdadera plataforma diversa y completa. Para lograrlo habrá que hacer algunos ajustes en los permisos del servidor, quizás con la ayuda del administrador del servicio. Después todo será muy fácil, pues bastará con definir si los propios usuarios pueden crearse ellos mismo un blog en nuestra red, determinar los permisos y privilegios de los que gozarán y velar desde nuestro sitio de Super Admin, todo lo que ocurre en la red.

El *plugin* BuddyPress nos hará más grata la tarea. Después de instalarlo y activarlo debemos configurar su alcance y detalles organizativos para que los usuarios se sientan a sus anchas en la nueva red social. Aplicaciones añadidas y nuevos temas para este *plugin* se pueden descargar desde el sitio de sus desarrolladores.

AL PRINCIPIO FUE EL KILOBYTE

Tengo la laboriosidad y el desespero de una hormiga, quizás por eso no logro engordar. Esa energía –que espero mantener hasta los noventa– la canalizo en múltiples empeños. Si pudiera trascender de alguna forma, me gustaría quedar como una facilitadora de proyectos ajenos, como un fino cordel que sirva para unir muchos espacios.

Cierta ansiedad por conocer me hace enrolarme en todo tipo de planes. Lo mismo me aprendo el diagrama eléctrico de una lavadora y termino por repararla, que cometo la osadía de diseñar un sitio Web. Esa atracción por todo tipo de conocimientos, no importa si son académicos o populares, modernos o anacrónicos, útiles o inservibles, me involucra en todo tipo de "locuras". Ha sido precisamente ese componente el que me ha permitido llegar hasta aquí, pero todavía me queda un largo camino por delante. Me falta el disfrutar de derechos largamente postergados, como el privilegio de poder ser leída dentro de mi propio país. Aún me debo a mí misma el decir en el mundo real todo lo que escribo en el ciberespacio, en la virtualidad de mi bitácora. Pasar esa plaza cívica que es hoy **Generación Y** a una existencia concreta donde también abundan los trolls y el castigo es más fuerte que un simple hackeo. Necesito algo más que kilobytes, estoy precisada de realidades.

Glosario

☐ **Accesibilidad**: Cuando este concepto se refiere a un página Web, alude entonces a cuán fácil resulta para los buscadores, los navegadores y los usuarios en general, navegar por ella y acceder a toda la información que ésta contiene. La accesibilidad refiere a elementos de diseño, uso de etiquetas, optimización de la hoja de estilos (CSS) y otros elementos más.

☐ **Agregador**: Herramienta que se utiliza para leer contenidos en la Web que han sido publicados en forma de *feed*. Su tarea es compilar los diferentes *feeds* y avisarnos cuando haya alguna actualización en éstos.

☐ **Ajax**: Acrónimo de *Asynchronous JavaScript And XML*. Una técnica de desarrollo Web para crear *Rich Internet Applications*.

☐ **Alexa**: Servicio en Internet para recopilar y mostrar de forma muy completa el tráfico de los sitios Webs.

☐ **Ancho de banda**: Rango de frecuencias, expresado en Hertz (Hz) que puede pasar por un canal de transmisión.

☐ **API**: Siglas que se corresponden con *Application Program Interface* (interfaz del programa de aplicación). Se trata de un conjunto completo de funciones que tanto el programador como el usuario pueden utilizar para realizar tareas tales como dirigir archivos y exhibir los resultados en la pantalla del ordenador.

☐ **Arañas buscadoras**: Pequeños programas que se mueven por la red y visitan los sitios para leer el contenido y llevar toda la información a una central, donde un sistema la procesa y la almacena.

☐ **Avatar**: Imagen o representación visual que adopta un internauta para usarla en foros, comentarios de los blogs y otros servicios de Internet.

☐ **Banner**: Imagen que aparece ubicada en la parte superior de un sitio Web.

☐ **Bitácora**: Ver Blog.

☐ **Blog**: Sitio sencillo a manera de bitácora, que puede ser personal o colectivo, donde se publica contenido organizado cronológicamente de forma ascendente. Para tener un blog hoy en día no se necesitan conocimientos elevados de informática ni es obligatorio sumergirse en complicados códigos de programación o diseño Web. Bloguear resulta fácil gracias a las numerosas herramientas –la mayoría de ellas gratuitas– que ofrecen la posibilidad de gestionar contenido en la red. Tenemos una amplia gama para elegir, dentro de ella están Blogger.com, LiveJournal, WordPress, Blogware, DotClear, GreyMatter, Movable Type, TypePad y TextPattern.

- **Blogger.com**: Nombre del conocido servicio de alojamiento de blogs que ofrece Google. Se puede crear un blog en él en apenas un par de minutos y con unos pocos clics.

- **Blogger**: Se dice del autor de un blog, aquella persona que gestiona una bitácora.

- **Blogosfera**: Conjunto de blogs que se relacionan por afinidades, temáticas comunes o por compartir la lengua o el país de origen. En teoría hay una gran blogosfera mundial aunque también conjuntos locales y temáticos.

- **Blogroll**: Conjunto de enlaces que se coloca mayoritariamente en la barra lateral del blog y que sugiere sitios a visitar.

- **BOBs**: Acrónimo del prestigioso premio *Best Of the Blogs*, que otorga anualmente –en varias categorías– la cadena de telecomunicaciones alemana *Deutsche Welle*. Su galardón principal es considerado "el Oscar de la blogosfera".

- **Browser**: Ver Navegador Web.

- **Bug**: Término aplicado a los errores descubiertos al ejecutar cualquier programa informático. Fue usado por primera vez en el año 1945 por Grace Murray Hooper, una de las pioneras de la programación moderna, al descubrir cómo un insecto (*bug*) había dañado un circuito del ordenador.

- **Buscador**: Los buscadores o motores de búsqueda son aplicaciones de Internet diseñadas para ayudar a encontrar otros sitios o páginas Web.

- **Canal**: Página de un usuario de Youtube en la que se pueden subir vídeos.

- **Categoría**: Las categorías son el nivel más alto que ofrece un blog para organizar su contenido, de esa manera el número de los elementos que componen un árbol categorial generalmente no es muy elevado. Existen las llamadas categorías-padre a las cuales se subordinan otras que resultan más específicas y a las que se les puede llamar categorías-hijas.

- **CMS (*Content Management System*)**: La traducción al español sería sistema de gestión de contenidos. Tipo de sitio Web que nos permite mantener actualizado su contenido desde un sencillo gestor.

- **Cookie**: Una *cookie* es un pequeño archivo que se guarda en nuestro ordenador y que contiene información específica que identifican al usuario. También puede tener información privada que no queremos publicar (direcciones de correo electrónico, contraseñas, nombres, etc.).

- **Creative Commons**: Es un tipo de licencias para reducir barreras legales a partir de una nueva legislación y tecnología. Cuenta con diferentes configuraciones o principios, como el derecho del autor original a dar libertad para citar su obra, reproducirla o crear obras derivadas, y con diferentes restricciones, como no permitir el uso comercial o respetar la autoría original.

- **CRM**: Customer Relationship Management. Manejo de la Relación con el Consumidor. Sistema automatizado de información sobre clientes cuyo objetivo es que éstos puedan ser atendidos de la manera más personalizada posible.

- **CSS**: *Cascade Style Sheet*. Conjunto de instrucciones que definen la apariencia de uno o más elementos de un conjunto de páginas Web con el objetivo de uniformizar su diseño.

- **Del.icio.us**: Servicio para compartir con otros nuestras Webs preferidas, además de funcionar también como un gran buscador del contenido que han referido sus usuarios.

- **DHTML**: *Dynamic* HTML. HTML dinámico. Una extensión de HTML que permite, entre otras cosas, de la inclusión de pequeñas animaciones y menús dinámicos en páginas Web.

- **Dirección IP**: Número de identificación de un ordenador en Internet. Se compone de cuatro cifras del 0 al 255 separadas por puntos y se corresponden con una dirección de Internet de las que se introducen en el navegador.

- **Direct Message** o **Private Messages** o **DM (Mensaje directo)**: Forma de enviar un mensaje privado a un usuario. Para que pueda enviarse es necesario que el usuario forme parte de nuestros seguidores.

- **DNS**: Servidor de Nombres de Dominio. Servidor automatizado utilizado en el Internet cuya tarea es convertir nombres fáciles de entender (como `www.lima-limon.com`) a direcciones numéricas de IP.

- **Dominio**: Nombre o conjunto de caracteres que identifica a un sitio Web y que permite a los usuarios distinguirlo de otros. Los más comunes son los terminados en `.com`, pero también se pueden hallar los `.edu` que identifican a una institución educativa, los `.gov` para los gobiernos, `.org` que ostentan las organizaciones sin fines de lucro y los `.net` para una red; cada país a su vez tiene sus siglas propias para agregar al final de sus dominios. Ejemplo: Cuba (`.cu`), España (`.es`) y Suiza (`.ch`).

- **Drupal**: Sistema de gestión de contenido modular multipropósito. Su alta configurabilidad permite publicar artículos, imágenes, u otros archivos y servicios añadidos como foros, encuestas, votaciones, blogs y administración de usuarios y permisos.

- **e-commerce**: Comercio Electrónico.

- **e-learning**: Formación *online*, educación a distancia que se efectúa a través de Internet.

- **Emoticón**: También conocido como *smiley*, se refiere a esas pequeñas caritas que ayudan a expresar una gran variedad de emociones. Se trata de una especie de lenguaje universal que nos permiten ahorrar palabras.

- **Enlace externo**: Enlace que conecta datos e informaciones ubicadas en diferentes sitios. Muchas veces se establecen por razones de cortesía y van componiendo así un entramado de referencialidad y menciones mutuas.

- **Enlace interno**: Enlace de hipertexto que conecta diferentes partes de un mismo documento, *post* o sitio Web.

- **ERP**: Planificación de Recursos Empresariales. Los sistemas ERP típicamente manejan la producción, logística, distribución, inventario, envíos, facturas y contabilidad, e intervienen en el control de muchas actividades de negocios como ventas, entregas, pagos, producción, administración de inventarios, calidad de administración y la administración de recursos humanos.

- **Etiquetas**: Palabras claves usadas para describir y englobar una información. Gracias a las etiquetas es posible clasificar, compartir y ordenar contenido con más eficiencia en la Web. En el caso de un blog en WordPress las etiquetas tienen un orden más flexible que las categorías y vienen a ser palabras claves para localizar y organizar mejor el contenido.

- **Facebook**: Red social para conectar con nuestros amigos, compañeros de estudio, conocidos o cualquier otra persona con quien compartamos intereses. Brinda la posibilidad de publicar nuestras fotos, vídeos, enlaces y mensajes.

- **FAQs**: Acrónimo de *Frequently Asked Questions* (Preguntas Frecuentes). FAQs son documentos que enlistan y responden las preguntas más comunes de un tema en particular.

- **Feed**: Palabra inglesa cuyo significado es "alimentar" y que en el contexto de Internet se refiere al suministro y actualización de datos.

Feedburner: Servicio de administración y gestión de *feeds*, asociado a Google y que ofrece una amplia gama de herramientas para optimizar, publicitar y hasta monetizar el tráfico de RSS de un sitio.

Flash: Formato de archivos generados por Macromedia y cuya función fundamental es la de crear animaciones para la Web.

Flickr: Uno de los ejemplos más conocidos de la Web 2.0, se trata de un servicio de almacenaje y gestión de fotos con mucha capacidad de integración con otras redes sociales y sistemas de publicación de blogs.

Folksonomía: Sistema de clasificación que se va conformando bajo el criterio de los propios usuarios. Se trata de una taxonomía social, basada en la participación y colaboración de internautas que agregan etiquetas a cierto contenido según sus deseos.

FLV: Formato de vídeo Flash Video Format, se ha vuelto muy popular en los últimos años por su capacidad de optimizar el peso de un vídeo y mantener la calidad de la imagen. Es compatible con el servicio de Youtube.

Follower: Seguidor, usuario que está suscrito a los textos escritos por otro.

FollowFriday: Todos los viernes se acostumbra a recomendar una serie de usuarios que se consideran interesantes. A esta actividad se le llama FollowFriday, siendo identificada por la etiqueta #ff o #followfriday.

FTP: Siglas de *File Transfer Protocol*, protocolo de transferencia de archivos encargado de controlar el intercambio de datos entre dos ordenadores a través del protocolo TCP/IP. Unos sitios espaciales denominados servidores FTP, ponen a disposición de los usuarios archivos, programas y contenido para que éstos los descarguen a su PC.

Geek: Alguien fascinado por la informática, los ordenadores e Internet que se pasa la mayor parte de su vida sentado frente a una pantalla. Tantas horas de navegación y exploración, le han ganado conocimientos casi de experto aunque su formación sea más empírica y autodidacta que de diploma.

GIF: Formato de archivo para gráficos con alta capacidad de compresión y muy utilizado para composiciones con colores planos.

Google: Google es el buscador más conocido de Internet, que permite indexar contenido. Su nombre proviene de un juego de palabras con el término "googol", acuñado por Milton Sirotta, sobrino del matemático norteamericano Edward Kasner, para referirse al número representado por un 1 seguido de 100 ceros. El uso del término por parte de Google refleja la misión de la compañía de organizar la inmensa cantidad de información disponible en la Web y en el mundo.

- **Hipertexto**: Cualquier documento que contiene vínculos con otros documentos, de forma que al seleccionar un vínculo se despliega automáticamente el segundo documento.

- **Hipervínculo** o **hiperenlace**: Vínculo existente en un documento hipertexto que apunta o enlaza a otro documento que puede ser o no otro documento hipertexto.

- **Hoja de estilo en cascada**: Ver CSS.

- **Hosting**: Alojamiento Web.

- **HTML**: Siglas en inglés de *Hypertext Markup Language* (Lenguaje de Marcado Hipertexto). Es usada para crear los documentos de hipertexto para uso en el WWW.

- **ICANN**: *Internet Corporation for Assigned Names and Numbers* (ICANN) es una organización sin fines de lucro que opera a nivel internacional, responsable de asignar espacio de direcciones numéricas de protocolo de Internet (IP), y de las funciones de gestión del sistema de nombres de dominio.

- **Interfaz**: Lugar de la interacción, espacio donde se desarrollan los intercambios entre las aplicaciones y el usuario.

- **Internet**: Conjunto de redes de comunicación interconectadas que utilizan la familia de protocolos TCP/IP, garantizando que las redes físicas heterogéneas que la componen funcionen como una red lógica única, de alcance mundial.

- **Intranet**: Red privada dentro de una empresa. Es como si fuera un sitio Web dentro de la empresa donde organizar desde documentos a agendas, proyectos, etc.

- **IP**: Abreviatura de *Internet Protocol*, que no es más que el protocolo básico de Internet que divide los paquetes en trozos y los vuelve a unir una vez llegados a su destino.

- **iTunes**: Aplicación gratuita para la gestión de música digital, disponible tanto para Mac como para PC. Con él se puede acceder a Itune Store desde donde se pueden descargar canciones a un precio de 0,99 euros.

- **Java**: Lenguaje de programación, con el cual es posible desarrollar programas y plataformas independientes. Goza de gran aceptación entre los programadores.

- **Javascript**: Lenguaje de programación para usar dentro del HTML.

- **Joomla**: Gestor de contenido muy apreciado por su gran potencial, cantidad de complementos y repertorio de plantillas.

- **JPG, JPEG**: Las siglas corresponden a *Join Photographic Experts Group* y se ha impuesto junto a GIF como uno de los formatos más utilizados para gestionar fotos en Internet, en parte gracias a la capacidad de compresión que logra en las imágenes.

- **Link**: Ver Enlace.

- **LinkedIn**: La red professional más importante del mundo, con más de 17 millones de usuarios. Tiene como misión ayudarnos a ser más efectivos en nuestro trabajo diario.

- **LiveJournal**: Servicio de alojamiento y gestión de blogs. Incluye características al estilo WELL (*Whole Earth 'Lectronic Link*) de una comunidad y características de redes sociales similares a las de Friendster.

- **Metatags**: Los distintos encabezados que pueden utilizarse en una página Web para que los navegadores u otros programas ofrezcan información (metadatos) sobre la página: autor, título, fecha, palabras clave, descripción, etc.

- **Monster**: Tiene presencia en casi todos los países y se trata de un servicio de búsqueda de empleo y gestión de currículos. Ofrece también la posibilidad de recibir alertas por correo electrónico cuando aparece una nueva plaza acorde con nuestro perfil profesional.

- **Movable Type**: Herramienta Web desarrollada como software libre destinada a la creación y publicación de weblogs.

- **Mp3**: Formato de audio que permite reducir considerablemente el tamaño de un archivo de sonido, con una pérdida mínima de calidad.

- **MPEG**: Formato estándar para la compresión de de datos de imagen y sonido. Es sumamente utilizado dado a la gran optimización que logra en la relación entre calidad y peso de un archivo de vídeo.

- **Multimedia**: Se utiliza para referirse a cualquier objeto o sistema que utiliza múltiples medios de expresión (físicos o digitales) para presentar o comunicar información.

- **MySQL**: MySQL es uno de los Sistemas Gestores de Bases de Datos más populares. Puede utilizarse gratuitamente.

- **Navegador Web**: Aplicación que sirve para explorar la Web, como por ejemplo Mozilla Fire Fox, Internet Explorer, Google Crome u Ópera.

- **Nerd**: Se trata de un usuario avanzado de las tecnologías informáticas y especialmente de Internet, pero que tiene una serie de limitaciones para el contacto personal con otros. Normalmente se le representa sentado delante de una pantalla todo el tiempo y con dificultades para encontrar amigos y pareja en la vida real.

- **Nickname** o **Nick**: Alias que utiliza un usuario de Internet para registrarse en determinado servicio o para comentar en un sitio.

- **Offline**: Sin conexión, estar desconectado de Internet.

- **Ogg Vorbis**: Es otro formato de audio con calidades semejantes o superiores al formato mp3, con las característica ser libre, abierto.

- **Online**: Estar en línea, estar conectado a la Web.

- **P2P**: Acrónimo de *Peer-to-Peer*. Comunicación bilateral exclusiva entre dos personas a través de Internet para el intercambio de información en general y de archivos en particular (BitTorrent, eMule).

- **Pagerank**: Es un valor numérico que representa la importancia que una página Web tiene para Google. Se obtiene a partir de un algoritmo que tiene por finalidad asignar un valor numérico a las páginas Web según el número de veces que otras páginas las recomienden.

- **Página Web**: En la jerga de Internet la palabra "página" tiene dos sentidos: como abreviatura de *Homepage* o página principal y también para designar a cada una de las páginas que componen un sitio.

- **PayPal**: Aplicación basada en Web para la transferencia segura de fondos entre cuentas de miembros. Las cuentas son gratuitas y no cuesta enviar dinero, pero el que recibe el dinero debe pagar una comisión a PayPal. Max Levchin y Peter Theil fundaron PayPal en 1998, y en 2002 fue comprada por eBay.

- **Permalink**: Enlace permanente que tiene determinado contenido dentro de un sitio Web, se puede constituir de diferentes maneras ya sea conteniendo en la URL la fecha de creación, el título del artículo o la categoría bajo el que está hospedado.

- **PHP**: *Hypertext Preprocessor*. Lenguaje de *script* diseñado para la creación de páginas Web.

- **Pingback** o **trackback**: Enlaces que viajan difundiendo el contenido de un blog hacia otro sitio Web. Cada vez que se actualiza el contenido de una bitácora ésta emite un anuncio a servicios de difusión de *posts* o a blogs afines.

☐ **Píxel:** La unidad más pequeña que compone una imagen. El píxel es a una foto digital lo que el átomo a la materia.

☐ **Plugin:** En el argot de WordPress se refiere a una nueva funcionalidad que se le puede agregar a este gestor de contenido para ampliar sus funciones, capacidades o servicios. Hay *plugins* que permiten conectar a WordPress con redes sociales externas, ampliar las potencialidades de su editor de texto o colocar una encuesta.

☐ **Podcast:** Término que surge como contracción de las palabras *iPod* y *broadcast* (transmisión), viene a ser una ampliación de los inicialmente conocidos como audioblogs y se conforma a partir de la creación y distribución de archivos sonoros en formato MP3. En ellos se combina el estilo radiofónico y el modelo de los blogs. El término fue mencionado por primera vez en un artículo del periódico británico *The Guardian*, publicado en febrero de 2004 y la tecnología sobre la que se basa se debe a los desarrollos de Adam Curry, Kevin Marks y Dave Winer.

☐ **Portal:** Página de portada o puerta de acceso a una gran variedad de opciones, funciones y servicios. Se caracterizan por permitir al usuario personalizar la página.

☐ **Posicionamiento Web:** Llamaremos "posicionamiento" al conjunto de estudios, análisis y técnicas que consiguen la obtención de tráfico cualificado, interesado y potencialmente objetivo de nuestra Web.

☐ **Post:** También conocido como entrada, se le dice a cada porción de contenido publicado en un blog, foro, grupo de noticias u otro medio informático similar.

☐ **Red Privada Virtual:** Red en la que al menos alguno de sus componentes utiliza la red de Internet pero que funciona como parte de una red privada, empleando para ello técnicas de cifrado, también conocidas como VPN.

☐ **Retweet, rt** o **retuiteo:** Acción en la que un usuario reenvía un mensaje de otra persona para compartirlo con su comunidad.

☐ **RSS,** *Really Simple Syndication* **(Sindicación realmente sencilla):** Familia de formatos para documentos utilizados en la publicación de contenidos que se actualizan frecuentemente en Internet.

☐ **SEM (Search Engine Marketing):** Herramienta comercial que se sirve de Internet para promover páginas Web mediante tácticas que persiguen el aumento de su visibilidad: compra de posicionamientos, optimización de motores de búsqueda, publicidad online, etcétera.

SEO: Siglas de la expresión inglesa *Search Engine Optimization*, que consiste en mejorar la visibilidad de un sitio Web en los diversos motores de búsqueda sin necesidad de pagar por ello.

Servidor Seguro: Tipo especial de servidor diseñado con el propósito de dificultar, en la mayor medida posible, el acceso de personas no autorizadas a la información en él contenida. Se destaca que un tipo de servidor seguro especialmente protegido es el usado en las transacciones de comercio electrónico.

Servidor: Ordenador o grupo de ellos que pone a disposición de los equipos clientes una serie de páginas Webs y otros servicios para que éstos los soliciten y los utilicen.

Shareware: Tipo de programa que el cliente debe probar antes de comprar definitivamente. Normalmente tienen licencia de uso por 30 días.

Skype: El servicio de telefonía por Internet más popular del mundo. A través de él se pueden llevar a cabo conversaciones textuales en directo, mensajería instantánea y hasta videollamadas.

Social Software (SoSo): Se trata de un software que soporta la interacción grupal y fue mencionado por primera vez en un artículo publicado en 1987 por Eric Drexler bajo el título *Hypertext Publishing and the Evolution of Knowledge*. Son herramientas que dependen más de las convenciones sociales que de las propias funcionalidades que ofrecen.

Software libre: Programa con licencia abierta que puede usarse sin que para ello sea necesario pagar o adquirir los derechos de utilización. Al ser gratuitos y de distribución libre, se han ganado la simpatía de desarrolladores y programadores en todo el mundo que los mejoran constantemente, de ahí que el software libre tenga una evolución constante.

Spam: Aunque su significado literal es el de "embutido de cerdo enlatado", en el argot de Internet se refiere a los mensajes indeseados de correo electrónico que a menudo colapsan nuestro buzón.

SQL: Es un lenguaje especializado de programación que permite realizar consultas a bases de datos.

SSL: Acrónimo en inglés de *Secure Socket Layer*. Protocolo creado por con el fin de hacer posible la transmisión encriptada y por ende segura, de información a través de Internet.

Streaming de vídeo: Secuencia de vídeo. Método de transmisión de imágenes en movimiento (una película) a través de Internet.

Tags: Ver etiquetas.

☐ **Taxonomía**: Toda taxonomía es una clasificación, y WordPress integra dos formas de ésta: etiquetas y categorías. Las categorías brindan una taxonomía más formal que en su definición necesitan de cierta planificación, mientras las etiquetas se construyen sobre la marcha del blog, en la medida en que se publican las entradas. Las categorías son algo que elegimos, mientras las etiquetas brotan espontáneamente del contenido.

☐ **TCP/IP**: El nombre TCP/IP proviene de dos protocolos importantes de la familia, el *Transmission Control Protocol* (TCP) y el *Internet Protocol* (IP). En español es Protocolo de Control de Transmisión y Protocolo de Internet. Forma de comunicación básica que usa Internet, la cual hace posible que cualquier tipo de información (mensajes, gráficos o audio) viaje en forma de paquetes sin que éstos se pierdan.

☐ **Technorati**: Servicio de indexación y pesquizaje de blogs, donde podemos inscribir nuestra bitácora y a partir de ese momento entrar a formar parte del ranking de Technorati.

☐ **Telefonia IP**: La señal analógica de la voz es convertida en señal digital que puede transitar por Internet. La calidad del sonido en las redes TCP/IP depende del ancho de banda del que se disponga.

☐ **Thumbnails**: La palabra en inglés significa "uña del dedo gordo" y se refiere a las miniaturas de las imágenes que se muestran y sobre las que el usuario puede decidir ampliar a su tamaño natural o dejarlas pequeñas. Hacen más ligera las páginas Web, lo cual permite que se carguen en menos tiempo en el navegador.

☐ **Trackback**: Ver Pingback.

☐ **Troll**: Internauta que participa en foros, comentarios de blogs y debates en la Web para sabotear la discusión con palabras obscenas, mensajes incendiarios, incitaciones a la violencia y otras muestras de agresiones verbales.

☐ **Tuitero** o **tweeter**: Persona que tiene cuenta y escribe en Twitter.

☐ **Tweet**: Pequeño mensaje de menos de 140 caracteres que se distribuye a través de la red social llamada Twitter.

☐ **Tweetup**: Reuniones de usuarios de Twitter. Generalmente el nombre cambia en función de la ciudad donde se celebrará el encuentro. Pueden encontrarse varios de estos eventos en `tweetvite.com`.

☐ **Twitter**: Servicio de *microblogging* en el que se pueden publicar mensajes de 140 caracteres que responden a la pregunta ¿Qué estoy haciendo ahora? Está representado por un simpático pájaro azul y su nombre viene de la palabra inglesa que significa "gorjeo". Ha ganado mucha popularidad en el último año y se le han sumado una serie de implementaciones que permiten agregar audio, vídeo e imagen a los *tweets*.

- **URL**: Acrónimo de *Uniform Resource Locator* que se utiliza para designar a la dirección de una página Web. Se compone de varios elementos, como por ejemplo el protocolo de transmisión que puede ser HTTP o FTP, después viene la red (WWW) y le sigue el dominio y la carpeta donde está ubicada la información en caso de que se necesite.

- **Vlog** o **Videoblog**: Blog cuyo contenido descansa fundamentalmente en imágenes en movimiento.

- **VPN**: Ver Red Privada Virtual.

- **WAV**: Es el formato estándar que ofrece Windows para almacenar audio y puede ser reproducido prácticamente en todos los programas de reproducción.

- **Web 2.0**: Concepto que se aplica para definir a esa nueva etapa de la Web en que ésta pasó a convertirse en un espacio social, con cabida para todos los agentes sociales, capaz de dar soporte y formar parte de una verdadera sociedad de la información, la comunicación y/o el conocimiento, interactiva, conformándose a partir del criterio de los propios usuarios. Los grandes ejemplos de la Web 2.0 son las redes sociales al estilo de Facebook, Twitter y la enciclopedia colectiva Wikipedia.

- **Weblog**: Ver Blog.

- **Widget**: Añadido o funcionalidad que se coloca fundamentalmente en la barra lateral de un blog realizado con WordPress; puede incluir desde un calendario hasta una atractiva nube de etiquetas.

- **Wiki**: Sitio Web en el que los usuarios tienen la potestad de editar el contenido. El término proviene de la lengua hawaiana y significa "rápido".

- **Wikipedia**: Enciclopedia en Internet que se construye con la participación de los propios internautas. Tiene una comunidad global de más de 150.000 voluntarios y más de 11 millones de artículos en 265 idiomas (482.000 de ellos en español, a un ritmo de 400 nuevos al día).

- **World Wide Web**: Verdadera malla o telaraña de ordenadores que ponen a disposición de los usuarios una inimaginable cantidad de información, documentos, imágenes, etcétera contenidos en páginas Web a través de las cuales se puede navegar.

- **XHTML**: Siglas del inglés *eXtensible HyperText Markup Language*. XHTML es básicamente HTML mejorado. Es más estricto a nivel técnico, pero esto permite que posteriormente sea más fácil al hacer cambios o buscar errores.

- **XML:** *eXtensible Markup Language.* Lenguaje Extensible de Marcado. Lenguaje desarrollado por el W3C para permitir la descripción de información contenida en el WWW a través de estándares y formatos comunes, de manera que tanto los usuarios de Internet como programas específicos (agentes) puedan buscar, comparar y compartir información en la red.

- **Yahoo! News:** Es la página Web de noticias más consultada del mundo incluso por delante de cualquier otro gran medio de prensa. El portal ofrece información, además de un excelente servicio de agregación de noticias.

- **Yahoo!:** Uno de los buscadores más usados de Internet que ha ampliado sus servicios a cuentas de correo electrónico, subastas, noticias personalizadas, etcétera.

Bibliografía

- "El día que WordPress se hizo mayor" http://librodenotas.com/usoyabuso/6077/el-dia-que-wordpress-se-hizo-mayor

- "La historia de WordPress hasta el día de hoy" http://www.anieto2k.com/2008/07/14/la-historia-de-wordpress-hasta-el-dia-de-hoy/

- "WordPress: historia y características de uso" http://ugoolcese.wordpress.com/wordpress-historia-y-caracteristicas-de-uso/

- Fumero, Antonio. "El abecé del universo blog.", TELOS 65, Madrid, octubre-diciembre 2005.

- Budd, Andy; Simon Collison; Chris Davis; Michael Heilemann; John Oxton; David Powers; Richard Rutter; Phil Sherry. "Diseño y desarrollo de blogs". Anaya, Madrid, 2007.

- Charte Ojeda, Francisco. "Los mejores trucos para internet 2010". Anaya, Madrid, 2010.

- Fahs, Chad. "Exprime Youtube", Anaya, Madrid, 2009.

- Fumero, Antonio; Genís Roca. "Web 2.0", Fundación Orange, España, 2007.

- Jiménez Cano, Rosa; Francisco Polo. "La gran guía de los blogs", ElCobre, Barcelona, 2008.

- Leary, Stephanie. "Beginning WordPress 3", Apress, New York, 2010.

- Martos, Ana. "Crea tu Web", Anaya, Madrid, 2010.

Neuman Beck, Jessica; Matt Beck. "WordPress. Visual Quickstart Guide". USA, 2009.

Noguera Vivo, José Manuel. "Blogs y medios. Las claves de una relación de interés mutuo". Libros en red, USA, 2008.

Nuñez Camallea, Noel Luis y Ronald Coutin Abalo. "Diccionario de informática". Editorial científico-técnica, La Habana, 2005.

O'Reilly, Tim y Sarah Milstein. "Exprime Twitter", Anaya, Madrid, 2010.

Orihuela, José Luis. "La revolución de los blogs". La esfera de los libros, Madrid, 2006.

Plumley, George. "WordPress. 24 hours Trainer". Wiley Publishing, Inc., USA, 2009.

Rivas, Carlos Nicolás. "Internet. Edición 2008". Anaya, Madrid, 2008.

Sáez Vacas, F., "La Red Universal Digital", Ed. Ramón Areces, Madrid, 2004.

Shuen, Amy. "Web 2.0: A Strategy Guide". O'Reilly, Canada, 2008.

Siemens, G. "Connectivism: A Learning Theory for the Digital Age.", 2004.

Stauffer, Todd. "Web 2.0 Blog". The McGraw-Hill Companies. USA, 2008.

Thewlis, Paul. "WordPress for Bussiness Bloggers", Packt Publishing, Birmingham-Mumbai.

Turkle, S., Gefter, A. et al., varios artículos sobre Social Networking Revolution, New Scientist magazine, 2569, sept. 2006.

Vander Veer, E.A. "Facebook", Anaya, Madrid, 2009.

Varela, J., "Periodismo 3.0.", TELOS 65, Madrid, octubre 2005.

Índice alfabético

A

Accesibilidad, 210, 439
Agregador, 91, 304, 310, 314, 316, 439
    de feeds, 301, 302
    online, 302
Ajax, 34, 168, 440
Apache, 48, 116, 322, 421
    descargar, 49
    instalar, 49
API, 439
    de los plugins, 33
    de las plantillas, 33
    clave, 45,196

B

Banner, 146, 416, 440
    personalizado, 416
    personalizar, 148
Blog
    administración, 43
    en subdominios, 421
    Generación Y, 7, 16, 18, 22, 37, 118, 134
    multiplataforma, 417
    Octavo Cerco, 254, 328
    We(blog), 200, 445, 450
Blogroll, 29, 31, 327, 328, 339, 340, 366, 440
    enlazar, 329, 330, 332, 336
Blogger.com, 27, 384, 440
Blogosfera, 16, 31, 34, 77, 112, 115, 177, 184,
    200, 302, 316, 321, 322, 327, 340, 366,
    401, 440
Blogware, 27, 440
Buscador, 116, 141, 143, 166, 216, 240, 287,
    399, 440, 441, 444
    de categorías, 288
    de Yahoo, 400
    recuadro, 405

C

Cabecera, 90, 137, 169
    configurable, 138
    imagen, 149
    personalizar, 138, 142, 148
Canal, 231, 440
    cifrado, 392
    de datos, 91
    de información, 301

de Feeds, 301, 307, 310, 313, 316
de FeedBurner, 309
de transmisión, 439
RSS, 301, 302, 304, 305, 307, 309,
    314, 336
Categoría, 87, 112, 114, 157, 269, 279, 283,
    441, 447
    añadir, 330
    base, 284
    conversor a etiquetas, 288, 289
    de enlaces, 330
    eliminar, 286
    mostrar, 293
    nueva, 279, 283-285, 333
    padre, 284
    predeterminada, 330
Comentarios, 33, 50, 177, 182, 194, 199, 305,
    308, 309, 385, 390, 416, 430, 439, 449
    administrar con un plugin, 167-169,
    195-198, 370, 371
    borrar, 170
    configurar, 91, 183, 184, 186, 187, 192,
    194
    editar, 66, 193, 194, 197
    gestionar, 153, 167, 182, 189, 195, 198
    moderar, 190, 191, 348, 360
    Menú, 182, 189, 192, 193, 196, 326
    Recientes, 65, 189, 190, 198
    Vista previa, 168
Creative Commons, 233, 234, 244, 441
CSS, 150, 151, 441, 444

D

Del.icio.us, 290, 307, 441
DNS, 422, 442
Dominio, 44, 45, 56, 116, 419, 442, 444, 450
    administrar, 416
    .cu, 16
    desdecuba.com, 395
    privado o empresarial, 47
DotClear, 27, 440
Drag and drop, 61, 70, 71, 170, 332, 425

E

Editor de texto, 52, 101-103, 105, 133, 216,
    217, 447
    barra de herramientas, 103, 119, 120,
    122, 123

WITHDRAWN

43.50   10/28/11